现代教师读本

艺术卷

YISHUJUAN

丛书主编　顾明远　钱理群　江晓原
执行主编　吴国平
本卷主编　陈爕君　黄玉峰

广西教育出版社

图书在版编目（CIP）数据

现代教师读本.艺术卷 / 陈燮君，黄玉峰主编.—南宁：广西教育出版社，2006.6（2013.7 重印）
ISBN 978-7-5435-4562-5

Ⅰ.现…　Ⅱ.①陈…②黄…　Ⅲ.教师—修养　Ⅳ.G451.6

中国版本图书馆 **CIP** 数据核字（2006）第 054985 号

出 版 人◎张华斌
责任编辑◎韦　玮
责任校对◎谢桂清　杨红斌
出版发行◎广西教育出版社
地　　址◎广西南宁市鲤湾路 8 号
邮　　编◎530022
电　　话◎0771－5865797
传　　真◎0771－5865797
本社网址◎**http://www.gxeph.com**
电子信箱◎**gxeph@vip.163.com**
印　　制◎广西大一迪美印刷有限公司
开　　本◎700mm×1000mm　1/16
印　　张◎22
字　　数◎380 千字
版　　次◎2008 年 8 月第 2 版
印　　次◎2013 年 7 月第 10 次印刷
书　　号◎**ISBN** 978-7-5435-4562-5/**G**·3606
定　　价◎38 元

总序

前几年广西教育出版社出版了《新语文读本》，那是提供给中学生的课外读物，希望给我们教育的对象开拓一个更加广阔、自由的精神空间；现在，广西教育出版社又推出这套《现代教师读本》，则是要给作为教育者的老师，提供一个同样开阔、自由的精神天地。

由关注学生到关注教师，这或许是反映了我们教育改革的发展。可以说随着教育改革的深入，人们越来越认识到确立教师在学校教育和教育改革中的主体地位，发挥其主导作用的重要性。

教师的主体地位与主导作用，首先是一个教师的民主权利的问题，必须通过制度的改革来健全校园民主制度，促进教育与教育改革的民主化。这样才能根本改变教师始终是校园里的“沉默的大多数”的现状，使教师真正成为教育与教育改革的主人，使教育改革由单纯的自上而下的行政指令，教师被动地执行，变成教师的内在要求，从而获得教育改革和教育自身的内在动力与尺度。这或许是中国教育改革发展到现阶段必须正视与解决的关键性环节。

教师的主体地位与主导作用问题的另一个重要方面，是教师自我生命的自由与健全发展，以及自身素质的提高。它与前述民主权利的问题是相辅相成的。

越来越多的事实表明，教育对象——学生的素质问题的背后，往往折射出教育者自身的素质问题。教师的素质与教育改革的客观要求是否相适应，已经成为教育改革能否健康、持续发展的另一个关键环节。同时，我们还要指出，提高教师的素质，不仅是学校素质教育的需要，更是教师自身精神发展的需要。

于是，就有了“教师的全面和专业化发展”问题的提出。我们这套《现代教师读本》就是为适应这样的要求而编写的。

《现代教师读本》分为五卷，即《教育卷》《人文卷》《科学卷》《艺术卷》《生活情趣卷》，这大体上表明了我们对通常所说的“教师素养”的内涵的一种理解。在我们看来，它应该包括教育专业素养、人文精神、科学态度、艺术情怀，以及教师自身的精神生活等诸多方面。

我们的教育必须是“立人的教育”，于是，就有了“把我们的学生培养成具有高素质的现代中国人”的目标与要求。那么，我们也可以说，教师的“全面和专业化发展”的核心，也应该是“立人”，目的是要“使教师成为具有高素质的现代教师”。这或许是我们将这套丛书命名为《现代教师读本》的内在理念。

我们讲“现代教师”，并非要割断历史的联系，相反，我们要强调，“现代教师”首先应当是“教师”，要有教师的“本职”观念。说起来，这几乎是常识；但这些年许多时髦的观念恰恰模糊以至遮蔽了教师的本职，我们教学工作中的许多问题其实都可以归结为“失职”。因此，谈教师的素质，首先就是要回到常识，要“像个教师的样子”，做一个“尽职敬业的教师”。教师的本职是什么？就是“教书育人”，而教书就是“教学生学”，这就意味着教师这个职业，其出发点与归宿都应该是“学生的健康、健全成长”。因此，教师的职业道德，最基本的就是“把学生放在自己心中”，教师职业的价值与乐趣，也就体现在“教师也生活在学生心中”，于是就有了教师与学生的生命在相互的关爱中的共同成长，所谓“教学相长”就是一个最理想的教育状态与境界。有了这样的自觉追求，达到或接近这样的境界，就会把教师这个职业当做“天职”，即成为内在生命的需要，不管外在条件多么恶劣，不管遇到什么挫折，都认定自己天生是当教师的料，坚守在教师的岗位上，做教育的守望人。这就是我们说的教育的理想主义，教师本质上是一个带有浓重的理想主义色彩的职业。

传统艺人有“老老实实演戏，清清白白做人”的说法，我们也可以说，教师应当“老老实实教书，堂堂正正做人”。我们讲“尽职敬业”，就是“老老实实教书”；我们还要做一个“有良知有尊严的教师”，因为我们是“堂堂正正的人”，而且是“堂堂正正的现代人”：“现代教师”的概念就是建立在这“现代人”的概念基础上的。

“现代人”首先是“站起来的人”，“现代教师”首先是有自由思想、独立人格，具有批判与创造精神的人，“不跪着教书”就成为他们最基本的信条。

另一方面，现代社会又要求“社会人格”，认定人的个性只有在一定的社会条件下，在社会交往中，才能得到健全的发展。因此，现代教育的基本任务，不仅要引导学生建构独立的个体人格，而且要培育学生社会性的现代公民人格，也就是要促进学生在“个体个性化”与“个体社会化”之间求得平衡发展。现代教师担负着这样的现代教育的使命，他自身也必须是具有历史责任感、社会承担意识的现代公民，同时也必须具有现代团队精神，“学会共存”。

现代人追求个人与社会的统一的同时，也追求感性与理性的统一。这也就决定了现代教师的精神世界必须体现人文精神与科学精神的统一。科学精神以追求真理，发现真知为唯一指归，强调尊重事实，尊重科学逻辑。现代教师的独立人格，必须建立在科学基础上，因此，对于一个现代教师，最重要的，就是要有独立的理性的判断力：人文精神与科学精神在这里统一。

现代精神的另一个重要方面，就是民主与平等的精神。这对现代教育是尤其重要的。特别是在知识经济的社会里，教育平等关系到人的发展起点的平等，是社会平等的基础与前提。关注与促进每一个学生的健全发展，这可以说是现代教师的职责所在。这背后有一个对生命的大关爱，即“关注所有生命的价值，肯定所有生命的意义，成全所有生命的发展”。

教育的民主与平等的另一面，就是要建立全新的师生关系，不仅要摆脱传统的封建制度下的半人身依附关系，也要抵制现代商业社会带来的商品交换关系的侵蚀。

我们所说的“成全所有生命的发展”，也包括教师的生命的自由与健全发展。把教师比喻为“蜡烛”，看做是“照亮别人，牺牲自己”的职业，显然不符合现代教师的理念。教师自身的生命发展，既是作为现代人的教师的权利，也是现代教育发展的自身需要。教师的物质生活与生理健康、心理健康，理应得到更多的关注，教师的精神生活更应该是丰富多彩与高质量的。教师的精神空间决定了教育的空间，教育的魅力取决于教师的人格与精神魅力。一个视野开阔，兴趣广泛，知识渊博，多才多艺，热爱并善于享受生活，生机勃勃，充满情趣，富有教养，仪表不俗，气质高贵的全面发展的教师，一个虽有缺陷但个性鲜明，有真性情的教师，对青少年的吸引与影响，是课堂教学所难以达到的，甚至是更为根本与深远的。现代教师在处在人生起点的青年学生的心目中，应该是真、善、美的化身，应该是一个“可爱的人”：这可以说是对教师的最高评价，是教师价值的最高体现。

以上所说，除第一条“尽职敬业”是教师的底线，是必须达到的，其余都多少属于理想状态，是教师努力的目标，即所谓“虽不能至”（不能完全达到），也要“心向往之”。现实教育中的教师，实际上是深处在各种困境中的：除现实社会与教育的弊端所造成以外，也还有现代教育本身的悖论所带来的困惑。

我们前面说到教师的本职，这其实是一种“公职”，现代教师是国家的公务人员，他是在国家的教育体制下，按照国家制定的教育目标、教育计划进行教学工作的，这就决定了教师所拥有的个人自由与独立性是有限的。更重要的是，教师所执行的既是社会意志，又是国家意志，这二者既有一致更有矛盾，甚至会发生激烈冲突。而教师的个人意志与追求和社会意志与国家意志更可能有矛盾与冲突。教师的教学工作其实是在这三种意志的张力中进行的。这是现代教师所面临的一个根本性的矛盾与困惑。

现代教育不能回避的另一个问题，是市场经济的制约与冲击。市场经济对教育的发展，有正面的作用，也有负面的影响。与此相联系的，还有与市场经济紧密相连的作为文化产业的影视、网络等大众文化教育对学校教育的挑战与冲击。既不能完全否定、排斥，又不能随意迎合，这都是现代教师所遇到的难题。

当然，这都属于宏观的考察，它构成了这套《现代教师读本》编写的大背景，也是我们在编写过程中反复考虑与讨论的。但所涉及的问题又全都不是区区一套读物所能解决的。我们给自己定的原则是“想大问题，做小事情”，因此，具体落实到这套书，我们的目标是有限的，低调的：不过是要在中小学教师中提倡一种读书风气，围绕教师素质的提高，拓开一个相对广阔的读书视野，提供既有经典性，又有现实情怀的，具有可读性的，经过精选的阅读文本，以帮助有志读书，时间却有限的老师尽快进入读书状态，将读书与做人结合起来，达到精神的滋润与升华。这自然都是我们的主观追求，尽管做了努力，但能否实现，实现到什么程度，还有待阅读读本的老师们的检验。

钱理群

2006 年 3 月 24—25 日

目录

前　言 / 1

第一部分　美是宇宙的一种表现

导　语 / 3

◎［美］爱默生　美是宇宙的一种表现 / 5

◎宗白华　美从何处寻 / 10

◎朱光潜　无言之美 / 16

◎叶　朗　说意境 / 24

第二部分　艺术的欣赏

导　语 / 37

◎［法］丹　纳　什么叫艺术 / 39

◎［美］房　龙　艺术是普遍的 / 44

◎［苏联］索尔仁尼琴　为人类而艺术 / 49

◎蒋　勋　艺术的欣赏 / 52

◎［法］罗　丹　葛赛尔　艺术之思想 / 59

◎陈丹青　常识与记忆 / 64

◎林风眠　艺术家应有的态度 / 72

第三部分　永恒的微笑

导　语 / 77
◎傅　雷　永恒的微笑 / 79
◎熊秉明　看蒙娜丽莎看 / 83
◎［荷兰］凡·高　真诚质朴与庄严的悲哀 / 92
◎吴冠中　关于凡·高 / 96
◎［日］东山魁夷　一 条 路 / 102
◎张大千　画　说 / 106
◎黄苗子　画坛师友录 / 110
◎陈师曾　文人画之价值 / 124

第四部分　金石书画面面观

导　语 / 131
◎启　功　金石书画漫谈 / 133
◎叶秀山　中国书法 / 144
◎黄苗子　因蜜寻花
——叶恭绰谈书法 / 148
◎陈燮君　经典的文化力量 / 154

第五部分　学会倾听

导　语 / 163
◎［英］萧伯纳　贝多芬百年祭 / 165
◎肖复兴　最后的海菲兹 / 170
◎韩静霆　听　泉
——阿炳的《二泉映月》/ 175
◎冯骥才　秋天的音乐 / 177

◎木　心　林肯中心的鼓声 / 181
◎余光中　饶了我的耳朵吧，音乐 / 184
◎李　皖　从解放到迷茫
——流行歌曲二十年 / 189
◎辛丰年　学会倾听 / 195
◎丰子恺　音乐的诉述 / 217
◎李　皖　道统之外 / 221

第六部分　戏剧的化境

导　语 / 227
◎［英］马丁·艾思林　戏剧剖析（节选）/ 229
◎梁漱溟　戏剧在于能入化境 / 243
◎王元化　京剧与传统文化 / 245
◎戴锦华　电影批评 / 256
◎彭吉象　好莱坞的戏剧化电影 / 261
◎张艺谋　《十面埋伏》：记住三分钟就够了 / 265
◎汪景寿　曲艺是综合艺术 / 270

第七部分　造型种种

导　语 / 281
◎熊秉明　从米格朗基罗到罗丹 / 283
◎［法］罗　丹　遗　嘱 / 288
◎梁思成、林徽音　古建序论 / 292
◎陈从周　中国园林散记 / 306
◎邓云乡　标准四合院与大宅门 / 319
◎闻一多　说　舞 / 327
◎［美］邓　肯　舞蹈应该是怎样的 / 332

前言

这个世界有了人就有了艺术。

这个世界有了人就有了教育。

艺术和教育是孪生的兄弟，谁也离不开谁。中国古代最伟大的教育家孔子，在洙泗之间教学，弦歌一堂。他和学生即使被困于陈蔡之间，生命受到威胁，也“弦歌不绝”。为什么？“乐也者，圣人之所乐也，而可以善民心，其感人深，其移风易俗，故先王著其教焉。”① 古希腊的教育家柏拉图，在他的《理想国》中，规定小孩子一进入学校就要学习音乐，因为音乐能使灵魂“和谐”。可见不论中外，教育中必有艺术，艺术中必有教育，两者水乳交融，难舍难分。

今天学校教育的分科教学，当然是一大进步，但是也容易造成“隔行如隔山”的局面。对学生来说，语数外要学，理化生要学，史地政要学，音体美也少不了。但是对于教师来说，“敲锣的敲锣，卖糖的卖糖——各干一行”，不用说语数外的老师与艺术“不搭界”，就是教音乐的老师对美术也往往是外行，教美术的老师对戏剧又可能所知甚少。学科和专业使人的学科视野越来越狭隘，甚至使人的“知、情、意”产生隔离，这不能不说是一种反常的现象。

蔡元培先生在谈到美育可以“陶冶活泼敏锐之性

---

① 《礼记·乐记》。

灵，养成高尚纯洁之人格”的作用时说：“我们每每在听了一支歌，看了一张画、一件雕刻，或者读了一首诗、一篇文章以后，常会有一种说不出的感觉；四周的空气会变得更温柔，眼前的对象会变得更甜蜜，似乎觉到自身在这个世界上有一种伟大的使命。这种使命不仅仅要使人人有饭吃，有衣裳穿，有房子住，他同时还要使人人能在保持生存以外，还能去享受人生。知道享受人生的乐趣，同时便知道了人生的可爱，人与人的感悟便不期然而然地更加浓厚起来。”① 美和艺术能使人的心灵得到净化，使人的境界得到升华，这对于我们每一个人，尤其是对于教师来说，实在是太重要了。

在当前的艺术审美活动和艺术教育中，有两种倾向需要避免。一种是过于强调技术层面的训练，对各种艺术门类，如钢琴、民族乐器、书法、绘画……为参加“考级”而进行教学与培训，忽视了艺术的熏陶，当然也就谈不到心灵上的有效感悟和提升。正如德国哲学家雅斯贝尔斯所说的“训练是一种心灵隔离的活动”②，只进行艺术技能的训练，对于艺术教育来说是远远不够的。另一种是大量的“艺术爱好者”，只能以“观众”“听众”的心态，隔着一道“屏幕”如同雾里看花一般来“欣赏”艺术作品，不能够直截了当地参与到艺术美的创造中去。有一位学者说得好：“美育活动可以丰富多彩，但如果不能获得一种美的感觉，不能体验一种美的情怀，不能接近和进入一种美的境界，那只是活动，不是美育。美育的本质意义不在于技术层面，不在于获得一些技能技巧，而在于培育美的精神，即对美的境界的追求（这里丝毫没有看轻鉴赏美、创造美的具体能力的意思，鉴赏美、创造美的能力与感受美、实践美的深刻性无疑是相辅相成的）。美的境界并不是高不可攀的，人生而具有追求美的天性，具有摆脱功利、超凡脱俗的意向……美育的任务就在于引导、升华这种爱美的天性进入美的境界。”③

为了伴随广大教师一起步入艺术和美的境界，我们编选了这一本书，其中介绍了艺术的几个主要门类：绘画、书法、音乐、戏剧、电影、舞蹈、雕塑、建筑，等等，包括对审美意识和艺术欣赏的理论探讨。所选的文章大多来自大家的名著，但又都具有深入浅出、亲切近人的特点，不少文章如同与读者进行面对面的交谈。我们相信这些文章必能引发广

---

① 《蔡元培美育论集》，长沙，湖南教育出版社，1987。

② ［德］雅斯贝尔斯《什么是教育》，北京，三联书店，1991。

③ 袁振国《教育新理念》，北京，教育科学出版社，2002。

大读者的阅读兴趣，帮助我们打开艺术心灵之窗。

中国的教育正在向新世纪的纵深走去。新的世纪需要既有先进教育理念又有个人文化艺术魅力的教师，这样的教师必然有着对美的追求，有着丰富的艺术修养。我们希望这本书能为此作出绵薄的贡献。

是为前言。

陈燮君　黄玉峰

2006年5月

第一部分

美是宇宙的一种表现

● 美是宇宙的一种表现　[美] 爱默生
● 美从何处寻　宗白华
● 无言之美　朱光潜
● 说意境　叶　朗

导语

当你很小很小的时候，看到天上的浮云在缓缓地飘，看到河中的流水在潺潺地流，你心驰神往，乐而忘返，也许你不知道，你是在寻找美。

当你已成为一个青少年时，听到一曲歌，回肠荡气，始终在耳畔缭绕；看到一处神殿，庄严肃穆，使你屏息仰视，你已经知道自己正在被美所吸引。

然而，也许是为生计所迫，也许是被俗务缠身，使你的心灵远远地离开了美的天地，因而浮躁、疲惫、枯窘、六神无主、心烦意乱……这样下去，你会失去生之意趣，成为一个只是“活着”的人。

重新拾起你丢落了的童心，重新鼓起你少年时代的激情，我们一起到艺术的世界中来，寻找美……

美是宇宙的一种表现[①]

［美］爱默生

人类具有一种由大自然所赋予的更为高贵的要求，也就是说，有一种爱美之心。

古希腊人把世界称为“库斯谟士”（Κοσμos），就是美。这正是万物之构成，或者说，这正是人独具慧眼的造形能力。因此，大自然的诸基本形式，如天空、山岭、树木、动物，靠它们自身就能使人类喜爱，产生一种来自轮廓、色彩、运动和排列的喜悦。之所以如此，大约一部分是由于我们的眼睛。艺术家最精妙之处莫过于眼睛。通过眼睛的结构与光线的规律之间的相互作用，乃产生出“透视”。任何一组物体，不论其物性如何，通过透视便结合为一整体，色彩分明，呈现为球体。因此，不论个别物体是否平庸和动人，由它们组合而成的景色却有了完满和对称之状。所以，眼睛实为构图之最，光线实为画家之先。在光线聚合之处，不论多丑秽的物体，都化作了美景。光线不仅对视觉构成刺激，而且还具有一种涵盖一切的性能，像空间和时间那样，为所有事物都抹上了欢乐的色彩。哪怕是尸体，光照也会化丑为美。除了这种灌注于整个自然的总括的恩泽之外，几乎所有事物的形式都会使眼睛喜悦，例如橡实、葡萄、松果、麦穗、鸡蛋、大多数鸟类的羽翼和形体、狮爪、毒蛇、蝴蝶、贝壳、火焰、云朵、蓓蕾、树叶和许多树木的形状，我们不断地去模仿它们中的某几样，

① 本文系爱默生的《论自然》（1836）中的第三节，原标题《论美》。选自《大学活叶文库》，上海，华东师范大学出版社，2001。本文为陈超南译。爱默生（1803—1882），美国散文作家、思想家、诗人。

并把它们当做美的象征。

为更好地考察起见，我们可以从三个方面来描绘一下美的形貌。

一、首先，在纯朴的直觉之中，自然物的诸形式都使人喜悦。大自然中各种形式和活动的影响，都是人必不可少的，也就是说，从它最浅显的作用来说，似乎只限于实用和审美的范围。对于一直禁锢在有害的工作或事务之中的身心来说，大自然倒是一帖良药，能使身心恢复常态。商人、律师走出喧嚣扰人的和处处钻营的街道，仰望天空，凝视树木，会重新感到自己是一个人了。在大自然万物的永恒的寂静之中，他重新发现了自己。眼睛的健康似乎离不开广阔的视野。只要我们的眼力久远，我们就永远不会疲倦。

但是在其他的时刻，大自然也仍然以其可爱之处使我们满心喜欢，而不与身体所得的好处相混淆。从我家外面的山顶上观看早上的景象，从日出直至日落，就会带有一个天使才可能有的感情。条条长带状的云朵在霞光中飘浮，宛如鱼在海中游弋。我从地上眺望，好像是从岸边去看寂静的大海。我仿佛也参与了天空中的瞬息变化，它的富有生机的魅力传入我的体内，我的生命得到了扩张，与晨风融为一体。大自然就是以少许简单的要素来使我们超脱尘俗的！只要我有健康之躯和自在的时间，我就会使帝王的显赫权势成为荒谬可笑。拂晓的景色是我的亚述帝国（Assyria），夕阳西落和明月东升是我的帕福斯（Paphos）①，是我的无法想象的仙境乐土，烈日当空的中午是我的富有常识和理智的英国，深不可测的黑夜是我的独具神秘哲学和梦幻的德国。

时逢正月，昨天黄昏观赏日落，除了下午我们的感觉不够灵敏之外，景象毫不逊色。西方散落的云朵，化成淡红色的碎片，色调变化无穷，柔和得无法言表；屋外空气充满了活力，清新芳香，使人回到屋中竟有痛苦之感。大自然向我诉说的是什么呢？磨坊后面的山谷，处处生机，难道其中没有涵义吗？即使是荷马或莎士比亚，也无从用文辞来复述。叶片尽去的树木在落日的余晖中，变成了火焰般的尖塔，衬托在蔚蓝的天空中，花瓣飘落，犹如群星闪烁，树枝光秃，覆盖着斑斑寒霜，它们虽缄默无声，却构成了美妙的音乐。

习惯于城市生活的人，认为乡村的景色，悦人的时间不过半年而已。我自己却偏爱于冬季风光的优雅，我相信我从中所受的恩泽，并不少于夏季的和畅。对于善于感受的眼睛来说，一年之中所有的时刻莫不具有

① 塞普鲁斯岛上的古城堡，以崇拜维纳斯而闻名于世。

自身的美丽，就是偏于乡间，同一地方的每时每刻都在展现一幅与过去不同的图画，它在将来也决不会重复出现。天色瞬息变化，却将明亮或阴晦表现在其下面的大地上。接连不断的农庄田野上，庄稼生长的景象每周都不相同。牧场上，田埂旁，花草树木的生长时序相继，报告着季节的变化，宛如一架无声的大钟。对于敏于观察的人来说，从中还能看出一天中时辰的变化。鸟群与虫类的活动，也总是前后相继，像植物严守节气一样，在一年的光阴中占有自己的位置。河床两边，变化尤为显著。在七月里，水落露出浅处，河床大片地方都开出了蓝色的海寿花，整条河使人满心喜欢，成群成群的黄蝴蝶在其间翩翩起舞。艺术难以重现这种红紫金黄的交响。这时的河流确实成了接连不断的节日，以它每个月都有新的装饰而值得夸耀。

然而这种肉眼所见和身体所感的美，只是自然之美的最低下的部分。时辰的种种变化，带着露水的早晨，雨后的彩虹，群山的起伏，繁花似锦的果园，闪烁的群星，明媚的月光，平静水面上的倒影，这等美景，求之过切，就会成为纯粹的皮相，反而以它们的虚假使我们索然无味。走出家门，看一眼月亮，它不过是一个铜盘，这时的月亮怎会像旅途中月光照人行时那般迷人？十月下午金光照耀的太阳之美，谁能把它抓在手中？走向前去捕捉它吧，它早消失了；从公共马车的窗口向外望去，金秋之丽不过是蜃景而已。

二、还存在一种更高级的美，也就是一种精神因素方面必不可少的完美。这种高贵而神圣的美，绝不以娇柔来迷惑人，只有在与人类意志的联系中才能发现它。上帝为人设置了善行，美就是它们的标记。凡是顺乎自然的行动都是优美的。凡崇高宏大的举动也一定是合乎情理的，所以使得所在地方和周围的观者也有了光彩。伟大的行动给人以教诲：宇宙是每一个生活在其中的个人的财富。每一个富有理性的人都可以把整个自然当做他的禀赋和财产。只要他愿意，大自然就是他的。他可以自我剥夺这种权利；他可以像大多数人那样，躲入角落，放弃自己的王国；但他本可自己委派而拥有这个世界。他拥有世界的程度，与他思想和意志的力量成正比。萨拉斯特（Sallust）说："人类所耕的土地，所造的建筑，所航的船只，无不遵循善行。"吉朋（Gibbon）[1] 说："风向和海潮总是为最好的航海家所运用的。"天空中的太阳、月亮和星辰也同样如此。高贵的业绩偶然会发生在壮美的自然景色之中，当李奥尼达斯（Le-

① Gibbon（1737—1794），著有《罗马衰亡史》，引文见该书68页。

onidas)[①] 和他的三百烈士在一天之内壮烈牺牲时，太阳和月亮曾从峻峭的塞摩比勒峡谷上探出头来照看他们；当阿诺德·温克尔里德（Arnold Winkelried)[②] 在高高的阿尔卑斯山上雪崩的隐蔽处，身上插满了奥军投掷过来的长矛，而他却要为他的战友突破防线。难道不正是这些英雄们把自然景色之美加入到他们壮烈牺牲之美里面去了吗？当哥伦布率众驶近美洲海岸的时候——在他的面前，土人纷纷从他们的茅屋中奔出来，排列成行，船后是大海，两旁为印第安多岛海的群山所环抱，难道我们能把这生动的景象与人完全分开？不正是棕榈树林和热带草原作为锦绣帷幔给新大陆穿上了衣服而有了它的形式？自然之美润物无声，难道它不像空气那样涵盖伟大的事业吗？当亨利·范爵士（Sir Henry Vane)[③] 被拖到古塔上，坐在雪橇上，作为英国法律的维护者而被处以死刑时，旁观者中一人高呼道："你从未像今天这样有如此荣耀的座位。"英王查理二世为了威胁伦敦的市民，在押送爱国志士罗素勋爵（Lord Rusell)[④] 赴绞架时，让他坐在敞篷马车上沿伦敦的主要街道示众。他的传记作者说："但是道旁的群众却似乎看到自由和正义之神就坐在他的身旁。"不论地处穷乡僻壤，也不论囿于暗淡无光的事物之中，只要出现了追求真理的举动或英勇壮烈的行为，便会因之化天地为神殿，变日月为明灯。只要人的思想能与自然同样伟大，自然就会伸开两臂来拥抱人们。人类的英雄之举会使自然心甘情愿地以玫瑰和紫罗兰来伴随人的脚步，以宏伟而优美的景色来装饰人这个自然之骄子。人的思想不论有多广袤，自然总会给这幅图画配上框架。一个有德行的人，不仅与自然的造化合为一体，而且成为整个可视领域的中心人物。我们对希腊地域和气象的记忆，总与荷马、品达、苏格拉底、福锡安等人相连。耶稣光照如日月，长存如大地。就是在日常生活中，我们很自然地把性格刚毅才气横溢的人，看做具有驾驭万物的能力——芸芸众生、流行见解、光阴荏苒、自然万物，都由他来支配。

三、世界之美还有另一个方面，即它可以被视为理智的对象。它除了与德行相涉，还与思想相关。理智的研究，抽引出事物的普遍秩序，仿佛它们为上帝所固有，完全没有情感好恶的色彩。人的理智能力与活动能力似乎是互相承续的，两者中的一种活动产生出另一种活动。它们

---

① Leonidas，斯巴达国王，公元前5世纪在塞摩比勒峡谷抵御波斯大军的入侵。

② Arnold Winkelried，瑞士抵抗奥军入侵的英雄。

③ Sir Henry Vane（1613—1662），英国政治家，被英王查理二世处死。

④ Rusell 勋爵（1639—1684），英国政治家。

之间也有不和合之处，但它们恰似动物的进食阶段与工作阶段那样交替，每一方对另一方来说，都既是承续又是准备。正如我们上面所看到的那样，美确实与行为有关，但美无求于行为而产生，正因为无欲而美，所以美能存留在对理智的领悟和追求之中；另一方面，美也能存留在对活动能力的领悟和追求之中。神圣之物永无凋落之日。凡善也总是生生不息的。自然美在人的心灵中形式不断得到组合，这不是为了徒然无益的观照，而是为了新的创造。

所有的人，在不同程度上都能感受世界的表面，某些人甚至能从中感到喜悦。这种对美之爱就是趣味。另外一些人同样对美爱之不已，但不止于对美的爱慕，而寻求将美表达出来的新形式。这种对美的创造，也就成了艺术。

艺术作品的创造，可以解释人生之谜。一件艺术作品就是这个世界的一种抽象或一个缩影。艺术作品是以微型方式对自然的表现的产物。尽管自然界的事物不计其数，各不相同，但艺术作为自然的产物或表现却都很相近和单纯。自然界就是一片基本上相同的种种形式的海洋，尽管它们各自很独特。一片树叶，一束阳光，一个景致，茫茫大海，都会在心灵上留下相似的印象。它们的共同之处，就在于它们都是完整的、和谐的，所以是美的。美的标准就是各种自然形式的总汇，即自然的整体。意大利人曾这样表述美的定义："寓多于一。"没有什么东西能单独自美；在整体之中，没有一样东西是不美的，一件简单的事物之所以美，就因为它能见出这种普遍的光彩。诗人、画家、雕刻家、音乐家、建筑家，各自以自己的方式把世界的光彩集中在一点上，他们为爱美之心所激发，他们的作品，就是满足这种对美的热爱。因此艺术就是自然通过人心而提炼的产物。人们对自然万物之美有了感受，自然便借他们的心灵而创造出艺术。

这样存在的世界，是为了满足灵魂上对美的追求。美这种要素，我可以说它是一种终极的目的。无人能问也无人能回答：人的灵魂为何追求美？从最广大和最深刻的意义上来说，美是宇宙的一种表现。上帝是尽善尽美的。真，善，美，只不过是同一个整体的不同方面。自然之美并不是终极之美。它自身不能单独构成充实自足的善，但它能成为内在的永恒的美的先兆。自然之美绝不是自然的最高表现和最终原因，而只能作为它的一部分而存在。

美从何处寻①

宗白华

啊，诗从何处寻？
在细雨下，点碎落花声，
在微风里，飘来流水音，
在蓝空天末，摇摇欲坠的孤星！
——《流云小诗》

尽日寻春不见春，
芒鞋踏遍陇头云，
归来笑拈梅花嗅，
春在枝头已十分。
——宋·罗大经《鹤林玉露》中载某尼悟道诗

诗和春都是美的化身，一是艺术的美，一是自然的美。我们都是从目观耳听的世界里寻得她的踪迹。某尼悟道诗大有禅意，好像是说“道不远人”，不应该“道在迩而求诸远”。好像是说：“如果你在自己的心中找不到美，那么，你就没有地方可以发现美的踪迹。”

然而梅花仍是一个外界事物呀，大自然的一部分呀！你的心不是“在”自己的心的过程里，在感情、情绪、思维里找到美；而只是“通过”感觉、情绪、思维找到美，发现梅花里的美。美对于你的心，你的“美感”是客观的对象和存在。你如果要进一步认识她，你可以分析她的结构、形象、组成的各部分，得出“谐和”的规律、“节奏”的规律、表现的内容、丰富的启示，而不必顾到你自己的

① 选自《美学散步》，上海，上海人民出版社，1997。宗白华（1897—1986），诗人，美学家，北京大学教授。

心的活动，你越能忘掉自我，忘掉你自己的情绪波动，思维起伏，你就越能够“漱涤万物，牢笼百态”①，你就会像一面镜子，像托尔斯泰那样，照见了一个世界，丰富了自己，也丰富了文化。人们会感谢你的。

那么，你在自己的心里就找不到美了吗？我说，如果我们的心灵起伏万变，经常碰到情感的波涛，思想的矛盾，当我们身在其中时，恐怕尝到的是苦闷，而未必是美。只有莎士比亚或巴尔扎克把她形象化了，表现在文艺里，或是你自己手之舞之，足之蹈之，把你的欢乐表现在舞蹈的形象里，或把你的忧郁歌咏在有节奏的诗歌里，甚至于在你的平日的行动里、语言里。一句话，就是你的心要具体地表现在形象里，那时旁人会看见你的心灵的美，你自己也才真正的切实地具体地发现你的心里的美。除此以外，恐怕不容易吧！你的心可以发现美的对象（人生的，社会的，自然的），这“美”对于你是客观的存在，不以你的意志为转移。（你的意志只能指使你的眼睛去看她，或不去看她，而不能改变她。你能训练你的眼睛深一层地去认识她，却不能动摇她。希腊伟大的艺术不因中古时代而减少它的光辉。）

宋朝某尼虽然似乎悟道，然而她的觉悟不够深，不够高，她不能发现整个宇宙已经盎然有春意，假使梅花枝上已经春满十分了。她在踏遍陇头云时是苦闷的、失望的。她把自己关在狭窄的心的圈子里了。只在自己的心里去找寻美的踪迹是不够的，是大有问题的。王羲之在《兰亭序》里说：“仰观宇宙之大，俯察品类之盛，所以游目骋怀，足以极视听之娱，信可乐也。”这是东晋大书法家在寻找美的踪迹。他的书法传达了自然的美和精神的美。不仅是大宇宙，小小的事物也不可忽视。诗人华滋沃斯曾经说过：“一朵微小的花对于我可以唤起不能用眼泪表达出的那样深的思想。”

达到这样的、深入的美感，发见这样深度的美，是要在主观心理方面具有条件和准备的。我们的感情是要经过一番洗涤，克服了小己的私欲和利害计较。矿石商人仅只看到矿石的货币价值，而看不见矿石的美的特性。我们要把整个情绪和思想改造一下，移动了方向，才能面对美的形象，把美如实地和深入地反映到心里来，再把它放射出去，凭借物质创造形象给表达出来，才成为艺术。中国古代曾有人把这个过程唤做“移人之情”或“移我情”。琴曲《伯牙水仙操》的序上说：

伯牙学琴于成连，三年而成。至于精神寂寞，情之专一，

① 见柳宗元《愚溪诗序》。

未能得也。成连曰："吾之学不能移人之情，吾师有方子春在东海中。"乃赍粮从之，至蓬莱山，留伯牙曰："吾将迎吾师！"划船而去，旬日不返。伯牙心悲，延颈四望，但闻海水汩波，山林窅冥，群鸟悲号。仰天叹曰："先生将移我情！"乃援操而作歌云："繄洞庭兮流斯护，舟楫逝兮仙不还，移形素兮蓬莱山，歍钦伤宫仙不还。"

伯牙由于在孤寂中受到大自然强烈的震撼，生活上的异常遭遇，整个心境受了洗涤和改造，才达到艺术的最深体会，把握到音乐的创造性的旋律，完成他的美的感受和创造。这个"移情说"比起德国美学家栗卜斯的"情感移入论"似乎还要深刻些，因为它说出现实生活中的体验和改造是"移情"的基础呀！并且"移易"和"移入"是不同的。

这里我所说的"移情"应当是我们审美的心理方面的积极因素和条件，而美学家所说的"心理距离""静观"，则构成审美的消极条件。女子郭六芳有一首诗《舟还长沙》说得好：

侬家家住两湖东，
十二珠帘夕照红，
今日忽从江上望，
始知家在画图中。

自己住在现实生活里，没有能够把握它的美的形象。等到自己对自己的日常生活有相当的距离，从远处来看，才发现家在画图中，溶在自然的一片美的形象里。

但是在这主观心理条件之外，也还需要客观的物的方面的条件。在这里是那夕照的红和十二珠帘的具有节奏与和谐的形象。宋人陈简斋的海棠诗云："隔帘花叶有辉光。"帘子造成了距离，同时它的线文的节奏也更能把帘外的花叶纳进美的形象，增强了它的光辉闪灼，呈显出生命的华美，就像一段欢愉生活嵌在素朴而具有优美旋律的歌词里一样。

这节奏，这旋律，这和谐等等，它们是离不开生命的表现，它们不是死的机械的空洞的形式，而是具有丰富内容，有表现、有深刻意义的具体形象。形象不是形式，而是形式和内容的统一，形式中每一个点、线、色、形、音、韵，都表现着内容的意义、情感、价值。所以诗人艾里略说："一个造出新节奏的人，就是一个拓展了我们的感情并使它更为高明的人。"又说，"创造一种形式并不是仅仅发明一种格式、一种韵律或节奏，而且也是这种韵律或节奏的整个合式的内容的发觉。莎士比亚的十四行诗并不仅是如此这般的一种格式或图形，而是一种恰是如此思想感情的方式”，而具有着理想的形式的诗是“如此这般的诗，以致我们看见所谓诗，而但注意着诗所指示的东西”①。这里就是“美”，就是美感所受的具体对象。它是通过美感来摄取的美，而不是美感的主观的心理活动自身。就像物质的内部结构和规律是抽象思维所摄取的，但自身却不是抽象思维而是具体事物。所以专在心内搜寻是达不到美的踪迹的。美的踪迹要到自然、人生、社会的具体形象里去找。

但是心的陶冶，心的修养和锻炼是替美的发见和体验作准备的。创造“美”也是如此。捷克诗人里尔克在他的《柏列格的随笔》里有一段话精深微妙，梁宗岱曾把它译出，现介绍如下：

> ……一个人早年作的诗是这般乏意义，我们应该毕生期待和采集，如果可能，还要悠长的一生；然后，到晚年，或者可以写出十行好诗。因为诗并不像大家所想象，徒是情感（这是我们很早就有了的），而是经验。单要写一句诗，我们得要观察过许多城许多人许多物，得要认识走兽，得要感到鸟儿怎样飞翔和知道小花清晨舒展的姿势。得要能够回忆许多远路和僻境，意外的邂逅，眼光光望它接近的分离，神秘还未启明的童年，和容易生气的父母，当他给你一件礼物而你不明白的时候（因为那原是为别一人设的欢喜）和离奇变幻的小孩子的病，和在一间静穆而紧闭的房里度过的日子，海滨的清晨和海的自身，和那与星斗齐飞的高声呼号的夜间的旅行——而单是这些犹未足，还要享受过许多夜不同的狂欢，听过妇人产时的呻吟，和坠地便瞑目的婴儿轻微的哭声，还要曾经坐在临终人的床头和死者的身边，在那打开的、外边的声音一阵阵拥进来的房里。可是单有记忆犹未足，还要能够忘记它们，当它们太拥挤的时候，还要有很大的忍耐去期待它们回来。因为回忆本身还不是这个，必要等到它们变成我们的血液、眼色和姿势了，等到它们没有了名字而且不能别于我们自己了，那么，然后可以希望在极难得的顷刻，在它们当中伸出一句诗的头一个字来。

这里是大诗人里尔克在许许多多的事物里、经验里，去踪迹诗，去发见美，多么艰辛的劳动呀！他说：诗不徒是感情，而是经验。现在我们也就转过方向，从客观条件来考察美的对象的构成。改造我们的感情，使它能够发现美。中国古人曾经把这唤做“移我情”，改变着客观世界的

---

① 见《诗的作用和批评的作用》。

现象，使它能够成为美的对象，中国古人曾经把这唤做“移世界”。

“移我情”“移世界”，是美的形象涌现出来的条件。

我们上面所引长沙女子郭六芳诗中说过：“今日忽从江上望，始知家在画图中。”这是心理距离构成审美的条件。但是“十二珠帘夕照红”，却构成这幅美的形象的客观的积极的因素。夕照、月明、灯光、帘幕、薄纱、轻雾，人人知道是助成美的出现的有力的因素，现代的照相术和舞台布景知道这个而尽量利用着。中国古人曾经唤做“移世界”。

明朝文人张大复在他的《梅花草堂笔谈》里记述着：

> 邵茂齐有言，天上月色能移世界，果然！故夫山石泉涧，梵刹园亭，屋庐竹树，种种常见之物，月照之则深，蒙之则净，金碧之彩，披之则醇，惨悴之容，承之则奇，浅深浓淡之色，按之望之，则屡易而不可了。以至河山大地，邈若皇古，犬吠松涛，远于岩谷，草生木长，闲如坐卧，人在月下，亦尝忘我之为我也。今夜严叔向，置酒破山僧舍，起步庭中，幽华可爱，旦视之，酱盎纷然，瓦石布地而已，戏书此以信茂齐之语，时十月十六日，万历丙午三十四年也。

月亮真是一个大艺术家，转瞬之间替我们移易了世界，美的形象，涌现在眼前。但是第二天早晨起来看，瓦石布地而已。于是有人得出结论说：美是不存在的。我却要更进一步推论说，瓦石也只是无色、无形的原子或电磁波，而这个也只是思想的假设，我们能抓住的只是一堆抽象数学方程式而已。究竟什么是真实的存在？所以我们要回转头来说，我们现实生活里直接经验到的、不以我们的意志为转移的、丰富多彩的、有声有色有形有相的世界就是真实存在的世界，这是我们生活和创造的园地。所以马克思很欣赏近代唯物论的第一个创始者培根的著作里所说的物质以其感觉的诗意的光辉向着整个的人微笑①，而不满意霍布士的唯物论里“感觉失去了它的光辉而变为几何学家的抽象感觉，唯物论变成了厌世论”。在这里物的感性的质、光、色、声、热等不是物质所固有的了，光、色、声中的美更成了主观的东西。于是世界成了灰白色的骸骨，机械的死的过程。恩格斯也主张我们的思想要像一面镜子，如实地反映这多彩的世界。美是存在着的！世界是美的，生活是美的。它和真和善是人类社会努力的目标，是哲学探索和建立的对象。

美不但是不以我们的意志为转移的客观存在，反过来，它影响着我

---

① 见马克思《神圣家族》。

们，教育着我们，提高生活的境界和意趣。它的力量更大了，它也可以倾国倾城。希腊大诗人荷马的著名史诗《伊利亚特》歌咏希腊联军围攻特罗亚九年，为的是夺回美人海伦，而海伦的美叫他们感到九年的辛劳和牺牲不是白费的。现在引述这一段名句：

特罗亚长老们也一样的高踞城雉，
当他们看见了海伦在城垣上出现，
老人们便轻轻低语，彼此交谈机密：
"怪不得特罗亚人和坚胫甲阿开人，
为了这个女人这么久忍受苦难呢，
她看来活像一个青春长驻的女神。
可是，尽管她多美，也让她乘船去吧，
别留这里给我们子子孙孙作祸根。"

（引自缪朗山译《伊利亚特》）

荷马不用浓丽的词藻来描绘海伦的容貌，而从她的巨大的惨酷的影响和力量轻轻地点出她的倾国倾城的美。这是他的艺术高超处，也是后人所赞叹不已的。

我们寻到美了吗？我说，我们或许接触到美的力量，肯定了她的存在，而她的无限的丰富内含却是不断地待我们去发现。千百年来的诗人艺术家已经发见了不少，保藏在他们的作品里，千百年后的世界仍会有新的表现。每一个造出新节奏来的人，就是拓展了我们的感情并使它更为高明的人！

无言之美[①]

朱光潜

孔子有一天突然地很高兴地对他的学生说："予欲无言。"子贡就接着问他："子如不言，则小子何述焉？"孔子说："天何言哉？四时行焉，百物生焉。天何言哉？"

这段赞美无言的话，本来从教育方面着想。但是要想明了无言的意蕴，宜从美术观点去研究。

言所以达意，然而意绝不是完全可以言达的。因为言是固定的，有迹象的；意是瞬息万变，是飘渺无踪的。言是散碎的，意是混整的，言是有限的，意是无限的。以言达意，好像用继续的虚线画实物，只能得其近似。

所谓文学，就是以言达意的一种美术。在文学作品中，言语之先的意象，和情绪意旨所附丽的语言，都要尽美尽善，才能引起美感。

尽美尽善的条件很多。但是第一要不违背美术的基本原理，要"和自然逼真"（true to nature）。这句话讲得通俗一点，就是说美术作品不能说谎。不说谎包含有两种意义：一、我们所说的话，就恰是我们所想说的话。二、我们所想说的话，我们都吐肚子说出来了，毫无余蕴。

意既不可以完全达之以言，"和自然逼真"一个条件在文学上不是做不到么？或者我们问得再直截一点，假使语言文字能够完全传达情意，假使笔之于书的和存之于心的铢两悉称，丝毫不爽，这是不是文学上所应希求的一件事？

这个问题是了解文学及其他美术所必须回答的。现在

---

① 选自《给青年的十二封信》，桂林，广西师范大学出版社，2004。朱光潜（1897－1986），美学家，北京大学教授。

我们姑且答道：文字语言固然不能全部传达情绪意旨，假使能够，也并非文学所应希求的。一切美术作品也都是这样，尽量表现，非唯不能，而也不必。

先从事实下手研究。譬如有一个荒村或任何物体，摄影家把它照一幅相，美术家把它画一幅画。这种相片和图画可以从两个观点去比较：第一，相片或图画，那一个较“和自然逼真”？不消说得，在同一视阈以内的东西，相片都可以包罗尽致，并且体积比例和实物都两两相称，不会有丝毫错误。图画就不然；美术家对一种境遇，未表现之先，先加一番选择。选择定的材料还须经过一番理想化，把美术家的人格参加进去，然后表现出来。所表现的只是实物一部分，就连这一部分也不必和实物完全一致。所以图画决不能如相片一样“和自然逼真”。第二，我们再问，相片和图画所引起的美感哪一个浓厚，所发生的印象哪一个深刻，这也不消说，稍有美术口胃的人都觉得图画比相片美得多。

文学作品也是同样。譬如《论语》：“子在川上曰：‘逝者如斯夫，不舍昼夜!’”几句话绝没完全描写出孔子说这番话时候的心境，而“如斯夫”三字更笼统，没有把当时的流水形容尽致。如果说详细一点，孔子也许这样说：“河水滚滚地流去，日夜都是这样，没有一刻停止。世界上一切事物不都像这流水时常变化不尽么？过去的事物不就永远过去绝不回头么？我看见这流水心中好不惨伤呀！……”但是纵使这样说去，还没有尽意。而比较起来，“逝者如斯夫，不舍昼夜!”九个字比这段长而臭的演义就值得玩味多了！在上等文学作品中——尤其在诗词中——这种言不尽意的例子处处都可以看见。譬如陶渊明的《时运》：“有风自南，翼彼新苗。”《读〈山海经〉》：“微雨从东来，好风与之俱。”本来没有表现出诗人的情绪，然而玩味起来，自觉有一种闲情逸致，令人心旷神怡。钱起的《省试湘灵鼓瑟》末二句：“曲终人不见，江上数峰青。”也没有说出诗人的心绪，然而一种凄凉惜别的神情自然流露于言语之外。此外像陈子昂的《幽州台怀古》：“前不见古人，后不见来者，念天地之悠悠，独怆然而涕下!”李白的《怨情》：“美人卷珠帘，深坐颦蛾眉。但见泪痕湿，不知心恨谁。”虽然说明了诗人的情感，而所说出来的多么简单，所含蓄的多么深远。再就写景说，无论何种境遇，要描写得唯妙唯肖，都要费许多笔墨。但是大手笔只选择两三件事轻描淡写一下，完全境遇便呈露眼前，栩栩欲生。譬如陶渊明的《归园田居》：“方宅十余亩，草屋八九间。榆柳阴后檐，桃李罗堂前。暧暧远人村，依依墟里烟。狗吠深巷中，鸡鸣桑树巅。”四十字把乡村风景描写多么真切！再如杜工部的

《后出塞》："落日照大旗，马鸣风萧萧。平沙列万幕，部伍各见招。中天悬明月，令严夜寂寥。悲笳数声动，壮士惨不骄。"寥寥几句话，把月夜沙场状况写得多么有声有色，然而仔细观察起来，乡村景物还有多少为陶渊明所未提及，战地情况还有多少为杜工部所未提及。从此可知文学上我们并不以尽量表现为难能可贵。

在音乐里面，我们也有这种感想，凡是唱歌奏乐，音调由洪壮急促而变到低微以至于无声的时候，我们精神上就有一种沉默肃穆和平愉快的景象。白香山在《琵琶行》里形容琵琶声音暂时停顿的情况说："水泉冷涩弦凝绝，凝绝不通声暂歇。别有幽愁暗恨生，此时无声胜有声。"这就是形容音乐上无言之美的滋味。著名英国诗人济慈（Keats）在《希腊花瓶歌》也说"听得见的声调固然幽美，听不见的声调尤其幽美"（Heard melodies are sweet，but those unheard are sweeter），也是说同样道理。大概欢喜听音乐的人都尝过此中滋味。

就戏剧说，无言之美更容易看出。许多作品往往在热闹场中动作快到极重要的一点时，忽然万籁俱寂，现出一种沉默神秘的景象。梅特林（Maeterlinck）的作品就是好例。譬如《青鸟》的布景，择夜阑人静的时候，使重要角色睡得很长久，就是利用无言之美的道理。梅氏并且说："口开则灵魂之门闭，口闭则灵魂之门开。"赞无言之美的话不能比此更透辟了。莎士比亚的名著《哈姆雷特》一剧开幕便描写更夫守夜的状况，德林瓦特（Drinkwater）在其《林肯》中描写林肯在南北战争军事旁午的时候跪着默祷，王尔德（O. Wilde）的《文德米夫人的扇子》里面描写文德米夫人私奔在她的情人寓所等候的状况，都在兴酣局紧，心悬悬渴望结局时，放出沉默神秘的色彩，都足以证明无言之美的。近代又有一种哑剧和静的布景，或只有动作而无言语，或连动作也没有，就专靠无言之美引人入胜了。

雕刻塑像本来是无言的，也可以拿来说明无言之美。所谓无言，不一定指不说话，是注重在含蓄不露。雕刻以静体传神，有些是流露的，有些是含蓄的。这种分别在眼睛上尤其容易看见。中国有一句谚语说："金刚怒目，不如菩萨低眉。"所谓怒目，便是流露；所谓低眉，便是含蓄。凡看低头闭目的神像，所生的印象往往特别深刻。最有趣的就是西洋爱神的雕刻。他们男女都是瞎了眼睛。这固然根据希腊神话，然而实在含有美术的道理。因为爱情通常都在眉目间流露，而流露爱情的眉目是最难比拟的，所以索性雕成盲目，可以耐人寻思。当初雕刻家原不必有意为此，但这也许是人类不用意识而自然碰着的巧。

要说明雕刻上流露和含蓄的分别，希腊著名雕刻《拉奥孔》（Laocoon）是最好的例子。相传拉奥孔犯了大罪，天神用了一种极惨酷的刑法来惩罚他，遣了一条恶蛇把他和他的两个儿子在一块绞死了。在这种极刑之下，未死之前当然有悲伤惨戚、目不忍睹的一顷刻，而希腊雕刻家并不擒住这一顷刻来表现，他只把将达苦痛极点前一顷刻的神情雕刻出来，所以他所表现的悲哀是含蓄不露的。倘若是流露的，一定带了挣扎呼号的样子。这个雕刻，一眼看去，只觉得他们父子三人都有一种难言之痛；仔细看去便可发现条条筋肉、根根毛孔都暗示一种极苦痛的神情。德国莱辛（Lessing）的名著《拉奥孔》就根据这个雕刻，讨论美术上含蓄的道理。

以上是从各种艺术中信手拈来的几个实例。把这些个别的实例归纳在一起，我们可以得一个公例，就是：拿美术来表现思想和情感，与其尽量流露，不如稍有含蓄；与其吐肚子把一切都说出来，不如留一大部分让欣赏者自己去领会。因为在欣赏者的头脑里所生的印象和美感，有含蓄比较尽量流露的还要更加深刻。换句话说，说出来的越少，留着不说的越多，所引起的美感就越大越深越真切。

这个公例不过是许多事实的总结束。现在我们要进一步求出解释这个公例的理由。我们要问何以说得越少，引起的美感反而越深刻？何以无言之美有如许势力？

想答复这个问题，先要明白美术的使命。人类何以有美术的要求？这个问题非一言可尽。现在我们姑且说，美术是帮助我们超脱现实而求安慰于理想境界的。人类的意志可向两方面发展：一是现实界，一是理想界。不过现实界有时受我们的意志支配。譬如我们想造一所房屋，这是一种意志。要达到这个意志，必费许多气力去征服现实，要开辟荒地，要造砖瓦，要架梁柱，要赚钱去请泥水匠。这些事都是人力可以办得到的，都是可以用意志支配的。但是我们的意志想造一座空中楼阁。现实界凡物皆向地心下坠一条定律，就不可以用意志征服。所以意志在现实界活动，处处遇障碍，处处受限制，不能圆满地达到目的，实际上我们的意志十之八九都要受现实限制，不能自由发展。譬如谁不想有美满的家庭？谁不想住在极乐国？然而在现实界绝没有所谓极乐美满的东西存在。因此我们的意志就不能不和现实发生冲突。

一般人遇到意志和现实发生冲突的时候，大半让现实征服了意志，走到悲观烦闷的路上去，以为件件事都不如人意，人生还有什么意味？所以堕落、自杀、逃空门种种的消极的解决法就乘虚而入了，不过这种消极的人生观不是解决意志和现实冲突最好的方法。因为我们人类生来不是懦弱者，而这种消极的人生观甘心让现实把意志征服了，是一种极懦弱的表示。

然则此外还有较好的解决法么？有的，就是我所谓超脱现实。我们处世有两种态度。人力所能做到的时候，我们要竭力征服现实。人力莫可如何的时候，我们就要暂时超脱现实，储蓄精力，待将来再向他方面征服现实。超脱到哪里去呢？超脱到理想界去。现实界处处有障碍有限制，理想界是天空任鸟飞，极空阔极自由的。现实界不可以造空中楼阁，理想界是可以造空中楼阁的。现实界没有尽美尽善，理想界是有尽美尽善的。

姑取实例来说明。我们走到小城市里去，看见街道窄狭污浊，处处都是阴沟厕所，当然感觉不快，而意志立时就要表示态度。如果意志要征服这种现实哩，我们就要把这种街道房屋一律拆毁，另造宽大的马路和清洁的房屋。但是谈何容易？物质上发生种种障碍，这一层就不一定可以做到。意志在此时如何应付呢？它说：我要超脱现实，去在理想界造成理想的街道房屋来，把它表现在图画上，表现在雕刻上，表现在诗文上。于是结果有所谓美术作品。美术家完成了一件作品，自己觉得有创造的大力，当然快乐已极。旁人看见这种作品，觉得它真美丽，于是也愉快起来了，这就是所谓美感。

因此美术家的生活就是超脱现实的生活；美术作品就是帮助我们超脱现实到理想界去求安慰的。换句话说，我们有美术的要求，就因为现实界待遇我们太刻薄，不肯让我们的意志推行无碍，于是我们的意志就跑到理想界去求慰情的路径。美术作品之所以美，就美在它能够给我们很好的理想境界。所以我们可以说，美术作品的价值高低就看它超脱现实的程度大小，就看它所创造的理想世界是阔大还是窄狭。

但是美术又不是完全可以和现实绝缘的。它所用的工具——例如雕刻用的石头，图画用的颜色，诗文用的语言——都是在现实界取来的。它所用的材料——例如人物情状悲欢离合——也是现实界的产物。所以美术可以说是以毒攻毒，利用现实的帮助以超脱现实的苦恼。上面我们说过美术作品的价值高低要看它超脱现实的程度如何。这句话应稍加改正，我们应该说，美术作品的价值高低，就看它能否借极少量的现实界的帮助，创造极大量的理想世界出来。

在实际上说，美术作品借现实界的帮助愈少，所创造的理想世界也因而愈大。再拿相片和图画来说明。何以相片所引起的美感不如图画呢？因为相片上一形一影，件件都是真实的，而且应有尽有，发泄无遗。我们看相片，种种形影好像钉子把我们的想像力都钉死了。看到相片，好像看到二五，就只能想到一十，不能想到其他数目。换句话说，相片把事物看得忒真，没有给我们以想象余地。所以相片只能抄写现实界，不能创造理想界。图画就不然。图画家用美术眼光，加一番选择的功夫，在一个完全境遇中选择了一小部事物，把它们又经过一番理想化，然后才表现出来。惟其留着一大部分不表现，欣赏者的想像力才有用武之地。想象作用的结果就是一个理想世界。所以图画所表现的现实世界虽极小而创造的理想世界则极大。孔子谈教育说："举一隅不以三隅反，则不复也。"相片是把四隅通举出来了，不要你劳力去"复"。图画就只举一隅，叫欣赏者加一番想象，然后"以三隅反"。

流行语中有一句说："言有尽而意无穷。"无穷之意达之以有尽之言，所以有许多意，尽在不言中。文学之所以美，不仅在有尽之言，而尤在无穷之意。推广地说，美术作品之所以美，不是只美在已表现的一小部分，尤其是美在未表现而含蓄无穷的一大部分，这就是本文所谓无言之美。

因此美术要和自然逼真这个信条应该这样解释：和自然逼真是要窥出自然的精髓所在，而表现出来；不是说要把自然当做一篇印版文字，很机械地抄写下来。

这里有一个问题会发生。假使我们欣赏美术作品，要注重在未表现而含蓄着的一部分，要超"言"而求"言外意"，各个人有各个人的见解，所得的言外意不是难免殊异么？当然，美术作品之所以美，就美在有弹性，能拉得长，能缩得短。有弹性所以不呆板。同一美术作品你去玩味有你的趣味，我去玩味有我的趣味。譬如莎氏乐府所以在艺术上占极高位置，就因为各种阶级的人在不同的环境中都欢喜读它。有弹性所以不陈腐。同一美术作品，今天玩味有今天的趣味，明天玩味有明天的趣味。凡是经不得时代淘汰的作品都不是上乘。上乘文学作品，百读都令人不厌的。

就文学说，诗词比散文的弹性大；换句话说，诗词比散文所含的无言之美更丰富。散文是尽量流露的，愈发挥尽致，愈见其妙。诗词是要含蓄暗示，若即若离，才能引人入胜。现在一般研究文学的人都偏重散文——尤其是小说，对于诗词很疏忽。这件事实可以证明一般人文学欣赏力很薄弱。现在如果要提高文学，必先提高文学欣赏力，必先在诗词方面特别下功夫，把鉴赏无言之美的能力养得很敏捷。因此我很希望文学创作者在诗词方面多努力，而学校国文课程中诗歌应该占一个重要的位置。

本文论无言之美，只就美术一方面着眼。其实这个道理在伦理、哲学、教育、宗教及实际生活各方面，都不难发现。老子《道德经》开卷便说："道可道，非常道；名可名，非常名。"就是说伦理、哲学中有无言之美。儒家谈教育，大半主张潜移默化，所以拿时雨春风做比喻。佛教及其他宗教之能深入人心，也是借沉默神秘的势力。幼稚园创造者蒙特梭利利用无言之美的办法尤其有趣。在她的幼稚园里，教师每天趁儿童玩得很热闹的时候，猛然地在黑板上写一个"静"字，或奏一声琴，全体儿童于是都跑到自己的座位去，闭着眼睛蒙着头，伏案做假睡的姿势，但是他们不可以睡着。几分钟后，教师又用很轻微的声音，从颇远的地方呼唤各个儿童的名字。听见名字的就要立刻醒过来。这就是使儿童可以在沉默中领略无言之美。

就实际生活方面说，世间最深切的莫如男女爱情。爱情摆在肚子里面比摆在口头上面来得恳切。"齐心同所愿，含意俱未伸"和"但无言语空相觑"，比较"细语温存""怜我怜卿"的滋味还要更加甜蜜。英国诗人布莱克（Blake）有一首诗叫做《爱情之秘》（Love's secret），里面说：

（一）切莫告诉你的爱情，爱情是永远不可以告诉的，因为她像微风一样，不做声不做气地吹着。

（二）我曾经把我的爱情告诉而又告诉，我把一切都披肝沥胆地告诉爱人了。
打着寒颤，耸头发地苦诉，然而她终于离我去了！

（三）她离我去了，不多时一个过客来了。不做声不做气地，只微叹一声，便把她带去了。

这首短诗描写爱情上无言之美的势力，可谓透辟已极了。本来爱情全是一种心灵的感应，其深刻处老子所谓不可道不可名的。所以许多诗人以为"爱情"两个字本身就太滥太寻常太乏味，不能拿来写照男女间神圣深挚的情绪。

其实何止爱情？世间有许多奥妙，人心有许多灵悟，都非言语可以传达，一经言语道破，反如甘蔗渣滓，索然无味。这个道理还可以推到宇宙人生诸问题方面去。我们所居的世界是最完美的，就因为它是最不完美的。这话表面看去，不通已极。但是实在含有至理。假如世界是完美的，人类所过的生活——比好一点是神仙的生活，比坏一点就是猪的生活——便呆板单调已极，因为倘若件件都尽美尽善了，自然没有希望发生，更没有努力奋斗的必要。人生最可乐的就是活动所生的感觉，就是奋斗成功而得的快慰。世界既完美，我们如何能尝创造成功的快慰?这个世界之所以美满，就在有缺陷，就在有希望的机会，有想象的田地。换句话说，世界有缺陷，可能性（potentiality）才大。这种可能而未能的状况就是无言之美。世间许多奥妙，要留着不说出；世间有许多理想，也应该留着不实现。因为实现以后，跟着“我知道了”的快慰便是“原来不过如是”的失望。

天上的云霞有多么美丽！风涛虫鸟的声音有多么和谐，用颜色来摹绘，用金石丝竹来比拟，任何美术家也是作践天籁，糟蹋自然！无言之美何限？让我这种拙手来写照，已是糟粕枯骸！这种罪过我要完全承认的。倘若有人骂我胡言乱道，我也只好引陶渊明的诗回答他说：“此中有真意，欲辨已忘言！”

说意境[①]

叶　朗

我今天想谈谈中国传统美学中的一个十分重要的范畴：意境。通过这个范畴，来说明中国传统美学和中国传统艺术的一些特点。

一、“意境”和“意象”不是一个概念

在日常生活中，我们常常用“意境”这个词。比如说，一首诗很好，我们就说：“这首诗很有意境。”一幅画很好，我们就说：“这幅画很有意境。”甚至看完一场电影，走出电影院，我们也会听到有人议论：“今天的电影很有意境。”但是尽管大家都在用这个词，对于究竟什么是意境，很多人并没有搞得很清楚。

近十多年，我们学术界讨论意境的论文和专著相当多。大家对“意境”的理解和解释并不一致。而且在我看来，多数人的解释并不准确。

很多人都把“意境”和“意象”混为一谈。很多人说：什么是意境？意境就是“情”“景”交融。这种解释大概是从清代开始的。清代有一位画论家布颜图，他就把“境界”规定为情景交融。后来王国维在《人间词话》和其他一些著作中所使用的“意境”或“境界”，他的解释也是情景交融。但是在中国传统美学中，情景交融所规定的是另一个

① 本文是作者于1996年五六月访问台湾期间在台湾大学、辅仁大学、东吴大学、成功大学以及台湾“中央研究院文哲所”做学术演讲的演讲稿。叶朗，美学家，北京大学教授。

概念，就是“意象”，而不是“意境”。中国传统美学认为艺术的本体就是“意象”，而“意象”的基本规定就是情景交融（这一点后面还要谈到）。任何艺术作品都要创造意象，因此任何艺术作品都应该情景交融。但是并不是任何艺术作品都有“意境”。“意境”除了有“意象”的一般规定性（情景交融）之外，还有自己的特殊的规定性。“意境”的内涵大于“意象”，“意境”的外延小于“意象”。

“意境”的特殊规定性是什么呢？这就是我今天要谈的问题。

二、追溯到老子哲学

为了讲清楚“意境”的内涵，我们必须追溯到老子的哲学。因为“意境”说的思想根源是老子的哲学。

我认为，中国古典美学的起点是老子的哲学和美学。我在《中国美学史大纲》中对这个问题作了说明。当然学术界有人不同意这个看法。这个问题今天不谈。我认为，从老子开始，中国古典美学逐渐形成了几个重要的理论。一个重要理论是意象说。意象说是关于艺术的本体的理论。这个理论的集大成者是王夫之。王夫之建立了一个以审美意象为中心的美学体系。王夫之讨论的是诗歌。诗歌（艺术）是什么？王夫之划了两条界限。第一条界限，“诗”和“志”的界限，“志”就是思想情感（“情志一也”）。王夫之指出，很多人在这个问题上有混淆。“诗言志”，这是不错的，艺术总是要表现人的思想情感。但是“志”不等于“诗”，“意”佳不等于“诗”佳。80年代我们国内文艺界有些作家主张艺术的本体就是情感，就是把“志”当成了“诗”。其实情感的表现人人都有，但不能说每个人都是艺术家。你愤怒的时候可能骂人，你悲伤的时候可能大哭一场，但那不是艺术，别人不会来欣赏你骂人或大哭。当然你会说，骂人骂得好，或者哭得好，也是艺术。这我也承认。但那情况已经变了，变成了意象。王夫之划的第二条界限是“诗”和“史”的界限。“史”就是历史实录。王夫之认为，“诗”和“史”的性质和任务不同，不能互相代替。他和明代的杨慎（升庵）一样，反对宋人给杜甫加上“诗史”的桂冠。“鄙哉宋人之见也，不足以言诗。”他认为杜甫那些被宋人称赞为“诗史”的作品，并不是杜甫最好的作品，“于史有余，于诗不足”。诗和历史实录不一样，它和实录是有距离的。“诗”不是“志”，“诗”不是“史”，那么“诗”是什么呢？“诗”是“意象”。明代王廷相有一句话："言征实则寡余味也，情直致而难动物也，故示以意象。"王夫之把王廷相这句话作了发挥。诗（艺术）的本体就是意象。意象的基本规定就是情景交融。用我们今天的话来说，意象就是一个包含着意蕴于自身的一个完整的感性世界。"意象"和"意"（"志"）是两个性质不同的东西。《诗经》第一首，"关关雎鸠，在河之洲"，千古传诵，并非它有什么出奇的"意"，而是它的意象佳妙。

王夫之又对"意象"（艺术）的特性做了非常深刻的分析。我们只谈其中一点。王夫之指出，诗歌（意象）的意蕴具有某种宽泛性，某种不确定性，某种无限性，也就是我们今天所说的多义性。从读者（观众）来说，这就是美感的差异性（丰富性）。"一千个读者就有一千个哈姆雷特。"这是艺术不同于逻辑论文、标语口号的地方。王夫之认为，这也正是艺术之所以可贵的原因。一个标语，一幅宣传画，如"行人过马路，要走人行横道"，它的含义是明确的，因此是有限的。任何人看这幅宣传画，感受到的不会有什么差别。一篇论文也是这样。但一首诗、一幅画就不同。王夫之举了许多例子。例如，晋代司马昱的一首小诗《春江曲》："客行只念路，相争渡京口。谁知堤上人，拭泪空摇手。"这是渡口的一幅小景，但对于那些在名利场中迷恋忘返的人，这首小诗好像清夜钟声，可以使他惊觉，人生中有许多比名利更根本、更有价值的东西，被你忽略了。我可以再举贵州一位画家的一个雕塑作品为例。一个猛兽张着大嘴，在嘴里有个鸟窝，里面三只小鸟张着嘴巴，它们的母亲正衔着食物飞来喂它们。这个雕塑的含义是什么？我就听到有多种阐释。这种阐释的无限可能性，其根据就在于作品（意象）本身的含义的宽泛性、多义性、某种不确定性和某种无限性。王夫之用一个命题来概括："诗无达志。"（过去有个命题"诗无达诂"。正因为"诗无达志"，所以才产生"诗无达诂"。）

再一个重要理论是意境说。意境说也发源于老子。

老子哲学中有两个基本思想对中国古典美学后来的发展影响很大：第一，"道"是宇宙万物的本体和生命，对于一切具体事物的观照（感兴）最后都应该进到对"道"的观照（感兴）。第二，"道"是"无"和"有"、"虚"和"实"的统一，"道"包含"象"，产生"象"，但是单有"象"并不能充分体现"道"，因为"象"是有限的，而"道"不仅是"有"，而且是"无"（无名，无限性，无规定性）。就"道"具有"无"的性质来说，"道"是"妙"。

在老子这两个思想影响下，中国古代的艺术家一般都不太重视对于一个具体对象的逼真的刻画，他们所追求的是把握（体现）那个作为宇宙万物的本体和生命的“道”。为了把握“道”，就要突破具体的“象”，因为“象”在时间和空间上都是有限的，而“道”是无限的。

东晋大画家顾恺之提出“传神写照”（“传神写照正在阿堵中”），大家都知道，但大家忽略了他的前面的一句话：“四体妍媸无关乎妙处。”南朝画论家谢赫也说过：“若拘以体物，则未见精粹；若取之象外，方厌膏腴，可谓微妙也。”他们都强调说画家要追求的是“妙”。他们认为，抓住一个有限的对象刻画得很逼真（“拘以体物”），是达不到“妙”的境界的。

到了唐代，在禅宗思想的推动下，“意境”的理论就诞生了。什么是“意境”呢？刘禹锡有句话：“境生于象外。”这可以看做是对于“意境”这个范畴最简明的规定。“境”是对于在时间和空间上有限的“象”的突破。“境”当然也是“象”，但它是在时间和空间上都趋向于无限的“象”，也就是中国古代艺术家常说的“象外之象”“景外之景”。“境”是“象”和“象”外虚空的统一。中国古典美学认为，只有这种“象外之象”——“境”，才能体现那个作为宇宙的本体和生命的“道”（“气”）。

“意境”的“意”不是一般的“意”，而是“道”的体现。所谓“意境”，就是在感性的（形而下的）日常生活和生命现象中，直接呈现某种形而上的意味。这是“意境”不同于一般艺术的特点。

这样一种理论的出现，和禅宗的影响有重要的关系。“境”这个概念是过去就有的。佛教传入中国，把“心”所游履攀缘者称为“境”。“境”有五种，即色、声、臭、味、触五境。佛教认为这五境都是虚幻的，要破除对这五境的执迷，进入法境，才能得道成佛。所以佛教的“境”这个概念，显示了此岸世界与彼岸世界的分裂，显示了现象界与本体界的分裂。但是禅宗的慧能接受中国传统文化的影响，改变了从印度传来的这种思想。他认为一切众生都有佛性，反对从身外求佛。他否定在现实世界之外还有一个西方净土、极乐世界。他说：“佛法在世间，不离世间觉。”禅宗（在慧能之后）主张在普通的日常生活中，无论是吃饭，走路，还是担水，砍柴，通过刹那间的内心觉悟（“顿悟”），都可以体验到那宇宙本体。所以在禅宗那里，“境”这个概念不再意味着此岸世界与彼岸世界的分裂，不再意味着现象界与本体界的分裂。正相反，禅宗的“境”，意味着在普通的日常生活和生命现象中可以直接呈现宇宙本体，形而下的东西可以直接呈现形而上的东西。《五灯会元》记载了天柱崇慧禅师和门徒的对话。门徒问：“如何是禅人当下境界？”禅师答：“万古长空，一朝风月。”禅宗认为只有通过“一朝风月”，才能悟到“万古长空”。禅宗主张在日常生活中，在活泼泼的生命中，在大自然的一草一木中，去体验那无限的、永恒的、空寂的宇宙本体，所谓“青青翠竹，尽是法身，郁郁黄花，无非般若”。禅宗的这种思想（包括禅宗的“境”这个概念）进入美学、艺术领域，就启示和推动艺术家去追求对形而上的本体的体验。这就是所谓“妙悟”“禅悟”。“妙悟”“禅悟”所“悟”到的不是一般的东西，不是一般的“意”，而是永恒的宇宙本体，是形而上的“意”。本来道家就有这种思想。道家认为宇宙的本体和生命是“道”，而“道”是无所不在的。《庄子》就说过，蚂蚁、蝼蛄、杂草、稗子、砖头、瓦片都体现“道”。禅宗可以说是把道家的这种思想在逻辑上推进了一步。既然“道”存在于万事万物之中，那么在一切生机活泼的东西之中当然都可以领悟到形而上的“道”（“禅意”）。所以，禅宗在道家的基础上，进一步强化了中国艺术家的形而上的追求，表现在美学理论上，就结晶出了“意境”这个范畴，形成了“意境”的理论。

三、“意境”的哲理性意蕴

从审美活动（审美感兴）的角度看，所谓“意境”，就是超越具体的、有限的物象、事件、场景，进入无限的时间和空间，即所谓“胸罗宇宙，思接千古”，从而对整个人生、历史、宇宙获得一种哲理性的感受和领悟。一方面超越有限的“象”（“取之象外”“象外之象”），另一方面“意”也就从对于某个具体事物、场景的感受上升为对于整个人生的感受。这种带有哲理性的人生感、历史感、宇宙感，就是“意境”的意蕴。我们前面说“意境”除了有“意象”的一般的规定性之外，还有特殊的规定性。这种象外之象所蕴涵的人生感、历史感、宇宙感的意蕴，就是“意境”的特殊的规定性。因此，我们可以说，“意境”是“意象”中最富有形而上意味的一种类型。

不把握“意境”的这种特殊的规定性，就不能理解我们为什么说“意境”的思想根源是老子的哲学。不把握“意境”的这种特殊的规定性，也不可能理解（或说不清楚）禅宗思想对于“意境”理论的形成所产生的重大影响。

在这里我们可以谈一谈中国古代艺术和西方古代艺术的一个重要的区别。

西方古代艺术家，他们给自己提出的任务是要再现一个具体的物象，所以他们追求“美”。比如古希腊雕塑家，他们搞人体雕塑，他们要把一个人体刻画得非常逼真，非常完美，所以他们要研究人体解剖。一直到文艺复兴都是如此（例如，米开朗琪罗晚上就偷偷去医院解剖尸体）。所以古希腊哲学家特别重视“美”这个概念。柏拉图就专门写了一篇文章讨论“美是什么”。中国不一样。中国古代哲学家不太重视“美”。他们受老子哲学的影响，追求的是“妙”。中国古人称赞一首诗，或一幅画，很少说“美极了”，而是说“妙不可言”，一直到金圣叹评《水浒》，也是常常用“妙极”“神妙之极”这样的评语。“美”和“妙”有什么不同呢？“美”的着眼点是一个具体的有限的对象，就是要把一个有限的对象刻画得很完美。而“妙”的着眼点是整个人生，是整个造化自然。中国艺术家不是局限于刻画单个的人体或物体，把这个有限的对象刻画得很逼真，刻画得很完美。相反，他们要突破这个有限的对象，他们追求一种“象外之象”“景外之景”，在这种“象外之象”“景外之景”中，抒发他们对于整个人生的感受。

四、绘画、诗歌、园林的意境

为了说明这一点，我们可以举一些例子。

中国古代山水画家在构图上喜欢“远”，高远，深远，平远。中国山水画家为什么喜欢“远”？因为山水本来是有形体的东西，而“远”突破山水有限的形体，使人的目光伸展到远处，从有限的时间空间进到无限的时间空间，进到所谓“象外之象”“景外之景”。所以，“远”，也就是中国山水画的意境。

同样，中国古代诗人也都喜欢登高望远。屈原、阮籍、李白都写过登高望远的诗。为什么要登高望远？也是为了从有限的时间空间进到无限的时间空间，从而引发一种人生感和历史感。

在这个问题上，中国的园林大概最能说明问题（最能说明什么是意境）。中国园林艺术在审美上的最大特点也是有意境。中国园林的特点不是一座孤立的建筑物的美，也不是一片孤立的风景的美，而是有意境。那么什么是中国园林的意境呢？就是突破小空间，进入无限的大空间。中国古典园林中的建筑物，楼、台、亭、阁，它们的审美价值主要不在于这些建筑物本身，而在于它们可以引导游览者从小空间进到大空间，从而丰富游览者对于空间的美的感受。明代有位造园学家，名叫计成，他有一部书叫《园冶》，其中有这么一段话："轩楹高爽，窗户虚邻，纳千顷之汪洋，收四时之烂漫。"这段话说得非常好。中国园林中的建筑物，为什么柱子这么高，为什么窗户这么大？就是为了"纳千顷之汪洋，收四时之烂漫"，也就是使游览者把外界无限的时间、空间的景色都"收""纳"进来。

大家知道，中国每一处园林都少不了亭子。亭子在中国园林的意境中起到很重要的作用。亭子的造型是多种多样的，但它们的基本结构是相同的。一个屋顶，几根柱子，中间是空的。这样的建筑物起什么作用呢？它的作用就在于能把外界大空间的景象吸收到这个小空间中来。元人有两句诗："江山无限景，都聚一亭中。"这就是亭子的作用，就是把外界大空间的无限景色都吸收进来。中国园林的其他建筑，如台榭楼阁，也都是起这个作用，都是为了使游览者从小空间进到大空间，也就是突破有限，进入无限。突破有限，进入无限，就能够在游览者胸中引发一种对于整个人生、对于整个历史的感受和领悟。我们可以举两个例子来说明这一点。一个例子是王羲之的《兰亭集序》。王羲之在这篇文章一开头就指出，兰亭给人的美感，主要不在于亭子本身的美，而是在于它可以使人"仰观宇宙之大，俯察品类之盛"。这两句话是很有名的。就是抬头一看，宇宙如此之大，低头一看，世界万物又是如此丰富多彩，生机勃勃。（宗白华说，"仰观""俯察"是中国古代哲人、诗人观照世界的特殊的方式。）接下去说："所以游目骋怀，极视听之娱，信可乐也。"游览者的眼睛是游动的，心胸是敞开的，游目骋怀，因此得到了一种极大的快乐。而这种仰观俯察，游目骋怀，就引发了一种人生感，所以王羲之接下去又说："向之所欣，俯仰之间，已为陈迹，犹不能不以之兴怀，况修短随化，终期于尽。""后之视今，亦犹今之视昔。"宇宙无限，人生有限，所以孔子在岸边望着滔滔的江水发出感叹："逝者如斯夫，不舍昼夜！"这就是人生感。再一个例子是王勃的《滕王阁序》，这也是一篇极有名的文章。王勃在文章开头也描写了滕王阁建筑的美，但接下去就说，滕王阁给人的美感，主要不在于建筑本身，而在于它可以使人看到一个无限广大的空间，看到无限壮丽的景色。它有两句名句："落霞与孤鹜齐飞，秋水共长天一色。"然后他就写到，在这种空间的美感中，包含了一种人生感："天高地迥，觉宇宙之无穷；兴尽悲来，识盈虚之有数。"这就是滕王阁所引发的一种形而上的感兴。我国云南昆明有一座大观楼，楼上有一副对联，据说是中国最长的一副对联。上联是："五百里滇池，奔来眼底。披襟岸帻，喜茫茫空阔无边。看东骧神骏，西翥灵仪，北走蜿蜒，南翔缟素，高人韵士，何妨选胜登临，趁蟹屿螺洲，梳裹就风鬟雾鬓，更苹天苇地，点缀些翠羽丹霞。莫辜负，四周香稻，万顷晴沙，九夏芙蓉，三春杨柳。”这是一个广阔无边的空间。下联是写无限的时间：“数千年往事，注到心头（和“五百里滇池，奔来眼底”相对）。把酒凌虚，叹滚滚英雄谁在。想汉习楼船，唐标铁柱，宋挥玉斧，元跨革囊，伟烈丰功，费尽移山心力，尽珠帘画栋，卷不及暮雨朝云，便断碣残碑，都付与苍烟落照。只赢得，几杵疏钟，半江渔火，两行秋雁，一枕清霜。”无限的空间和时间引发了对于人生和历史的感叹。大观楼的这副长联，和王羲之、王勃的两篇文章一样，都说明，中国园林建筑的意境，就在于它可以使游览者“仰观宇宙之大，俯察品类之盛”，可以使游览者“胸罗宇宙，思接千古”，从有限的时间空间进入无限的时间空间，从而引发一种带有哲理性的人生感、历史感。

五、再谈“意象”和“意境”的区别

谈到这里，我们可以进一步再谈一谈“意象”和“意境”的区别。

大家知道，我们生活的世界，不仅是一个物理的世界，而且是一个有生命的世界，是一个有意味的世界。陶渊明有两句有名的诗：“此中有真意，欲辨已忘言。”就是说我们生活的世界是一个有意味的世界。艺术，就是要去寻找、发现、体验生活中的这种意味。有意境的作品和一般的艺术作品在这一点上有区别。区别就在于它不仅仅是揭示生活中某一个具体事物或具体事件的意味，而是要超越具体的事物和事件，要从一个角度去揭示整个人生的意味。所以，不是任何艺术作品都有意境，也不是任何好的艺术作品都有意境。一个作品，可能是很美的，也可能是很好的，但如果它没有揭示整个人生的某种意味，那么我们就不能说它是有意境的作品。苏东坡就比较过吴道子和王维的画。他认为王维的画有意境，而吴道子的画比较缺乏意境。王夫之也比较过杜甫的诗和王维的诗。他认为杜甫诗的特点是“即物深致，无细不章”。别人写诗都怕写不逼真，杜甫则太逼真了。而王维诗则能取之象外，“广摄四旁，圜中自显”。所以他说杜甫是“工”，王维是“妙”。近代的王国维在《人间词话》中评论姜白石，说他的词格调很高，但没有意境。大家知道姜白石不仅是文学家，而且是音乐家。他的词多半是他自己作的曲。他的曲谱一直保存到今天。我们可以听一听他的一首歌曲，词牌是《鬲溪梅令》(1196年)。这是宋代的歌曲，距离今天有800年的历史。大家听这曲调，多么美，雍容华贵，格调很高，听起来很有韵味。但是它只局限于抒发生活中的一个具体情景的韵味，而不能使人感到整个人生的某种意味，所以格调虽高，但是没有意境。当然，中国古代音乐作品中有很多是有意境的。苏东坡有一篇《前赤壁赋》，大家都读过。这篇文章描写他和朋友在明月之夜泛舟于赤壁之下。朋友之中有人吹起了洞箫。苏东坡形容洞箫的乐声，用了八个字，“如怨如慕，如泣如诉”。在这个洞箫的乐声中，寄托了他这位朋友对整个人生的感受。（“寄蜉蝣于天地，渺沧海之一粟。哀吾生之须臾，羡长江之无穷。”）可惜苏东坡这位朋友吹的洞箫我们听不见了。不过我们还有一些乐曲保留了古代的韵味。例如有一首笛子曲《秋湖夜月》，很有意境。整个乐曲很长，我们可以分析一下它的后面一段。这段的开头，可以说是整个乐曲的华彩乐段，表现了人生的欢乐和情趣，对生命的赞美和依恋，但从它的整首乐曲来说，是要从人生艰辛的旅途中超脱出来，要寻求一种空明、宁静的精神家园。比较一下前面说的姜白石的歌曲，我们就可以体会到，它们包含的意味是不同的。这首笛子曲抒发的不是生活中某一个具体情景的意味，它要寻找、体验整个人生的某种意味。

六、“意境”给人一种特殊的美感

下面我要谈的一个问题，是中国艺术的这种意境，它给人的美感有什么特点？或者说，它给人的美感是一种什么样的美感？康德曾经说过，有一种美的东西，人们接触到它的时候，往往感到一种惆怅。意境就是如此。我们前面说过，意境的美感，实际上包含了一种人生感、历史感。正因为如此，它往往使人感到一种惆怅，忽忽若有所失，就像长久居留在外的旅客思念自己的家乡那样一种心境。这种美感，也就是尼采说的那种“形而上的慰藉”。我们前面说过，中国古代诗人喜欢登高远望，这样来引发自己对于人生的哲理性感悟。这种感悟，带给诗人的就是一种惆怅。很多诗人都谈到他们的这种感受。例如清代诗人沈德潜说：“余于登高时，每有今古茫茫之感。”例如南朝诗人何逊有两句诗：“青山不可上，一上一惆怅。”又例如李白有两句诗：“试登高而望远，咸痛骨而伤心。”这些诗都说明，意境给人的美感，往往表现为一种惆怅。大家知道，唐宋词很多作品很有意境。其中一些大家熟悉的名句，比如像“何处是归程，长亭更短亭”，比如像“问君能有几多愁，恰似一江春水向东流”，比如像“流光容易把人抛，红了樱桃，绿了芭蕉”，我们读这些词，感到的也是一种惆怅，好像旅客思念家乡一样，茫然若失。这种惆怅也是一种诗意和美感，也带给人一种精神的愉悦和满足。在这种美感中，包含了对于整个人生的某种体验和感受，所以我们可以说，这是一种最高的美感。

七、西方艺术作品也有意境

最后我再谈一个问题，就是西方艺术作品有没有意境？我们说，“意境”是中国古典美学的独特的范畴，这是从美学范畴说，这个范畴是中国古代思想家提炼出来的，同时也是中国历代许多艺术家有意识去追求的。但是这不等于说西方艺术没有意境，因为“意境”的特殊意蕴在于它包含有哲理性的人生感。西方艺术中当然有这样的作品。贝多芬的交响曲就充满了人生感、历史感和宇宙感。当然不同时代、不同民族的艺术家的人生感、历史感会有不同的内容。但只要有人生感、历史感就有意境。例如俄罗斯民歌《伏尔加船夫曲》，它不仅唱出了伏尔加纤夫的苦难，也不仅唱出了俄罗斯民族的苦难，而且唱出了人类共同的苦难，所以它引起全世界听众的共鸣。有人听我说电视剧《红楼梦》缺乏意境，就问：是不是电影这种艺术形式比较难于产生有意境的作品？我想也不一定。如我看电影《齐瓦戈医生》，就感到它充满了人生感。它不仅写出了时代的悲剧，而且写出了人生的悲剧。

第二部分

艺术的欣赏

● 什么叫艺术 [法]丹纳
● 艺术是普遍的 [美]房龙
● 为人类而艺术 [苏联]索尔仁尼琴
● 艺术的欣赏 蒋勋
● 艺术之思想 [法]罗丹 葛赛尔
● 常识与记忆 陈丹青
● 艺术家应有的态度 林风眠

导 语

诗人杜甫有一对名句：“江山如有待，花柳更无私。”(《后游》)意思是说：大自然中的一切，山水也好，花柳也好，都好像在等待着你来欣赏，它们是无私地敞开怀抱——关键在于你是不是愿意走近它、欣赏它，与它对话，成为它的好朋友。

一切艺术作品都是如此。这世界缺乏的不是活着的人，而是能欣赏美的造型的眼睛，能聆听美的音乐的耳朵，能感受一切艺术的心灵。有了这样的“眼睛”“耳朵”“心灵”，你会徜徉于艺术的花园，迷恋于艺术的殿堂，一往情深，如痴如醉。

艺术的大门永远向我们洞开。

什么叫艺术①

［法］丹　纳

美学的第一个和主要的问题是艺术的定义。什么叫做艺术？本质是什么？我想把我的方法立刻应用在这个问题上。——我不提出什么公式，只让你们接触事实。这里和旁的地方一样，有许多确切的事实可以观察，就是按照派别陈列在美术馆中的“艺术品”，如同标本室里的植物和博物馆里的动物一般。艺术品和动植物，我们都可加以分析；既可以探求动植物的大概情形，也可以探求艺术品的大概情形。研究后者和研究前者一样，毋须越出我们的经验；全部工作只是用许多比较和逐步淘汰的方法，揭露一切艺术品的共同点，同时揭露艺术品与人类其他产物的显著的不同点。

在诗歌、雕塑、绘画、建筑、音乐五大艺术中，后面两种解释比较困难，留待以后讨论，现在先考察前面三种。你们都看到这三种有一个共同的特征，就是多多少少是“模仿的”艺术。

初看之下，好像这个特征便是三种艺术的本质，它们的目的便是尽量正确的模仿。显而易见，一座雕像的目的是要逼真地模仿一个生动的人，一幅画的目的是要刻画真实的人物与真实的姿态，按照现实所提供的形象描写室内的景物或野外的风光。同样清楚的是，一出戏，一部小说，都企图很正确地表现一些真实的人物、行动、说话，尽可能地给人一个最明确最忠实的形象。假如形象表现不充分

① 选自《艺术哲学》，傅雷译，北京，人民文学出版社，1963。丹纳（1828—1893），法国史学家兼批评家。

或不正确，我们会对雕塑家说："一个胸脯或者一条腿不是这样塑造的。"我们会对画家说："你的第二景的人物太大了，树木的色调不真实。"我们会对作家说："一个人的感受和思想，从来不像你所假定的那样。"

可是还有更有力的证据，首先是日常经验。只消看看艺术家的生平，就发觉通常都分作两个部分。第一部分是青年期与成熟期：艺术家注意事物，很仔细很热心地研究，把事物放在眼前；他花尽心血要表现事物，忠实的程度不但到家，甚至于过分。到了一生的某一时期，艺术家以为对事物认识够了，没有新东西可发见了，就离开活生生的模型，依靠从经验中搜集来的诀窍写戏，写小说，作画，塑像。第一个时期是真情实感的时期，第二个时期是墨守成法与衰退的时期。便是最了不起的大作家，几乎生平都有这样两个部分。——弥盖朗琪罗的第一阶段很长，不下六十年之久；那个阶段中的全部作品充满着力的感觉和英雄气概。艺术家整个儿浸在这些感情中间，没有别的念头。他做的许多解剖，画的无数的素描，经常对自己作的内心分析，对悲壮的情感和反映在肉体上的表情的研究，在他不过是手段，目的是要表达他所热爱的那股勇于斗争的力。西克施庭教堂的整个天顶和每个屋角（三十三至三十七岁间的作品）[①]，给你们的印象就是这样。然后你们不妨走进紧邻的保里纳教堂，考察一下他晚年（六十七至七十五岁间）的作品：《圣·保禄的改宗》与《圣·彼得上十字架》；也不妨看看他六十七岁时在西克施庭所作的壁画：《最后之审判》。不但内行，连外行也会注意到：那两张壁画[②]是按照一定的程式画的；艺术家掌握了相当数量的形式，凭着成见运用，惊人的姿势越来越多，缩短距离的透视技术越来越巧妙；但在滥用成法，技巧高于一切的情形之下，早期作品所有的生动的创造，表现的自然，热情奔放，绝对真实等等的优点，这里都不见了，至少丧失了一部分；弥盖朗琪罗虽则还胜过别人，但和他过去的成就相比已经大为逊色了。

同样的评语对另外一个人，对我们法国的弥盖朗琪罗也适用。高乃依[③]早期也受着力的感觉和英雄精神的吸引。新建的君主国（17 世纪时的法国）继承了宗教战争的强烈的感情，动辄决斗的人做出许多大胆的行动，封建意识尚未消灭的心中充满着高傲的荣誉感，宫廷中尽是皇亲

---

① 凡是（ ）内的文字，都是译者附加的简短说明。——西克施庭天顶画的题材是《圣经》上的《创世纪》与许多男女先知；弥盖朗琪罗在三十年后又为西克施庭教堂作大壁画，即《最后之审判》。

② 指保里纳教堂中的《圣·保禄的改宗》与《圣·彼得上十字架》。

③ 大家知道高乃依是悲剧作家，所谓"法国的弥盖朗琪罗"是指精神上的气质相近。

国戚的阴谋与黎希留的镇压所造成的血腥的悲剧。高乃依耳濡目染，创造了希曼纳和熙德、包里欧克德和保丽纳、高乃莉、赛多吕斯、爱弥丽和荷拉斯一类的人物。后来，他写了《班大里德》《阿提拉》和许多失败的戏，情节甚至于骇人听闻，浮夸的辞藻淹没了豪侠的精神。那时，他过去观察到的活生生的模型在上流社会的舞台上不再触目皆是，至少作者不再去找活的模型，不更新他创作的灵感。他只凭诀窍写作，只记得以前热情奋发的时期所找到的方法，只依赖文学理论，只讲究情节的变化和大胆的手法。他抄袭自己，夸大自己。他不再直接观察激昂的情绪与英勇的行为，而用技巧、计划、成规来代替。他不再创作而是制造了。

不但这个或那个大师的生平，便是每个大的艺术宗派的历史，也证明模仿活生生的模型和密切注视现实的必要。一切宗派，我认为没有例外，都是在忘掉正确的模仿，抛弃活的模型的时候衰落的。在绘画方面，这种情形见之于弥盖朗琪罗以后制造紧张的肌肉与过火的姿态的画家，见之于威尼斯诸大家以后醉心舞台装饰与滚圆的肉体的人，见之于 18 世纪法国绘画销歇的时候的学院派画家和闺房画家。文学方面的例子是颓废时代的拉丁诗人和拙劣的辞章家；是结束英国戏剧的专讲刺激，华而不实的剧作家；是意大利衰落时期制造十四行诗，卖弄警句，一味浮夸的作家。在这些例子中，我只举出两个，但是很显著的两个。——第一是古代的雕塑与绘画的没落。只要参观庞贝依和拉凡纳两地，我们就有一个鲜明的印象。庞贝依的雕塑与绘画是公元 1 世纪的作品；拉凡纳的宝石镶嵌是 6 世纪的作品，最早的可以追溯到查斯丁尼安皇帝的时代（6 世纪前半期）。这五百年中间，艺术败坏到不可救药的地步，而这败坏完全是由于忘记了活生生的模型。第一世纪时，练身场的风俗和异教趣味都还留存，男子还穿着便于脱卸的宽大的衣服，经常进公共浴场，裸着身体锻炼，观看圆场中的搏斗，心领神会地欣赏肉体的活泼的姿势。他们的雕塑家、画家、艺术家，周围尽是裸体的或半裸体的模型，尽可加以复制。所以在庞贝依的壁上，狭小的家庭神堂里、天井里，我们能看到许多美丽的跳舞女子，英俊活泼的青年英雄，胸脯结实，脚腿轻健，所有的举动和肉体的形式都表现得那么正确，那么自在，我们今日便是下了最细致的功夫也望尘莫及。以后五百年间，情形逐渐变化。异教的风俗，锻炼身体的习惯，对裸体的爱好，一一消失。身体不再暴露而用复杂的衣着隐蔽，加上绣件、红布、东方式的华丽的装饰。社会重视的不是技击手和青少年了，而是太监、书记、妇女、僧侣；禁欲主义开始传布，跟着来的是颓废的幻想，空洞的争论，舞文弄墨，无事生非的风气。拜占庭帝国的无聊的饶舌家，代替了英勇的希腊运动员和顽强的罗马战士。关于人体的知识与研究逐渐禁止。人体看不见了；眼睛所接触的只有前代大师的作品，艺术家只能临摹这些作品，不久只能临摹临本的临本。辗转相传，越来越间接；每一代的人都和原来的模型远离一步。艺术家不再有个人的思想，个人的情感，不过是一架印版式的机器。教士们[①]自称绝不创新，只照抄传统所指示而为当局所认可的面貌。作者与现实分离的结果，艺术就变成你们在拉凡纳看到的情形。到5个世纪之末，艺术家表现的人只有坐与立两种姿势，别的姿势太难了，无法表现。画上手脚僵硬，仿佛是断裂的；衣褶像木头的裂痕，人物像傀儡，一双眼睛占满整个的脸。艺术到了这个田地，真是病入膏肓，行将就木了。

上一世纪我国另一种艺术的衰落，情形相仿，原因也差不多。路易十四时代，法国文学产生了一种完美的风格，纯粹，精雅，朴素，无与伦比，尤其是戏剧语言和戏剧诗，全欧洲都认为是人类的杰作。因为作家四周全是活生生的模型，而且作家不断地加以观察。路易十四说话的艺术极高，庄重，严肃，动听，不愧帝皇风度。从朝臣的书信，文件，杂记上面，我们知道贵族的口吻，从头至尾的风雅，用字的恰当，态度的庄严，长于辞令的艺术，在出入宫廷的近臣之间像王侯之间一样普遍，所以和他们来往的作家只消在记忆与经验中搜索一下，就能为他的艺术找到极好的材料。

到一个世纪之末，在拉辛与特里尔之间[②]，情形大变。古典时代的谈吐与诗句所引起的钦佩，使人不再观察活的人物，而只研究描写那些人物的悲剧。用作模型的不是人而是作家了。社会上形成一套刻板的语言，学院派的文体，装点门面的神话，矫揉造作的诗句，字汇都经过审定、认可，采自优秀的作家。上一世纪（18世纪）末期，本世纪（19世纪）初期，就盛行那种可厌的文风和莫名其妙的语言，前后换韵有一定，对事物不敢直呼其名，说到大炮要用一句转弯抹角的话代替，提到海洋一定说是阿姆非德累提女神。重重束缚之下的思想谈不到什么个性、真实性和生命。那种文学可以说是老冬烘学会的出品，而那种学会只配办一个拉丁诗制造所。

---

① 中世纪的艺术像其他学术一样为教会垄断，故当时艺术家大都是教士；且作者此言已越出五六世纪的范围而泛指整个中世纪。

② 拉辛与特里尔之间的年代大约等于整个18世纪。

由此所得的结论似乎艺术家应当全神贯注地看着现实世界，才能尽量逼真地模仿，而整个艺术就在于正确与完全地模仿。

艺术是普遍的[①]

[美] 房　龙

论艺术家的本性，论判断什么是艺术，什么不是艺术的困难，兼论其他永远找不到解答的问题。

"艺术有普遍性。"

关于这一点，大家恐怕意见一致，不必再去争论。但是，一谈起"艺术有普遍性"，就会有一种危险，会被人误认为，艺术（音乐、绘画、雕塑、舞蹈），是一种普遍性的语言，通行于世界，为各地人所理解。

当然完全不是那么一回事。我在楼上写字台前听巴赫[②]的G小调赋格，宛如音乐中的绝响，而可怜的内子，在楼下听之，有如噪音，让人心烦。呆一会，她将誊清我正在写的这本书，因此，她要避之唯恐不远。

弗朗士·哈尔斯[③]或伦勃朗[④]的一幅肖像画，可以让我惊叹不已（想不到平凡血肉之躯，单凭几种颜色、一些油料、一张帆布、一支破笔，竟能表现出那么多东西）。可是，同一幅画，在另一个人的眼中，不过是一片灰茫茫的颜料堆砌。

我年轻的时候，我的一个叔叔买了一幅文森特·梵高[⑤]所作的小张速写。因为梵高曾经不幸是一个被当时社会遗

① 节选自《人类的艺术》，衣成信译，北京，中国文联出版公司，1989。房龙（1882—1944），美国人文主义作家和历史学家。

② 巴赫 Johann Sebastian Bach（1685—1750），德国作曲家、管风琴师。

③ 哈尔斯 Frans Hals（1581—1666），荷兰画家。

④ 伦勃朗 Rembrandt van Rijn（1606—1669），荷兰画家。

⑤ 梵高 Vincent van Gogh（1853—1890），荷兰画家，他同情劳苦大众，屡遭社会的上层的排斥和打击。

弃的人，这件事竟在左邻右舍引起轩然大波。去年冬天[1]，梵高的几件作品向美国公众展出，群众一下子冲进博物馆，纽约市不得不叫来警察维持秩序。

西方花费了好几百年的时间才懂得，原来中国绘画同西方绘画一样好，一样趣味隽永，如果不是远远超过西洋画的话。

约翰·塞巴斯蒂安·巴赫的音乐，常使他的莱比锡的主人摇头。奥地利皇帝约瑟夫二世埋怨莫扎特[2]先生的音乐中音符太多。理查德·瓦格纳[3]的名曲曾经被轰下舞台。阿拉伯或中国音乐，阿拉伯人和中国听众，听得心花怒放，而在我听来，好像猫在邻居花园拼命撕咬。

因此，所说艺术有普通性，是指艺术没有国界，不受时间的限制。自从有了人类，就有了艺术，就像人生来就有眼，有耳，就知道饥渴，在澳大利亚最荒凉的地方，最原始的人不知道盖房子住，做衣服穿，其智力有如和他的孤独作伴的动物，但他们也有他们的艺术。我们碰到过不知宗教为何物的土著部落，但据我所知，却从来没有发现，一个民族(不论他们离文明中心有多远)，完全没有自己的艺术表现形式。

人类即使在他们最了不起的时刻，比起自然界，也是弱小的，能力有限的。自然界与人类接触是通过万物。人类则以对万物作出反映表白自己。这种反映——表白——就是所谓的艺术。

为了阐明我的观点，可以换个说法。你进入深山，这时阳光灿烂，天空蔚蓝，朵朵白云如絮，枞树丛中，清风习习，唱出不平常的小调，周围的一切，生机勃勃。在这种不可言喻的大自然美景中，你会感到渺小，微不足道。

但是，如果你是约瑟夫·海顿[4]，你懂得用音乐表达你内心的感受，你回家后，就创造出以“上天有灵”开始的圣乐。乐曲一作完，如果你是和这位伟大的奥地利人一样淳朴的人，你会双膝跪下，感谢上苍，使你有这种激动的机会。

在你的赞美诗唱遍了全世界，你成了全世界公认的伟大的艺术家之后，你可以退到你屋子里的一个角落说：“亲爱的主啊，您看，这可能不像那天我在野外所见的一切，但这是我受您的感召而做出的反应。因此，亲爱的主啊，我也不是绝对不行的。我做的虽然不太有把握，不太完善，

① 指 1936 年。

② 莫扎特 Wolfgang Amadeus Mozart (1756—1791)，奥地利作曲家。

③ 瓦格纳 Richard Wagner (1813—1883)，德国作曲家。

④ 海顿 Joseph Haydn (1732—1809)，奥地利作曲家。

然而我毕竟也是个造物主！当然，我不能和您相比，您可以创造万物。但是，我是尽了我的绵薄之力的——不管怎样，我的作品搞出来了，您要问的话，我告诉您，它相当好！”

我不会由于我的职业上的偏见，就硬说这对一切人都适用，甚至对那些根本不会用任何艺术来表达自己的情绪的人也不例外。中世纪的人，他们的知识没有我们的多，但他们懂得许多我们不懂的东西——他们的一个寓言，表明他们深明此理。那是讲两个悔罪的人的故事。这两个人走到圣母像前求她保佑，但他们又都知道，他们对她的各种祝福，无以报答。

二人中有一个是音乐家，他除了一把小提琴，再也没有什么东西。他奏了一支他最喜欢的曲子。看哪，他要求的祝福得到了满足。轮到鞋匠向圣母要求祝福，他觉得他恐怕不会得到祝福，因为他只能为圣母，做一双小巧玲珑的便鞋，让她跳舞。据说，天使们什么时候高兴，就要在天上跳舞，圣母有时也参加这种活动。“但是”，鞋匠明白：“一双新鞋怎能比得上刚刚听到的音乐?”

虽然如此，他还是为她做了一双最漂亮的鞋子。看啊！他也得到了圣母的祝福。因为他做的那双金色的鞋子，正是他表示他的感情的一种方式。所以，问题不在于他做得好不好，而在于他的一片苦心。

提起这个中世纪的小故事，有件事我总感到奇怪——这是我一直纳闷的事情之一。我不明白，为什么当今世界，一定坚持严格划分艺术与工艺的界线。当初，艺术是人们日常生活的一部分时，这种界线并不存在。谁也说不清，艺术家和手艺人，到底有什么区别。事实上，艺术家(如果人们是这样称呼他的话)不过是个手艺特别高超的手艺人，一个石匠行会里的会雕刻大理石石像的石匠罢了。而如今可不然，艺术家住在马路这一边，手艺人又住在马路那一边，两者之间，鸡犬之声相闻，老死不相往来。

我本人对这一点深有体会。当年我年轻时，一些自认为深明事理的人还在推崇荒谬的“为艺术而艺术”这个口号。这是三十年前[①]的事了，从那时以后，我很高兴，人们懂的事多了些。今天，人们明白，设计老布鲁克林桥的人，以其个人所长，与画沙特尔大教堂[②]设计图的那位佚名

---

① 指19世纪末20世纪初。

② 沙特尔，法国巴黎西南小镇，其哥特式教堂(1194—1240)内的石雕和染色玻璃窗，光彩夺目。

石匠都是同样伟大的艺术家。而我们当中大多数的人，从阿斯泰尔[①]完美的舞蹈中得到的真正乐趣，与从《名歌手》[②]的最后一幕的五重奏中，得到的真正的乐趣，毫无二致。

我这种说法，可以引起种种毫无意义的讨论，因此我必须讲清，我不是向大家建议，我们只要有了阿斯泰尔先生的舞蹈，今后就可以不要“名歌手”五重奏了，绝无此意。我知道，踢踏舞与歌唱或绘画，有很大的不同。对于哪个好，哪个劣，我有个极其简单的分辨的办法。我问我自己：“这个人，是想告诉我他的什么内心感受呢?”还有，“他是否在争取我了解他想告诉我的一切方面做到了家呢?”我以要求完善，作为衡量一切我要考察的事物的标准，我对此已训练有素，我的理解力很强，欣赏能力也很强。

许多年前，我想了解宇宙到底有多大，但苦于没有望远镜。一架望远镜，价格约在百镑。我不愿意，在一件个人爱好上，花那么多钱。因此，在我视力所及的范围之外的宇宙，我从来是不清楚的。但是，有一天，我忽然碰上了一架，不论走到什么地方，都可以随身带在口袋里的小显微镜，这使我熟悉了我们周围的微生物世界，对这些肉眼看不到的微小生物，平时我们是注意不到的。

当然，我不是说，牧夫座和银河比不上刚刚从这张纸上爬过去的蜘蛛和屋外古老的石墙上长的青苔重要。但是两者重要性的差别在于大小而不在于程度。善于描写昆虫的法布尔[③]老先生，同善于玩弄星球和光年，把一百万年、一亿年不当成一回事的金斯[④]，都是同等伟大的艺术家。他们写的书给好奇而聪明的读者以同样的喜悦。

为了让你们充分了解我的观点，我给大家再举一例。我访问过一些城市，那里的人谈起本地博物馆和管弦乐团，可以喋喋不休，他们的博物馆珍藏着意大利和18世纪英国的绘画。他们的乐团，海菲茨[⑤]曾担任过独奏家。但是，我发现，这些人的居住条件，很糟糕，通往办公地点的道路，也丑陋不堪。除了每天开放一会儿的博物馆和每周演奏一次，

---

① 阿斯泰尔 Fred Astaire（1899—1987），美国舞台和电影舞蹈家，以跳优雅、多样的踢踏舞著名。

② 瓦格纳所作三幕歌剧，全名《纽伦堡名歌手》，一译《歌唱大师》，或《工匠歌手》。

③ 法布尔 Jean Henri Fabre（1823—1915），法国昆虫学家。

④ 金斯 James Hopwood Jeans（1877—1946），英国物理学家、天文学家，在天文理论上有创新。

⑤ 海菲茨 Jascha Heifetz（1901—1987），生于俄国的美国小提琴家。公认为尼果洛·帕格尼尼以后的最伟大的小提琴演奏家。

一次仅仅几小时的乐团，他们在日常生活中，眼里看不到悦目的东西，耳里听不到悦耳的东西。

我那时本不应该和这些朋友争论，逼他们承认错误。但是，由于我年轻，涉世未深，我想说服这些要求不高的老实市民，在自己家里客厅和餐厅的墙上，挂上两三张精美绘画的复制品，比起藏在博物馆一个角落里十几张柯勒乔[①]和雷诺兹[②]的原作还能拯救他们的艺术灵魂。同样，对一般人的未来来说（至少音乐是如此），每周每天都让自己的孩子听优雅的音乐唱片，比起把孩子拖出去听一次管弦乐演奏强得多，因为那样做，对孩子起不了什么作用，只能是去过个极其无聊的晚上，是硬逼着人不听无线电广播。庸俗和多愁善感的电台广播反而令人快活。

我和人家的争论是没有结果的。有五六个人心悦诚服地表示赞同，这些人与我看法从来一致，所以用不着表扬。至于另外的人，都认为我是个好管闲事的人，刚得到点新教育思想（可能是从莫斯科进口的吧），就加以宣传，以示独具只眼，并借以炫耀自己。

① 柯勒乔 Antonio Allegri da Correggio（1494—1534），意大利画家。
② 雷诺兹 Joshua Reynolds（1723—1792），英国画家。

为人类而艺术[①]

［苏联］索尔仁尼琴

1. 恰似神色困惑的野人，拾到一件稀世珍品——或许是海潮所抛掷起来的，或许是从沙滩里显现的，或许是从天空中掉下来的——玲珑剔透，时而暗光浮动，时而光华激射，于是他反复把玩，爱不释手，思量着如何使用它，想从中找到某种微不足道的功能，然而却不曾设想过较为崇高的目的……

同样地，我玩弄艺术于股掌之间，很自负地认为是它的主宰，毫无顾忌地要给它指出力向，要变革它，改造它。我们利用它来向当权者献宠，有时还把它当做消遣（甚至用于歌厅和夜总会）工具，以供社会、政治之役使。但是，艺术并未因此而蒙受耻辱，更未失去原有的光彩；任凭你怎么摆布，它每次都能闪烁一种内涵的光芒。

然而，有谁能拥抱这种光彩？谁敢大言不惭，自认为已数尽它晶洁的层面？或许，古人中确有人觅得真意，可惜我心急气躁，边听边行，永远在仓促中摸索，去优存劣，追逐“新奇”。而后，当旧话重提之际，早已忘怀是老生常谈了。

有一些艺术家爱自夸是独立精神世界的缔造者，但终究力不从心，一是少有如此盖世奇才，二是也缺乏有能力承受如此重任的人；正如人们一度自诩为一切存在的中心，然而却无能力去创造一种均衡的精神体系。所以一旦失败，

① 本文节选自索尔仁尼琴1970年获诺贝尔文学奖后发表的演讲词。选自《历史深处的声音》，晓柳主编，海口，海南出版社，1999。索尔仁尼琴，苏联作家，曾流亡美国二十年，后返回俄罗斯。本文由毛信德等译。

便归咎于世上存在的不协调性、时代精神的解体和大众的愚昧。

另一类艺术家认识到在他之上有一至高的力量存在，于是在上帝的天堂下，恭谨行事，像小学徒般愉快耕耘。虽然说他们对文字的责任和对读者的态度远较前者严肃，但我们怀疑这就是由他们创造的世界存在的基础。艺术家之有别于常人的，仅仅在于其感觉敏锐；他较易察觉世界上的美与丑，并予以生动描绘。在重重挫折中，处于社会最恶劣情况下的艺术工作者即使经历了贫困、疾病以至牢狱的折磨，亦能保持内心的稳定和谐。

然而，由于艺术之无秩序感和难以预料的种种发现，加上震撼灵魂的冲击等，艺术家很难以固有的概念和笨拙的手将其包容在自己的世界观里。

考古学家迄今为止还未发现人类历史的哪个阶段没有艺术的存在。凡是预言艺术解体，说它已用尽所有形式，说它正逐渐走向灭亡的人都错了。我们自己才免不了一死，而艺术却必然长存。问题在于人类濒临灭绝之前，是否有可能了解艺术的目的及其所有层次。

世界上的所有事并非都能命名之，其中许多东西凌驾于语言之上。艺术能为我们敲开黑暗冰封的心扉而通达升华的精神境界。以艺术为手段，有时我们能隐约捕捉到短暂的透视，而这些皆非逻辑思维过程能帮助我们得到的。

仿佛神话中的那面镜子：你所看到的亦非自己，而是“永恒”的瞬间，虽身体不能动弹，此时却顿感心胸隐隐作痛……

2. 陀思妥耶夫斯基无意间曾漏出这样暧昧的一句话：“世界将由美来拯救。”这是什么意思呢？我苦苦思索，认为只是说说罢了。这种事怎么可能？在人类经历的血腥历史中，美何尝拯救过谁？尽管美使我们精神升华，心灵高尚。

不过，在美的本质里，却存在一种特色，也就是艺术景象中的一种特性：真正艺术品中所具有说服力的是颠扑不破的真理。它能使最顽固的心折服。一个人可以撰写出一篇政治讲稿、杂志社论，也可以拟定社会计划、哲学体系，并使之结构严谨，文词通畅，但是这些往往建立在一种错误、一项谎言之上；其歪曲、隐晦之处，却无法被我们立刻看出。同时答辩的讲词、评论、计划，或体系不同的哲学亦可与前者抗衡，一样的无懈可击。因此教人相信他们，其实说穿了却一无是处。

要肯定去采纳哪一种见解，其实是庸人自扰罢了。

反之，一件艺术品的本质便包含认证在内：粗枝大叶的意念，往往是经不住考验的，它终不免变得丑陋、苍白、支离破碎而无法感动人。只有沉浸在真理中，并使之生动体现的作品，才能以无比的力量吸引我们，甚至代代相传。也许因为这样，那古老的真、善、美一体的说法，不像我们在放任而崇尚物质的青年时代所见到的那样陈腐吧。倘若这三株树得以枝杈交错相接，一如有心的寻幽探胜者所肯定的那样，如果真与善的枝条过分明显而遭到压制和砍伐，竟不能得睹天日，或许那好奇而难以捉摸的美的枝条，会出人意外地打出一条通路，往上茁长抵达交会之处而履行三者共同的使命。

就这种情况来说，难道不能认为陀思妥耶夫斯基说的“世界将由美来拯救”竟是一种预言？毕竟他是有透视真理的独具慧眼的人物啊！

因此，文学与艺术实际能拯救今日的世界已是很清楚的了。

艺术的欣赏[①]

蒋　勋

在艺术创作的领域，个体生命的投入非常深，因此，艺术创作常常被形容为一种类似生产婴儿的过程。中国清代的伟大文学作品《红楼梦》是作者曹雪芹生命最后十年呕心沥血的创作；俄国19世纪伟大的文学家陀思妥耶夫斯基（Dostoevsky）也以最后十年的生命，投入于他最后的作品《卡拉马佐夫兄弟》。这两部伟大的小说，都没有完成，但似乎丝毫不影响它们在人类文学史上长远广大的影响。

曹雪芹写作《红楼梦》时已经是家业颓败、穷困潦倒，他对自己一生的回顾，有极深的眷恋、感叹，他形容这本书是："满纸荒唐言，一把辛酸泪；都云作者痴，谁解其中味。"

好的艺术创作往往是创作者个人执著的痴迷。"痴"这个字，在中国艺术中常常被用到，用来形容艺术创作中最动人、最不可解，执著而又专注，以至浑然忘我的那种情境。

"痴"在一般世俗的意义上，并不是一个有正面意义的字。从字形上来看，"痴"是"疒"的部首，合起来，是"理知"的"病"。我们一般说"白痴"，大约也特别指智能上的某种障碍。但是，在中国，许多艺术创作者喜欢"痴"这个字，也有许多艺术的欣赏者，把"痴"当成欣赏艺术的最高情境，我们在一般日常生活中，也常常听某一个人形容自己阅读小说、看电影、欣赏舞蹈或听音乐，到了"如醉如痴"的地步。

---

① 选自《艺术概论》，北京，三联书店，2000。蒋勋，艺术史家、诗人。

中国古代与“痴”有关的两个艺术家，一个是晋代的顾恺之，一个是元代的黄公望。

顾恺之几乎是中国最早被著录的绘画创作者之一。他的《女史箴图》现在收藏在英国的大英博物馆，是中国早期的绘画杰作之一。顾恺之也以三国时曹植著名的文学作品《洛神赋》为题材画成了美丽的故事画，以后历代都有临摹，是绘画史上的名作。

曹植的《洛神赋》据说是描写他一段隐秘不可告人的恋爱，曹植在爱情的失望与感伤中回家，路过洛水，神思恍惚，看到有一美丽的女子在水面云端飘飞，旁边的人告诉他那就是洛水之神——宓妃。曹植因此写下了动人的《洛神赋》，是中国非常早的一篇专门描写女子美丽形貌的文章。这样美丽的传说，加上文字的优美，当然激发了画家顾恺之用绘画表现的渴望。

年代太久远了，顾恺之的《洛神赋》原作已经失传，但是依据宋代的摹本，我们还是可以感觉到顾恺之塑造的“洛神”容貌举止细腻，衣带裙裾飘飞，的确是凌波微步、仪态万千的女神。

历史上赞美顾恺之，说他“画绝、才绝、痴绝”。

“绝”有“登峰造极”的意思，表示顾恺之绘画、才能都到了无人可比的“一绝”。

我们对“画绝”“才绝”，都比较容易了解。在绘画、才学方面的努力，达到一种无人可比的登峰造极之境，使人鼓掌喝彩。

但是，怎么解释“痴绝”呢？

“痴”如果是一种“理知”的病变，为什么在艺术创作与艺术欣赏两方面都如此被特别看重呢？

元代的大画家黄公望，以“大痴”作为他画画的名号。不但要“痴”，而且要“大痴”，似乎也继承了顾恺之以下中国艺术的一个重要的传统。

正如曹雪芹写《红楼梦》的感慨：“都云作者痴。”

“痴”是一种状态，是在艺术创作的领域，创作者完全忘掉现实的理知，像一个疯傻的痴呆者一样，一心专注于别人无法了解的领域的一种执著和沉迷。

曹雪芹的痴，顾恺之的痴，黄公望的痴，都是经由艺术创作，把自己的生命提高到了一般理知以上的层次。

在现实世界中，我们大多在追求“理知”。从小到大，我们的教育、我们的考试，也都在测验、培养我们“理知”的能力。一个是非题，训练我们判断“是”与“非”；一个选择题，训练我们辨别的能力。这种理知、分析、判断的能力当然对我们的成长有很大的帮助。

但是，人是不是只需要理知、思维、判断？

用一生的时间，培养了判断是非与选择的能力，是不是说明我们的生命就没有了介于是非之间、难以选择判断的时刻？

当然不是。

我们的生命，其实充满了各种复杂的矛盾。我们理知所能了解的部分，在整个宇宙中，其实微乎其微。

真正的理知，到了深邃之处，也可能不是是非与选择。甚至，没有解答，只是一种近于“痴”的专注与执著而已。

我们其实对“死亡”一无所知。科学上对“死亡”的界定，是心脏停止，是呼吸停止，是脑波停止，也都还有争论；而在广阔的哲学或宗教的领域，“死亡”更是不断被不同的理论所诠释。

庄子曾经怀疑过简化的是非二分法。他说：“此亦一是非，彼亦一是非。”

这种对于是非理知的质疑，为中国保留了一个个人继续执迷、探索、思考的过程。

艺术创作中的“痴”，艺术欣赏中的“痴”，都非常像这种执迷、探索、思考，却又不断进入新的困惑的处境。

艺术创作者呕心沥血，在创作的过程中，是一种“痴”；艺术欣赏者，在作品中陶醉痴迷，如醉如痴，也是一种“痴”。前者比较辛苦，后者则是分担前者的伤痛与喜悦，也同时释放了自己的忧伤与喜悦。

因此，“如醉如痴”的确是欣赏艺术的一种情感，也是一种健康的态度。

“醉”和“痴”都有一点逃开理知的暗示。

我们平常的现实生活中，“理知”的运用太多了，我们总是用太过目的性的方式看待生活，一切都安排得井井有条，一切都从现实的利益考虑，一切都斤斤计较。但是，当我们微“醉”和微“痴”的时候，我们会忽然发现生命除了现实之外，还有其他海阔天空的领域，我们借着艺术欣赏上的“醉”和“痴”，把自己从狭窄的理知世界中解放出来，得到一种自由，得到另一种对生命不同的爱与享受。

因此，艺术的欣赏，虽然不同于艺术创作，没有那种整个生命投入其中的呕心沥血的辛苦，但是艺术欣赏本身，也一定是个人生命经验一次难得的释放。

我们是否曾经被一首诗感动，到了眼热心酸的地步呢？唐代的李商隐写他自己的爱情，写到“春蚕到死丝方尽，蜡炬成灰泪始干”，我们或许都心中一惊。我们小时候也许养过蚕，看到春天的蚕，不断吐丝，把自己缠绕起来，那吐丝的过程，其实也就是一个生命死亡的过程，然而，它那么专注，那么执著于完成一个茧；蜡烛也是我们熟悉的经验，蜡烛一燃烧，放出了光亮，也同时是它毁灭自己的过程。李商隐这首诗，一般被认为是一首恋爱的诗，但是，好的艺术作品，经历一千年，与千千万万人分享它的忧伤与喜悦，通常都不会狭窄到只是很个人的恋爱。或者说，李商隐是借着自己对爱情的执著痴迷，分享了春蚕与蜡炬的生命的庄严，又借着春蚕与蜡炬，和我们分享了生命不可言说的美丽与辛酸的情境。

在这首诗的欣赏中，我们可以借由李商隐的生平传记，经由唐代社会的一些资料，经由一些有关诗的典故或格律的知识，来增加我们欣赏的信心。

但是，我们已经在前面讨论过，艺术欣赏是对我们理知层次的一种提高，使我们从单一狭窄的理知思维中解放出来。因此，真正使我们进入艺术欣赏核心的，永远是艺术作品本身。分析性的资料或许有佐助的好处，但绝不能代替艺术欣赏经验本身。

李商隐的生卒年代、李商隐的出生地、李商隐做过什么官、哪一年中进士，这些是属于理知范围的资料，我们在其他课程中，都可能有机会得知。这种理知的训练也比较容易用考试来测验一个人的用功程度。例如：李商隐生于哪一年，可以设计成是非题，或选择题，答案也只有一个。

但是，“春蚕到死丝方尽，蜡炬成灰泪始干”，好像一下子说出了我们自己的心事，使我们经验到生命中那种自负而辛酸的记忆，使我们仿佛感觉到一种至死无悔的爱的执著，使我们一刹那经验到宇宙间一种生命本质的庄严，使我们有了生命的慨叹、观照，使我们对这似乎又可爱又可怜的生命有了一点点领悟，这些，远远超出一般是非题与选择题的判断，也远远超出理知的范畴，是我们与自己、与历史、与亘古宇宙的对话，没有人可以测验，也没有人可以判断。

艺术欣赏的态度，其实是一种专注。我们在聆听贝多芬的《第九交响曲》时，感觉到一种层层的阻碍，而生命在阻碍中前行，一次一次地仆倒，一次一次地沮丧与绝望，而最后，不知道是不是通过了一切的阻碍，只是感觉到阻碍已不再成为压力，因为生命的前行找到了自己的意义，可以昂首挺胸，可以高声欢唱，可以站起来迎向巨大的光明。我们专注地进入声音的领域，声音会告诉我们有关贝多芬的种种：和我们一样，和大部分的生命一样，他，有过梦想，有过渴望，有过梦想的破灭，有过致死的沮丧与悲痛，然而，他也和我们一样，要穿过那黑暗、幽邃、阴郁的通道，努力攀爬到光明的顶峰。

在贝多芬的乐曲中使自己热泪盈眶吧！也许从来没有一种课程，使我们知道“热泪盈眶”的意义。生命，只有在触到自我最深的底层时，才可能热泪盈眶。而一切对生命的理解与信仰，都要从“热泪盈眶”开始。

“热泪盈眶”中，没有绝对的是非，没有选择的武断，“热泪盈眶”是因为我们知道生命艰难，我们愿意向艰难中挣扎的生命致敬，我们不去判断生命的是非，我们只是致敬，致敬不只是理知，也是一种信仰。

艺术的欣赏也正是一种对生命宽容的学习。

一般来说，人在现实中，常常有从个人利益出发的喜恶爱恨。

但是，在艺术欣赏的过程中，往往可以把这种太过个人的利益抽离，使我们的喜恶爱恨可以扩大，也可以提升。

例如，我们阅读小说时，小说中的人物，有时候会很近似现实中的人物，而小说中的人物，又不完全是我们现实中的人物。这种艺术上的若即若离，使我们在阅读小说时，得以与现实保持一种游离关系，也保持一定的距离来观察现实，对现实的喜恶爱恨就不会那么胶着，相对有了可以净化和沉淀的机会。

越伟大的文学，越伟大的艺术，越有能力使人对现实进行持续不断的思考与反省，也往往使一件好的文学或艺术作品使人看了又看，听了又听，似乎永远可以获得启发与满足。

《红楼梦》就是一个很好的例子。许多人都反复阅读着这部小说，而且都有共同的一种奇异经验，就是：不同的年龄读《红楼梦》，会有不同领悟和启发。

一般来说，一部小说，如果只是一个故事，阅读完之后，知道了故事情节，就不会想读第二次。是什么因素使人想一再阅读《红楼梦》？为什么在每次阅读中会得到不同的经验呢？

我们大概逐渐会发现：文学艺术上的阅读，不只是在阅读作品，其实也有一部分在阅读自己。艺术欣赏的过程，不只是欣赏艺术作品，也同时是在学会以宽容之心欣赏自己和他人的生命。

《红楼梦》提供了许多人物的典型，贾宝玉是一个十几岁的少年，他摇摆于薛宝钗和林黛玉之间的爱情成为全书的主轴。十几岁的少男、少女，他们彼此眷恋、向往，爱恨纠缠，使我们想到自己年少时的种种。随着全书的发展，我们也仿佛经历着一次青春的爱恨，只是，随着年龄的不同，对爱恨的看法也可能很不一样，年少时执著缠绵的恋爱，很可能在中年以后，会变成一种淡然一笑的自嘲。因此，曹雪芹不只提供了他的爱情，其实也使读者在他的世界中经历了每一个人自己的成长与变迁。好的文学与艺术一定会留很多的余裕与空白给欣赏者自己去遨游。文学与艺术，借着“欣赏”这样的心情，跨越了创作者与阅读者，跨越了时间与空间，使我们觉得文学与艺术中的事也就是我们自己的心事，可以与古人对话，也可以与不同族群、不同文化领域的人对话。

因此，我们说，艺术欣赏是学习宽容。《红楼梦》中也有心机狡诈的人，如王熙凤，一个十八九岁的女子，却非常好强，喜欢表现自己的能力。她与尤二姐争风吃醋，便设计害死了尤二姐，我们初读这段，大概都会觉得王熙凤狠毒，但是，作者还是很心平气和地写王熙凤其他的事：她年纪轻轻，一个人掌管几百口人的大家族，处事非常果断明快，又很像一个自主能力强的现代女性。

曹雪芹在小说中不让我们立刻觉得谁是好人、谁是坏人，《红楼梦》的每一个人物似乎都有可爱之处，又都有可怜之处。好的文学与艺术让我们学会用更全面的方式去“欣赏”一个人，而不是用片面的成见去判断一个人。

我们在现实中，一定也常常碰到自己喜欢的人或不喜欢的人。不喜欢的人，做同学或做同事，朝夕相处，大概是很痛苦的事。因为我们已经有了成见，有对他人“不喜欢”的判断。如果有机会用欣赏小说中人物的方式去观察这个自己“不喜欢”的人，你可能会发现好的小说不会单方面只写坏人的坏，或好人的好，因此，我们就需要一种全面周全的观察，也慢慢会发现，世界上并没有绝对的好人或坏人，一个人大多受周遭环境的影响，形成某种特性，小说或艺术，都是要处理这种特性，也就必然要抛弃成见，逐渐养成对人的“欣赏”，而不是“判断”。

因此，我们可以说，怀有艺术欣赏的心情去看人生，是一种有福气的生命。因为“欣赏”是一种包容，一种宽恕，一种同情与悲悯，也是一种真正的爱。

在现实社会中，看到妓女，我们可能会嗤之以鼻，觉得是败坏道德的人。这个妓女若是犯了罪，被人判定是谋杀亲夫，被押解到法院审判，我们大约也会不加怀疑地判断这是一个“坏”人吧。

中国传统戏剧中大家非常熟悉的一出戏叫《玉堂春》，描写一个叫苏三的妓女，被进京赶考的书生王金龙爱上，在妓院中欢度一段时光，钱花完了，王金龙被赶出妓院，潦倒街头；苏三便偷偷拿了钱给王金龙，鼓励他去参加考试。王金龙赴考，中了状元；苏三却被妓院卖给一个姓沈的商人为妾，被大妻陷害，下毒鸩杀了沈氏，苏三便被诬告为下毒的人，从此下狱，受尽苦刑。她从洪洞县被押解进省城受审的一段，叫做“苏三起解”，是许多人爱看的一段。通过戏剧的欣赏，我们忽然觉得苏三不再是我们成见中的“妓女”或“罪犯”，她和我们一样，有爱情的渴望，有对人的深情，她到了下狱受苦，仍念念不忘曾经信誓旦旦的王金龙，惦记着他的安危，希望有他的讯息。

艺术的欣赏，一步一步，使我们学会了宽容，学会了以更全面的方式观照生命，使冰冷残酷的现实中多了一些温暖的深情。

一片风景或一个人，被一个画家处理成一张画，就不只是一种现实，也同时加入了作者对风景或人的信仰与爱。我们透过画去看一片风景或一个人，也是在经验这风景与人所透露出的信仰与爱。

我们在看一张画时，常常会忍不住赞美说：“画得真好，像真的一样。”我们在欣赏一个人的时候，也常常会忍不住赞美说：“真美，像画儿一样。”

艺术使我们懂得“欣赏”真实的人生，“艺术”与“人生”本来就是一体的两面。欣赏人生，使人生变成艺术；欣赏艺术，使我们更懂得宽容人生。

生命中有现实的苦闷、污秽、残酷、不幸，那么，到艺术中去锻炼自己，去看画、听音乐、读诗、读小说、看戏剧或电影，让我们在苦闷中看到舒畅，在污秽中看到明净清洁，在残酷中看到温暖仁慈，在不幸中期待一切的圆满幸福。艺术，在某一个意义上，非常像宗教，懂得欣赏艺术，懂得向美致敬，也就懂得了宽容、悲悯与赎罪。

艺术之思想[①]

[法] 罗　丹　葛赛尔

一个星期日的早上，在罗丹的工作室里，我又站在他最动人的作品中的一个泥塑前面。

这是一个身体苦闷的弯折着的少妇。她好像幽禁在一种神秘的烦恼中。头深深地下垂着，眼皮与口唇紧锁着，说她是睡着罢，然而这愁苦的神情明明是内心的隐痛。

尤其令人奇怪的是她没有臂，也没有腿。好像是雕刻家在不满意他的作品时，把它摔坏了的。我们也不禁为这座有力的雕像竟是残缺而惋惜。谁也要为她这种残酷的断伤呼冤罢。

我不由自主地把这意见告诉了主人。

“你责备我这个！”他诧异地和我说，“这是有意的。她是代表‘默想’，故既无手来动作，亦无脚来行走。你难道没有注意到当反省深思到极点，在矛盾中彷徨不决的时候，竟会有寂灭的想望吗？”

这几句话把我引回到最初的印象上去，从此我更能领略这幅图像的高远的象征。

这个妇人是象征人类的智慧遇到了不能解决的问题，为无法实现的理想所苦，对着抓握不住的“永恒”烦恼的情景。腰的弯折是表示思想对着无从解决的问题的奋斗与挣扎。四肢的残废是表示爱好默想的心灵之厌恶现实生活。

① 节选自罗丹述，葛赛尔著《罗丹艺术论》，傅雷译，北京，中国社会科学出版社，1999。罗丹（1840—1917），法国雕塑家。

我忽然想到人们对于罗丹的作品惯有的批评，我就此告诉了大师，看他如何解答。

“一般文学家，”我和他说，“只能赞赏你全部雕刻中所表现的永恒的、不变的真理。

“但有几个批评家正说你文学的感应成分较雕塑感应的更多。他们说你巧妙地赢得文人的称誉，因为你在作品中供给他们很好的资料，使他们得以运用辞令。他们还说艺术是不能容纳这样大的哲学野心的。”

“假使我的模塑不好，”罗丹兴奋地回答，“假使我犯了解剖的错误，假使我曲解动作的含意，假使我不懂如何给白石以生命的学问，那么，这些批评是十二分有理。

“但如果我的雕塑是准确而又生动，他们还有什么话说？而且，如果我在职业的工作之外，再贡献某些思想；如果我在悦目的形式上面，再加上某种意义，他们又怨些什么？

“人们想真正的艺术家可以只为巧匠而不需要智慧的时候，他们真是大错特错了。

“相反，智慧之于他们正是必不可少的条件，即令是画一幅或雕一座用以悦目为务的形像。

“无论一个雕刻家塑什么像，第一先要深切地蕴蓄着大体的动作；第二便须自始至终把中心思想在明白觉醒的心地中维持着：这样才可使作品中最微细的地方，也永远与中心思想有密切的联络。而这个并非不需要很大的思想上的努力。

“有人相信艺术家可以无需智慧，这一定因为有许多艺者对于日常生活隔膜之故。画家雕刻家的传略或轶事告诉我们不少关于某几个大师的天真的故事。但要知道，一息不停地凝视着他们的作品的伟大，常有对于物质生活不甚了然的情形。更要知道，许多聪慧过人的艺者的思想，似乎很狭隘，只因他们拙于辞令，不善应对；而辞令应对，在一般浅薄的观察者眼中，正是文雅灵秀的标记。”

“真是，”我说，“要叫一般人去细心领会画家或雕刻家的头脑的精微及伟大是不可能的。

“但是，回到一个更专门的问题上讲，在文学与艺术中间是否有一条明显的鸿沟，为艺术家所绝对不该逾越的。”

“老实对你说，”罗丹答道，“在这一点上，任何禁止，我都不能忍受。

“我以为，绝没有什么规则可以阻止一个雕塑家依了他自己的意志去创造一件美的作品。而且只有使群众懂得其中的意义，领略到精神的愉悦便是，又何必去问它是文学还是雕塑？绘画、雕刻、文学、音乐，它们中间的关系，有为一般人所想不到的密切。它们都是对着自然唱出人类各种情绪的诗歌；所不同者，只是表白的方法而已。

“如果一个雕刻家用了他自己的艺术手腕达到表现出通常为文学或音乐所能引起的情绪，人们为什么要非难他呢？最近一个记者批评我的Palais Ryal里面的《雨果》，说已不是雕塑而是音乐了。他天真地说这件作品令人联想到贝多芬的某一阕交响乐曲。天晓得他说的对不对。

“其实，我也并不说，辨别文学与艺术的方法上的异同是毫无价值的事。

“第一，文学有一种特别的长处，可以不必追溯事物之形象就能表白它的思想。譬如说‘十分深刻的反省常令人达到无为的境界’，说这句话时，他并不一定要想象一个女子沉入深思默想之中的情境。

“这种巧妙的官能或即是文学在精神领域中比别种艺术占优的地方，因为它能用了字句直接表白抽象的情绪。

“还有应当注意的，是文学的职务是在于发展某件故事或史实，故有头有尾，有内容。它把各种事物罗织起来而得到一个结论。它必使它的人物有行动、动作，而再记录其行为、动作的结果。它的布局、铺陈，是跟了情节剧的演进而紧凑起来，而它们的价值，要看促进情节的转钮到如何程度而定。

“在造形艺术上就不同了。它永远只表现某种行为中的一阶段。就因为这一点，也许画家与雕刻家之取材于文人的作品是不应当的。艺术家可以表演一件故事之一段落，但必须设想他是知道全个故事的。在此，艺术家的作品要靠了文人的作品才能成立；必须要知道这段落的前后的关键，才能显出这段落本身的价值和意义。

“画家德拉罗什[①]，依据了莎士比亚或只是根据了莎氏的平凡的模仿者卡西米·德拉维涅（Casimir Delavigne）所作的《爱多亚的孩子们》互相挨挤的一幕。要对于这幅画感到兴味，一定要知道这是皇子们被囚于牢狱之中，而正当谋害的凶手逼近行刺之时的情景。

“德拉克鲁瓦，恕我把这位天才与平庸的德拉罗什相提并论，曾借助于拜伦的一诗，作唐璜的覆舟。图上是表现一只小舟漂浮于怒涛汹涌的海面上，水手们在一只帽子中抽纸签。要懂得这幕悲剧，必得知道这些

① 德拉罗什（Paul Delaroche 1797—1859），法国19世纪浪漫派画家。多作历史画，而偏重文学色彩，为浪漫派衰颓之端。

不幸的溺者，正是请问命运，在他们之中，谁应该牺牲给大家做粮食。

“在取用这些文学的题材上，这两位画家都犯了同样的错误，即他们作品的意义，要靠了文学的解释才能明白。

“然而德拉罗什的那幅画的不高明，还是因为它的冷酷的素描，生硬的色彩，与强烈的戏剧情调；至于德拉克鲁瓦的仍不失为杰作，只因为那小舟的确是真实地浮沉于青绿的海浪之上，溺者的脸上，印着饥饿与困倦的痕迹，深沉阴郁的色调预告惨剧之将临。且如果拜伦的诗情好像已被剪削过，那么，在别方面，画家的狂热，粗野、卓越的精神却完全充塞于画面之上。

“在这两个例子上，我们可以得到一个结论，你尽可经过周密的考虑之后，把艺术的取材加以合理的限制，你尽可责备平庸的艺者之不肯循规蹈矩，然而当你看到天才们摧毁一切樊篱的时候，你也要吃惊呢。

“然而我以为画家与雕刻家的作品，最好还是有其独立的意义，因为艺术原可不必借助于文学，即能刺激观众的想象与幻梦。与其作说明诗章的插画，还不如径取不需任何典故解释的，意义极明显的象征。这就是我常用的方法而得到完满的结果的。

“如果我说一个雕刻家可以只管表现活跃的皮肉，而不必考虑主题，这意思并非说在他的工作中，可以不用思想；如果我声明他不必去寻求什么象征，那也不是说我赞成绝无内心的灵感的艺术。

“实际上，一切都是思想，都是象征。故人的外形与姿态，必然地暗示他心魂的情绪。肉体永远是传达精神的。肉体者，躯壳耳。故在识者的眼中，裸体最富意义。在庄严的轮廓的节奏中，一个大雕刻家，一个菲狄阿斯，能辨出为神的智慧所播满宇宙的澄明与谐和，一个简单的半身像，平静，均衡，充满着康健与喜悦，能令他想到主宰全世界的威权与理智。

“一幅美的风景，其动人处并不只在它呈现的舒适的感觉，而尤其在它隐示的思想上。线条与色彩，其本身并不足以感人，只是借以寄托深远的意义，方能震撼我们的心魂。在树的侧影中，在林隙间漏出的天空，那般大风景画家，如勒伊斯达尔①，如克伊普②，如柯罗③，如卢

---

① 勒伊斯达尔（Jacob van Ruysdael 1628？—1682），荷兰大风景画家。

② 克伊普（Aelbert Jacobsz Cuyp 1605—1691），荷兰风景画家。

③ 柯罗（Corot Jean-Baptiste-Camille 1796—1875），法国近代大风景画家。以富诗意、多情绪的作品为法国19世纪的风景画别造蹊径。

梭[1]，或窥到它的微笑的心境，或严肃的情绪，或勇武或颓丧，或平静或悲戚的境界，各以个人的精神状态而异。

“因为胸中洋溢着情操的艺者，他的想象中从无缺乏天机之事物。在整个宇宙中，他体验到与他的良知相似的灵机，没有一样生物，没有一块化石，没有一朵天上的云彩，没有一片平原的绿草，不把隐藏在万千事物之下的秘密倾诉给他听的。

“你只要看艺术上的杰作，它们的美都是由于艺者自以为在宇宙中探到的神秘及思想之美。

“为何我们的哥德式大教堂这样的美？只因为在一切人生的表现中，在装饰大门的人像上，甚至在柱头饰物上的草木的图案中，都能窥到爱慕天国之情。我们中世纪的画家到处看到‘无穷的慈悲’，他们天真得把魔鬼的相貌，也画得和蔼可亲，在机诈的面容上，存留着好像与天使同宗的神气。

“你看无论哪一张大师的名画，例如提香、伦勃朗。

“在提香画的所有诸侯的肖像上，那种高傲坚强之概，就是他自己人格的特性。他的富丽的裸妇令人爱好，如见了统治太平盛世的女神一般。他风景画中庄严的古木与绚烂夕照，其高傲处也不下于他的人物。在他全部创作中，都有着贵族的骄矜，这便是他天才的中心思想。

“另一种高傲，在伦勃朗所画的老人的皱缩枯萎的脸上映现着，煤烟熏黑的屋檐，瓶底做的窗扇，都显着高贵的样子，他平凡单调的风景，鄙陋的茅屋，也自有他的光彩：这是微贱的人物在人间奋斗的勇气，这是庸俗而虔诚的被敬爱的事物之圣洁，是人类负起运命的重载而能有充实的生命的表现。

“且大艺人的思想是这般鲜明、这般深刻，他简直无须用整个的面貌来表白。你不论取名作中的任何小部分，你都能认出作者的伟大心灵。你试把提香与伦勃朗所画的肖像中的手来比拟一下，提香画的手是统治者的手、权威的手，伦勃朗画的却是微贱而勤劳的手、勇者的手。在画面这等微细之处，都有艺者的整个的理想。”

---

① 卢梭（Théodore Rousseau 1812—1867），法国大风景画家之一。为巴尔比宗派领袖。风景画自卢梭起方脱离人物画而独立，从此品为绘画上之正宗，开近世风景画大成之端。

常识与记忆[①]

陈丹青

今天有幸被请到贵校出席百年校庆，我很惭愧。为什么呢？因为我此前不知道南京有一所大学叫做“东南大学”，更想不到她有百年历史。待我收到贵校的邀请函，才知道这就是南京工学院的前身。

现在我被贵校请来当嘉宾，并没有这份资格，我只是个喜欢画画的人。不错，我正在担任所谓绘画博士生的导师，是一名所谓责任教授，但是我要坦率地说，我并不知道什么叫做“美术博士生”，我也不知道什么人有资格教这样的博士生。当我每年审看博士生报考表格时，我发现自己既不具备报考的学历，更不具备国家规定的种种条条框框。说到学历，除了二十多年前在中央美院上过两年所谓研究生课程，我的文化程度只是小学毕业生。小学毕业那年，“文革”爆发，我的两年初中全是下工厂，去农村，或者观看老师被批斗，根本不上课。到了十六岁，我就和千万名知青给塞进火车，送到农村种地去，一去就是八年——我常常说：所谓“知识青年”的意思，就是指没有知识的青年。

所以要说知识，在座诸位比我多，要说学历，在座诸位更比我高。

我为什么说这些呢？因为贵校邀请函明明白白印着“东南大学百年校庆人文大讲堂”。“人文”这样大的话题，我当不起：没有足够的知识，“人文”从何谈起？而我竟被

---

① 本文系陈丹青在东南大学百年校庆人文大讲堂的讲演。选自《退步集》，桂林，广西师范大学出版社，2005。陈丹青，画家。

请到我所不知道的大学讲“人文”，说明我连“常识”也不够，为什么呢？因为我这一代人的“文化常识”与“历史记忆”，很早就被切断了。

所以我今天的讲题，叫做“常识与记忆”。

我给大家讲一件小事情。去年，我受命给清华大学九十年校庆画一幅大画叫做“国学研究院”，画面上的主角是七十年前创办国学研究院的五位前辈：梁启超、王国维、陈寅恪、赵元任、吴宓。为了收集素材，我去清华大学校史馆询问研究院故址在哪里，馆员都说不知道。我急了，于是在校园内王国维自沉碑周围特意先后询问十几位年龄在五六十岁以上的老师或职员，结果呢，不但没有一个人知道本校有过这样一所研究院，而且没有一个人能够听清，并复述“国学研究院”这几个字——

“什么？‘博学研究院’？”他们一脸茫然，掉头走开。

我自己知道么？在给清华大学叫来帮忙教书前，我仅听说过以上五位老先生的名字，要不是那幅创作，我也不知道清华大学有过这么一所“国学研究院”，问了人，才知道早在1952年，清华大学的人文学科就给全部砍掉了，那一年，我还在母亲的肚子里。

一晃五十年过去，国家忽然想起“人文传统”“国学研究”这些字眼，忽然要来纪念“国学研究院”，忽然要来做今天这样的“人文大讲堂”——所以不但是我，连国家也常常失去记忆的。

还好，总算又记得了。回头我要问问“东南大学”的校名，是怎样在贵校历史中失去记忆，又恢复记忆的。

当然，有些事情最好忘记，不说为好，可是我的记忆力偏偏不坏，居然记得。是什么事情呢？说来有趣，当校方领导陪我参观清华大学校园时，我忽然发现一幢主楼似曾相识，仿佛多年前在电视里看到过，我问：这里是不是1966年万人批斗国家主席刘少奇夫人王光美的现场？回答说，正是这里。接着，领导指着著名的刻有“清华园”三字的校门石牌坊，说这座起于清朝末年的牌坊在“文革”初期被砸毁，是红卫兵喝令当时被批倒的学者教授们动手砸毁的，然后在那里竖立了一座毛主席雕像，直到“文革”结束，才仿照老清华的模样重新建起来。现在那里天天有游人争先恐后拍照留念，其实那座“清华园”牌坊是假的，年龄只有二十几岁。

这就是我的记忆。这是“人文”的记忆么？不是，可是大家不要小看这记忆：就是在这样的记忆中，我们几代人失去了常识与记忆。

今天，全国院校，全国的教育，大谈“人文”——可是大家要知道，一个民族忽然要来大谈“人文”，不是好事情，正相反，它说明人文状况出现了大问题。面对这样的大问题，以我的看法，咱们先别奢谈所谓“人文”，我们要紧的是先来恢复常识和记忆。

可是我们失去的常识和记忆太多了，从何说起？今天，我们还是从绘画说起吧。

但是绘画的范围很广，话题很多，在座诸位不一定都是绘画专业的同学，那么，我就以“美术馆”为话题说说看，因为美术馆开放给所有人。

二十年前，我为什么去到纽约？不是为了移民、发财，而是为了到西方开眼界，看看油画经典的原作。当我走进纽约大都会美术馆，上下古今的西方油画看也看不过来，可是没想到就在那里，我从此开始了中国艺术中国文化的启蒙，认清了我们民族从上古到清末的艺术家谱：在纽约、波士顿、旧金山、华盛顿、伦敦与台北故宫，我所看到的中国艺术经典，竟是我在中国大陆所能看到的上百倍，而且十之八九是精品。

那么，中国大陆的艺术珍品和大量文物还剩多少？放在哪里？仅以北京为例，据故宫古典书画文物鉴定家单国强先生说，故宫所藏书画约有九万多件，他任职三十多年来，仅只看过其中的三分之一，而1949年迄今，故宫展出的书画总量不超过一万件。照此说法，中国人不出国境，就应该看得到大量炎黄祖宗的艺术品，从美术馆得到美术的常识，由美术史牵连文化的记忆。但是，我们没有足够的钱财，缺乏太多设备，更主要的原因，我们的心思根本不在这些事情上面。要好好清理国宝，以今日世界的高水准永久陈列，还不知道要过多久。

单举一个例子：大家知道齐白石老先生。齐先生去世后，他的手稿、草图和晚年的精品，全都捐献给北京画院，几个月前，我有幸亲眼看到这批珍贵的文物，总有上千份吧，居然还像半个世纪前那样，以最简陋的方式，就像我们家里收拾早年的信札账单那样，折叠着，放在旧信封或破烂的塑料袋里。为什么呢？因为北京没有这笔闲钱，也没有心思好好整理、装裱、展示，还幸亏靠着画院保护着，珍藏着，动也不敢动。

中国只有一个齐白石，他是20世纪最伟大的中国画家，可是与他差不多年龄上下的西方画家，譬如长寿的毕加索，在法国西班牙两国不知有多少纪念馆、故居、美术馆，专门陈列他的每张纸片，早死的凡·高，则在阿姆斯特丹市中心公园里占有一座面积很大的个人美术馆，朝拜者每天络绎不绝。凡·高生前冷落，死后享受世界声誉，然而齐先生生前就被国家授予“人民艺术家”的称号，可是今天，人民还是没有地方去看一眼人民艺术家的画。

在南京，诸位有什么地方可以随时去看看齐白石的画？或者，诸位有什么地方可以随时去看看金陵画家傅抱石、钱松喦、宋文治、魏紫熙、亚明等老先生的画吗？（学生齐声回答：看不到!）几天前，魏老先生的追悼会刚刚开过，解放后号称新金陵画派的时代，就此结束了。这要是在日本、欧洲，早已建立他们的纪念馆、美术馆，但在中国，我们只有追悼会，以后，也只有他们作品的拍卖会。别说全国，就是南京一地的老百姓，还是看不到。

所以前年我回到北京定居，发现我又变得像出国前一般无知，在我们的故宫，在国家美术馆，还是看不到民族艺术五千年的详细脉络，更看不到几件经典的原作。大家知道，绘画是视觉艺术，看不到真东西，一切都是空谈，就像一群聋子在那里谈论音乐。可是我们全国上下的千万名画家和更多的艺术爱好者，居然也就空口谈艺术，谈了半个多世纪，像我这样的无知，今天还要给无知的学生去上课。

两个月前，我在纽约买到电脑精印的几份珍贵手卷：晋代顾恺之的《女史箴图》、北宋武宗元的《朝元仙仗图》、北宋李唐的《晋文公复国图》、北宋李公麟的《海会图》、清代王原祁的《辋川别业图》、清代顾见龙的《春宵秘戏图》。人但凡得了宝贝，忍不住要显宝，我就捧着手卷给学生去上课，大家看呆了，别说没见过，就是听也没听说。上个礼拜，我又捧去给母校的老院长靳先生、新院长潘先生，还有老师兄老同学看，看过之后，靳先生一人就订购了其中四套，潘先生说5月访纽约，要代中央美院买一批回来，用于教学。

这就是我们高等美术学院的“人文”现状：我们要到国外去买民族艺术经典的复制品，假如不买，我们连这复制品也没得玩。

可是以上手卷只是中同艺术的沧海一粟。人家知道不知道，除了欧美数百座重要的美术馆，全世界评选出十大美术馆是哪几座？现在，我来念一念：

意大利梵蒂冈美术馆
法国卢浮宫美术馆
英国大英博物馆
俄国冬宫美术馆
西班牙普拉多美术馆
墨西哥玛雅美术馆
美国大都会美术馆
埃及开罗美术馆

德国柏林美术馆

土耳其君士坦丁美术馆

偌大的亚洲，没有，一座也没有。

前面说到故宫，公元1407年，明成祖下令起造紫禁城，当时西方人才刚从中世纪醒来不久，文艺复兴三杰还没生出来，所以要说我们故宫的岁数，远在梵蒂冈卢浮宫之上。可是今日的紫禁城严格说来不能算是博物馆，只是皇宫旧址，因为故宫深院的大量书画文物，就好比一座声名远扬的大饭馆，除了挂出皇家仿膳的漂亮菜单，基本上不营业，不开饭。中国，是亚洲最大、最古老、文化艺术最丰厚的国家，我们动不动就说“上下文明五千年”，到今天，神州大地勉强符合国际收藏标准、陈列规范、开放制度与教育功能的，只有一座上海博物馆，而上海博物馆馆藏的广度、深度、类别、级别，可能还不如美国一所大学的美术馆。但我要谢天谢地：我们总算有了这么一座比较像样的美术馆。最近，故宫开始了建国以来投资最多，规模最大的大修整，据说要恢复乾隆盛世的模样，到2008年开放给奥运会的各国游客看。大家知道，申办奥运会哪里是为了体育，而是不折不扣的超级政治任务，可是没有这项政治任务，钱拨不下来，事办不起来，所以我有保留地谢谢天，谢谢地，但我紧跟着就要问一句：假使奥运会没给安在北京城，2008年没有这回事，故宫怎么办？

凡是先进国家，尤其是维持民族自尊的国家，都会高度重视美术馆，那是民族的荣耀，国家的脸面。诸位有一天到罗马、巴黎、伦敦、纽约去看看，美术馆天天人山人海。诸位说说看：美术馆为什么那么重要？美术馆到底是什么地方？

我们一天到晚说“世界”“世界”，你怎样认识世界？看世界地图？读历史书？读世界新闻？读参考消息？读杂志上关于世界的报道？不是，你要真正能够感性地、全面地、实实在在地了解世界，应该走进美术馆。

美术馆的“美术品”，博物馆的“物”，都不是顶要紧的。要说书画，要说文物，我们有，而且有的是，可是，美术馆不是挂几幅画，摆几件文物的地方，也不完全是开展览的地方，美术馆博物馆顶顶要紧的，是它的文化形象，是它的社会角色，是它的教育功能，是它在一个国家、民族和社会中活生生的作用。美术馆，是一本活的大百科全书，因为美术馆的对象不仅仅是艺术家，而是所有人。

英国人约翰·伯格说过这样的话，他说：“一个被割断历史的民族和阶级，它自由的选择和行为的权力，就不如一个始终得以将自己置身于历史之中的民族和阶级，这就是为什么——这也是唯一的原因——所有过去的艺术，都是一个政治的问题。”

伯格，是法兰克福学派思想家本雅明的追随者，本雅明的思想来源，是大名鼎鼎的马克思同志。我们的国家奉马克思主义为国家意识形态，今天所有大学生都要考马克思主义，学马克思主义，很好，我们来想想这段话：如果这段话是对的，有道理的，那么，我们今天怎样才能“始终”将自己“置身于历史”？我们怎样看待“过去的艺术”，并从中确认我们今天的“政治”立场？我相信，方法、途径，许许多多，可是谁会想到美术馆？

美术馆，以我的定义，就是提供文化常识，储存历史记忆的场所。

一百多年前，中国人想出很多法子来救国，实业救国、教育救国、革命救国，等等等等，可是教育部部长蔡元培先生大声呼喊：“美育代宗教。”他把美育提高到宗教的高度，他清楚中国没有西方式的宗教传统宗教意识，但他认为“美育”是有可能的，比宗教还根本，还有效。但是，“美育”的最高标准和最起码的条件，是要有国家美术馆。可惜在蔡先生的时代，国家不断打仗，国民政府把故宫的国宝装了几百几千箱，运过来运过去，60年代弄出台北故宫博物院。大陆这边呢，快要一个世纪过去了，蔡先生的理想有没有实现？他这句话的涵义，多少人懂得？他这句话，又有多少人记得？要说“美育”，我们今天出了个所谓“五讲四美”，层次很低，不过是要有礼貌，守规矩，走横道线，别随便吐痰之类，说明什么呢？无非说明我们的社会五不讲，四不美。

我想，要是我们全国大城市都有以上所说的大型国家美术馆，情形不至于这个样子。我在国外十多年，就眼看有自己美术馆的国民，与没有美术馆的国民，很不一样，大不一样，太不一样了。

二十年前，描绘机场壁画的袁运生先生造访西北敦煌，写成一篇《魂兮归来》的文章，呼唤我们伟大的民族精神。其实，魂是叫不回来的，西方人也叫不回希腊艺术与文艺复兴的魂。我所要呼唤的，只是“常识与记忆”。为什么呢，因为西方人似乎知道“魂不附体”这句古谚，他们精心留存着西方乃至世界文化的“体”，只要“体”还在，所谓文化的“魂”，就有个依附之所——要我说，文化艺术的“体”，就是美术馆。

可是从我归国两年的见闻看，我们好像不在乎常识，不在乎记忆，我们所竭力构筑的，似乎总是所谓“上层建筑”——我们的艺术学院在教所谓“美术学”，本科生、研究生，甚至所谓博士生正在逐年递增，我们的美术界天天高谈所谓世纪性、国际性、历史性、当代性等等耸人听闻的大话题，种种杂志、研讨会、拍卖会、博览会、双年展以及名目繁多的活动，办得越来越多，规模越来越大，级别与名称越来越高，远远看过去，我们的文化艺术从来没有像今天这么欣欣向荣……可是在这一切的热闹与喧嚣中，美术馆，作为一条无法替代的认知途径，一个国家的历史记忆，一个巨大的文化实体，却是长期悬置、长期缺席。用中国人的老话说，这就是文化上的无源之水，无本之木。

大家知道，无源之水是死水，弄得再漂亮，不过像个游泳池；无本之木是长不高大的，弄得再好看，也不过像个大盆景。

历史的失忆症，必然引发更多的失忆。美术馆只是整个文化问题的一小部分。如前所述，就在清华大学的九十年校庆，就在校方抬出“国学研究院”的辉煌过去，试图借此重振人文传统时，我在校园里遇到的却是无知与失忆。而今天，在一所我不知道的大学里，我竟充当所谓“人文大讲堂”的演讲人，岂不讽刺？

可是有人会说，这算什么大不了的大事吗？是的，没什么大不了，这只是“知道”与“不知道”的问题。苏格拉底被引述最多的命题是“我知道我不知道”，我们的命题是什么呢？很简单，就是“不知道”。

我们不知道的事情，我们大规模失落的常识与记忆，说不过来，这是沉重的话题，我的发言应该结束了。在结束前，容我添几句有点亮色的话——

今天，在恢复常识与记忆的工作上，能够使我们欣慰的，发生希望的，有两件事：一件是空前兴旺的出版业。大家知道，书本就是知识，读书就是要你“知道”。我归国后最振奋、最开心的事，就是我们的书店终于摆满了各种各样的书，每本书似乎都在问我：“你知道吗？”或者说，每本书都在提醒我：“同志，你不知道！”——虽然，今天我们出版的书籍种类与品质，还远远不能和发达国家比，但却是建国以来最像样、最应该的那么一种局面。

所以，另一件令人宽慰的事就是校园里的年轻人，就是在座各位。我在开始时说，诸位的知识比我多，学历比我高，诸位，就是未来的国家栋梁。我任课两年以来，一方面感到惭愧，因为整个我这一代没有受过良好教育，知识结构与人格成长很有问题的人，如今已经占据了教育岗位，是国家最主要的师资群体。另一方面，我发现新一代青年已经大大区别于我们，开始接受比较宽广的知识系统，开始从长期意识形态的迷瘴里走出来，没有这个前提，谈不上“人文”。但是全方位恢复常识与记忆，又从常识与记忆中逐步建构高层次的文化意识，是个漫长的过程，我愿意说，在在座诸位同学身上，这一过程有希望真正开始。

为了恢复常识，恢复记忆，重建人文的漫长过程，我愿以《易经》里的三句话送给大家，这三句话只有十二个字：

大人虎变

小人革面

君子豹变

什么意思呢？“大人”，指的是“王”“统治者”，不必细说；“小人革面”，则忽儿这样，忽儿那样，靠着变脸讨生活的角色，我们平时见得多了，也不必细说——要紧的是第三句话。

用今天的说法，所谓“君子”，接近于“知识分子”，指的是有文化、有教养、有立场、有品格的人——“君子”这两个字，也属于我们失忆的词语了——那么，“豹变”是什么意思呢？古人说话是非常形象、非常准确的。大家在动物园里或电影里见过修长美丽的豹子吗？那一身好皮，无比精致，无比高贵，可是您要是见过刚养出来的小豹子，简直没法看，皮毛黏滞，浑浊肮脏，像一团烂泥，哪里想到长大后会慢慢生就那一身好皮毛。“君子豹变”就是说，你要想从丑陋到美丽，从幼小到壮大，从无知到有知，逐渐成为一个有品质的人，你要慢慢地来，慢慢地蜕变……翻译成现在的话，大概相当于所谓“十年种树，百年育人”的意思吧，但这话给我们说滥了，依我看，古人许多话，远比今人说得漂亮，说得真确，可是给今人忘记了。我就是因一位尊长告诉我这句话，这才知道，牢记在心。

诸位不论是什么性别，学的是什么专业，今后做什么社会角色，都希望有出息吧？或许，有人会变成大王，那可好极了，有人终究还是“小人”，那也奈何不得，可是我猜，将来诸位是升官发财也好，是白领蓝领也好，谁都愿意自己变成一个“君子”，当得起“君子”这样的美称吧？

我的话说完了，谢谢大家。

2002 年 4 月 20 日

艺术家应有的态度①

林风眠

一、远功利的态度

无开心论是康德论美的精华，就是说，当一个艺术家在创造他的作品的时候，第一应该把世间的一切名利观念远远地置之度外，然后才能到生命深处，而直接与大自然的美质际会；后来又有人生短艺术长的一句谚语，这又是说，同人类现实生活关系最密切的那种直接的物质享受到底不过是一时的事情，只有艺术能把作家的生命垂之永久，延长到只要有人类存在时候。

二、爱自然的态度

自然一语谓物质存在之总和及根本，亦可谓为除本身以外一切精神、物质及其现象，均为自然。此处之所谓自然实取后一意义。一个艺术家应当有从一切自然存在中都找得出美的能力，所以他应当对一切自然存在都有爱慕的热忱，因为，他是爱艺术的，而艺术又是从这些地方产生的。我们看见，多数的艺术家同文艺家都是广泛的人道主

① 选自《林风眠艺术随笔》，上海，上海文艺出版社，1999。林风眠（1900—1991），画家、艺术教育家。

义者，这就是因为人类是自然存在中的主脑，而艺术家是爱自然的缘故。

三、精观察的态度

艺术家常能见人所不能见，闻人所不能闻，感人所不能感的东西，我们可以说艺术家是具有特别的敏感的人物，也可以说，那是因为他有善于观察的态度的结果。世间的事物都有若干必要的来由去因，也有许多必要的朝变夕化，常人总是把眼见的现实看做实在，艺术家则往往在暗处先看它的因由变化；此种观察且永无停止。故艺术家，能得事物之真，而常人则以此为怪矣。

四、勤工作的态度

艺术家所要表现的，是他从自然存在所观察所感应的，在思想中构成的幻象，这幻象是一不留心就会为别的感应破坏的；艺术家所恃以表现其幻象者是他多年所得的表现技巧，这技巧稍一放置是很容易生锈的。因此，艺术家往往是最勤于工作的人物，一方面专心保持他的美丽幻象俾不为外物所破，一方面琢磨他的表现技巧俾不至于生锈。我们可以说，工作是艺术家生命，不工作的艺术家等于不存在。

第三部分

永恒的微笑

永恒的微笑　傅雷
看蒙娜丽莎看　熊秉明
真诚质朴与庄严的悲哀　[荷兰]凡·高
关于凡·高　吴冠中
一条路　[日]东山魁夷
画说　张大千
画坛师友录　黄苗子
文人画之价值　陈师曾

导 语

有人会奇怪地问：你为什么如此痴迷于墙上的这一幅名画呢？譬如：达·芬奇的《蒙娜丽莎》……

把自己的一生沉浸在艺术中的熊秉明先生说："我们，立在芬奇坐着工作了多少晨昏的位置上，我们看蒙娜丽莎的看。在蒙娜丽莎目光的焦点上，她不给我们欣赏者以安适、宁静，她要从我们的眼窍里摄出谛视和好奇，搜出惊惶与不安，掘出存在的信念和抉择的矫勇，诱惑出爱的炽燃，和爱之上的追问的大欲求，要把我们有限的存在扯长，变成无穷极的恋者、追求者、奔驰者，像落在太空里的人造星，在星际，在星云之际，永远飞行，而死在尚未触到她的时分，在她的裙裾之前三步的距离里。"

啊！艺术欣赏真是一场惊心动魄的奇遇。

永恒的微笑[①]

傅　雷

《瑶公特》这幅画的声名、荣誉及其普遍性，几乎把达·芬奇的其他的杰作都掩蔽了。画中的主人公原是翡冷翠人焦孔多（Francesco del Giocondo）的妻子蒙娜丽莎（Mona Lisa）。“瑶公特”则是意大利文艺复兴期诗人阿里奥斯托（Ariosto）所作的短篇故事中的主人翁的名字，不知由于怎样的因缘，这名字会变成达·芬奇名画的俗称。

提及达·芬奇的名字，一般人便会联想到他的人物的“妩媚”，有如波提切利一样。然而达·芬奇的作品所给予观众的印象，尤其是一种“销魂”的魔力。法国悲剧家高乃依有一句名诗：

“一种莫名的爱娇，把我摄向着你。”

这超自然的神秘的魔力，的确可以形容达·芬奇的“瑶公特”的神韵。这副脸庞，只要见过一次，便永远离不开我们的记忆。而且“瑶公特”还有一般崇拜者，好似世间的美妇一样。第一当然是莱奥纳多自己，他用了虔敬的爱情作画，在四年的光阴中，他令音乐家、名曲家、喜剧家围绕着模特儿，使她的心魂永远沉浸在温柔的愉悦之中，使她的美貌格外显露出动人心魄的诱惑。一五〇〇年左右，莱奥纳多挟了这件稀世之宝到法国，即被法王弗朗西斯一世以一万二千里佛（法国古金币）买去。可见此画在当时已博得极大的赞赏。而且，关于这幅画的诠释之多，可说世界上没有一幅画可和它相比。所谓诠释，并不是批语或

---

① 节选自《世界美术名作二十讲》，北京，三联书店，1998。傅雷（1908—1966），文学翻译家，文艺评论家。

画面的分析，而是诗人与哲学家的热情的申论。

然而这销魂的魔力，这神秘的爱娇，究竟是从哪里来的？莱奥纳多的目的，原要表达他个人的心境，那么，我们的探讨，自当以追寻这迷人的力量之出处为起点了。

这爱娇的来源，当然是脸容的神秘，其中含有音乐的“摄魂制魄”的力量。一个旋律的片段，两拍子，四音符，可以扰乱我们的心绪以致不得安息。它们会唤醒隐伏在我们心底的意识，一个声音在我们的灵魂上可以连续延长至无穷尽，并可引起我们无数的思想与感觉的颤动。

在音阶中，有些音的性质是很奇特的。完美的和音（accord）给我们以宁静安息之感，但有些音符却恍惚不定，需要别的较为明白确定的音符来做它的后继，以获得一种意义。据音乐家们的说法，它们要求一个结论。不少歌伶利用这点，故意把要求结论的一个音符特别延长，使听众急切等待那答语。所谓“音乐的摄魂制魄的力量”，就在这恍惚不定的音符上，它呼喊着，等待别个音符的应和。这呼喊即有销魂的魔力与神秘的烦躁。

某个晚上，许多艺术家聚集在莫扎特家里谈话。其中一位，坐在格拉佛桑（钢琴以前的洋琴）前面任意弹弄。忽然，室中的辩论渐趋热烈，他回过身来，在一个要求结论的音符上停住了。谈话继续着，不久，客人分头散去。莫扎特也上床睡了。可是他睡不熟，一种无名的烦躁与不安侵袭他。他突然起来，在格拉佛桑上弹了结尾的和音。他重新上床，睡熟了，他的精神已经获得满足。

这个故事告诉我们音乐的摄魂制魄的魔力，在一个艺术家的神经上所起的作用是如何强烈，如何持久。莱奥纳多的人物的脸上，就有这种潜在的力量，与飘忽的旋律有同样的神秘性。

这神秘正隐藏在微笑之中，尤其在“瑶公特”的微笑之中！单纯地望两旁抿去的口唇便是指出这微笑还只是将笑未笑的开端。而且是否微笑，还成疑问。口唇的皱痕，是不是她本来面目上就有的？也许她的口唇原来即有这微微地望两旁抿去的线条？这些问题是很难解答的。可是这微笑所引起的疑问还多着呢：假定她真在微笑，那么，微笑的意义是什么？是不是一个和蔼可亲的人的温婉的微笑，或是多愁善感的人的感伤的微笑？这微笑，是一种蕴藏着的快乐的标识呢，还是处女的童贞的表现？这是不容易且也不必解答的。这是一个莫测高深的神秘。

然而吸引你的，就是这神秘。因为她的美貌，你永远忘不掉她的面容，于是你就仿佛在听一曲神妙的音乐，对象的表情和含义，完全跟了你的情绪而转移。你悲哀吗？这微笑就变成感伤的，和你一起悲哀了。你快乐吗？她的口角似乎在牵动，笑容在扩大，她面前的世界好像与你的同样光明同样欢乐。

在音乐上，随便举一个例，譬如那通俗的《威尼斯狂欢节曲》，也同样能和你个人的情操融洽。你痛苦的时候，它是呻吟与呼号；你喜悦的时候，它变成愉快的欢唱。

“瑶公特”的谜样的微笑，其实即因为它能给予我们最飘渺、最“恍惚”、最捉摸不定的境界之故。在这一点上，达·芬奇的艺术可说和东方艺术的精神相契了。例如中国的诗与画，都具有无穷（infini）与不定（indéfini）两元素，让读者的心神获得一自由体会、自由领略的天地。

当然，“瑶公特”这副面貌，于我们已经是熟识的了。波提切利的若干人像中，也有类似的微笑。然而莱奥纳多的笑容另有一番细腻的、谜样的情调，使我们忘却了波提切利的《春》、维纳斯和圣母。

一切画家在这件作品中看到谨严的构图，全部技巧都用在表明某种特点。他们觉得这副微笑永远保留在他们的脑海里，因为脸上的一切线条中，似乎都有这微笑的余音和回响。莱奥纳多·达·芬奇是发现真切的肉感与皮肤的颤动的第一人。在他之前，画家只注意脸部的轮廓，这可以由达·芬奇与波提切利或吉兰达约等的比较研究而断定。达·芬奇的轮廓是浮动的，沐浴在雾雰似的空气中，他只有体积；波提切利的轮廓则是以果敢有力的笔致标明的，体积只是略加勾勒罢了。

“瑶公特”的微笑完全含蓄在口缝之间，口唇抿着的皱痕一直波及面颊。脸上的高凸与低陷几乎全以表示微笑的皱痕为中心。下眼皮差不多是直线的，因此眼睛觉得扁长了些，这眼睛的倾向，自然也和口唇一样，是微笑的标识。

如果我们再回头研究她的口及下巴，更可发现蒙娜丽莎的微笑还延长并牵动脸庞的下部。鹅蛋形的轮廓，因了口唇的微动，在下巴部分稍稍变成不规则的线条。脸部轮廓之稍有棱角者以此。

在这些研究上，可见作者在肖像的颜面上用的是十分轻灵的技巧，各部特征，表现极微晦；好似蒙娜丽莎的皮肤只是受了轻幽的微风吹拂，所以只是露着极细致的感觉。

至于在表情上最占重要的眼睛，那是一对没有瞳子的全无光彩的眼睛。有些史家因此以为达·芬奇当时并没画完此作，其实不然，无论哪一个平庸的艺术家，永不会在肖像的眼中，忘记加上一点鱼白色的光；这平凡的点睛技巧，也许正是达·芬奇所故意摒弃的。因此这副眼神蒙着一层怅惘的情绪，与她的似笑非笑的脸容正相协调。

她的头发也是那么单纯，从脸旁直垂下来，除了稍微有些卷曲以外，只有一层轻薄的发网作为装饰。她手上没有一件珠宝的饰物，然而是一双何等美丽的手！在人像中，手是很重要的部分，它们能够表露性格。乔尔乔内（Giorgione）的《牧歌》中那个奏风琴者的手是如何瘦削如何紧张，指明他在社会上的地位与职业，并表现演奏时的筋肉的姿态。“瑶公特”的手，沉静地，单纯地，安放在膝上。这是作品中神秘气息的遥远的余波。

这个研究可以一直继续下去。我们可以注意在似烟似雾的青绿色风景中，用了何等的艺术手腕，以黑发与纱网来衬出这苍白的脸色。无数细致的衣褶，正是烘托双手的圆味（即立体感），她的身体更贯注着何等温柔的节奏，使她从侧面旋转头来正视。

我们永不能忘记，莱奥纳多·达·芬奇是历史上最善思索的一个艺术家。他的作品，其中每根线条，每点颜色，都曾经过长久的寻思。他不但在考虑他正在追求的目标，并也在探讨达到目标的方法。偶然与本能，在一般艺术制作中占着重要的位置，但与达·芬奇全不发生关系。他从没有奇妙的偶发或兴往神来的灵迹。

看蒙娜丽莎看[1]

熊秉明

一

面对一幅画，我们说“看画”。

画是客体，挂在那里。我们背了手凑近、退远、审视、端详、联想、冥想、玩味、评价。大自然的山水、鸟兽、草木，人间的英雄与圣徒、妇女与孩童、爱情与劳动、战争与游戏、欢喜与悲痛，都定影在那里，化为我们“看”的对象。连上想象里的鬼怪与神祇、天堂与地狱、创世纪和最后审判；连上非想象里的抽象的形、纯粹的色、理性摆布的结构、潜意识底层泛起的幻觉，这一切都不再对我们有什么实际的威胁或蛊惑。无论它们怎样神奇诡谲，终是以“画”的身份显示在那里，作为“欣赏”的对象，听凭我们下“好”或者“不好”的评语。

欣赏者——欣赏对象。

这是我们和画的关系。我们处于一种安全而优越的地位，享受着观赏之全体的愉快、骄傲和踌躇满志。

然而走到蒙娜丽莎之前，情形有些不同了。我们的静观受到意外的干扰。画中的主题并不是安安稳稳地在那里“被看”“被欣赏”“被品鉴”。相反，她也在“看”，在凝眸谛视，在探测。侧了头，从眼角上射过来的目光，比我们

① 选自《展览会的观念》，上海，文汇出版社，1999。熊秉明（1922—2002），雕刻家、画家、书法家、艺术评论家。

的更专注、更锋锐、更持久、更具密度、更蕴深意。她争取着主体的地位，她简直要把我们看成一幅画、一幅静物，任她的眼光去分析、去解剖，而且估价。她简直动摇了我们作为“欣赏者”的存在的权利和自信。

二

也并非没有在画里向我们注视的人物。

像安格尔（Ingres 1780—1867）的那些贵妇与绅士，端坐着，像制成标本的兽，眼窝里嵌着瓷球，晶亮、发光，很能乱真，定定地瞅过来，然而终于只是冰冷的晶亮的瓷球。这样的空虚失神的凝视当然不给我们什么威胁。

像提香（Titian 1490—1576）的威尼斯贵族男子肖像，眼瞳里闪烁着文艺复兴时代贵族们的阴鸷的狡诈，目光像浸了毒鸩的剑锋，向你挑战。他们娴于幕前和幕后的争权夺利，明枪暗箭，在瞥视你的顷间，已估计了你的身世、才智、毅力、野心以及成败的机会率。

像林布兰特（Rembrandt 1606—1669）的人物，无论是老人、妇人、壮者以及孩子，他们往往也是看向观赏者的。他们的眼光像壁炉里的烈焰，要照红观者的手、面庞、眼睛、胸膛，照出观者腑脏里潜藏着的悲苦与欢喜。把辛酸燃烧起来，把欢乐燃烧起来，把观者的苍白烘照成赤金色……

这样的画和我们的关系，也不仅只是“欣赏者——欣赏对象”的关系。它们也有意要把我们驱逐到欣赏领域以外去，强迫我们退到存在的层次，在那里被摆布、被究诘、被拷问、被裁判、被怜悯、被扶持、被拥抱。

三

而蒙娜丽莎的眼光是另一样的，在存在的层次，对我们作另一种要。她看向你，她注视你，她的注视要诱导出你的注视。那眼光像迷路后，在暮色苍茫里，远远地闪起的一粒火光，耀熠着，在叫唤你，引诱你向她去。而你也猝然具有了鸱枭的视力，野猫子的轻步，老水手观测晚云的敏觉。

四

有少女的诱惑和少妇的诱惑。

少女的。在她的机体发育到一定的时刻，便泛起饱和滋润和鲜美。皮肤的色泽，匀净纯一之至，从红红到白白之间的转化，自然而微妙，你找不到分界的迹象。肢胴的圆浑，匀净纯一之至，你不能判定哪是弧线，哪是直线，辨不出哪里是颈的开始，哪里是肩的消失。你想努力去辨析，而终不能，而你终于在这努力里技穷，瞠然、哑然、被征服。少女自己未必自觉吧。一旦自觉，也要为这奇异的诱惑力感到吃惊，而羞涩、不安、含着歉意，但每一颗细胞，每一条发光的青丝并不顾虑这些，直放射着无忌惮的芳香。

有少妇的诱惑。她在心灵成熟到一定的时刻，便孕怀着爱和智慧，宽容与真，温柔与刚毅，对生命的洞识和执著。她的躯体仍有美，然而锋芒已稍稍收敛了。活力仍然充沛饱满，然而表面的波轮已稍稍平静了。皮下的脂肪已经聚集，肌肤水分已经储备，到处的曲线模拟果实的浑满。她懂得爱了，而且爱过，曾经因爱快乐过，也痛苦过，血流过，腹部战栗过，腰酸痛过。她如果诱惑，她能意识到那诱惑的强度，和所可能导致的风险。她是那诱惑的主人。她是谨慎的。她得掌握住自己的命运，以及这个世界的命运。虽然诱惑，她的生命不轻易交付出来，她也不许你把生命轻易拿出交换。如果她看向你，她的眼睛里有着探测和估量。

蒙娜丽莎的眼睛是少妇的。

五

她知道她在做什么。她向你睇视，守候着。她在观察。像那一双优美的叠合的手，耐心地期待。

她睇向你，等你看向她。她诱惑你的诱惑，等待你的诱惑。

假使你不敢回答，她也只有缄默。假使你轻率地回答，她将莞尔报以轻蔑的微笑。假使你不能毅然走向她，她决不会来迎向你。她在探测你的存在的广度、高度、深度、密度，她在探测你的存在的决心和信心。

她的眼睛里果有什么秘密么？你想窥探进去，寻觅，然而没有。欠身临视那里，像一眼井，你看见自己的影子。那里只有为她所观测、所剖析你自己的形象。像一面忠实的明镜，她的眼光不否定，也不肯定，可能否定，也可能肯定，但看我们自己的抉择和态度。她的眼光像一束透射线，要把我们内部存在的样式映在毛玻璃上，使骨骼内脏都历历在目。她的眼光是一口陷阱，将我们的过去、现在和未来都一并活活地捕获。如果那眼光里有秘密可寻，那就正是我们的彷徨、惶悚、紧张、狼狈。爱么？不爱么？To be or not to be?

她终不置可否，只静待你的声音。她似乎已经料到你的回答，似乎已经猜透你的浮夸、轻薄、怯懦，似乎已经察觉你的不安、觉醒，以及奋起，以及隐秘暗藏的抱负——于是嘴角上隐然泛起微笑。

六

神秘的笑，因为是一种未确定的两可的笑。并无暗示，也非拒绝。不含情也非严峻的矜持。她似关切，而又淡然。在一段模棱不定的距离里，冷眼窥测你的行止。

她超然于有情和无情之上，然而她也并未能超然于有情无情之上。她的命运也正是你的决定所造就。她的凝视，正是凝视她自己命运的形成。她看自己命运似乎看得十分真切，以致她可以完全平静地、泰然地去接受。而此刻，她在有情与无情之上，将有情，而却尚未有情。

尚未有情的眼光是最苛求的。如果真是爱了，那爱的顾盼有宽容、溺爱。它将容忍我们的缺陷，慰藉我们的尚未坚强，扎裹我们的创伤。而尚未有爱的顾盼则毫无纵容的余地，它瞄准我们，对我们的要求绝对严、无限大。它在无穷远的距离，向我们盯视、召唤，我们只能是一个无穷极的追求，无休止的奔驰。

七

芬奇是置身于这可怕的眼光中的第一个。而他就是创造这眼光的人。

他在这可怕的眼光中一点一点塑造这眼光的可怕。

世界上的一切，对芬奇来说，都一样是吸引，激起他的惊异，挑起他的探索，是对他的能力的测验、挑战。

向高空飞升，自高空而降的陨落；水的浮，水的流；火的燃烧，火的爆炸力跨过齿轮，穿过杠杆，变大、缩小，栖在强弩的弦上。他制造了飞翼、飞厢、潜水衣、踩水履。他已恍然感到凌空凭虚的晕眩，听长风在翼缘上吹哨，预感到翼底大气的阻力系数。像描绘波状的柔发，他描绘奇妙的流体力学的图式。他使水爬过山脊到山的那一边；他使水在理想都市的下水道里听从地流泻。他制造的火花飞到夜空的星丛之间；他用凹面镜收聚太阳的光线；他计算从地球到月球的路程……

云的形状，山峰的形状，迷路在山顶的海贝，野花瓣萼的编制，兽体的比例，从狮子的吼声到苍蝇翅膀的嗡嗡……都引起他的讶异、探问、试验。他从此刻的山、云、海的性质样态，幻想造山时代巉岩怪石的迸飞，世界末日气、水、火、风的大旋舞。他剖开人体，看血管密网的株式分布，白骨的黄金分割，头颅脑床的凹形，心脏的密室。他画过婴孩的圆润，老人的棱角嶙峋，少男少女的俊秀，从千变万化的面貌中演绎出圣者智者以及臃肿戆蠢的丑怪。从面貌的千变万化中捕捉心灵的阴晴风雨，幸福与悲剧。生的微笑，死的恐怖，犹人的凶险惶惑，其余十一个门徒的惊骇、悲伤、无助、绝望，人之子大爱的坦然，圣母的温慈，圣母之母的安详。

他画过尚在子宫里沉睡的胎儿，画过浑圆的孕妇的躯体，画过被吊毙的囚犯，在酣战中号叫的斗士。他守候过生命在百龄老人的躯体里如何渐渐撤退。他买回笼鸟，为了放生，却又精心地设计屠杀的武器。而冷钢的白刃却又具有最优美的线条，一如少女的乳峰。设计刺穿一切胸膛以及一切盾的矛，并设计抵御一切暴力和一切矛的盾……真正是矛盾的人物。神与魔、光与影、美和丑、物和心都给他同等研究、探索、描绘的欲求和兴致，不仅没有神，也没有魔鬼。没有恐惧，也没有崇拜，一切都必须看个明白、透彻。浮士德式的人物。

他的宇宙论里没有神，只有神秘；没有恶魔，然而充满诱惑。

八

但是，女人，这一切诱惑中的诱惑，他平生没有接近过。他不但不曾结婚，而且似乎没有恋爱过。翻完那许多手稿几乎找不到一点关于女人在他真实生活里的记录。他不是没有召见于当时的绝色而富有才华的伊莎伯代思特，受到其他贵族奇女子的赏识和宠遇，他何尝不动心于异性的妩媚和风采？他不是精微地描绘过她们的容貌的么？他不是一再画过神话里的丽达裸体的么？但是他的智慧要他冷眼观察这诱惑的性质、作用。

像一个冷静的科学家，他对于那诱惑进行带着距离的观测。他要从自己激动的心理状态中蝉蜕出来，把自己化为两个个体，精神分裂开来，反观自己，认识诱惑现象。

他像一个炼金术的法师，企图把“诱惑”这元素从这个世界里提炼出来，变成一小撮金粉，储藏在曲颈瓶底给人看。

又像一个羞涩、畏怯的男孩，他只窃窃地躲在窗子后面，远望街转角上她的身影。不吻、不抱。他满足于观察她的傲然、矜持而又脉脉的善意的流盼。他一生就逗留在这青春的年纪，少年维特的危险的年纪。芬奇和蒙娜丽莎，也就是芬奇和女性的关系。而芬奇和女性的关系，也就是芬奇和这个世界一切事物的关系。一切事物都刺激他的好奇、追问，一切事物于他都是一种诱惑。而女性的诱惑是一切诱惑的集中、公约数、象征。

这纯诱惑与追求之间有一形而上学的距离，如果诱惑者和被诱惑者一旦相接触了，就像两个磁极同时毁灭。没有了诱惑，也没有了追求。这微笑的顾盼是一永远达不到的极限，先验地不可能接近的绝对。于是追求永在进行，诱惑也永在进行，无穷尽地趋近。

九

芬奇不是一个作形而上学玄思的哲学家。他的兴趣是具体世界的形形色色，和中世纪追求理念世界的哲学是背道而驰的。他的问题在形形色色之中，也只在形形色色之中。他的哲学是这可见、可度量、可捉摸的世界的意义，这意义及其神秘也就是形色光影所构成。他的哲学可以看得见，画得出，他要画出这世界的秩序、法则，以图画解说这世界，以图画作为分析这世界、认知这世界、征服这世界、改造这世界的工具。他要画出最初的因、最终的果。他要画出生命的起源、神秘的诞生。他要画出诱惑的本质、知性的觉醒。

十

而有一天，一切神秘，一切鬼睒眼的诱惑的总和，他恍然在这一个女人的面庞上分明地看见了，像镭元素从几十吨矿砂中离析出来，闪起离奇的光。那是一对眼波，少妇的，含激烈的、必然性的、命令性的诱惑，而尚未含情，冷然侧睒。那眼光后面隐藏着一切可能的课题，埋伏着一切鬼睒眼的闪熠，一切形形色色都置根在其中。又似乎一无所有，只是猜不透。

然而他必须把眼光捕捉到，捕捉这不可捕捉的。即使芬奇毕生不曾遇到这一个叫做卓孔达夫人的蒙娜丽莎，总有一天，他终要创造出这眼光来的。他画圣母、圣约翰洗礼者不都早就酷似这一面形、这一笑容么？

卓孔达夫人的笑容竟是怎样的？由另一个画家画来，会是什么样子？是芬奇心目里的女人的神秘的笑酷似卓孔达夫人的笑呢？还是卓孔达夫人的笑酷似芬奇心目里的女人的神秘的笑呢？两个笑容互相回映、叠影、交融，不再能分得开。

十一

这或者是一件平常，甚至凡俗不足道的事——画家和模特儿的故事。哥雅（Goya 1746—1828）曾画了裸体的玛亚，玛亚的丈夫突然想看画像进行得怎样了，哥雅连夜赶出了《着衣的玛亚》。

富商卓孔达先生聘请芬奇为他的爱妻作肖像。画家一见这面貌便倾倒了。那面貌似曾相识，给他以说不出的无比的吸引。但画家不愿走近模特儿一步。这一面貌是对他的天才的挑战。他用了世间罕有的智慧和绝艺刻画她的诱能，并且画出他所跨不过去、也不愿跨过去的他和她之间的距离。

这或者是一件平常、很可解释而并不足为怪的事——精神分析学家的一个病例。他不能真的去拥抱女人。恋母情结牵引起来的变态心理。他只能把女性放在远处去观照。他不肯把歌赞、爱慕兑换为肉体的接触。但是他把他的追求的心捧出来给人看，不，把她的诱素隔离出来给人看。他所画的已不是她，不是诱惑者，他直要画出“诱惑”本身，把诱惑提炼了结晶了，冷藏在画框中。诱惑已经和性别分离开来而成为“纯诱惑”。有人甚至疑心到蒙娜丽莎是少男乔装的女人。芬奇的圣约翰洗礼者正有这样离奇地微笑着的柔和的面孔。但是蒙娜丽莎的那一双手难道也能乔装么？而且便退一百步说，那真是乔装的少年，那么依然是冒充了女性的诱惑，依然是“女性的”诱惑了。

十二

没有发饰，没有一颗珍珠、一粒宝石，没有一枚指环，衣服上没有丝微绣花，她素淡到失去社会性、人间性。只要比较一下文艺复兴时代女子的肖像，就立刻可以发现这一点。她的诱惑不依赖珠宝的光泽、锦绣的绮丽。只伴以背后的溪流，一段北意大利阿尔卑斯山嶙峋峥嵘的峰峦，蜿蜒而远去的山路，谷底的桥。她在室内么？在外光么？她在两者之间的露台上。浅绿的天光像破晓又像傍晚，像早春，又像晚秋，似乎在将放花的季节，又似乎空气里浮荡着正浓的葡萄酒的醇香。模棱两可的时刻的模棱两可的空间。没有田园，没有房舍，在这寂寥的道路上，没有驻足的可能。人只能从这峡谷匆匆穿过。而路那么曲折，使旅人惆怅而踟蹰。而此时没有人影。

曦色，或者夕色，抹在她的额上、颊上、袒着的前胸上、手背上。没有太阳，没有月，没有星辰。她混入无定的苍茫的大自然之中。汇合了一切视力，这一对眼睛闪烁着，灿然、盼然、皎然如一自然的奇景、宇宙的奇象。

引起另一双眼睛无穷极的注视。

十三

对于具有无穷之诱惑、绝对之诱惑的眼光，只能以无穷追求的心，绝对追求的心去捕捉、去刻画，在生存层次具有无穷诱惑的魅力的东西，那形象本身也必定有无穷尽的造型性的诡谲微妙。敢于从事无穷的追求的人，能感到无穷寻觅的大满足、永远画不完的大欢喜。像驰骋在大草原上的骏马酣欢，因为它跑不完这辽阔的草和天。他必须画出那画不出；他必须画出那画不出之所以画不出。他要一点一点趋近那画不完。而他要画不完那画不完。芬奇曾经把生命消耗在那么多各样的作业上，而一无所成，因为都有个止境；而他不愿意有止境，他只得放弃。

而这一桩工作本身是不可能完成的。不可能的作业，非时间之内的作业。

一年、两年、三年、四年……大诱惑的而淡若无的笑渐渐在画布上显现，得到恍惚的定影、得到恍惚的定义。然而既是永劫的诱惑和永劫的追求的角逐，绝对零是没有的，总保留着稀微的恍惚、浮动、模棱，总剩余那么一个极限的数字，那一小段不断缩短的遥远，总还有那么一成未完成。而在这残酷、美妙而遥远的眼光下，画家老了。潇洒的长髯，浓密的长眉，透了白丝，渐渐花白，而白花、而化为一片银光、银雾。银雾里的眼睛，炯炯的鹰隼类的目光也渐渐黯淡了，花了，雾了。在她的凝眸里，画家临终时，可能还曾在那最后一段不可测度的距离上走上前一步吧，在微妙的面庞的光影之间添上一笔吧，而画家终于闭上衰竭的两眼，让三尺见方的画布上遗下他曾经无穷追求的痕迹。

十四

而此刻，我们，立在芬奇坐着工作了多少晨昏的位置上，我们看蒙娜丽莎的看。在蒙娜丽莎目光的焦点上，她不给我们欣赏者以安适、宁静，她要从我们的眼窍里摄出谛视和好奇，搜出惊惶与不安，掘出存在的信念和抉择的矫勇，诱惑出爱的炽燃，和爱之上的追问的大欲求，要把我们有限的存在扯长，变成无穷极的恋者、追求者、奔驰者，像落在太空里的人造星，在星际，在星云之际，永远飞行，而死在尚未触到她的时分，在她的裙裾之前三步的距离里。

1970 年

真诚质朴与庄严的悲哀[1]

［荷兰］凡·高

在我的作品中有某种真诚和质朴的东西

画家在漫长的一生当中，难免会干出一些出人预料甚至荒唐透顶的事情。我不否认我也制造过一些足以让人津津乐道的谈资，但那些都已经成为过去，让我略感欣慰的是，走过那个时期的我在不断地进步着。现在，我的作品中可喜地出现了某种真诚的质朴的东西，随之产生的是一种宏伟的构想与生动的情趣。这不是自我吹嘘，温克巴赫便出于色彩和技术的考虑而喜欢上了我的古塔，他称这幅画有一种独创的风格。

在色彩方面我是颇费心思的，但在画三棵截去树梢的椰树时，我还是遇到了意外。成簇的树叶让我感到了为难。通过形状、色彩和调子的深浅来表现树叶，并使之焕发生气并非易事，我已经不是第一第二而是第四次为此感到苦恼了。我并不认为自己是一个可以创作出好作品的画家，并不期望自己能够成功设色并达到良好的效果。在这幅画中，我大胆地使用了直接从颜料管中挤出的哈瓦那棕色、万绿，甚至纯白颜料。

傍晚，我将这幅画拿给我恩德霍温的一个朋友，并将

① 节选自《凡·高论艺术》，李华编译，成都，四川美术出版社，2003。凡·高（1853—1890），荷兰画家。

之挂上了他一间相当时髦的客厅。令我不敢相信却异常高兴的是，这幅画并没有过分地辱没了这位朋友的客厅，相反的，我们发现画中各种颜色组合成的柔和的、忧郁的、和谐的气氛恰到好处地点缀了这间客厅，以至于这位朋友非常的喜欢这幅画。尽管我并不愿意把画卖掉，尽管这个有钱人愿意买下它，但我还是在他的一片称赞中，忍痛将画送给了他。不过，正如我预料的一样，他除了一再声称“这幅画好极了”之外，并没有其他更贴切的评价。其实，一个人要想比别人更有独创性地评价别人的画，他并不需要投入太多精力以使自己成为一个艺术评论家或者画家，只需花顶多一年的时间认真画静物和坚持外出写生便足够了。

树叶经常进入我的视野并走上我的画布。我还画了一幅铺满枯黄树叶的风景。衬着或白或蓝天空的黑色带子便是地平线，在远处这条黑带中，分布的是红、蓝、绿和棕色小点所表示的屋顶与果园轮廓；田野当然是绿色的；至于画面上方的天空则是灰色的，在灰色的背景下是黑色的小树与枯黄的树叶，大片黄色的树叶构成前景的主体，还有两个穿黑衣服和一个穿蓝衣服的人点缀其间。画面的右边则是两棵树身，一棵是黑白相间的桦树，另一棵树身是绿色的，长着红棕色树叶。

我还画了两幅素描，一幅是只有人体的《悲哀》，比上一幅《悲哀》画得大一些，模特的姿势略有变化，垂落肩上的头发，其中部分绞成了辫子，在这幅没有任何背景的画中，人物当然画得相当仔细。还有一幅名为《沙丘上的树根》的铅笔画，我用铅笔擦了一层底子然后抹掉，使它看上去很有些油画的味道。这是沙地上一些已经被风暴从地里拔出一半的树根，它们痉挛而愤怒地支棱在地上。与黑色的多病的树根一样的是一个瘦弱得脸无血色的女人，在她身上，我想表现一种与那幅人物画一样的感情，一种为生活而进行的不屈的斗争。或者可以这样说，在不使其哲理化的前提下，我按我自己的观察和理解，忠实地画下的两种情况下，不自觉地显示出了某种伟大的斗争。

我认为，将我的这些素描挂出来并没有什么不好，不可否认，也许这将成为卖出这些作品的开端。毫无疑问，在同一个地方摆放着同一个人的许多不同的作品，是很容易让这些作品相得益彰的。因为每一幅画对其他的都是一种解释与补充。

关于那幅倾注了我大量心血的大《悲哀》，魏森勃鲁赫似乎有点不屑。从表面上看，我的画法的确有点与众不同，但这有什么奇怪的呢？这并不应该成为他们批评我的理由和我的作品依旧卖不动的原因。现在，如同我敢画这些画一样，我也敢于发表自己不同的意见。他们批评画法，但他们并没有意识到自己的理论已经陈旧过时。对于一些我并不了解的东西，我正在不厌其烦地试图熟悉它们。别人的“指点和教导”都无从谈起，我一直在做着自己的老师。

我面前放着的是一幅穿黑色麦利奴服的素描。尽管它的画法也离经叛道，但我很清楚，如果你认真地将这幅画看上几天，那么一定会习惯这种画法，并认同这种合适的几乎是不可替换的画法。我始终认为大幅的《悲哀》是我最好的素描，我坚信，《悲哀》等一批作品，总有一天会有一个理想的归宿。我将继续不断地画人物，尽管我也很喜欢风景，但相较而言，我更偏爱前者。

对事物轮廓敏感而强烈的感觉，是记录对象与小幅速写所必需的。罗埃洛夫的风景习作，那种单纯轮廓下的丰富表现力与含义是我无法用语言表达的。米勒的大幅木刻《靠背椅子》则是一个更为生动的例子，它让我强烈地感受到了轮廓在表现物体时的重要性。但一个人如果不经过努力与训练，这种对于轮廓的感觉便只能流于形式和空谈。这种感觉的产生，与认真的观察是分不开的，当然，最重要的还是坚持不懈地实践与探索，在作画中积累经验。此外，进行解剖学和透视法的学习也不无必要。

在《悲哀》这幅画中，我进行了艰难的尝试，为了要在这方面有所突破，就像我创作那些成簇的树叶一样，遇到了许多麻烦。但值得庆幸的是，这些努力都没有白费，在这幅我自己非常满意的作品中，可以很清楚地发现，除了在追求轮廓之外，也如同别人一样，如同在我其他作品中一样，我把追求色彩的表现力放在了一个很显要的位置。

我想要表达的不是伤感，而是庄严的悲哀

我曾经和雷巴德在布鲁塞尔附近一个人称约撒发山谷的地方漫步，印象中那里有一个很大的沙坑，许多人在那里忙忙碌碌，一些人挖着沙土，女人们寻找着野菜，还有一个播种的农民在挥汗如雨。当时，我近于绝望地问身边的雷巴德：“我可以在画我最喜爱的人们方面取得成就吗?”几年后的今天，我已经不再担心这个问题，因为如果需要的话，我可以很顺利地当场画下这些农民和妇女，并且画得很传神。

这种表现人物的功夫让我得到了一些荣誉。并不是所有的人都对我的作品持批判态度，凡·德·威尔便对我那幅用双手蒙着自己脸的小个子老

人的画，表示了相当的兴趣并赞赏有加。我在这幅油画当中，主要想表现一种“天上的某种东西”存在的有力证据，当然，这种证据是我所认为的。尽管我非常投入，但事实上我无法像真实的情况那样，把这种东西表现得更好更生动和更彻底。这幅画给我的感觉就像是肮脏的镜子上一个模糊的影子而已。包括米勒在内的许多人都是相信这种“天上的某种东西”的，也就是说，他们都相信上帝，相信来世。这个安静地坐在火炉角落里，将手蒙在脸上的小个子老人，他脸上那种真诚的无限动人的表情中隐隐透着某种纯粹的高尚的东西，尽管他自己可能意识不到。

还有两幅新的类似的素描，都是以他们所谓的老式格调画的。一幅表现的是一个读《圣经》的男人，另一幅也是画的一个男人，一个在做饭前祷告的人。两幅画各有所长，但《饭前祈祷》应该要好一些。在这两幅画中，我想表现圣诞节和除夕不同的情趣。这是两个在荷兰和英国，或者在布列塔尼和亚尔萨斯都带着一些宗教色彩的节日。尽管现在的人们不需要赞同那种宗教感情的形式，但作为一种真挚的感情，难道不应该得到大家的尊重吗？赞同信仰上帝的我是完全赞同这种形式的，虽然这种形式可能改变——这是一种类似春天树叶换新的不可避免的自然的变化。如果说这两幅画中还有一些思想与诗意，有一些真情流露的话，那得益于我用心的感受和领悟。

上帝让我心中充满了一种圣诞节的情结，这种情结让我近来作画如痴如醉。我希冀通过反复地作画，让我对于那种感受更加充分和细腻，并淋漓尽致地在作品之中表现出来。一个来自工场的老人进入了我的作品，我为他画了两幅大张的头像。这个胡子乱糟糟的老人，戴着旧式的大礼帽，他皱纹累累的脸上充满着智慧。圣诞之夜，人们当然希望有这样一位慈善的老人陪着他们坐在温暖舒适的炉火旁。

我认为有必要对头骨的构造和面部的描绘进行更加细致的推敲与研究，画大张的头像是这种研究的具体行动。在这个有趣更有意义的工作中，我意外地收获了一点长期以来我不断探索却未曾得到的东西。

我要画能够感动别人的画。一次不显山露水的开端是创作《悲哀》，应该说，像《米尔德沃特大道》，像《雷斯维克牧场》，或者像《晾鱼的仓库》等等一些小幅风景画也是一个容易让人忽视的开端。通过一些包含着我某些发自肺腑的东西的人物或者风景，我想表达一种情感，它不是伤感，而是庄严的悲哀。换言之，我要努力引导人们在看完我的作品之后觉得，这是他最深的、最真切的感受，尽管它也许粗糙，但却完全真实。

关于凡·高[①]

吴冠中

每当我向不知凡·高其人其画的人们介绍凡·高时，往往自己先就激动，却找不到确切的语言来表达我的感觉。以李白比其狂放？不适合。以玄奘比其信念？不恰当。以李贺或王勃比其短命才华？不一样。我童年看到飞蛾扑火被焚时，留下了深刻的难以磨灭的印象，凡·高，他扑向太阳，被太阳熔化了！

先看其画，唐吉老父像画的是胡髭拉茬的洋人，但我于此感到的却是故乡农村中父老大伯一样可亲的性格，那双劳动的粗壮大手曾摸过我们的小脑袋，他决不会因你弄脏了他粗糙的旧外套或新草帽而生气。医生迦歇，是他守护了可怜的凡·高短促生命中最后的日子；他瘦削，显得有些劳累憔悴，这位热爱印象派绘画的医生是平民阶层中辛苦的勤务员，凡·高笔下的迦歇，是耶稣！邮递员露林是凡·高的知己，在阿尔的小酒店里他们促膝谈心直至深夜，凡·高一幅又一幅地画他的肖像，他总是高昂着头，帽箍上夺目的“邮差”字样一丝不苟，他为自己奔走在小城市里给人们传送音信的职业感到崇高。露林的妻子是保姆，凡·高至少画了她五幅肖像，几幅都以美丽的花朵围绕这位朴素的妇女，她不正处于人类幼苗的花朵之间吗！他一系列的自画像则等读完他的生命史后由读者自己去辨认吧！

凡·高是以绚烂的色彩、奔放的笔触表达狂热的感情而为人们熟知的。但他不同于印象派。印象派捕捉对象外

① 选自《接近天堂的美》，广州，广东经济出版社，1999。吴冠中，画家、散文家。

表的美，凡·高爱的是对象的本质，犹如对象的情人，他力图渗入对象的内部而占有其全部。印象派爱光，凡·高爱的不是光，而是发光的太阳。他热爱色彩，分析色彩，他曾从一位老乐师学钢琴，想找出色彩的音乐，他追求用色彩的独特效果表现狂热的内心感情，用白热化的明亮色彩表现引人堕落的夜咖啡店的黑暗景象。我从青少年学画时期起，一见凡·高的作品便倾心，此后一直热爱他，到今天的这种热爱感情无丝毫衰退。我想这吸引力除了来自其绘画本身的美以外，更多的是由于他火热的心与对象结成了不可分割的整体，他的作品能打动人的心灵。形式美和意境美在凡·高作品里得到了自然的、自由的和高度的结合，在人像中如此，在风景、静物中也如此。古今中外有千千万万画家，当他们的心灵已枯竭时，他们的手仍在继续作画。言之无情的乏味的图画汗牛充栋；但凡·高的作品几乎每一幅都显露了作者的心脏在跳动。

凡·高不倦地画向日葵。当他说："黄色何其美！"这不仅仅是画家感觉的反应，其间包含着宗教信仰的感情。对于他，黄色是太阳之光，光和热的象征。他眼里的向日葵不是寻常的花朵，当我第一次见到他的向日葵时，我立即感到自己是多么渺小，我在瞻仰一群精力充沛、品格高尚、不修边幅、胸中怀有郁勃之气的劳苦人民肖像！米开朗基罗的摩西像一经被谁见过，它的形象便永远留在谁的记忆里，看过凡·高的《向日葵》的人们，他们的深刻感觉永远不会被世间无数向日葵所混淆、冲淡！一把粗木椅子，坐垫是草扎的，屋里虽简陋，椅腿却可舒畅地伸展，那是爷爷坐过的吧！或者它就是老爷爷！椅子上一只烟斗透露了咱们家生活的许多侧面！椅腿椅背是平凡的横与直的结构，草垫也是直线向心的线组织。你再观察吧，那朴素色彩间却变化多端，甚至可说是华丽动人！凡是体验过、留意过苦难生活、淳朴生活的人们，看到这画当会感到分外亲切，它令人恋念、落泪！

凡·高热爱土地，他的大师风景画不是景致，不是旅行游记，是人们生活在其间的大地，是孕育生命的空间，是母亲！他给弟弟提奥的信写道："……如果要生长，必须埋到土地里去。我告诉你，将你种到德郎特的土地里去，你将于此发芽，别在人行道上枯萎了。你将会对我说，有在城市中生长的草木，但你是麦子，你的位置是在麦田里……"他画铺满庄稼的田野、枝叶繁茂的果园、赤日当空下大地的热浪、风中的飞鸟……他的画面所有的用笔都有运动倾向，表示一切生命都在滚动，从天际的云到田垄的沟，从人家到篱笆，从麦穗到野花，都互相在呼唤，在招手，甚至天在转，地在摇，都缘画家的心在燃烧。

凡·高几乎不用平涂手法。他的人像的背景即使是一片单纯的色调，也凭其强烈韵律感的笔触推进变化极微妙的色彩组成。就像是流水的河面，其间还有暗流和漩涡。人们经常被他的画意带进繁星闪烁的天空、瀑布奔腾的山谷……他不用纯灰色，但他的鲜明色彩并不艳，是含灰性质的、沉着的。他的画面往往通体透明无渣滓，如用银光闪闪的色彩所画的西莱尼饭店，明度和色相的掌握十分严谨，深色和重色的运用可说惜墨如金。他善于在极复杂极丰富的色块、色线和色点的交响乐中托出对象单纯的本质神貌。

无数杰出的画家令我敬佩，如周昉、郭熙、吴镇、仇英、提香、柯罗、马奈、塞尚……我爱他们的作品，但并无太多的要求去调查他们绘画以外的事。可是对另外一批画家，如老莲、石涛、八大、波提切利、德拉克罗瓦、凡·高……我总怀着强烈的欲望想了解他们的血肉生活，钻入他们的内心去，特别是对凡·高，我愿听到他每天的呼吸!

温桑·凡·高1853年3月30日诞生于荷兰格鲁脱·尚特脱。那里天空低沉，平原上布着笔直的运河。他的家是乡村里一座有许多窗户的古老房子。父亲是牧师，家庭经济并不宽裕。少年温桑并不循规蹈矩，气质与周围的人不同，显得孤立。唯一与他感情融洽的是弟弟提奥。他不漂亮，当地人们老用好奇的眼光盯他，他回避。他的妹妹描述道："他并不修长，偏横宽，因常低头的坏习惯而背微驼，棕红的头发剪得短短的，草帽遮着有些奇异的脸。这不是青年人的脸，额上各现皱纹，总是沉思而锁眉，深深的小眼睛似乎时蓝时绿。内心不易被信识，外表又不可爱，有几分像怪人。"

他父母为这性格孤僻的长子的前途预感到忧虑。由叔父介绍，凡·高被安顿到巴黎画商古比在海牙开设的分店中。商品是巴黎沙龙口味的油画及一些石版画，他包装和拆开画和书手脚很灵巧，出色地工作了三年。后来他被派到伦敦分店，利用周末也作画消遣，他那时喜欢的作品大都是由于画的主题，满足于一些图像，而自己的艺术灵感尚在沉睡中。他爱上了房东寡妇的女儿，人家捉弄他，最后才告诉他，她早已订婚了。他因而神经衰弱，在伦敦被辞退。靠朋友帮助，总算又在巴黎总店找到了工作。他批评主顾选画的眼光和口味，主顾可不原谅这荷兰乡下人的劝告。他并说："商业是有组织的偷窃。"老板们很愤怒。此后他来往于巴黎、伦敦之间，职业使他厌倦，巴黎使他不感兴趣，他读圣经，彻底脱离了古比画店，其时二十三岁。

他到伦敦教法文，二十来个学生大都是营养不良面色苍白的儿童，穷苦的家长又都交不起学费。他改而从事宣道的职业，感到最迫切的事是宽慰世上受苦的人们，他决心要当牧师了。于是必须研究大学课程，首先要补文化基础课，他寄住到阿姆斯特丹当海军上将的叔父家里，顽强地钻研了十四个月。终于为学不成希腊文而失望，放弃了考试，决心以自己的方式传道。他离开阿姆斯特丹，到布鲁塞尔的福音学校。经三个月，人们不能给他明确的任务，但同意他可以自由身份冒着危险去矿区讲演。他在蒙斯一带的矿区工作了六个月，仿照最早基督徒的生活，将自己所有的一切分给穷苦的人们，自己只穿一件旧军装外衣，衬衣是自己用包裹布做的，鞋呢？脚本身就是鞋。住处是个窝，直接睡在地上。他看护从矿里回来的工人，他们在地下劳动了十二小时后精疲力竭，或带着爆炸的伤残。他参与斑疹伤寒传染病院的工作。他宣教，但缺乏口才。他瘦下去，朋友赶来安慰他，安排他住到一家面包店里。委以宗教任务的上司被他那种过度的热忱吓怕了，找个借口撤了他的职。

他宣称："基督是最最伟大的艺术家。"他开始绘画，作了大量水彩和素描，都是矿工生活。宗教倾向和艺术倾向间展开了难以协调的斗争，经过多少波涛的翻腾，后者终于获胜了！他再度回到已移居艾登的父亲家，但接着又返回矿区去，赤脚流血，奔走在大路的赎罪者与流浪者之间，露宿于星星之下，遭受"绝望"的蹂躏！

凡·高已二十八岁，他到布鲁塞尔和海牙博物馆里去看大师们的作品。使他感兴趣的不再是宗教的或传说故事的图画，他在伦勃朗的作品前停留很久很久，他奔向了艺术大道。然而不幸的情网又两次摧毁了他的安宁，一次是由于在父母家遇到了一位表姐；另一次，1882 年初，他收留了一位被穷困损伤了道德和肉体的妇人及其孩子．和她一起生活了十八个月。凡·高用她当模特，她饮酒，抽雪茄，而他自己却常挨饿。一幅素描，画她绝望地蹲着，乳房萎垂。凡·高在上面写了米歇勒(1798—1874，法国历史学家和文学家）的一句话："世间如何只有一个被遗弃的妇人!"

凡·高终于不停地绘画了，他用阴暗不透明色彩画深远的天空，辽阔的土地，故乡低矮的房，当时杜米埃对他起了极大的影响，因后者幽暗的低音调及所刻画的人与社会的面貌对他是亲切的。《吃土豆的人们》便是此时期的代表作。此后他以巨人的步伐高速前进，他只有六年可活了！他进了比利时的盎凡尔斯美术学院，颜料在他画布上泛滥，直流到地上。教授吃惊地问："你是谁?"他对着吼起来："荷兰人温桑!"他即时被降到了素描班。他爱上了鲁本斯的画和日本浮世绘，在这样的影响下，解放了的阴暗色调，他的调色板亮起来了。也由于研究了日本的线描富岳百图，他的线条也更准确、有力、风格化了。

他很快就不满足于盎凡尔斯了，1886年他决定到巴黎与弟弟提奥一同生活。以前他几乎只知道荷兰大师，至于法国画家，只知米勒、杜米埃、巴比松派及蒙底塞利，现在他看德拉克罗瓦，看印象派绘画，并直接认识了洛特来克、毕沙罗、塞尚、雷诺阿、西斯莱及西涅克等新人，他受到了光、色和新技法的启示，修拉特别对他有影响。他用新眼光观察了。他很快离开了谷蒙的工作室，到大街上作画，到巴黎。巴黎解放了他的官感情欲，是《轮转中的囚徒》一画唤起他往日的情思。

然而他决定要离开巴黎了！经济的原因之外，他主要不能停留在印象派画家们所追求的事物表面上，他不陶醉于光的幻变，他要投奔太阳。一天，在提奥桌上写下了惜别之言后，西方的夸父上路了！

1888年，凡·高到了阿尔，在一家小旅店里租了一间房，下面是咖啡店。这里我们是熟悉的：狭窄的床和两把草椅、咖啡店的球台和悬挂着三只太阳似的灯。他整日无休止地画起来：床与街道、公园、落日、火车在远景中穿行田野、花朵齐放的庭院、罐中的自画像……他画，画，多少不朽的作品在这短短的岁月源源诞生了！是可歌可泣的心灵的结晶，绝非寻常的图画！

他赞美南国的阿尔："啊！盛夏美丽的太阳！它敲打着脑袋定将令人发疯。"他用黄色涂满墙壁，饰以六幅向日葵，他想在此创建"友人之家"，邀请画家们来共同创作。但应邀前来的只有高更一人。他俩热烈讨论艺术问题，高更高傲的训人口吻使凡·高不能容忍，凡·高将一只玻璃杯扔向高更的脑袋，第二天又用剃刀威胁他。结果凡·高割下了自己的一只耳朵。高更急匆匆离开了阿尔，凡·高进了疯人院。包着耳朵的自画像、病院室内等奇异美丽的作品诞生了！他的病情时好时坏，不稳定，便又转到数里以外的圣·来米的疯人收容所。在这里他画周围的一切：房屋与院、橄榄和杉树、医生和园丁……熟透了的作品，像鲜血，随着急迫的呼吸，从割裂了的血管中阵阵喷射出来！

终于，《法兰西水星报》发表了一篇颇理解他绘画的文章。而且提奥报告了一个难以相信的消息：凡·高的一幅画卖掉了。

疯病又几次发作，他吞食颜料。提奥安排他到离巴黎不远的挞弗尔·庶·奥瓦士去请迦歇医生治疗。在这位好医生的友谊、爱护和关照中，他倾吐了最后一批作品：《奥瓦士两岸》《广阔的麦田》《麦田里的乌鸦》《出名的小市政府》、二幅《迦歇像》《在弹钢琴的迦歇小姐》……

1890年7月27日，他借口打乌鸦借了手枪，到田野靠在一棵树干上将子弹射入了自己的胸膛，7月29日日出之前，他死了。他对提奥说的最后一句话是：苦难永不会终结。

一条路[1]

［日］东山魁夷

我心中有一条路。

这是夏天清晨野外的路。

每当我观看在青森县海岸牧场画下的素描时，眼前便浮现了这条路。这是一幅可以望及正面山冈灯塔的牧场的素描。从我想到不妨将那里的栅栏、牧马和灯塔去掉，只画一条路的时候起，这条路的影子就在我心中萦绕。

只有路的构图能成画吗？我惴惴不安。但是，除了路以外，我什么也不想入画了。我想画的，不是现实风景的路，而是象征世界的路。画的虽不是某一条具体的路，但一考虑到种种条件，我还是觉得以种差牧场的路为线索来构图似乎更好些。战前我曾将这牧场作了素描。这是十几年前的往事了。如今这条路的姿影果真依然如故吗？我心里一点儿底也没有。

纵令前往，不也是徒然吗？有时我也想，何必囿于那条路呢？那是1950年的事。那时候，旅行条件也不能说很好。然而，我惦挂的不是这个，而是倘使成为我最初依靠的现实风景面目全非了，那么，好不容易在我心中形成的那条路，会不会淡化了呢？

尽管如此，我无论如何也还是想前去看看。当时东北干线沿途因水灾不通车，我就乘奥羽线火车绕道青森，到达了八户。

前往种差海岸牧场的那条路，虽然荒芜，却依然如故，它穿过牧场，缓缓地向立着灯塔的山冈伸去。

---

① 选自《接近天堂的美》，广州，广东经济出版社，1999。东山魁夷，日本画家，散文家。

“来对了。”我喃喃自语，一直站在那里。

一条路横躺在向大海倾斜的矮草丛生的斜坡上，路两侧长满了杂草，笔直而迟缓地向上延伸，刚刚稍向右拐，路便从视野中消失了。于是只见一条线——可以想象这是路的继续——横穿远方的山冈。

但是，浮现在我心中的路，同这条现实的路仍有相当的距离。作为草图，这山和路的组合似乎不错，然而如今横在眼前的路，在炎炎夏日的焦烤下，土和草都干了，路的土那种特有的沉静的感情、两侧青草和路接壤处那种细腻的情趣都丧失殆尽了。对面山冈以苍穹为背景映出的轮廓线，以前是很柔和的，如今顶上却露出了岩石。难道是十年的风雪洗刷出来的吗？令人感到战争的痕迹，就是在这奥洲边远牧场的路也表现出来了。

我想起了一条温润的饶有情趣的路。我说明了来意，在牧场歇了一宿，清晨趁太阳未露脸的时候，便画这条路。回到市川，每天早晨我都漫步在附近河堤的路上，观察被露水濡湿了的草丛和泥土的颜色，仅作参考。就这样不断地做着创作《路》的准备工作。

路有两种，一种是回顾的已经走过来的路，一种是面对今后朝前走的路。我想画的是后者。而面对缓缓的上坡路时，我们就会产生一种今后朝前走的路的感觉。相反，俯视着下坡路，就容易感到这是在回顾一条已经走过来的路。

我创作这幅《路》时，在思考今后将走的路的过程中，有时也观望已经走过来的路。它是绝望和希望交织的路，既是漫游的尽头，同时也是一条崭新的路；是憧憬未来的路，又是怀念过去诱发乡愁的路。但画面上远方山冈上空显露的微明、路在远处向画面处朦胧消失的景色，就使得那种今后要走的路的感觉变得强烈起来了。

将人生比作路，是平凡的。但芭蕉的题为《奥洲小路》的文章，是一篇不朽的游记。可以说芭蕉的这个篇名，既体现了他自己在偏僻的羊肠小路上穿梭旅行的身影，又象征着芭蕉的人生观、芭蕉的艺术观吧。我也经常旅行，在旅行中感受人生、感受艺术。那条象征性的路，已成为十分清晰的影像，深深地刻印在我的心上。

我也走过各种各样的路。

在早春山冈的路上，我看见绿油油的条纹状麦地，未抽芽的桑田，远方崇山峻岭上的白雪，还有湛蓝的天空上飘浮的云朵。

旧街道沿溪流将几个寂静的山村联结起来，杉林的影子投在路上。两旁满是压着石头的木板房，昏暗的蚕棚，梭子的声响从窗口漫了出来。

往山毛榉、水枹树林的深处走去，是一条铺满落叶的路。踩在上面，脚心有一种软绵绵的感触。踩在落叶上，发出了声音。这里那里可见白树亭亭玉立。森林深处是一丛明朗的红枫。

雪国的路。我小心翼翼地在结满坚冰的路上行走。雪橇来了。因为靠边躲闪迎面而来的雪橇，我踉跄地踩进了深深的雪里。年轻女子的头巾，很是鲜艳夺目。

在古老的小城镇，从房檐流下了洁净的水。格子窗下摆满了花草盆。仓库那泥灰剥落的墙壁上，抹着明亮的夕阳。商店门前挂上了印有字号的帘子和古色古香的招牌。在雨中的都会柏油路上，橱窗流泻出绚丽的灯光。从地下室酒吧腾升起爵士乐的旋律。人们的面孔挂着疲惫，煞是寂寞。

学生们的学生帽带着新的美字徽章，他们从莺谷车站踏着落樱，穿过博物馆旁，走在通往学校的路上。

秋夜，美术馆的墙上公布了入选者的名单。昏暗中，人声杂沓。初次入选的喜悦，使我迈着恍如悬在空中的脚步，向坡下的邮局奔去——这是去给神户的双亲发电报。

骑着驴马的老人沿着城墙走了过来。村妇在石桥下洗濯衣物，不时用棍子敲打着。白杨树在风里摇曳。这是热河省的路。

罗马郊外的石板路，尽是废墟、丝柏和笠松。这是保罗看见基督幻影的路。天上飘忽着夏天的云，远方传来雷鸣。

成排的古老人字形房顶的屋宇。在城门钟塔上筑有鹳鸟巢。广场上置有喷泉。马车的马蹄踏在薄暮临近的石板路上，带着四射的火花走过来。这是波恩的古都。

为了去领取应征通知书，我出了品川车站，走在灯火管制下的黑暗的路上，这是雨后通向区公所的路。

到处都是发热的瓦砾、断落的电线、死马、黑烟。日食般的太阳。这是空袭下的熊本市的路。

拖着母亲的灵车行进在荆泽的路上。狂风劲吹。新雪闪烁的富士山浮现在清朗的天空下……

路的回忆是无穷无尽的。今后会走什么样的路呢？舒伯特的歌曲集《冬之旅》就是为米勒的诗谱写的，全篇是描写冬季旅途上的旅人孤独的身影，歌唱了人生的寂寥。有名的《菩提树》这首歌，也是一串串美妙的诗句，是回忆乡愁的歌，回忆起漂泊的旅人，在城门旁喷泉边菩提树的叶影下找到了舒心适意的所在。还有《路标》，是描写在旷野徘徊的旅人发现了路标，但这是标志着许多人一去不复返的路。最后旅人来到了“旅馆”。这就是墓地。旅馆的标志，是送葬的蓝花，疲惫的身躯在冰冷的卧床上得到安息。可是，他遭到旅馆老板的拒绝，再次彷徨而去。这条路，是绝望的冬天的路。我走遍了冬天的路，好不容易才迈上了闪烁着初夏朝露的草原之路。

这年秋天，我将《路》作为参展作品，提供给了第六届日展。竖长的画面靠中间的地方，画了一条灰色里带些粉红色的路，左右的草丛和山冈是绿色，狭窄的天空是灰中带蓝。我考虑了这三种颜色分量的对比。作为参展作品，画面虽然显得很小，但如果画得比这再大些，画面的凝重感就会淡薄。我期望的是让这小小的画面充实起来。

我孜孜不倦、日积月累地精心作画，循序渐进完成了。

这一年，我第一次担任了日展的评演员。《路》这幅参展作品博得了许多观众的共鸣，在画坛上和社会上都得到了承认。

我在本书首章这样写道：在人生的旅途上会有许多歧路，与其说是按照我自己意志的驱使，不如说是一种更加巨大的外在力量驱动着我，这种想法至今未变。但在我心中早已培育了要走这条路的意志，所以这才形成这幅作品的吧。可以说，我的心灵一旦平静，我的方向也就相当清楚地固定下来了。这条既不是明朗的骄阳普照的路，也不是笼罩着凄惨的暗淡阴影的路，而是一条在清晨微明中，平静安详地呼吸着的、坦荡的、自由自在的路。

画　说①

张大千

有人以为画画是很艰难的，又说要生来有绘画的天才，我觉得不然。我以为只要自己有兴趣，找到一条正路，又肯用功，自然而然就会成功的。从前的人说，“三分人事七分天”，这句话我却绝对反对。我以为应该反过来说，“七分人事三分天”才对，就是说任你天分如何好，不用功是不行的。世上所谓神童，大概到了成年以后就默默无闻了，这是什么缘故呢？只因大家一捧，加之父母一宠，便忘乎其形，自以为了不起，从此不再用功。不进则退，乃是自然趋势，你叫他如何得成功？在我个人的意思，要画画首先要从勾摹古人的名迹入手，把线条练习好了。写字也是一样，要先习双勾。跟着便学习写生，写生首先要了解物理，观察物态，体会物情，必须要一写再写，写到没有错误为止。

在我的想象中，作画根本无中西之分，初学时如此；到最后达到最高境界也是如此。虽然可能有点不同的地方，那是地域的、风俗习惯的以及工具的不同，在画面上才有了分别。

还有，用色的观点，西画是色与光不可分开来的，色来衬光，光来显色，为表达物体的深度与立体，更用阴影来衬托。中国画是光与色分开来用的，需要用光时就用光，不需用光时便撇了不用，至于阴阳向背全靠线条的起伏转折来表现，而水墨和写意，又为我国独特的画法，不画阴影。中国古代的艺术家，早认为阴影有妨画面的美，所以

① 选自《接近天堂的美》，广州，广东经济出版社，1999。张大千（1899—1983），画家。

中国画的传统，除以线条的起伏转折表现阴阳向背，又以色来衬托。这也好像近代的人像艺术摄影中的高白调，没有阴影，但也自然有立体与美的感觉，理论是一样的。近代西画趋向抽象，马蒂斯、毕加索都自己说是受了中国的影响而改变的。我亲见了毕氏用毛笔水墨练习的中国画五册之多，每册约三四十页，且承他赠了一幅所画的西班牙牧神。所以我说中国画与西洋画不应有太大的距离。一个人能将西画的长处溶化到中国画里面来，看起来完全是国画的神韵，不留丝毫西画的外貌，这除了天才而外，主要靠非常艰苦的用功，才能有此成就。

中国画常常被不了解画的人批评说，没有透视。其实中国画何尝没有透视？它的透视是从四方上下各方面着取的，现在抽象画不过得其一斑。如古人所说的下面几句话，就是十足的透视抽象的理论。他说“远山无皴”。远山为何无皴呢？因为人的目力不能达到，就等于摄影过远，空气间有一种雾层，自然看不见山上的脉络，当然用不着皴了。“远水无波”，江河远远望去，哪里还看得见波纹呢？“远人无目”也是一样的，距离远了，五官当然辨不清楚了，这是自然的道理。所谓透视，就是自然，不是死板板的。从前没有发明摄影，但是中国画里早已发明这些极合摄影的原理。何以见得呢？譬如画远的景物，色调一定是浅的，同时也是轻轻淡淡模模糊糊的，这就是用来表现远的；如果画近的，楼台殿阁，就一定画得清清楚楚，色调深浓，一看就如到了跟着一样。石涛还有一种独特的技能，他有时反过来将近景画得模糊而虚，将远景画得清楚而实。这等于摄影机的焦点，对在远处。更像我们眼睛注视远方，近处就显得不清楚了。这是“最高”现代科学的物理透视，他能用在画上，而又能表现出来，真是了不起的。所以中国画的抽象，既合物理，而又要包含着美的因素。讲到以美为基点，表现的时候就该利用不同的角度，画家可以从每种角度，或从流动地位的眼光下，产生灵感，几方面的角度下，集成美的构图。这种理论，现代的人或已能够明白，但古人中就有不懂得这个道理的。宋人沈存中就批评李成所画的楼阁都是掀屋角。怎样叫掀屋角呢？他说从上向下的角度看起来，看屋顶就不会看到屋檐，李成的画，既具屋脊又见斗拱，颇不合理。粗粗看来，这个道理好像是对的，仔细一想就知道不对了，因为画既以美为主点，李成用鸟瞰的方法，俯看到屋脊，并且以飞动的角度仰而看到屋檐斗拱，就一刹那间的印象，将脑中所留屋脊与屋檐的美感并合为一，于是就画出来了，况且中国建筑，屋脊的美和斗拱的美都很绝，非兼用俯仰的透视不能传其全貌。

画家自身便认为是上帝，有创造万物的特权本领。画家要它下雨就可以下雨，要出太阳就可以出太阳；造化在我手里，不为万物所驱使；这里缺少一个山峰，便加上一个山峰，那里该删去一堆乱石，就删去一堆乱石；心中有个神仙境界，就可以画出一个神仙境界。这就是科学家所谓的改造自然，也就是古人所说的“笔补造化天无功”。总之，画家可以在画中创造另一个天地，要如何去画，就如何去画，有时要表现现实，有时也不能太顾现实，这种取舍，全凭自己思想。何以如此，简略地说，画一种东西，不应当求太像，也不应当故意求不像。求它像，当然不如摄影，如求它不像，那又何必画它呢？所以一定要在像和不像之间，得到超物的天趣，方算是艺术。正是古人所谓遗貌取神，又等于说我笔底下所创造的新天地，叫识者一看自然会辨认得出来；我看到真美的就记下来，不美的就抛弃了它。谈到真美，当然不单指物的形态，是要悟到物的神韵。这可引证苏轼评王摩诘的两句话：“画中有诗，诗中有画。”“画是无声的诗，诗是有声的画。”怎样能达到这个境界呢？就是说要意在笔先，心灵一触，就能跟着笔墨表露在纸上。所以说“形成于未画之先”，“神留于既画之后”。近代有极多物事，为古代所没有，并非都不能入画，只要用你的灵感与思想，不变更原理而得其神态，画得含有古意而又不落俗套，这就算艺术了。

作画要怎样才得精通？总括来讲，首重在勾勒，次则写生，其次才是写意。不论画花卉、翎毛、山水、人物，总要了解理、情、态三事。先要着手临摹，观审名作，不论今古，眼观手临，切忌偏爱；人各有所长，都应该采取，但每人笔触天生有不同的地方，故不可专学一人，又不可单就自己的笔路去追求，要凭理智聪慧来摄取名作的精神又要能转变它。老师教学生也应当如此，告诉他绘画的方法，由他自去追讨，不可让他固守师法，然后立意创作，这样才可以成为独立的画路。所以唐宋人所传的作品，不要题款，给人一看就可知道这是某人的作品，看他片楮寸缣就可以代表他个人啊。

古人所谓读万卷书行万里路，这是什么意思呢？因为见闻广博，要从实地观察得来，不只单靠书本，两者要相辅而行的。名山大川，熟于心中，胸中有了丘壑，下笔自然有所依据。要经历得多才有所获，山水如此，其他花卉人物禽畜都是一样。

游历不但是绘画资料的源泉，并且可以窥探宇宙万物的全貌，养成广阔的心胸，所以行万里路是必须的。

一个成功的画家，画的技能已达到化境，也就没有固定的画法能够拘束他、限制他。所谓“俯拾万物”“从心所欲”，画得熟练了，何必墨守成规呢？但初学的人，仍以循规蹈矩，按部就班为是。古人画人物，多数以渔樵耕读为对象，这是象征士大夫归隐后的清高生活。梅兰菊竹，各有身份，代表了不同人的风骨性格，又是花卉画法的祖宗。现在就我个人学画的经验略写几点在下面与大家研究：

（一）临摹——勾勒线条来求规矩法度。

（二）写生——了解物理、观察物态、体会物情。

（三）立意——人物、故事、山水、花卉，虽小景要有大寄托。

（四）创境——自出新意，力去陈腐。

（五）求雅——读书养性，摆脱尘俗。

（六）求骨气，去废笔。

（七）布局为次，气韵为先。

（八）遗貌取神，不背原理。

（九）笔放心闲，不得矜才使气。

（十）揣摩前人要能脱胎换骨，不可因袭盗窃。

（十一）传情记事——如写蔡琰归汉、杨妃病齿、溢浦秋风等图。

（十二）大结构——如穆天子传、屈子离骚、唐文皇便桥会盟、郭汾阳单骑见虏等图。

画坛师友录①

黄苗子

齐白石的“学”与“变”

从老人的日记手稿和题画诗文中看出，在艺术道路的探索上他经历过不少艰苦的过程，这其中尤其使我注意到的，是他怎样“学”和怎样“变”。

老人对于许多前辈艺术家都十分钦佩，对于青藤、八大、石涛、吴昌硕都有“焚香愿下师生拜”那样剖肝沥胆的话来。四十九岁左右，在友人处看到了赵之谦的《二金蝶堂印谱》，便欢喜得借回去勾摹一本。六十岁时，还自谓“身后友师金蛱蝶”，可见其对赵之谦也是十分倾倒。老人是这样抒诚地向前人学习，这种虚心苦学的态度值得我们钦佩。可是，我们遍观老人成熟的作品，对于这些他所崇拜的艺术家却很少形式上的因袭，我们尽管还可以看到一个时期老人的书法学金冬心，或一个时期老人的花鸟学八大山人，更可以看出“浙派”印章在老人早年作品中的影响，但是这只是一个短暂的过程，结果这些八大、冬心、二金蝶堂和丁钝丁的皮毛都被扬弃了，他们艺术中的精髓却变成老人自己创作的一部分，但经过咀嚼消化，前人的痕迹已看不到了。六十五岁以后，老人对于借镜前人，就有不少极可贵的见解。

① 节选自《画坛师友录》，北京，三联书店，2000。黄苗子，画家、书法家。

他有一首《梦大滌子》的诗：

皮毛袭取即工夫，
习气文人未易除；
不用人间偷窃法，
大江南北只今无。

另外一首《题大滌子画》的诗：

绝后空前释阿长，
一生得力隐清湘；
胸中山水奇天下，
删去临摹手一双。

他推崇石涛，因为他具有一双“删去临摹”的高手。他把袭取别人皮毛的人讥诋为“偷窃”，因为石涛没有偷窃别人的文人习气，所以是“绝后空前”的大画家。在另一首诗注上，有这么几句耐人寻味的话：

吴缶庐尝与吾之友人语曰：“小技拾人者则易，创造者则难，欲自立成家，至少苦辛半世，拾者至多半年，可得皮毛也。”

另一则题画，对“专摹古今画中树木”的“画家习气”，老实地表示反对：

凡画木本，须留心树木之枝干，若专摹古今画中之树木，一染画家习气，至老不能删除也。余无画家习气。

老人题画，曾有“古之画家，有能有识者，敢删去前人窠臼，自成家法，方不为古大雅所羞，今之时流，开口以宋元自命，窃盗前人为己有，以愚世人，笔情死刻，无足取也”，“画有欲仿者，目之未见之物，不仿前人，不得形似，目之见过之物，而欲学前人者，无乃大蠢耳”的语句。这一类见解在老人的诗文题跋中是很多的，这都说明了老人是虚心学习前人的成就，对前人表示了由衷的敬佩，但他学习前人绝不是死摹前人。他明确了学习前人、借镜前人，只是为了自己的创新作参考：

作画先阅古人真迹过多，然后脱前人习气，别造画格，乃前人所不为者，虽没齿无人知，自问无愧也！

——题画

逢人耻听说荆关，宗派能夸却汗颜；
自有心胸甲天下，老人看惯桂林山。

（题云："吾画不为宗派所拘束，无心沽名，自娱而已。"）

画家不要以能诵古人姓名多为学识，不要以善道今人短处多为己长，总而言之，要我行我道，下笔要有我法。

——题赠邱石冥

我们再读一遍他的《题陈曼生印拓》："秦汉人，人子也，吾侪亦人子也，不思吾有独到处，如令昔人见之，亦必倾佩。"从这种气概非凡的话，就知道白石老人在艺术抱负上，已是立足千仞，不同流俗的。有了这种"胆敢独造"的创新精神，才能够真正发展和超越前人，艺术才不致陈陈相因，才能永远保持新鲜气息，显出时代精神。只有这种不被古人名家吓倒的艺术家，坚持"我行我道，下笔要有我法"的艺术家，才是具有真正创造才能的艺术家，才能创造出真正不朽的作品。

曾见老人画过一幅荷花，接着一枝亭亭玉立的荷花之下的，是它的倒影，隐约地泛于水面，设想奇，技法新。又如柴耙、难笼这些农村常见的事物人画，都是老人"胆敢独造""下笔要有我法"的具体实践。

石涛《画语录》的《变化》一章中说："尝憾其泥古不化者，是识拘之也，识拘于似则不广，故君子惟借古以开今也。"石涛反对那些斤斤于学某家某家的一皴一点的人，他批评说，这样的学法"是某家为我役，非某家为我用也"。他不同意"知有古而不知有我"的学习方法，他说："我之为我，自有我在……纵有时触着某家，是某家就我也，非我故为某家也，天然授之也。我于古何师而不化之有?"老人的观点，和石涛正是一脉相通。这些观点之所以可贵，正因其起了打破框廓、推动艺术向前的作用。体会了白石老人如何学习石涛，才能够说得上学习白石老人。

反对"泥古"，绝不等于否定了一切古代传统，艺术上盲目的或凭空的"创新"是吃力不讨好的。老人一面主张"我行我道"，一面却对青藤、八大、石涛、缶老等等前代及同时代画家作出极高的推崇，两者之间是并不矛盾的。有人论石涛的作品，说他"没有一笔没有依据，却没有一笔看得出依据"。此语也可以移赠白石老人。

上文曾提到老人在艺术上主张"变"，论者也认为六十岁左右是老人的"变法"时期。"变"的问题在画家来说，实质上是要求解决艺术追求和技法相适应的问题，解决"心"和"手"相适应的问题。"余作画数十年，未称己意，从此决心大变，不欲人知。"如果对于自己的作品已是心满意足而没有"未称己意"的认识，那么变的决心也就不存在了，也就是没有进一步要求自己的冲动，安于现状，这样自然就意味着画家不求进步。

可是，从事过艺术劳动的人都知道，“变”不是一宗轻而易举的事，魔术家可以“眼睛一眨，老母鸡变鸭”，说变就变；而画家呢，“变”往往是经过苦闷、矛盾、彷徨、思索的过程来产生的。这种酝酿期有时很长，甚至于使得画家很苦恼，因为一个画家达到某一个成就的阶段是不容易的，是长时间的劳动积累，他已经付出了相当的代价，要越过这个阶段，就是说要否定一些既得成就，去取得更高的成就，这其中不仅有舍得舍不得的问题，还有习惯不习惯的问题。变，在某些虚伪的艺术家来说，是标新立异、哗众取宠的饰辞；但是在一个严肃认真地对待艺术的画家来说，是艺术的提高过程；事物从外形到内在、从物质到精神是十分复杂的，艺术家表现事物，“捕捉”这个复杂变化的东西的本质，由繁到简，达到更高的艺术境界，这是一个艰苦追求的过程，是蚕经三眠的“蜕变”。老人六十八岁时在他的一幅《画虾》上题道：“余之画虾，已经数变，初只略似，一变毕真，再变色分深淡，此三变也。”其实老人画虾是不止“三变”的，他反复地研究了虾的“形”“神”，不断地由“似”到“真”，不断地理解虾这一自然生物，不断地采用各种表现方法来反映它的神态，这就是他的变的目的。他早年画虾，描绘很多足爪，到晚年只简略地画了几笔虾足，却无损于虾的真实感，而就整个虾来说，则已进一步臻于形神兼备的深度，即就这一个例子来说，老人绘画的“变”，是一个不断深化的过程，也是艺术上自我革命的过程。

艺术上要“变”，就要有决心，更要有气魄。要有永不自满的精神——或者说是“不断革命”的精神。

在老人的诗文题跋中也一再谈论到绘画的“似”与“不似”的关系。这里只就我个人的体会做一些简略的补充。

绘画是形象表达的艺术，首先是求似，但“似”也有不同的涵义，有形式似、外表似而实际不似，有实在极似而表面不似。这些道理在中国传统的绘画理论中，早已有精辟的阐发。通常的习画规律总是开始学的时候是不似的，那时“心”对事物形象尽管有了概念，但“手”（技法）无法服从“心”（事物形象的认识）的指挥，感觉到对事物形象把握不住。第二个阶段是经过技法上的刻苦锻炼，形象能够如实地反映到画纸上，似了，外表形象能够掌握住了，可是画家还不会满足于这一点成就，因为外形的似并不足以表现事物的精神。面貌五官全备了，并不等于就是某一个人的真实，还要有神气，简化某一些不必要的笔墨，加深某些突出的特征，这就是深入一步的艺术要求，就其“简化”而言，即有“不似”的一面存在。这里再拿老人画虾来做例子：虾本来有几十只足爪，但老人却有时简化为寥寥五六笔，这就“不似”，而老人画的虾却谁见了都说“真似”，是个活虾，原因就是老人所追求的不是枝节，而是精神实质，是简略（不是抛弃）了“形”而抓住了“神”。虾的透明体，那矫健而具有弹性的动作，妙曼多姿的触须，这都是一个活虾所特有的“神似”，比外形更似的“似”——也就是“不似之似”。

太似为媚俗，
不似为欺世。

——老人题画语

画家作画，由似到不似、到神似，是认识到实践的反复过程，是艺术造诣由浅入深的发展过程。但是在某些艺术家来说，却往往走到另外一个极端——本来就没有深刻的功力，就干脆放弃初步追求，连皮毛也不要了，胡乱涂抹几笔来骗人，自谓“创新”，其实是卖野人头，这种做法，老人曾直接指出是“欺世”。老人的画，晚期（主要是九十七岁）突然进入化境，笔墨随心所欲，我曾见过他一幅菊花，黄色染瓣，掺和用墨画瓣，斑驳淋漓，看不出是花还是墨和彩色的游戏，但见满幅斑斑点点，老笔纵横，令人震撼。又张仃兄藏一尺幅牡丹，水、色交融，看不出一片花瓣，但觉是一株鲜艳夺目的花王，而下面用浓墨作叶，也分不出是菊叶还是牡丹叶，这种画法，是在千锤百炼之后，突破了框框套套，进入新境界的创造，也可说是老人一生辛勤探索的结晶，不但不能以形似，甚至不能以神似来议论他。可惜老人这一最终阶段的作品，为数不多，留传下来的更少了。

白石老人一生的艺术生涯，值得我们取法之处甚多，作为一个纯朴勤劳的艺术家，他那从少到老都孜孜不倦地创作的勤奋作风，他那忠于艺术轻视个人名利的朴实态度，他那永不自满的进取精神，在这里都不及备述。深入研究老人的作品及其生平言论，吸取其精华，对后一辈的画家来说是有益的。白石老人九十多岁的高龄，大部分光阴是在一片昏黑的社会中过活，因此他的创作尽管是那个时代的高峰，也仅仅局限于那个时代的成就，他的一生奋斗，在某些方面只不过是给我们在艺术长河中的一段风光。艺术的发展变化永无止境，时代的步伐永远向前，作为反映时代精神的艺术要求也根本不同，白石老人的时代到底过去了，而新的时代气息和新的审美观念，鼓舞和鞭策着广大的青年画家们，正在以豪迈的步伐接上前人的棒子，紧紧跟着时代前进，登上今天的艺术的高峰。

为什么黄宾虹的画不易懂

为什么黄宾虹的画不易懂?

用他老人家生前说过的话来解释，似乎更容易些，他说:“作画最忌者:死、板、刻、浊、薄、小、流、轻、浮、甜、滑、飘、柔、艳。”宾老的这段话，是从宋人画论中“作画最忌板、刻、结”的话发展出来的。但是从世俗的欣赏角度来说，这类作品却反而容易为一般人所接受。死、板、刻是墨守成法，规矩谨严而缺乏生气，看惯了中国传统绘画的，都易欣赏这种画。至于轻、浮、甜、滑、飘，这五者正是迎合一般观众鉴赏水平的诀窍，直到今天，还有些所谓“名家”沿着这条路走以博取重名，当然这种作品终究是很难持久的。至于柔、艳，更是匠家媚俗的手法之一，最容易博得世俗的赞赏。这就是说，宾老的艺术主张恰好是“与俗殊酸咸”的主张，反之，他提出应做到的“重、大、高、厚、实、浑、润、老、拙、活、清、秀、和、雄”这十四个字，则是艺术造诣的更高境界，而恰恰不为一般观众所易于接受的。

书画界有所谓“行货”一类，指的是粗制滥造，模仿冒充，匆促求售的作品。这类作品易于为世俗观众所欣赏，但真正的鉴赏家却鄙弃行货而爱好黄宾虹，就是因为宾老的作品与“行货”相比，有层次上不可比拟的高低之分、深浅之分、雅俗之分、难易之分。

上述宾老“重、大、高、厚……”的十四字诀，既是他所追求的艺术境界，又是他所服膺的艺术准则。如果要领略黄画的优点，根据这十四个字一一衡量，你就可以看出宾老的画都是融会了这十四字的形象表现。黄宾虹中期以后的画，越来越具备厚实感，反复地皴擦，既浑厚，又秀润，而重、大、高、雄与老、拙、活、清、和、实都具备于尺幅之中。由于读书多，加以足迹遍全国的行路使他的修养特别深到，这就是他的作品达到高度水平的根基。

1980 年 5 月在香港艺术中心的展览会场中，我们看到他各个时期的作品，这些作品早期的较规矩，用色清秀。中年形成自己的风格，达到浑厚华滋的境界，而晚年（八十岁后）则从心所欲，既掌握了熟练的技法，又有极高的胸襟意境，这时，他已脱离了传统的山水画领域，而创造了新的山水境界，这就是黄宾虹给现代中国山水画向前推动的巨大贡献。

黄宾虹自己曾说，要等他死后五十年，才会有人欣赏他的作品，这就是说，黄宾虹自己也知道他的作品不易为目前群众所接受。但是这次的展出证明，黄宾虹的作品并不真正难懂，大多数观众对他的作品都予以崇高和中肯的评价。并且，至少在我接触到的一些艺术界青年朋友，都感到能看到这样高成就的国画作品而兴奋激动。

很多评论家认为黄宾虹是一位可与19世纪荷兰印象派大家凡·高（1853—1890）媲美的画家，凡·高比黄宾虹早出生十二年，应当是同时代人。他们的艺术境界相近当然只是偶合，但是由于宾老晚年总结了宋元以来用墨用笔的方法，再加上他七八十年的创作经验，那时传统技法已不足以约束他的境界，加上那时双目不良于视，所以只能以粗笔短皴作山水，于是风格一变，创造出接近于欧洲印象画派风格的作品。山水皴法一般用长线，这种短线皴法恰好也和印象画派的某些用笔相似，这虽然也是偶合，可是正如19世纪东方艺术输入法国而引起印象画派的某些革新一样，“五四”以后西方艺术大量的输入，对黄宾虹的作品有一定的影响，这种现象也是正常的。

这次展览会陈列的作品，可以说相当高度地集中了黄宾虹作品的一些精粹。花卉山水，都有较精彩的作品，一页册页上的一只蜻蜓，用笔老拙，却把蜻蜓的姿态画得栩栩如生。八十七岁为若舟先生写的一幅山水立轴，健劲苍老，达到石涛所谓“笔与墨会”的境界。九十一岁的《溪桥清夏》，笔势磅礴。送与傅雷（怒庵）的两幅小品，也入了化境……而使我印象最深的是一幅只有二寸高的小卷和一幅八九尺长的长卷，前者寥寥几笔，写太湖风光令人如在画中行；后者画他久居的杭州山岚景色，大约是八十八岁时写的。据题跋说，因为从北京琉璃厂得到好纸，挥写惬意而成此幅。全幅都是他晚年常用的短皴，赭石花青石绿斑驳交叉，画到淋漓痛快处真不知是笔是墨是色，满纸苍翠，由于石绿和赭石挤出的深山阳光气氛，如果说是塞尚或凡·高的作品，那么还多了些中国勾皴所独有的顿挫和节奏感。而气韵的表现，又是中国笔墨特点的尽量发挥。黄宾虹自己说：“造化，天地自然也，有形影，常人可见，取之较易。造化有神有韵，此中内美，常人不可见，画者夺得其神韵，才是真画。”这一幅如果说是山水，不如说是贝多芬的乐章，米芾的行草，公孙大娘舞剑器，人见绢枝走索，宜僚弄丸，柳麻子说武松，曹雪芹写黛玉……完全夺得了神韵这个“内美”，看了之后，大有绕梁三日之感，这样的中国山水画造诣，难道得不到人们心弦的共鸣吗？

徐悲鸿的“生命之光”

悲鸿先生在西洋画方面接受了欧洲写实主义的传统，主要是接受他在巴黎的老师弗腊孟和达仰的影响。他推崇文艺复兴时期的大师达·芬奇、米开朗基罗和拉斐尔，也爱伦勃朗、鲁本斯、罗丹等欧洲伟大民族风格艺术家。中国画方面则受任伯年的影响较深，此外他自己说爱好周文矩、吴道玄、徐熙、陈老莲、仇十洲等各家。他的素描功夫十分精深，油画技法成熟老练，为中国写实主义油画的嚆矢。国画方面他反对清初王原祁等没有“真感”的作品，也不喜欢八大山人和石涛那种“荒率”。在彩色和造型上他融化吸收了一些西洋技法，但在用笔上他有中国优秀传统的、从书法演变出来的线条。如大家所知道的，他喜爱画马，这一种善良敏感的动物，有时候恬静地踯躅在水边林际，但更喜欢的生活是战场上的奔腾驰骋。这恰好象征了画家自己的性格与生涯。

1927 年秋天，徐悲鸿从欧洲回国。一直到 1953 年秋天逝世前夕，他创作了很多不朽之作。这些画都是徐悲鸿生命的结晶。我们回顾了他那艺术生活的一段，再看一看这些永远留给人类的艺术花朵，将是有意味的事情。

所有和徐悲鸿相处过的亲友和学生，都会告诉你他是怎样不息地工作着。他曾经在一幅画上题道：“一个画家的生活、生命和绘画是相终始的；画停止了，画家的生命和生活也停止了！”正是这样，不管在任何环境之下，徐悲鸿很少有不作画的时候。1927 年至 1934 年，是他的创作旺盛时期，这时候有很多大幅的故事性的作品产生。1935 年，他在南京中央大学任教时，遭到爱情生活上的坎坷折磨，精神上很苦恼，可是他始终不停画画。抗日战争期间，他在国内外到处奔走，也没有闲搁过画笔。有时带着学生到各地去旅行写生，即使半途两三小时的休息，徐悲鸿都不肯放弃画画的机会。学生们劝他休息，他的答言是：“最好的休息是挑一件自己喜爱的工作，因此，画画是休息。”

他一生的作品还无法估计，现在藏在北京徐悲鸿纪念馆的大约八百至一千件。这些留存下来的三十余年艺术劳动的成就，就是徐悲鸿不朽的生命之花。

近代画家同时使用中国的彩墨工具和西洋的油彩炭条等工具来创作的已不多见，那些用国画和油画创作的数米以上的大幅故事性作品的，更是难能可贵了。

《田横五百士》这幅画是徐悲鸿1928年的制作，一共画了三个年头（画长3.53米），是作者根据《史记·田儋列传》中的故事而创作的。田横是齐国田姓的王族。陈胜、吴广起义抗秦之后，四方豪杰纷纷响应，田横一家也是抗秦部队之一。汉高祖刘邦消灭群雄之后，田横就同他的战友五百人跑到海岛上。刘邦叫他归降汉朝，说："田横来，你的部下大者封王，小者封侯。不来，就出兵把你们都消灭了！"田横就同两个部下离开海岛，到了离汉朝国都三十里的地方，叫同来的人把他的头割下，嘱之拿头去见刘邦，表示不受屈辱，并且保存岛上的义士。刘邦用王礼葬他，并封同来的人做都尉，但是这两个人在田横落葬时也自杀在田横的墓穴中。刘邦又派人去招抚岛上的五百人，可是那五百人听说田横死了，全部无一人愿投降，都自刎而死（这个岛至今叫做田横岛，离山东青岛不远）。画中所描写的是田横在岛上和他的战友告别的情况，表现了我国古代人民坚强侠义的气质，他们不肯被自己认为不义的权力所屈服，更不肯为了个人的王侯富贵违背自己的意志去腼颜事仇。这幅作品揭示了人类可贵的坚强不屈性格。他用强烈的海云来衬托出田横和他的部队那种紧张严肃的气氛，是一幅十分动人的巨幅油画作品。

《奚我后》是采用我国古代经典——《书经》上的"奚我后，后来其苏！"这句话作为题材的大幅油画，画中描写一群穷苦的老百姓，抬着头在企待着。《书经》中的这句话是指在商代的暴君纣统治下的人民，渴望着周武王带兵来解救，原句的意思是："等待（奚）着我们的带路人（'后'即领导者），他来了我们就能活下去了！"作者创作这幅画是1930年至1933年。徐悲鸿这幅画，表现了对受压迫人民的同情，和对国家民族光明前途的期待。

1931年，徐悲鸿又创作了一幅三米多宽的国画《九方皋》。大家都知道春秋时代伯乐是最有本领挑选好马的人。因为秦穆公想求好马，伯乐介绍一位比自己更有本领的九方皋给秦穆公。三个月后，九方皋牵来一匹马，说是最好的黄色雌马，穆公一看却是一匹栗色的雄马，穆公便对伯乐说："九方皋连马的雌雄毛色还分不清，怎能认识它的好坏呢？"伯乐说："九方皋不太重视一般马的皮毛色相，但是对于马的真正了解却是无人可比的，他对马的观察是'见其所见，不见其所不见'的。哪一匹马是非凡的良驹，哪一匹马比一般的马一天多走多少路，那才是九方皋所独有的学问，而不是普通人能看到的，我相信九方皋已经替你挑到好马了。"后来经过试验，果然是天下最好的千里马。古人常以伯乐和九方皋比做善于发现人才的人，这幅画对于不看实质、专凭表面形象去处理事情的人是一个讽喻。

徐悲鸿另一幅四米多的大作《愚公移山》，是1940年他在印度大吉岭寓居时画成的。题材采自战国时列御寇（列子）所讲的故事：古时有个北山愚公，年已九十岁，因为屋前的太行、王屋两座山堵住他的出入，他想把它搬掉。有人笑他做这不可能的事。愚公说："我死了有儿子，儿子又生孙子，山却不会生长，只要我们坚持去挑土，有什么理由移不掉呢?"操蛇之神听见他的话，就去告诉上帝，上帝被他感动，就命令夸娥氏的两个儿子把两座山背走。这个故事说明人只要下决心，没有做不到的事。

他早年还有一幅叫做《六朝人诗意》的作品，是把六朝人所写的"他骑骏马我骑驴，仔细思量我不如，回头只一看，又见推车汉"这首诗为题材的。这幅画曾于1934年在莫斯科及列宁格勒举行徐悲鸿作品展览会时展出。

徐悲鸿喜欢以这些含有深刻的教育意义、被人爱好的古代文学故事作为大幅作品的题材，为我国绘画开创了道路。像这样结构宏伟的艺术创作，我们还等待着继承发展的人啊!

徐悲鸿在国画方面是山水、花鸟、人物无一不精的。他的素描速写基础对于他的国画有很大帮助。他画过很多马，很多人也都喜爱他画的马，他对于马画过无数的写生素描，也研究过马的解剖，他掌握了马的整个造型，但更重要的是他把马这种动物的驯良、坚毅、敏捷，驰骋时的英俊和憩息时的安静这些性格特征都"入木三分"地勾画出来。他运用了国画独有的飞舞的线条和水墨色素，恰好也表现了这种动物。当然，正如上面提到的，我们看得出徐悲鸿从他的父亲那里接受了我国传统技法，打下了国画基础。

徐悲鸿的画风是写实的，他非常重视生活观察，但是他不反对从古代画家的杰出的技法成就中来吸取丰富遗产。他对于我国古代画家，尊重从吴道子到任伯年等。特别是任伯年的作品，由于时代比较接近，对于徐悲鸿的创作是影响较深的。

徐悲鸿对油画、水彩、粉画、素描等西洋技法有精湛的成就。他的素描是严谨的，力求画得真实，因为他从艰苦锻炼中得来这样准确精细的技法，所以他的油画和水彩画就有了深厚根底。他的油画已经达到功力不凡、得心应手的地步，不仅继承了欧洲古典油画的传统，并且把近代油画光和色的探索美妙地表现在自己的创作中。他善于使用深色调背景来烘托突出主题。他自己说，他临摹了林布兰等的作品之后，才使自己感觉进步。其实他所吸取和消化的是多方面的，特别是从他的老师达仰那里，他得来了优良的传统和丰富的变化。

徐悲鸿的作品具有浓厚的现实主义色彩，他最反对虚浮浅薄的形式主义作品，对于标新立异的诸流派，他是不赞成的。

50 年代以后，徐悲鸿努力从事创作。他画过无数的大小画稿，他构思各种新的创作题材……但是 1951 年以后，高血压的老毛病缠扰着他，使他不得不放下画笔躺在床上。1953 年春天，他觉得好了一些，便又挣扎起来从事绘画及文艺活动。9 月 25 日那天，徐先生还来过我家看我的小恙，并把新版的《八十七神仙卷》赠我。第二天，他白天参加了全国文联会议，晚上出席一个国际性宴会，忽然脑溢血病情突发，无可挽救地夺去了这位天才苦学的大画家的生命。

但是徐悲鸿的艺术生命并没有结束，这些不朽的生命之花将永远在自己的国土里盛开着，并且在世界艺坛的万紫千红中增加绚丽。

潘天寿："画不要老实"

画家的一位弟子，谈到老师平日做人作画的风格，他说，潘先生平日有两句话，很足以概括他的生平作风，他常说："做人要老实，画画不要老实。"潘天寿平日十分谦虚朴素，不论对什么人从来没有疾言厉色，饮食生活也十分淡泊。可是在绘画上，却是奇诡变化，英灵不穷，绝不愿作一笔平平板板，拾人余唾的作品。

潘天寿的画，在布局上非常讲究，他常常把画中的主要事物放在"险处"，例如以青蛙为主体的画面却把蛙画在画幅的边沿上，用一块大石头占满画的空间，而处处用线、形、色彩把观众吸引到边角的青蛙上面，这样，显得小事物的天地十分寥廓，整个画面虽然"险"，但更能引人入胜，使人佩服画家设想之奇，在奇中达到新鲜有力的效果。这种例子，在潘天寿的作品中，是经常可以看到的。

潘天寿作画，在用笔上显出他的功力。本来以书法入画是青藤、白阳以来我国文人画发展的道路之一。自赵㧑叔以篆隶入画，吴缶老以石鼓文入画，潘天寿那力透纸背的线条，又在赵、吴的篆刻金石一路，加以丰富变化的。他爱用焦墨双勾作写意花卉，用线锤炼苍劲，所以在放笔中感到谨严。他画荷花常用淡红染出花瓣后，再以朱红线在瓣上勾勒，却收到挺秀姿媚的效果，这个方法是前人所罕有的。

潘天寿在风格上的另一特点是合山水花鸟画于一幅，这个方法也不是潘氏独创，早在王渊、吕纪等元、明人的花鸟画中就有此风格，但潘天寿却一变王、吕的细笔为大写意，这样就使人感到面目一新，为花鸟画开创更广阔的天地。过去画家使用石青、头绿是在工笔山水花鸟上的，潘天寿的写意花鸟画，却大胆使用浓重的青绿，这也是前无古人的创举。

潘天寿的画以奇胜，以险胜，以笔胜，以深到的金石功夫胜，这正是他自己说的“画不要老实”的具体实践。在艺术上如果保守呆滞，那就没有动人魅力，那就不足观也矣！他的画上面往往盖一个图章叫做“一味霸悍”，其实，“霸悍”二字可能是他不满已有成就的谦词，从气态上来看，他的画够得上霸悍，但是这个“霸悍”的内涵十分姿媚；所谓刚劲婀娜，这不是一般画家所能达到的境界。朋友们都说：看了潘天寿的画，总以为这个人一定跋扈飞扬不可一世，谁知见面之后，却是个恂恂讷讷、虚怀若谷的老实头儿呢！

傅抱石：“意境创造笔墨”

傅抱石作画，爱用劲毫破笔，用旧了的狼毫笔是他最得力的工具，他一般爱用较大的笔。但根据不同的情况，用柔毫小笔作画也不是没有的。

熟朋友都知道傅抱石是爱用皮纸作画的，这也正是他战时在四川养成的习惯，那时宣纸价高难得，皮纸则是四川的土产，供求方便，抱石用惯了，掌握了皮纸的性能效果，从此也就大量用它。直到今天，江苏画派的许多画家，在他的影响下，也都爱用皮纸作画。

傅抱石的山水画，和传统的山水不同，他注意到自然界不同季节，不同气候的变化，在他的作品中，春、夏、秋、冬，晴、雨、风、雪的表现，晨、昏、午、夜等光景的区别，都十分鲜明。试拿雨、瀑布和海的表现来说，傅抱石在国画技法上都有新的贡献。他画雨景用洒矾和排笔渲染（画瀑布有时也用此法，如《江南春雨》《天池飞瀑》两图）。画大海和瀑布，在渲染之外，有时用干皴来表现波涛起伏和奔流澎湃之势。画山石，勾、皴之外还加重墨湿染来现出山势的郁苍。由于傅抱石要求画面充分表现出自然界的各种变化，因此，渲染技法也就必然要求有新的创造。

不但渲染，在傅画中皴法也卓越地发展了传统技法。悬崖陡壁，他爱用劈头盖面的斫笔皴，回环山势，用圆转近乎打圈的卷云皴。他有时也用斧劈和近似黄鹤山樵的牛毛皴，但这些皴法都不全同于过去的形式，抱石往往根据山形土质的需要创造出许多无名的皴法。我们见他画山，有时长线斜下，再疏疏地用飞白勾出些曲线、破圈形的山石纹路，这种皴法似乎随意，但极谨严，恰当地表现出土石的立体感。他的这些无名皴法，江苏的画家给它起个名字叫“抱石皴”。

线条、皴擦、渲染和苔点是国画山水的基本技法和基本构成因素。苔点的运用，从米芾到元四家已表现很高的造诣，石涛更是发展了前人的点法，达到了高峰。傅抱石从石涛的作品中体会了苔点的妙用，他更熟练地使用“破笔点”画树和苔藓。他爱在山石中用一部分破笔点，以增加画面淋漓苍劲的气氛，更加表现出自然界的欣欣生意。傅抱石的苔点技法是从大自然的观察中提炼出来，而又恰好地表现大自然的气势，和他的皴法紧密联系和配合，以构成他特有的风格。

傅抱石在国画技法上的贡献不是这一短文可以详尽介绍的。例如他在用线和用墨方面都有湛深的研究，他的线条（笔触）凌厉飞动，喜用秃笔长线，有时则用草书笔法作皴。墨更是抱石在山水画上淋漓痛快地发挥的技法。他认为在我国中世纪，墨是随着山水画的飞跃发展而显其重要的。他从传统技法中看出“墨即是色，色即是墨”这一水墨技法的窍妙。在他的作品中，有时浓重的“泼墨”使用得十分恰当（特别是表现森林或高山丛林），这些都是他在传统技法的继承和发展上作出的贡献。

一切表现方法都服从于意境，意境是作者对于客观对象的感受和取舍加工的结果。作者决定了描写对象，经过深入的思考选择，突出主要部分，汰去次要和冗杂部分，构成初步的方案（其中包括布局、构图、主调等等），使之比真实情景更高、更集中、更艺术化，这就是意境；画家作品的优劣，往往取决于意境的高低，而意境的构成，既依赖于画家对客观事物的感受，又依赖于技法的掌握运用。傅抱石的写生作品，首先是用线条简略地记下印象，第二步是把记下的印象经过加工整理，初步拟出一个轮廓，然后进入第三步，则是较仔细地构成定稿，这时他胸中有了“丘壑”。有时先用木炭在画纸上勾出位置（中国画的专用词叫做“圬”），有时却不在纸上起稿，而是直接用水墨画在纸上。抱石在画室作画，根据傅夫人的回忆，是很有意思的。傅夫人说：他习惯于将纸摊开，用手摩挲纸面，摸着，抽着烟，眼睛看着空白画纸，好像纸面上就有什么东西被他发现出来似的，摩挲了半天，烟一根接一根地抽，忽然把大半截烟头丢去，拿起笔来往砚台里浓浓地蘸着墨就往纸上扫刷，他东一下西一下地刷得纸上墨痕狼藉，使旁观者为之担心纳闷，可是他胸有成竹地涂抹着，涂到一定程度，就把它挂在墙上，再坐下来抽烟，但仍然目不转睛地全神注视着墙上的画。然后取下来放在画案上渲染层次，添补笔墨，画中的山川景物逐渐具体，还是反复地挂墙、卸下、细察、冥想，有时满纸淋漓，拿都拿不起来。待它稍干，然后做最后一道细致的“收拾”（添补部分细节）功夫。他的画大处淋漓奔放，小处精细耐看，就是这样产生来的。傅夫人的这段精细而具体的描述，说明了抱石作画追求意境的构思，是十分艰苦的劳动。每一幅画由于意境不一而呈现不同的表现技法。同时，由于画家创作意境的日益提高，熟练精妙的皴染点线等技法也就层出不穷了。

文人画之价值[①]

陈师曾

何谓文人画？即画中带有文人之性质，含有文人之趣味，不在画中考究艺术上之工夫，必须于画外看出许多文人之感想，此之所谓文人画。或谓以文人作画，必于艺术上功力欠缺，节外生枝，而以画外之物为弥补掩饰之计。殊不知画之为物，是性灵者也，思想者也，活动者也；非器械者也，非单纯者也。否则直如照相器，千篇一律，人云亦云，何贵乎人邪？何重乎艺术邪？所贵乎艺术者，即在陶写性灵，发表个性与其感想。而文人又其个性优美，感想高尚者也，其平日之所修养品格，迥出于庸众之上，故其于艺术也，所发表抒写者，自能引人入胜，悠然起淡远幽微之思，而脱离一切尘垢之念。然则观文人之画，识文人之趣味，感文人之感者，虽关于艺术之观念浅深不同，而多少必含有文人之思想；否则如走马看花，囫囵吞枣，盖此谓此心同、此理同之故耳。

世俗之所谓文人画，以为艺术不甚考究，形体不正确，失画家之规矩，任意涂抹，以丑怪为能，以荒率为美；专家视为野狐禅，流俗从而非笑，文人画遂不能见赏于人。而进退趋跄，动中绳墨，彩色鲜丽，搔首弄姿者，目为上乘。虽然，阳春白雪，曲高和寡，文人画之不见赏流俗，正可见其格调之高耳。

夫文人画，又岂仅以丑怪荒率为事邪？旷观古今文人之画，其格局何等谨严，意匠何等精密，下笔何等矜慎，

① 选自《清华老讲座及其他》，北京，华文出版社，2003。陈师曾（1876—1923），画家。

立论何等幽微，学养何等深醇，岂粗心浮气轻妄之辈所能望其肩背哉！但文人画首重精神，不贵形式，故形式有所欠缺而精神优美者，仍不失为文人画。文人画中固亦有丑怪荒率者，所谓宁朴毋华，宁拙毋巧；宁丑怪，毋妖好；宁荒率，毋工整。纯任天真，不假修饰，正足以发挥个性，振起独立之精神，力矫软美取姿、涂脂抹粉之态，以保其可远观、不可近玩之品格。故谢赫六法，首重气韵，次言骨法用笔，即其开宗明义，立定基础，为当门之棒喝。至于因物赋形、随类傅彩、传摹移写等，不过入学之法门，艺术造形之方便，入圣超凡之借径，未可拘泥于此者也。

盖尝论之，东坡诗云："论画贵形似，见与儿童邻。"乃玄妙之谈耳。若夫初学，舍形似而骛高远，空言上达，而不下学，则何山川鸟兽草木之别哉？仅拘拘于形似，而形式之外，别无可取，则照相之类也；人之技能又岂可与照相器具药水并论邪？即以照相而论，虽专任物质，而其择物配景，亦犹有意匠寓乎其中，使有合乎绘画之理想与趣味。何况纯洁高尚之艺术，而以吾人之性灵感想所发挥者邪？

文人画有何奇哉？不过发挥其性灵与感想而已。试问文人之事何事邪？无非文辞诗赋而已。文辞诗赋之材料，无非山川草木、禽兽虫鱼及寻常目所接触之物而已。其所感想，无非人情世故，古往今来之变迁而已。试问画家所画之材料，是否与文人同？若与之同，则文人以其材料寄托其人情世故，古往今来之感想，则画也谓之文亦可，谓之画亦可。而山川草木、禽兽虫鱼、寻常目所接触之物，信手拈来，头头是道。譬如耳目鼻舌，笔墨也；声色臭味者，山川鸟兽虫鱼，寻常目所接触之物也。而所以能视听言动触发者，乃人之精神所主司运用也。文人既有此精神，不过假外界之物质以运用之，岂不彻幽入微，无往而不可邪？虽然，耳目鼻舌之具有所妨碍，则视听言动不能自由，故艺术不能不习练。文人之感想性格各有不同，而艺术习练之程度有等差，此其所以异耳。

今有画如此，执涂之人而使观之，则但见其有树、有山、有水，有桥梁、屋宇而已。进而言之，树之远近、山水之起伏来去、桥梁屋宇之位置，俨然有所会也；若夫画之流派、画之格局、画之意境、画之趣味，则茫然矣。何也？以其无画之观念，无画之研究，无画之感想。故文人不必皆能画，画家不必皆能文。以文人之画而使文人观之，尚有所阂，何况乎非文人邪？以画家之画，使画家观之，则庶几无所阂，而宗派系统之差，或尚有未能惬然者。以文人之画而使画家观之，虽或引绳排根，旋议其后，而其独到之处，固不能不俯首者。若以画家之画与文人之画，执涂之人使观之，或无所择别，或反以为文人画不若画家之画也。呜呼！喜工整而恶荒率，喜华丽而恶质朴，喜软美而恶瘦硬，喜细致而恶简浑，喜浓缛而恶雅澹，此常人之情也。艺术之胜境，岂仅以表相而定之哉？若夫以纤弱为娟秀，以粗犷为苍浑，以板滞为沉厚，以浅薄为淡远，又比比皆是也。舍气韵骨法之不求，而斤斤于此者，盖不达乎文人画之旨耳。

文人画由来久矣，自汉时蔡邕、张衡辈，皆以画名。虽未睹其画之如何，固已载诸史籍。六朝庄老学说盛行，当时之文人，含有超世界之思想，欲脱离物质之束缚，发挥自由之情致，寄托于高旷清静之境。如宗炳、王微其人者，以山水露头角，表示其思想与人格，故两家皆有画论。东坡有题宗炳画之诗，足见其文人思想之契合矣。王廙，王羲之、献之一家，则皆旗帜鲜明。渐渐发展，至唐之王维、张洽、王宰、郑虔辈，更蔚然成一代之风，而唐王维又推为南宗之祖。当时诗歌论说，皆与画有密切之关系。流风所被，历宋元明清，绵绵不绝，其苦心孤诣盖可从想矣。

南北两宋，文运最隆，文家、诗家、词家彬彬辈出，思想最为发达，故绘画一道亦随之应运而兴，各极其能。欧阳永叔、梅圣俞、苏东坡、黄山谷，对于绘画皆有题咏，皆能领略；司马君实、王介甫、朱考亭，在画史上咨有名。足见当时文人思想与绘画极相契合。华光和尚之墨梅、文与可之墨竹，皆于是时表见。梅与竹不过花卉之一种。墨梅之法自昔无所闻，墨竹相传在唐时已有之。张璪、张立、孙位有墨迹；南唐后主之铁钩锁、金错刀，固已变从来之法。至文湖州竹派，开元明之法门，当时东坡识其妙趣。文人画不仅形于山水，无物不可寓文人之兴味也明矣。

且画法与书法相通，能书者大抵能画，故古今书画兼长者，多画中笔法与书无以异也。宋龚开论画云："人言墨鬼为戏笔，是大不然。此乃书家之草圣也；岂有不善真书而能作草者？"陆探微因王献之有一笔书，遂创一笔画。赵子昂论画诗："石如飞白木如籀，写竹还须八法通。若也有人能会此，须知书画本来同。"又赵子昂问画道于钱舜举："何以称士气？"答曰："隶体耳。画史能辨之，即可无翼而飞。不尔便落邪道，愈工愈远。"柯九思论画竹："写竹干用篆法，枝用草书法，写叶用八分法，或用鲁公撇笔法，木石用折钗股、屋漏痕之遗意。"南唐后主用金错书法画竹。可见文人画不但意趣高尚，而且寓书法于画法，使画中更觉不简单。非仅画之范图内用功便可了事，尚须从他种方面研究，始能出色。

故宋元明清文人画颇占势力，盖其有各种素养、各种学问凑合得来。即远而言之，蔡邕、王廙、羲、献，皆以书家而兼画家者也。

倪云林自论画云：“仆之所谓画者，不过逸笔草草，不求形似，聊以自娱。”又论画竹云：“余画竹聊以写胸中逸气耳，岂复较其是与非。”吴仲圭论画云：“墨戏之作，盖士大夫词翰之余，适一时之兴趣。”由是观之，可以想见文人画之旨趣，与东坡若合符节。元之四大家，皆品格高尚，学问渊博，故其画上继荆、关、董、巨，下开明、清诸家法门。四王、吴、恽，都从四大家出。其画皆非不形似，格法精备，何尝牵强不周到，不完足？即云林不求形似，其画树何尝不似树，画石何尝不似石？所谓不求形似者，其精神不专注于形似，如画工之钩心斗角，唯形之是求耳。其用笔时，另有一种意思，另有一种寄托，不斤斤然刻舟求剑，自然天机流畅耳。且文人画不求形似，正是画之进步。何以言之？吾以浅近取譬。今有人初学画时，欲求形似而不能，久之则渐似矣，久之则愈似矣。后以所见物体记熟于胸中，则任意画之，无不形似，不必处处描写，自能得心应手，与之契合。盖其神情超于物体之外，而寓其神情于物象之中，无他，盖得其主要之点故也。庖丁解牛，中其肯綮，迎刃而解，离形得似，妙合自然。其主要之点为何？所谓象征 Symbol 是也。

征诸历史之经过，汉以前之画甚难见；三代钟鼎之图案与文字，不过物象之符记，然而近似矣。文字亦若画，而不得谓之画。汉之石画，古拙朴鲁，较三代则又近似矣。六朝造像，则面目衣纹，俨然画家法度，此但见于刻石者也。若纸本缣素，则必彩色工丽，六朝进于汉魏，隋唐进于六朝，人意之求工，亦自然之趋势。而求工之一转，则必有草草数笔而摄全神者。宗炳、陆探微之有一笔画，盖此意欤？宋人工丽，可谓极矣。如黄筌、徐熙、滕昌祐、易元吉辈，皆写生能手。而东坡、文与可，极不以形似立论。人心之思想，无不求进；进于实质，而无可回旋，无宁求于空虚，以提揭乎实质之为愈也。以一人之作画而言，经过形似之阶级，必现不形似之手腕。其不形似者，忘乎筌蹄，游于天倪之谓也。西洋画可谓形似极矣！自十九世纪以来，以科学之理研究光与色，其于物象体验入微。而近来之后印象派，乃反其道而行之，不重客体，专任主观。立体派、未来派、表现派，联翩演出，其思想之转变，亦足见形似之不足尽艺术之长，而不能不别有所求矣。或又谓文人画过于深微奥妙，使世人不易领会，何不稍卑其格，期于普及耶？此正如欲尽改中国之文辞以俯就白话，强已能言语之童而学呱呱婴儿之泣，其可乎？欲求文人画之普及，先须于其思想品格之陶冶；世人之观念，引之使高，以求接近文人之趣味，则文人之画自能领会，自能享乐。不求其本而齐其末，则文人画终流于工匠之一途，而文人画之特质扫地矣。若以适俗应用而言，则别有工匠之画在，又何必以文人而降格越俎耶?

文人画之要素：第一人品，第二学问，第三才情，第四思想。具此四者，乃能完善。盖艺术之为物，以人感人，以精神相应者也。有此感想，有此精神，然后能感人而能自感也。所谓感情移入，近世美学家所推论，视为重要者，盖此之谓也欤?

第四部分

金石书画面面观

● 金石书画漫谈　启功
● 中国书法　叶秀山
● 因蜜寻化　黄苗子
● 经典的文化力量　陈夑君

导语

有一位老人，启功先生，我们老师的老师，北京师范大学教授，最近去世了。有人说：多才多艺的那一代学人和教师，已经远离我们这个世界了。

真有过这样一代人：旧学问，通；新学问，也通。诗词歌赋，都会做；琴棋书画，也拿得上手。举起毛笔，是书家；点染丹青，是画家；端起锋刃，又是篆刻家；即使不写不画不刻，也是鉴赏家。——他们不是神仙，也是人，只是心有专注，一辈子在艺海中沉浮。

不要感叹，不要羡企。他们的境界，我们也能追求；他们的修养，我们也能达到。在艺术的天空下，人人都是平等的。正如苏东坡所说的："唯江上之清风，与山间之明月，耳得之而为声，目遇之而成色，取之无禁，用之不竭，是造物者之无尽藏也，而吾与子之所共适。"

艺术作品永远与我们"共适"。

金石书画漫谈[①]

启　功

金石书画部分的内容比较多，这里只能作一个简括的介绍，谈谈个人的一点看法，研究方面的一点门径，一点线索。

伟大的中华民族文化，我认为好比一朵花，花蒂、花蕊、花瓣等，都是它的重要组成部分。这个文化史讲座的各个方面，好比是花的各个部分，金、石、书、画也是其中的一个部分。

金、石、书、画，本不是同一性质，同一用途，但在整个的中华民族文化中，这四项都成为中华民族艺术的特征，也可说是中华民族艺术所特有的。以下按次序作一些简单的介绍。

一、金

金就是金属，包括铜、铁等。这里是指用铜、铁等金属所制的器皿、器物，特别是古代的铜器。它们不管是作为实用的或是祭祀的，都是铜及其合金所制的器物。这些在商、周——人们往往说“三代”，就是夏、商、周。其实夏到现在还没有十分弄清楚，一般认为夏文化是相当于龙山文化这一系，但夏的文化究竟是什么程度，还不甚清楚。

① 选自《启功丛稿·艺论卷》，北京，中华书局，2004。启功（1912—2005），人文学者、教育家、书法家。

所以“三代”文化，有把握的只能指商、周。古代把商、周的铜器叫做“吉金”，就是好的金，吉祥的金。这种冶炼方法在当时已很发达，已能制造合金。制造出来的器皿，很多都有刻铸的文字。现在一般所说的“金”是指金文，又叫“钟鼎文”。

商、周时代，诸侯贵族常常大批地制作铜器，上面刻铸铭文，现在陆续出土的不少。有时一个人只能铸一个器，有时又可一次铸好几个器。当时参与这种劳动的人民，大部分就是当时的奴隶。他们创作了千变万化的器形、妆饰图案，雕铸了种种文字铭记（记载谁、在哪年、为什么事情而制作这器）。这些器物，从商周以后长期沉埋在地下。许慎有“郡国亦往往于山川得鼎彝”的话，可见汉朝时已有出土的。

这种陆续的出土，到清朝末年，成为研究的大宗。拓本、实物，日呈纷纭，使人眼花缭乱，非常丰富多彩。到了现在，对于这方面的研究探讨就更加繁荣，方法也更加科学。从前的收藏家，不是官僚就是有钱人，他们的收藏，往往秘不示人。偶然有拓本流传出来，也不是人人可得而见之的。现在印刷术方便了，从器形到文字，大家都能看到，具有研究的条件，所以研究日见深入。发掘的方式，也愈有经验，愈加科学。从前出土的器物，辗转于古董商人与收藏家之间。它是哪里出土的？不知道。甚至一个器的盖子在一个人手里，而器本身则到另一个人手里。这种情况很多。一批出土有多少铜器？也不知道，都零零星星地散出去了。这在研究上是很费事的，因为缺乏许多辅助证据。许多奸商为了贪图得利，多卖钱，还卖到外国去。我们现在从发掘到整理、考定、印刷、编辑，都是有系统的，对于研究者有莫大的方便。可以取各个角度：器形、花纹、文字，以至它的历史背景、制作的人物、各诸侯封国的地理等等，或者是有人想学写古篆字，也可以用来作范本。例如从制作来说，往往一个人所制的不止一件，我们只要看到各器上都有同一个人的名字，便可知道它们是属于同一个人制作的一套器物，这样，我们对于古代历史、古代人的各方面（包括生活习惯），就能有更清楚、更详细、更豁亮的了解。近年来在陕西发掘了许多成套成批的窖藏青铜器，大多是同一人或同一家族的，这样研究起来就很方便了。

从宋代到清代，大都把这类器物叫做“古董”，也叫“古玩”，是文人鉴赏的玩物。即或考证点文字，也是瞎猜。我们当然不能否认他们的考证功劳，但那是极其有限，远远不够的，还有许多错误，稍进一步的，把它们当作艺术品。西洋人、日本人买去中国的古铜器，研究它们的花纹。中国人也有研究花纹的。这种情形，始于六十多年前，这仍是停留在局部的研究，偶然有几个器皿作点比较。谈到全面地着手研究，我们不能不佩服近代的容庚容希白先生，他对于铜器研究的功劳是很大的。他著有《商周彝器通考》，连器形、花纹带铭文都加以研究；还著有《金文编》，把青铜器上的字按类按《说文》字序编排，例如不同器皿上的“天”字，都放在一块。这是近代真正下大气力全面地介绍和研究青铜器及金文的。此外，罗振玉的《三代吉金文存》，也是很重要的资料。现在已有人着手重新把至今出土的商周铜器铭文加以统编，这就更加全面了，只是现在还没有出版。

对于文字的考释，能令人心服口服的，首推不久前故去的于思泊（省吾）先生。他的考释最为扎实，决不穿凿附会。他还用古文字考证古书，成就比清末孙诒让等人大得多了。到今天为止，容、于两先生的著作以及罗的《三代吉金文存》等，仍是我们研究铜器和金文的重要参考材料。随着条件的改善，今后在这方面的研究一定会愈来愈完备，愈来愈深入。

甲骨文也被附在金文之后，讲金石的书往往连带讲甲骨，不是附在前头就是附在后头。其实甲骨应和铜器同样看待，甲骨文是金文的前身。商代刻在甲骨和铜器上的文字，往往有很大的相似，所以甲骨也应放在我们现在谈“金”的范围。现在出版了《甲骨文合集》，非常完备，研究起来不愁没有材料，不会被人垄断了。但甲骨文我不懂，不能随便说，只能谈到这里。

二、石

金、石常常并称。事实上金、石的性质、作用并不完全一样。古代的石刻有各方面的用途，所以它的形式和内容也就不同，文字因时代的关系也不同。汉朝也有铜器，但那上面的文字和商周铜器的文字迥然不同，一看就是汉朝的东西。此外，花纹和刻法也各不相同（商周铜器上的字，大部分是铸的，少部分是刻的）。

大批石刻的出现，应该说是从汉朝开始的。汉朝以前有没有石刻？有的，譬如说《石鼓文》。石鼓甭管它是什么年代的，总是秦统一天下以前的产物。唐朝人说是周宣王时作的，也有人说是北周即宇文周时候制作的。后来马衡先生经过全面考证，确定它是秦的刻石。这个秦，不是统一中国的秦朝，而是在西北地方未统一中国以前的秦国。可是还有问题：秦什么公？这个公那个公，众说纷纭，到今天尚无定论。

汉以前的石刻，起码石鼓是比较完整的，有一个石鼓的文字已经脱落，但是拓本还保留着。近年在河北满城古代中山国的地区，发掘出古代中山王的墓，里头有中山王的铜器，外边有一块石头，上面有两行字，也是战国时的刻石，比石鼓晚一些，但也是汉朝以前的刻石。所以古代石刻应追溯到石鼓和中山王墓刻石。《三代吉金文存》后面附有一小块石刻，文字和铜器文字很相像。什么时候刻的？不知道。这块石头现在也不知道哪儿去了。

现在所谓的“石”，大致是指汉代及汉代以后的石刻。讲求、探讨的也比较多。汉朝的碑是比较多。其实，秦碑也有，只是不作碑形，常常是在山岩上磨平一块石头刻字。现在秦碑的原刻几乎没有，流传的大多是翻刻的。原石保留下来的只有《琅琊台刻石》，保存在历史博物馆，上面的每个字都已经模糊了。还有《泰山刻石》，只剩下了几个字，残石还在泰山的岱庙里摆着。其余的都已毁掉了，只有汉碑算是大宗。

什么是碑？碑本来是坟墓竖立的一种标志。碑石有大有小，记载着墓主人的生平事迹。后来推而广之，不光是为死者立碑，也应用到生人，譬如一个官员调离，当地有人立碑为他歌功颂德。事实上这种大块的碑，就是石头做的大块布告牌，譬如修一座庙，前面立一块碑，说明庙的缘起；皇帝办了一件事，臣下恭维，或者皇帝自吹自擂，也刻一块，岂不是布告牌？像秦始皇、唐明皇，都曾经在摩崖上让臣下给刻上大块歌功颂德的文章，比后世大张纸帖的布告结实得多，意在流传千古，但事实上后来有的让人凿掉了，有的是山崖崩塌了。当初立碑的本意不过是歌颂、吹捧死者、官员乃至皇帝，但后来意料之外地被人注意，得以保存流传的，却不在于它那歌功颂德的内容，而在于它书写的文字。在于它保存了许许多多的书法。他们吹捧的内容，已无人注意。有人见到石刻残损文字而惋惜。我说，字少了，美术品少了一部分是坏事，但文词少了，念不全了，未必不是被吹捧者的幸事，因为他可以少出些丑。从前人制作拓本，往往是为了碑上头刻的字写得好，或者是时代早，宝贵得不得了。比如汉朝在华山立了一块碑，叫《华山庙碑》，在清朝末年只保留下来三本拓本，后来又发现了一本，这四本都价值连城，后面有许多人的题跋。这也不在于它的内容（当然也有人考证），而在于它的字。许多古碑也是如此。以前人对于碑只是着眼于先拓后拓，多一字少一字，稍后对碑形、花纹、制作乃至于刻工等方面，也加以研究，这与上述对于商周铜器的研究过程很有相似之处。

汉碑这种字，不管它刻得精不精，毕竟是用刀刻出来之后，用墨拓下来的，从前得到一本都很难。今天我们看到出土的多少万支竹木简，都是汉朝人的墨迹，直接用墨写的。这在书法艺术上、史料价值上，比起汉碑来又不相同了，这待下面再说。所以说，以前的人很可怜，看到一本墨拓，就那么几个字，多一笔少一笔，这里坏一块，那里不坏，争论个不休。这是因为时代和条件都有其局限，出土的东西也少。

还有一种叫墓志，也是一大宗。坟里头埋块石头，写上这人是谁，预备日后坟让人不知道是谁了，挖开一瞧，知道是谁，人家好给他埋上。这用意是很天真的，没想到后来人家正因为他坟里有墓志，就来挖他的坟，这种情形多得很。墓志有长条的，也有方块的，汉朝还没有这种东西，从南北朝一直到唐宋，都是很盛行的。墓志也和碑的性质一样，记载着死者的事迹，也属碑刻的性质。

再有一方面是“帖”。什么叫帖？本来很简单，指的是一张纸条儿或纸片儿，多是彼此的通信。现在还有便条儿，随便的纸条儿（今天的名片，也是纸条儿）。上边的字，写得比较随便，不像写碑那么郑重其事，确实另有趣味，大家比较重视，把这些有趣味的东西汇集起来。因为古代没有影印技术，只好勾摹下来刻在石头上或木板上，再用纸和墨拓下来，等于刻木板印书的办法，这种印刷品被人称作“帖”。事实上帖本来不是指墨拓的东西，而是指被刻的内容，即没刻以前的原件（纸条儿）叫“帖”。好比这是一部书，叫做《诗经》或《左传》，不是说它这个书套子或部头叫《诗经》或《左传》，而是指它的文字内容。所以“帖”也是指的所摹刻的内容。这个意义扩大了，凡是墨拓的刻本，被人作为字样子来写，作为参考品的，都被称为“帖”。如有人说“我这儿有一本帖”，打开一瞧，是个汉碑。为什么也把它叫做“帖”？因为它已经裁了条，裱成本，被人作为习字的范本，所以也被称做“帖”。因此说，“帖”的意义已经扩大了，凡是墨拓的、石刻的、裱成本的，大家都管它叫做“帖”。

帖写的多半是行书，随便写的；而碑版多半是很规矩很郑重的。所以一般又管写行书一派的叫“帖学”，管写楷书一派的叫“碑学”。这种说法，我认为是不太科学的。

现在，印刷技术方便了，碑帖的印本也多起来了，这里无法多举例，因为太多了。要论起整部的书来，比较方便查阅的，有清末民初的杨惺吾（守敬）编的一本《寰宇贞石图》，把整篇整幅的碑文影印出来，可以使我们看到碑版的全貌，很有用处；但是它是缩小的，碑有一丈、八尺，它也只能印成这么一张纸片儿，而且碑版的数量及文字说明也不多。近代赵万里先生辑有一部《魏晋南北朝墓志考释》，都是墓志，既影印拓本，也考释文词，是很好的。讨论石刻，有一部书也很重要，就是清朝末年叶昌炽所编的《语石》，它从各个角度、各个方面来论述石刻：多少种类，多少样子，多少用途，多少文字，多少书家……分量不多，但内容极其丰富，所遗憾的是没有附插图，要是每谈一个问题每举一个例子，都附上插图，就方便多了。今天要是想给《语石》补插图，就有很大的困难，许多原石都已找不到了。我想将来会有人给它进行扩充的。《语石》这种书，现在的人不是不能做，因为现在所出土的汉魏六朝隋唐的碑和墓志极多，比当年叶昌炽所能看到的要多出若干倍，要是加以统编，细细研究，附上插图，那就太好了。最近上海要出一本“扩大石刻文字汇编”之类的书（名字还未定），不久出版，最为方便了。

叶昌炽在他的《语石》一书中说：我研究这些石刻，主要是因为它们的字写得好（大意）。字好，是碑存在的一个重要因素。立碑刻碑的人是为了歌颂他自己。人家保存这个碑，却是为了它写的字好。这是立碑、刻碑的人始料所不及的。由此可见，书法艺术自有它独立的、不能磨灭的艺术价值。

三、书

“书”本是文字符号。现在提的“书”不是从文字符号讲，也不是从文字学讲，而是从书法艺术讲。书法在中华民族有很深远的影响，由于汉字不仅被汉族，也被少数民族不同程度地使用着，因此，书法在中华民族文化中占很重要的位置。曾经有人提出，书法不是艺术，理由是西洋古代没有一个国家、一个民族把书法当艺术的。其实，中国特有而外国没有的东西太多了，难道都不算艺术了吗？如《红楼梦》是中国特有的，外国没有，就不算文学了吗？现在，这种观点逐渐纠正过来了。大家知道，书法是一种艺术，并且是广大人民喜闻乐见、非常爱好的艺术。

中国的汉字（各个有文字的民族都一样）一出现，写字的人就有要“写得好看”的要求和欲望。如甲骨文就是如此，不论单个字还是全篇字，结构章法都很好看。可见，自从有写字的行动以来，就伴随着艺术的要求，美观的要求。

秦汉以来的墨迹，近年出土的非常多。这里面丰富多彩，字形、笔法、风格，变化极多。从前只看到汉简，现在可以看到秦代的了。如湖北睡虎地的秦简，全是秦隶。从前人看见一本残缺不全的汉碑拓本，便视为珍宝。现在可以看见汉朝人的亲笔墨迹。日本人用过一个词，把墨迹叫做“肉迹”，即有血有肉，痛痒相关，我很欣赏这个词，经常借用。现在可以看到成千上万的秦汉人的“肉迹”，这是我们研究文学、研究书法、研究古代历史的莫大的幸福。

不论是秦隶还是汉隶，都是刚从篆体演变过来的，写起来单调而且费事。所以到了晋朝后，真书（又叫楷书、正书）开始定型。虽然各家写法不同，风格不同，但字形的结构形式是一致的。各种字体所运用的时间都不如真书时间久，真书至今仍在运用。为什么真书能运用这么久，因为这种字形在组织上有它的优越性。字形准确，写起来方便，转折自然，可连写，甚至多写一笔少写一笔也容易被人发现。真书写得萦连一点就是行书，再写得快一点就是草书。当然，草书另有一个来源，是从汉朝的章草演变而来的。但到东晋以后就与真书合流了，是用真书的笔法写草书，与用汉隶的笔法写章草不同。

真书行书的系统既是多有方便，所以千姿百态的作品不断出现，风格多种多样，出现了各种字体（艺术风格上被称为字体），比如颜体、柳体、欧体、褚体等。为什么以前没有？因为以前没有人专职写字、专以书法著名的，就连王羲之也不是专职写字的人。古代也没有“书法艺术家”这个称呼。当时许多碑都是刻碑的工人写的，到了唐朝才有文人写碑。唐太宗自己爱写字，自己写了两个碑《晋祠铭》《温泉铭》，还把这两个碑的拓本送外国使臣。当时的文人和名臣，如虞世南、欧阳询、褚遂良、薛稷、薛曜以及后来的颜真卿、柳公权等人都写碑。这样，书法的风格流派也逐渐增多了。其实，今天看见的敦煌、吐鲁番等地出土的文书、写经等，其水平真有远远超过写碑版的。唐朝一般人的文书里，行书的书法也有比《晋祠铭》好得多的，但那些皇帝、大官写出来的就被人重视。我们要知道，唐朝有许多无名的书法家的水平是很高的，写的字非常精美。晋唐流传下来的作品（不论是刻石还是墨迹）非常多，我们的眼福实在不浅。

附带说一下名称问题：古代称好的书法作品为“法书”，是说这件作品足以为法；书法、书道、书艺是指书写的方法，现在合二而一了，一律叫做“书法”。把写的字也叫做“书法”，省略了“作品”二字，可以说是“约定俗成”了。

如把“书”平列在“金”“石”“画”之间，那它的作用和用途就大多了，广多了。生活中的各个地方，没有与书法无关的，没有用不上书法的。也可以说，书法已经出现在任何地方，也发挥着极大的效用。从书法作品、实用的装饰品到书信往来，作为交际语言的记录工具，两人以至两国的信用证明（签字）都要用书法。书法活动既可以锻炼艺术情操，又可以调心养气，收到健身的效果。总而言之，今天看到书法有这样广大的爱好者，原因很简单，就是它和人们生活的关系十分密切。这种密切的关系又非常长久，北朝人曾经说过“尺牍书疏，千里面目”。给人写封信（尺牍）、写个条（书疏）等于相隔千里之远的两个人见面。现在有传真照相，可以寄照片，这是“千里面目”。但古代没有，看一封信，感到很亲切，如见其人。书法被人作为人格、形象的代表，自古以来就是这样。

有人常常问到什么是书法知识，说明需要抓紧编写学习书法的参考书。碑帖影印的很多了，但系统的讲解、分析是不很够的。怎么去写？大家很愿意了解。各家有各家的心得，这里就不多谈了。大家了解了书法的沿革，再多参考古代的碑帖，多看古代的墨迹，这样对书法的了解自然就会深刻，这样对写也有很多方便的地方。

四、画

画的起源，不用详谈。初民怎么画，只要看小孩怎么画就会明白。画很简单，可是有新鲜的趣味。看见什么就画什么，生活里面遇到什么，就随手画、刻到墙上，这是很自然的。值得特别注意的是，自从绘画成熟以后，形体逐渐地准确了，颜色也逐渐地丰富了。绘画成熟在什么时代？我们的估计往往是不对的。从近代科学考古发掘出的成果，可以看到这一点。画成熟的时代应该很早。古代的文化，从商周以来，不知经过多少次毁灭性的破坏，使后世无法看到。商周的铜器的铸造方法，近代很多人奇怪，那时就有那么高的合金技术！透光镜（铜镜子，可以透出光照到墙上），经过多少人研究，现代才发现有两种方案，但古人用哪一种方案，至今也不清楚。这说明我们有许多的科学发明、科学成就随着毁灭性的破坏而消失了。古代的绘画更脆弱了。一种是画在墙上，以为墙是结实的，但随着墙的毁坏，画也没有了。画在帛上的也不延年。唐宋人没见过古代的绘画，只看过武梁祠画像，根据这些推测判断汉朝绘画，以为汉朝绘画就是这样的。这样推论的起点太低了。不止绘画一种，我们对古代文化不了解的太多了。近代发现了汉朝墓壁里的壁画，大家的看法才有所改观，觉得从前的推测是错的。近年长沙马王堆出土了帛画，使人看到出丧幡上的帛画，精致极了，比武梁祠的画不知高出多少倍。假定帛画是一百分，武梁祠的画只能算不及格。人们看到马王堆的帛画，无不惊诧变色，这才知道古代绘画水平已达到什么地步。我们应该以这（西汉初年）作为起点，往上推溯商周绘画应该有什么样的成就。看到了马王堆出土的帛画以后，有人说，我们的绘画史应重新写，已写出的全错了。因为起点（最低点）定错了。

今天我们研究古代绘画，有这么丰富的材料，但我们必须有正确的看法，这才能进行研究。看法和起点要是错了，研究就得不到正确的结论。唐以前和唐人的好画，多画在墙壁上，大多数已随着建筑物的毁坏而无存了。幸亏西北有许多干燥的洞窟壁画。首先是敦煌，敦煌壁画给我们提供了极丰富的宝贵的材料。敦煌许多画在绸帛上的画被外国人掠夺走了。国内流传下来的只是一部分。现在西北出土的一些残缺的绢画，即使是零块，都是非常精美的。这些东西的保存，对今天探讨古代绘画的源流有很大的作用。现在有没有流传下来的古画算是唐代或唐以前的呢？有。但这些画事实上都是经过第二手摹下来的，很少有真正的唐朝人直接画了留下来的。即使画稿、形象是某名家的作品，但画上的墨迹也不是作者本人的。古代没有别的办法，幸亏摹下副本，否则今天一点影子也看不到了。

我们对待古画要持科学的态度：哪些是可信的古代人直接画下来的，哪些是后代人的复制品。但许多古董商人，不是从学术出发，而是从价值观念出发，顺口说这是唐朝的，那是宋朝的，时代越早越贵，可以多卖钱。事实上与学术无关。我们参考画风，研究画派，看这些摹本、仿本、临本不是不可以，但要知道是什么时代人临的、仿的，如果听信大古董商的说法，把宋元的硬说成唐宋的，这样科学系统就乱了。譬如看京戏，如果真承认那位男演员扮女角即是一个女子，一个花脸角色的演员本人真就长得脸上花红柳绿的，这便成了小孩或傻子了。

宋朝人的画，多半是室内装饰品，很大的大张挂在屋里，比画在墙上进了一步。元朝才多卷册小品，在桌上摆着，作为案头玩赏的东西。这如同戏剧底本由舞台到案头一样。原来剧本是舞台唱的，实用的，后来成为文人创作后摆在案头欣赏，并不是在舞台上演的。有许多只能在案头看，是舞台上唱不了的。我们明白了这个道理，知道哪是墙壁上的画，哪是案头上的画，这样才能探索宋元以来的画派、画风。大家总是谈论宋朝画如何，元朝画又怎么变，哪是匠人画，哪是画家画，哪是文人画，我们今天研究古代绘画的沿革，必须考虑到这一点：在墙上画是什么样子？画在绢上贴在墙上是什么样子？案头画的小品又是什么样子？这些问题必须弄清楚。

到了元朝以后出现一种文人画——案头的玩赏的小品（不管它多大张幅也是这个系统）。墙壁上的画，实际上和装饰画是一派。文人案头画是一派，对这一派也有许多争论，但它也有它的新趣味，不能一笔抹杀。这一种风格的影响有几百年。宋朝已经开始了，如苏东坡喜欢随便画点竹子，画树、画块石头。现在还有一件真迹，树画一个圈儿，底下是石头。按照画家的要求，这画画得非常外行，非常不及格，但这是真的。米芾画的《珊瑚笔架图》，笔道七扭八歪。这是文人游戏的笔墨。到了元朝才逐渐出现精美的文人画，影响一直到现在。这一派，这种创作方法，至今尚占很大的比重。

今天研究绘画确实方便多了，印刷品越来越精了，越来越多了。我们现在要想研究，有几点特别要注意。现在研究古代绘画，研究绘画沿革历史，必须从实物出发，得看到真正的原作（包括影印品），客观地比较，虚心地分析。只看书本上说的不够，只听别人讲的也不够，必须从实物出发，真正地客观地作了比较，我们才能得出正确的论断和新颖的见解。这种比较在古代，在从前印刷困难、地下出土的东西不多时是没有办法的。在今天，我们确实是方便多了。

现在研究古代的绘画，又出现了两种困难。一是出现了太窄的现象。我认为，研究绘画，研究绘画沿革，不论在中国在外国都出现了这样一个现象：研究一家，只抱住一家，翻来覆去地考证探索。须知这个画家不能独立存在，必须和当时的环境、当时的时代联系起来。“窄”还表现在只研究一家的一个方面，如一个画家又会画兰竹，又会画山水，又会画松树，却只是专门研究他画的竹子。这样就钻进了牛角尖而不自觉。另一方面，论据必须是真品。有许多是假的，是古董商人瞎吹的。你根据的真伪还不分，不能“去伪存真”，又怎么能“去粗取精”呢？首先要辨别真伪。这里就出现一个问题，今天辨别真伪的标准，也被古董商人搅乱了。从明清以来就有这种情况：真画儿换假跋，真跋配假画儿，哪个名气大、哪个大、哪个早、哪个值钱就写哪个。后来研究者也常陷入古董商人的这个标准。如评论是纸本还是绢本，质地颜色洁白还是昏黑，黑了就用漂白粉拼命冲洗，画儿的笔墨都不清楚了，底子可白了，那也要。因为“纸白版新”。这是古董商的标准。常见著录的书上说“这是上品”，但笔墨画法并不高明。为什么是上品？就因为“纸白”，其实那是用化学药品冲洗白的。又如完整还是破碎，中国藏还是外国藏等，有许多人认为是外国藏的就好，其实这是令人很痛心的事。我虽然也忝被列入了“鉴定家”的行列，但我“知物不知价”。“‘纸白版新’就好”“这个值钱多”……这些我一点儿也不懂，因为我没做过古董商人。

总之，今天研究绘画，必须根据可靠的、可信的资料，要辨别真伪；真到什么程度，是作者亲笔还是复制品？我们为研究一种风格，复制品也有价值。当然，从古董的价钱说，复制品与原作不同，但如从学术上讲，是有研究价值的。现在印刷品很多，有了彩色印刷，虽然比起原作还有差距，但无论如何比黑白的好多了。我们受近代科学的嘉惠，受近代科学之赐，研究绘画更方便了。

今天研究金石书画的条件已千倍万倍地优于前人，我们研究的便利比古人要大得多。只要我们的观点是正确的，从实物而不是从现象出发，博学、广问、慎思、明辨，自己有一定的立脚点而不随声附和，我们的成绩会是无限的。

中国书法[①]

叶秀山

中国书法是“书写的艺术”。“书写”之所以在中国能成为真正的艺术，乃植根于中国传统之思维方式。中国文字，从其产生的时代起，就不仅仅是传达文字的意义，而有多种的功能，其所传递的“信息”，有哲学、伦理的内容，而且在笔画运行上有审美情趣在内。相传古人观鸟兽之迹、云彩之变幻而悟出“书写”之技艺，都说明中国书法有“超越”“文字”内容的“形而上”的意义。

根据目前的资料，中国书法大成于商代。商代甲骨文保存了大量的书法艺术资料。甲骨文为占卜之记录，是宗教活动的一部分，但就当时刀刻及笔画痕迹来看，在笔法与刻法上也有一定的技巧，而骨片上文字之布局，已有疏密比例的考虑；这种书写技巧，到周代形成全盛时期。

周代是中国礼乐大成时期，原本是实用器皿的钟鼎彝器，成为“王权”“神权”以及社会地位的象征。在这些器皿上刻文字以记述主人之事功，成为流传数千年的特殊书法体裁“钟鼎文”。“钟鼎文”凝重而敦厚，与“甲骨文”之诡谲、奇特形成对比。在书写技术上，“钟鼎文”的笔法尚圆，而“甲骨文”多为尖笔。传世的周鼎像“毛公鼎”“散氏盘”等，是中国书法史上的瑰宝。周鼎字体，史称“篆书”。

周代衰落，春秋战国期间，中国文字多不统一，秦始

① 本文是给英文百科所写的条目。选自《说“写字”》，沈阳，辽宁教育出版社，2000。叶秀山，哲学家。

皇在政治上统一中国，文字亦归一致，是为小篆。小篆以规范的笔画来书写，便于提高书写技术，但也减少了变化多端的可能；不过，秦代出现了新字体隶书，可能是为官方行政文书的简便而创造的。隶书书写简捷，将中国毛笔的功能充分地发挥了出来，使“运笔”的重要性更加突出，开辟了中国书法艺术的广阔前景。

隶书在汉代得到进一步发展，书写技巧已成为文化阶层值得称道的技能，被载入史册的“善书者”逐渐增多，其中有皇帝、宰相、文人、学者，“书法”和文学、绘画、音乐一样，成为社会公认的“艺术”。

随着行政公文的增多，汉代书法出现了“章草”，将隶书简化，更加快了书写的速度。在这种趋势下，出现了东汉的大书法家张芝，进一步发挥了“草”的功能，以抒发“书者”的情绪，增加了书法的艺术、审美特性。“草书”这种倾向，当时曾遭到批评，但因为它突出了书写的艺术性，而为社会所肯定，并在唐代有了更大的发展。

从汉代经魏晋到隋唐，是中国书法艺术发展的关键时期。在这个时期中，中国书法体裁中，出现了楷书和行书，这样，中国书法艺术的基本体裁，遂告大成；而行书和楷书是魏晋、隋唐以来，中国文字用得最多的书体。

晋代王羲之，被称为中国的“书圣”，他在中国书法艺术史上的影响具有决定性的意义，尽管现在我们能看到的他的作品，都是仿制品。在中国的学术和艺术精神中，“最近的”也许正是“最远的”。王羲之主要作品《兰亭序》，有多种临本、复制本传世，风格并不尽同，但影响唐宋以下，未曾中断。王羲之的儿子王献之，在书法艺术上另有一格，书史上并称他们为“二王”。

唐朝在中国历史上可谓发达、昌盛，在书法艺术上也很繁荣。这期间，真、草、隶、篆各种书体都有代表人物，都有杰出的艺术成就。隋唐交替之际，有虞世南、褚遂良，中唐有颜真卿、柳公权，在大草方面有张旭、僧怀素，他们在中国书法艺术史上，名声显赫，成就辉煌。

中国书法进入宋代，进一步加重了“文人”（人文）习气，苏轼、黄庭坚等都是大诗人、大文学家，他们在行书方面做出了很大的贡献，可谓直接“二王”的传统和精神。

这种文人风格，到了元代又有变化，文人的潇洒和庙堂的气象结合了起来，而在双方都有所折中。于是元代产生了赵子昂。在赵字的特点来说，虽有贵族气，但被文人的飘逸冲淡了，不够厚重；而虽有文人气，但也被贵族的富贵心遮蔽了，因此他的风格常常受到后世的批评。但就中国书法整体发展来看，他提倡复兴篆书和章草，无疑是有贡献的。

明、清两代，特别是清代，是中国书法综合发展的时代。随着“小学”的兴起，中国书法出现了“古典回归”的现象。一方面，在行书上，基本追踪“二王”；另一方面，力倡北魏碑和篆、隶，并逐渐将其引入行、楷，在晚清出现了像邓石如这样的大家。

中国社会进入现代，随着经济、政治等基础因素的变化，在文化方面受到了西方的严重冲击。然而在这种压力下，中国书法艺术像中流砥柱一样，岿然不动，屹立于艺术之林。因为中华民族是唯一将“书写”提高到真正“艺术”水平的民族。

中国人在进行书法艺术创作的同时，也对此种艺术进行了思考，有不少理论著作传世。中国不仅有“诗论”“画论”“乐论”“剧论”，而且有“书论”。

中国书法是一种动态的艺术，一种纸上的舞蹈，空间的音乐。中国历代书家重视从现实世界中的飞动的韵律中获取灵感，在书法的美学理论中，也强调“点画顾盼”的关系，而反对“平直如算子”。

中国书法理论非常丰富，最著名的有孙过庭的《书谱》、卫衡的《四体书势》、米芾的《书史》及清代包世臣的《艺舟双楫》和康有为的《广艺舟双楫》等。这些理论著作，都是在对具体作品的评判基础上提炼出来，理论家往往本身就是艺术家。当然，这是和中国文化传统的哲学观念密切相关：着重在具体的字形中显现超越的气象和韵律。

书法作为艺术观，中国书家强调“运笔”和“结体”，相比之下，“运笔”重于“结体”。“结体”是空间性的，而“运笔”是时间性的。中国书法是在空间性“结体”中，见出时间性“运笔”来。

从远古以来，中国书法主要运用毛笔来书写，当然也伴随着铭刻的技法，而中国书法的“运笔”，犹如小提琴的“运弓”，通过“弓”和“弦”的韵律，演奏出美妙的音乐来。中国书法以“运笔”为核心，通过纸、墨、笔、砚所谓“文房四宝”写出美妙的字形来。

从这方面来看，中国书法艺术可称为“类 semi 表演艺术”，所以它也和中国戏曲艺术那样，表现出流派纷呈的局面。“流派”一方面表现出“个性”，同样也具有一定的普遍性，有一批“追随者”。书法艺术中的流派称为“体”，如唐朝的“颜体”“柳体”，元朝的“赵体”，还有宋徽宗的“瘦金体”等。称得上“体”的，一般都可以作为入门学习书法的范本。

随着书写工具的变化，人们经常用钢笔、圆珠笔书写，于是近年出现了“硬笔书法”。人们按原有书法艺术的特点，克服硬笔的局限，成为现代更具普及性的书写艺术。

近代以来，中国书法处于新的社会条件下，得到了新的发展，也出现了新的问题。

由于中国书法艺术在自身的系统中，发展得相当成熟，书法作为艺术的创新，就遇到较大的问题。一部分书法家尝试发挥中国文字“象形”的特点，使书法向绘画靠拢，于是遂有“先锋书体”的出现。

另一方面，中国书法又日益“专业化”，从而提出如何保持和提高专业水平的问题。自古以来，书法艺术是以广大文人学士的普遍的工作作为自己的存在方式，而非专业的工作；然而在现代分工的条件下，特别是在“电脑”写作普及以后，文人学士亲自书写的机会减少，书法艺术逐渐成为专业人员的事，而有些职业书家，其艺术或许尚未达到前辈非专业书家的水平，于是人们将从日益精良的印刷复制品中，得到更为高级的艺术满足，这是中国书法同时也是其他中国传统艺术所面临的一个问题。

因蜜寻花[①]

——叶恭绰谈书法

黄苗子

50年代以后，由于都住在北京东城，我有机会常常去看望叶恭绰（誉虎、遐庵）先生，得以畅聆他老人家对于文史、诗词、考证等各方面的渊博议论。由于他又是一位著名的书法家，对于书法，有他独特的造诣和见解，因此，更获得不少的教益。林彪、“四人帮”的文化扫荡时期，叶恭绰先生以八十七岁高龄，忧愤病卒，等到我获得自由之后，他老人家中山陵畔万树梅花的归骨处，已是“墓木已拱”了。

叶恭绰（1881—1968），广东番禺人。曾任北洋政府的交通总长和孙中山先生的大本营财政部长等职务。1941年，他因拒绝和侵华日寇合作，避居香港，开始以卖字为生。他六十九岁那年，因眷恋久别的故都，从香港回到北京。叶恭绰的一生，除在交通建设卓具功绩外，更关心我国文化事业，在保护、收藏、整理我国文物遗产，搜集、刊行珍、善本书籍及近代诗文集，以及诗词书画方面的创作，都有不少的贡献。

叶恭绰的书法，一反清代“馆阁体”[②] 的潮流，是从清代的“正统”书法中解放出来的。他认为：

> 书法以韵趣气势为主，清代白折大卷盛而书法亡，必须脱出羁绊，不为近三百年八股性之字

① 选自《画坛师友录》，北京，三联书店，2000。

② 为应付科举考试而追求呆滞工整的一种书法，成为清代读书人的主要书风。

学所笼罩，方可以言书法。

——《叶遐庵先生年谱》

所以他的书法气魄沉雄，丰姿挺劲，一扫清代以来的呆滞衰弱风气。叶氏在家庭的熏染和自己的努力下，青年时代就奠下了良好的书法基本功；中年以后，由于多见古代名家的真迹，经过探索临摹，对于用笔运腕等方法，有湛精的体会，便卓然成家，那时爱书法的人也就纷纷向他求教。六七十岁以后，更是得心应手，达到了炉火纯青的境界。特别是二尺以上的大字，写得神采飞扬，气势饱满，一直到八十多岁，写小字还是手不发抖，通篇精力充沛，结构浑成，这是很难得的。

叶恭绰的书法，吸收了古代许多书家的特长，但是却完全不执著于某一家的形似，由于他能够融会各家之长，而自成一格，所以很难指出他的风格是从哪一家来或是接近于哪一派。但大体上他早年是从颜真卿入手，很讲究笔力和谨严的结构；后来对赵孟頫的《胆巴碑》临摹揣摩得很深，每个字的笔法，多是从赵孟頫得来，但是却汰去了一般赵书的姿媚甜熟，一变而为挺拔刚劲。同时，在字体的结构方面，他又参以褚遂良的《阴符经》，在谨严中力求自然变化，往往出现“险笔”，使人看了觉得绰约多姿，很有韵味。启功先生论叶先生书，说他：“天骨开张，盈寸之字，有寻丈之势，谓非出于异禀，不可得也。”

叶恭绰说：书法应当以篆、隶为根本。他认为学书应以出土木简，汉、魏、南北朝石刻和晋、唐人写经为基础。他主张写碑，而不赞成临帖。我体会他的意思是，毛笔写字本来就易软弱，再临摹古人手写的帖，就愈易萎靡。碑经过刀刻在石头上，字体刚劲，临摹时骨架挺拔，便于初学，这原是清代嘉庆、道光（19 世纪初）以后流行的“崇碑黜帖”的说法。他认为我国中世纪的宋、元两代，会篆、隶的人不多，所以字帖一时盛行，其实都只是王羲之一家的统绪，道路是狭窄的。等到明朝中叶以后，研习金石的风气逐渐开始，明末的王铎、张瑞图、傅山这些人出来，就大大地突破书法的旧框框，他们中的高手，能够和沿袭宋、元正统的董其昌争一席地。清康熙帝崇尚董体，成为风气，到了乾隆时代，终于形成每下愈况的情况，因此包世臣、邓石如这些书法家出来，崇碑之说大昌，董其昌的流派才逐渐失去势力，书法才开辟了一个新的境界。叶恭绰认为这和当时经学之提倡今文家，词学推尊五代、北宋，同是学术上“穷则思变”的表现。其后何绍基、李文田、赵之谦、康有为、吴昌硕、沈曾植、曾熙……这一代书法家出来，便开始打破科举考试中大卷白折书体的桎梏。他认为王铎、傅青主等人的书法浑劲遒丽，上追汉代，大体上融合隶书和楷法，别具风格。明代的赵宧光等，提倡行草式的篆隶，当时人觉得是怪事，其实这些人正是开创近代书法风气的前驱。这些看法，包世臣、康有为专论书法的《艺舟双楫》和《广艺舟双楫》虽然提到，但没有叶氏的明确透彻。

叶恭绰对于包世臣的《艺舟双楫》中提出写字要“腕活指死”的主张是深以为然的，他认为是道出了书法的要点。他说：在钟繇、王羲之时代，都是席地而坐，所以古人执笔写字都是“悬肘”（把胳膊提起来），而不像后来那样写字时把手肘和手腕都靠在桌子上。到唐代还是如此。后来有了桌椅，写字便习惯于两手伏案而不再悬肘，这是生活资料的改变影响了书法的结果。伏案写字为什么不如悬肘呢？原因很简单：

> 盖昔人席地而坐，即使倚几，而书写时肘、腕势皆悬空，其力必将聚于指、笔、纸三者连接之处，然后成字．其有力系当然的。
>
> ——《遐庵谈艺录·论书法》

由于肘和腕都没有依靠，所用的力量便完全集中到执笔的指掌上，因此表现在纸中的字就显得有力。为什么我们提倡悬肘作字？也就是这个原因。他又说：

> 至力之大小，则视运腕及执笔之法如何，运腕之周径愈大，则凝聚于笔端之力愈大，否则将递而缩小。又执笔时，如手指能将全肘、腕之力通过笔杆而至笔尖，则力必雄厚，否则力必递减，而皆以肘、腕、掌如何动法及手指必不动为前提。……以能运肘者力为最大，运腕者次之，运掌者又次之，用指者则不足论矣。
>
> ——《遐庵谈艺录·论书法》

这就是说：写字不应靠指的运动来指挥笔，至少是应当用腕和掌来运用笔，这样下笔才有力。

他认为初学习字应当先写大字，最好是用方砖蘸水来临写，一个字写满一方砖大。他说：大字写好了，写小字就容易好，但写惯了小字，大字却未必能写得好。他又提出大字可以缩小，小字可以放大的主张。他认为运用肘、腕写字，自然有力，但还要把力通过指头而达到笔端，再完全落到纸上而没有损漏，这才叫做“尽善”。他认为晋、唐人写小楷，能够做到这一点，是因为他们席地而坐，即使是小楷书，也只能悬肘来写，所以气势笔力都完足：

> 米元章自夸其小楷，或亦因此。盖以盈丈之势，缩之于一

栗，自然兴像不凡，凡一切虚怯、板滞之弊，扫除净尽矣。至拓之盈丈，理亦犹是，盖运肘一周，可能直径至三尺，在三尺以内，大小之字，决不至撑不开、站不住。

——《遐庵谈艺录·论书法》

字有气势，务使大字如小字，小字如大字，缩小固有气势，放大亦有气势。

——《遐庵谈艺录·写字学纲要》

这一点在叶恭绰自己的书法艺术中，是完全体现出来的。

根据以上的理论，他对于儿童初学习字的主张是：

应以大纸大笔尽他乱写，愈大愈好，不管笔画对不对，结构像样不像样，令其放胆放手，但不许用手指来动作。结果，七八岁小孩写出字皆雄丽异常。

这个主张，从国内一些书法家的书法成就过程来看，也可以清楚地看到是有一定道理的。

对于用笔，叶恭绰不同意包世臣"用掌转笔"的主张。他又认为何绍基"曲肘过中、用三指运笔"的办法，其弊在于左向之笔画无力，何绍基的字，左撇总是像鼠尾，就是因为"曲肘过中"（把腕、肘弯向右方，超过中度）的缘故，康有为和他相反，笔管和笔锋向左倾斜，结果，左笔有力，右捺软弱。他主张写字运笔要做到横平竖直，对于前人回锋、中锋、逆锋的运用，认为是很好的经验总结。总之，叶恭绰的这些理论，是康有为《广艺舟双楫》以后的发展，特别是他所主张"书法应根于篆隶，而取法则碑胜于帖"①，以及临书应以出土木简及汉魏石刻和南北朝人写经为宗的看法，正是突破古人学书的框框，把我国书法推进一步的正确见解。50年代以后，我国文物考古工作的进展，使我们能够大量地看到明、清人看不到的秦、汉木简，殷墟甲骨，商、周金文，以及汉、晋、南北朝的石刻，这些新的参考借镜，正好是矫正宋、元以来书法偏重临帖，特别是清代以来，偏重于呆板拘滞的"馆阁体"的对症下药。叶恭绰的这些主张，又是从包（世臣）、康（有为）以来，前进了一步的。

叶氏认为：每个字的结构，不应呆板规定，主要是看字的笔画多少，字形长、短、宽、窄，上下分布的变化，特别是每行、每页的整个布局来规定，不然就变成排印的铅字，而不是书法了。字的结构解决之后，

---

① 《论书法》。

还要讲究骨力，骨力是通过笔画的轻重疾徐表现出来的，字无骨力，就没有精神。有了骨力，还要有韵味，否则一味硬挺，就索然无味。最后还要有气势，气势是从运笔、结构、骨力、韵味中概括得来的，一个字要有气势，整张字更要显出气势。没有骨力，气息奄奄，毫无生意的书法固然谈不上气势；没有韵味，生硬粗犷，剑拔弩张的书法，也不见得就表现出气势。气势不但从颜真卿那种雄健的用笔中看出来，并且也从赵佶那种柔中有刚的“瘦金体”中看得出来。

对于初学写字，他主张要请教有经验的书法家。因为自己摸索，容易走弯路，等到成了习惯，要改过来就困难。但是有了老师指导，还要自己下苦功学习，因为耳朵听进去的，总没有脑子、眼和手的不断实践总结来得实在。写字的临摹阶段是必要的，至于学哪一家，写哪一派的字，一半要老师指导，一半也要根据自己的喜爱，有人喜欢褚遂良的俊秀，也有人喜欢柳公权的劲健，从自己喜爱的风格入手，是比较容易掌握一种规律的。但初学临摹阶段，必须要求学得似，经过模仿，得到形似，进入逼真之后，就要求变化。比如食物进入胃部，经过消化，取其精华，去其糟粕，成为自己身体的部分，就不是原来的食物了，这是一个十分重要的阶段。此时不必专学一家，可纵临各家。就像食物愈有各种丰富的成分，对营养就愈有好处，这就要融会各家，结合自己的社会实践和多方面的艺术修养，经过长时间的不断努力，书法也就可观了。

叶恭绰反对孤立地学习书法，他强调书法和文学修养和其他姊妹艺术（音乐、舞蹈等等）的密切关系，尤其是“书画同源”的道理，历来书画大家都深有体会。所以善画者必工书，善书者不可不懂画。叶恭绰先生画兰竹，劲挺韵媚，上追元人，毫无逊色，张大千先生矜为“李蓟丘、柯丹丘后起”。叶先生曾半开玩笑地对我说：我画竹是写字之后，每次把笔刷在纸上时，悟出来的。他认为书法家应有“包括一切学问知识”的修养。不但如此，还应有崇高的人生观、世界观和为人品质，这些都是和书法的成功有关的。

我们欣赏了叶恭绰先生的书法，再仔细研究他自己从艰苦得来的经验之后，可能对于爱好书法者是有益的。包世臣的《论书——次东坡韵》一诗，开头就是：

昔吾语文笔，于中必有我，
蜜成花不见，持以论书可。

如果说书法的成就本身是“蜜”，那么“花”就是学习、临摹的对象以及学习的过程与心得。任何一种艺术成就，往往都有“蜜成花不见”

的妙处，我们看到叶氏书法的“蜜”如此美妙，再跟着蜜的成长过程，去找找它的来源——花，那么这难道不是很有意思的事吗？

先生逝世后，叶公超先生首刊其书画选集于台北，叶恭绍教授继刊其书画集于北京。采花蜂不见，蜜的芬芳却永留人间，但愿世人珍惜这“为谁辛苦”的花蜜。

以上只是简略地和不全面地记下了叶恭绰先生对书法的一些看法，主要是平日和他老人家接触中的一些谈话的回忆，并且参考了《遐庵谈艺录》等有关书法的几篇笔记写成的。有错误的地方，应当由笔者负责。

经典的文化力量[①]

陈燮君

书画经典穿越漫长岁月，具有典范功能。书画经典千年流传，百折不挠，经受了长时间的选择，经过艺术大家、书画藏家、研究专家的竞相琢磨，渐成典范，凝聚起典范功能。在“书画经典——故宫博物院上海博物馆中国古代书画藏品展”中，书画经典的典范功能凸显历史经典的规范功能、文人书画的示范功能和千年珍品的识读功能。有了典范功能意识，能在书画经典中追寻范本，领悟各领风骚的书画艺坛何以总有方向性引领；在书画经典中发现规范，体察百家争鸣的千年书画何以有序发展；在书画经典中洞察原创，认识幽深苍远的书画历史何以生生不息；在书画经典中加强辨识，理解起伏跌宕的书画领域何以指向永远。

一、历史经典的规范功能。在这次“经典展”中，有不少书画珍品堪称范本，对于历代书画起到了规范作用，后人遵从这些规范起步于艺坛，知名于历史，在创新中又推出了新的范本，形成了新的规范。故宫博物院藏隋人书《出师颂》为纸本，纵 21.2 厘米，横 29.1 厘米。隋人书《出师颂》原藏清宫，后流散于民间，故宫博物院近年征集，是一件流传有绪、世人瞩目的“铭心绝品”。隋人书《出师颂》为章草。“章草”，或称“隶草”，唐张怀瓘认为

① 本文节选自陈燮君《直面故宫博物院上海博物馆古代书画稀珍》一文，选自《故宫博物院上海博物馆中国古代书画藏品集》，故宫博物院、上海博物馆编，北京，紫禁城出版社，2005。陈燮君，画家、作家、文博专家。

“章草即隶书之捷”，它与“今草”的主要区别在于保留隶书笔画的形迹，每字独立不连写，广泛流传于两汉。关于“章草”的得名有多种解释，或谓因汉元帝时史游以此体作《急就章》故得名，或谓因用于章奏故得名，或谓因汉章帝所创故得名，或谓因汉章帝爱好故得名，或谓与“章程书”之“章”同义等等。一般认为，“章”字意指条理清晰，法则严格，符合规矩，提供规范。隋人书《出师颂》作章草体，展示在隶书的草写体——“隶草”的基础上进一步规范化而形成的书体，定格了衔接早期的篆、隶书体和在后世占主导地位的楷、行、今草书的一个重要环节，具有规范意义。历代见于著录的章草《出师颂》墨迹有二，一为“宣和本”，一为“绍兴本”。隋人书《出师颂》即为《三希堂法帖》中的“绍兴本”。故宫博物院“铭心绝品——两晋隋唐法书名迹特展”指出：章草“自西汉出现后，至东汉中后期趋于纯熟，成为最早的‘为艺术而艺术’的一种书法表现形态，三国、魏晋以至隋代，各时期多有承其余绪者，并相继产生了汉张芝、西晋索靖等一些著名的章草书法家；至唐人则‘绝罕为之’，历数百年至元代方得复兴，然风格已大异古人。早期章草墨迹，存世者稀若星凤，隋人书《出师颂》即是其中的珍品之一，该作品历代流传有绪：唐代经太平公主、李约、王涯先后鉴藏；南宋绍兴年间入藏内府，经米友仁鉴题；明代归著名文人王世懋，清初由著名收藏家安岐收藏，后入乾隆内府，并刻入《三希堂法帖》。”隋人书《出师颂》的范本地位显而易见。故宫博物院藏南宋李嵩的《花篮图页》亦堪称范本。《花篮图页》为绢本，设色，纵 19.1 厘米，横 26.5 厘米。李嵩，南宋宫廷画家，钱塘（今浙江杭州）人。他出身贫寒，少为木工，后喜好绘事，被著名宫廷画家李从训收为义子，传以画艺，遂成为多能画家，兼擅道释、人物、山水、花鸟、界画。他自绍熙至绍定（1190—1233 年）的三四十年间，历任光、宁、理宗三朝画院画家，被誉为“三朝老画师”。《花篮图页》为工笔重彩画，细绘藤编的精美花篮，篮内满插秋葵、栀子、百合、广玉兰、石榴等鲜花。笔法工细，构图饱满，设色绚丽，敷染滋润。花之蕊瓣开合，叶之阴阳向背，筋脉纹理走向，花篮编条结构，交代得清清楚楚而不感琐碎多余，画法精丽严谨而不觉繁缛呆滞，对于静物观察细致，画面生活气息浓郁。《花篮图页》成为宫廷花鸟艳丽精工一派的经典之作，被后人视作范本。故宫博物院藏南宋李东的《雪江卖鱼图页》为绢本，墨笔，纵 23.6 厘米，横 25.2 厘米。李东为南宋画家，理宗年间常在开封街市上卖画。他的《雪江卖鱼图页》描绘白雪披挂的严冬，山下江水一角，小舟近傍江边，渔翁身着蓑衣，执桨伸肢卖鱼，亭轩中人回话，场景宁静简素。画中着墨不多，笔法简劲，构图别致，人物生动，远山洗练，树多短笔，注重以简取胜，强调生活情趣，经《虚斋名画录》著录，作为范本流传。故宫博物院藏南宋陈清波的《湖山春晓图页》为绢本，设色，纵 25 厘米，横 26.7 厘米。陈清波系钱塘（今浙江杭州）人，在南宋宝祐年间曾任画院待诏，喜爱描绘西湖全景，空间布局讲究，笔墨清润秀丽。《湖山春晓图页》描绘山色平推渐远，长堤瘦松映现，游人骑驴遥指，小童挑担相随，对岸楼阁庭院，掩映葱绿林间。画中湖光春色，水天一色，山岛秀色，雾霭隐色，好一派西湖早春风光，好一个湖山图页范本！

二、“文人书画”的示范功能。这次“经典展”悉心选择了一些“文人书画”，包括文人士大夫的传世书画名作和在文人写意画发展历程中的名品佳作，这些经典作品的示范功能与名人名品的历史穿行力度和书画艺术魅力相伴而生。故宫博物院藏北宋范仲淹的《楷书道服赞》为纸本，纵 34.8 厘米，横 47.9 厘米，清宫旧藏。范仲淹，字希元，苏州吴县人。祥符八年（1015 年）进士，初为秘阁校理，历官参知政事，资政殿学士，户部侍郎。他为政尚忠厚，他的《岳阳楼记》中有名句“先天下之忧而忧，后天下之乐而乐”，有《范文正公集》。《道服赞卷》是范仲淹的好友的道服撰书的赞并序。宋代流行道教，当时的文人士大夫喜与道士交往，衣着道服为一时风气。《道服赞卷》为范仲淹传世的唯一楷书作品。黄庭坚评其书为“落笔痛快沉着，似近晋、宋人书”。此卷结字端谨，笔墨清健，有晋人书风，略带《乐毅论》《曹娥碑》之意。宋文同跋云：“文正词笔，观之若侍其人之左右，令人既喜皆凛然也。”故宫博物院藏北宋欧阳修的《行书灼艾帖》为纸本，纵 25 厘米，横 18 厘米。欧阳修，字永叔，号醉翁，晚号六一居士，吉州庐陵（今江西吉安）人，是北宋著名政治家、文学家、史学家。有的学者认为，《行书灼艾帖》是欧阳修写给学生焦千之的，关心其身体状况。帖中提到的“学正”，即太学正，是京师国子监中掌管学行、学规的官员。嘉祐元年前后，焦千之曾任此职。此卷面貌端庄，神采秀发，笔墨膏润，示范后人。苏轼评价欧阳修的书法为“笔势险劲，字体新丽，自成一家”，朱熹云：“欧阳公作字如其为人，外若优游，中实刚劲。”此卷可悟其中奥秘。故宫博物院藏南宋范成大的《行书中流一壶帖》为纸本，纵 31.8 厘米，横 42.4 厘米。范成大，字致能，号石湖居士，南宋苏州吴县（今江苏苏州）人。绍兴年间进士，与陆游同为南宋四大诗家，著《吴船录》《石湖居士集》。范成大书法出入苏、黄、米三家。《行书中流一壶帖》又称《上问帖》，为致“二嫂宜人”的问疾帖，书法茂繁通达，遒劲健挺，富于变化，意趣盎然，实为文人笔墨，可作示范。故宫博物院藏南宋朱熹的《行书城南唱和诗卷》为纸本，纵 31.5 厘米，横 275.5 厘米。朱熹，号晦庵，晚称遯翁，安徽婺源（今属江西）人。年十八登进士第，光宗时任江东转运副使，宁宗时为焕章阁侍制、侍讲。他是位理学大师，著作有《四书集注》《朱子大全》。他的书法从汉魏入手，追索钟繇，亦学过曹操的书法。朱熹学书择帖，与道德修养相联系。《城南唱和诗》是朱熹和张栻所作二十咏，诗卷笔势快疾，意致苍逸，洒脱自然，神韵酣然。前有明李东阳篆“晦翁手泽”，后有明陆简跋云：“紫阳夫子平时讲道之功，日不暇给，而于辞翰游戏之事，亦往往精诣绝人。评书家谓其书郁有道义之气固耳。今观吾乡沈方伯时易所藏和张宣公城南杂咏手迹，词皆冲口而得，字亦纵笔所书，榘度弛张，姿态逸发，虽晋唐诸名家未易比数。”此卷可谓传世之佳作，法书之示范。故宫博物院藏南宋辛弃疾的《行书去国帖》为纸本，纵 33.5 厘米，横 21.5 厘米。辛弃疾，字幼安，南宋济南历城（今山东济南）人。官至大理少卿，加集英殿修撰，知福州兼福建安抚使，后进龙图阁，知江陵府，又进枢密都承旨。著名词人。此帖书于淳熙二年（1175 年）十月间，辛弃疾时年 36 岁。中锋运笔，尽合法度，深沉而酣畅，浑厚而自如，爽丽而圆润，挺拔而内秀，融入强健之意，略显苏黄遗韵。这次“经典展”特选梁楷的《雪栈行骑图页》，以示宋代院画对后世文人写意画的影响。故宫博物院藏南宋梁楷的《雪栈行骑图页》为绢本，纵 23.5 厘米，横 24.2 厘米。梁楷，为东平（今属山东）人，后移居钱塘（今浙江杭州），是曾任东平相梁义的后裔。南宋宁宗嘉泰年间（1201—1204 年）梁楷任画院待诏，擅长人物、佛道，兼长山水、花鸟。梁楷为贾师古弟子，有出蓝之誉。他生性放达不羁，常纵酒高歌，无视利禄，不拘礼法，被人戏称“梁疯子”。《雪栈行骑图页》画大山、白雪、栈道、人马，点以坡石枯木，染以远山云雾，构图概括，笔简意赅，设色清雅，用笔洗练，凸显“减笔”，动态飘逸。梁楷除了善精工写实、周密繁复的作品，还发展了笔简形具、自然飘逸的“减笔”画风，倡导简约、狂放，被认为“画法之始从梁楷变”，对后世文人写意画画风的盛行，产生了不可低估的作用。梁楷的《雪栈行骑图页》对后世“文人画”的发展具有“示范性”。中国文人画的兴起在宋代，在职业画家之外，一些文人官员参与绘画，提出绘画不应拘泥于形式，而应重在写意，表现诗意，代表人物有苏轼、王诜、米芾、李公麟等，但此时文人画的提倡主要表现为理论的提出，实践探索尚待成熟。文人画的勃兴是在元代。

元代文人画家和士大夫发展了宋代文人画的理念，不求完全真实地反映山水的形态和意境，而是把绘画作为人格和个性的表达载体，在绘画中表现独特的审美感受，追求富于个性的艺术风格。在技法上他们强调“书画同源”，把书法中的笔墨技巧移用于画中，以体现笔墨的“意趣”之美。上海博物馆藏元赵孟頫的《兰石图轴》为纸本，水墨，纵44.6厘米，横33.5厘米。赵孟頫，字子昂，号松雪道人，吴兴（今浙江湖州人）。宋宗室，官至翰林学士承旨。《兰石图轴》用草书笔法画岩石，用行书笔法画兰叶和小草，勾勒中留飞白，润笔中见清馨，要笔不繁，兰石依偎，苍劲简率，飘逸洒脱，融入“方知书画本来同”之意，体现文人画的“繁简由之，随心而出”的新的境界。

三、千年珍品的识读功能。在这次“经典展”中，有的经典之作具有识读功能，帮助观赏者识读笔墨，研究风格，辨识画家，解读经典。故宫博物院藏《文苑图》为绢本，设色，纵37.4厘米，横58.5厘米，清宫旧藏。宋徽宗在画上题了“韩滉文苑图”，因此长期以来被认定是唐代韩滉所作。《故宫博物院藏文物珍品全集·晋唐两宋绘画·人物风俗》（余辉主编，商务印书馆2005年5月版）认为，“经核对是周文矩《琉璃堂人物图》卷（宋摹）（美国纽约大都会博物馆藏）的后半部分”。周文矩，句容（今属江苏）人。南唐画院画家，官任翰林待诏。《图绘宝鉴》记载：“其行笔瘦硬战掣，盖学其主李重光画法。至仕女画，则无颤笔，大约近周昉，而纤丽过之。”在美国的那件摹本的宋以前藏印均伪，但因故宫这件摹本的前半段已佚，故前者仍有重要参考价值。据考此画描绘的是唐玄宗时著名诗人王昌龄任江宁县丞期间，在县衙旁琉璃堂与朋友宴集的故事，与会者可能有诗友岑参兄弟、刘眘虚等人。《文苑图》中，文士依树索句，靠石沉思，并坐展卷，斟酌诗文。文人情态生动，形神兼备。前侧一小童正在研墨，十分专注。点景松树、石崖、石案巧妙穿插，茸茸细草玲珑剔透。人物衣纹所用“战笔描”细致有力，于曲折中见流畅，在圆润中具轻重。构图严谨，节奏讲究，层次清晰，文气浓郁。《文苑图》对于研究五代人物画具有十分重要的学术价值，同时帮助观赏者辨识画家，阅读经典。上海博物馆藏五代《闸口盘车图卷》，无款，绢本，设色，纵53.3厘米，横119.2厘米。此画以界画形式再现了河旁闸口一个官营磨面作坊。堂屋安放水磨，望亭置于两端，河上两艘篷船，运粮引渡忙碌。图中酒楼、车船、木桥、人物穿插，劳动者忙着磨面、罗面、扛粮、扬簸、净淘、挑水、引渡、赶车，官吏们则正在查点、饮酒。图中重楼叠阁，角连栱接，穿堂入室，上亭下阶，空间关系复杂，人物线描质实，在建筑规模、器物和服饰方面颇具晚唐五代特点，其山石勾勒的用笔和柳叶的描法保存浓重的唐代遗风。虽然画面左下部楷书“卫贤恭绘”四字款显得稚弱并有重填痕迹，但从画风而论仍属五代之作。此画绘制了水磨和罗面机的装置结构，系目前发现的最早也是最完整的机械图像资料。此画无论是对于研究当时的机械结构，还是对于探索当时的社会风情，或是对于寻求界画的发展脉络，都极具意义。在“经典展”中，能强烈感受千年珍品的识读功能。

第五部分 学会倾听

● 贝多芬百年祭　［英］萧伯纳
● 最后的海菲兹　肖复兴
● 听泉　韩静霆
● 秋天的音乐　冯骥才
● 林肯中心的鼓声　木心
● 饶了我的耳朵吧，音乐　余光中
● 从解放到迷茫　李皖
● 学会倾听　辛丰年
● 音乐的诉述　丰子恺
● 道统之外　李皖

导 语

有一位老人，音乐迷，原名严格，笔名辛丰年（Symphony，英语“交响乐”的谐音）。他不是音乐学院毕业的，也不是演奏家，更不是音乐学院的教授。他只是一个离休干部，一个退伍军人，但自从他少年时代“学会倾听”以来，同音乐就有了不解之缘——甚至可以说是“生死之恋”。

改革开放以来，他似一个“出土文物”出现在许多读者和乐迷的面前。他对古典音乐的痴迷和对音乐历史的纯熟，尤其是他的音乐鉴赏力之细腻和精密，都通过他质朴无华的语言文字表达出来，成为上世纪八九十年代至今艺术界的一大景观。

如果你对这个人感兴趣的话，可以读一读他的儿子严锋为他的《辛丰年音乐笔记》写的序言《辛丰年其人》。但更重要的是可以读一读这本书。由此，你也许会走上一条融入音乐世界的道路。

音乐，不一定在学府，不一定在华堂。在这个媒体辐射世界每个角落的时代，音乐就在我们的耳畔，把那个神奇的小塞子塞进耳朵眼——它就来了。

贝多芬百年祭[①]

[英] 萧伯纳

一百年前，一位虽听得见雷声但已聋得听不见大型交响乐队演奏自己的乐曲的五十七岁的倔强的单身老人最后一次举拳向着咆哮的天空，然后逝去了，还是和他生前一直那样地唐突神灵、蔑视天地。他是反抗性的化身；他甚至在街上遇上一位大公和他的随从时也总不免把帽子向下按得紧紧的，然后从他们正中间大踏步地直穿而过。他有一架不听话的蒸汽轧路机的风度（大多数轧路机还恭顺地听使唤和不那么调皮呢）；他穿衣服之不讲究尤甚于田间的稻草人：事实上有一次他竟被当做流浪汉给抓了起来，因为警察不肯相信穿得这样破破烂烂的人竟会是一位大作曲家，更不能相信这副躯体竟能容得下纯音响世界最奔腾澎湃的灵魂。他的灵魂是伟大的；但是如果我使用了最伟大的这种字眼，那就是说比汉德尔[②]的灵魂还要伟大，贝多芬自己就会责怪我；而且谁又能自负为灵魂比巴哈[③]的还伟大呢？但是说贝多芬的灵魂是最奔腾澎湃的那可没有一点问题。他的狂风怒涛一般的力量他自己能很容易控制住，可是常常并不愿去控制，这个和他狂呼大笑的滑稽诙谐之处是在别的作曲家作品里都找不到的。毛头小伙子们现在一提起切分音[④]就好像是一种使音乐节奏成为最强而有力的新

---

① 选自《大学活叶文库》，上海，华东师范大学出版社，1999。本文为周珏良译。萧伯纳(1856—1950)，英国剧作家、政论家。

② 德国出生的英国作曲家，生卒于1685—1759年。

③ 德国作曲家，生卒于1685—1750年。

④ 采用切分音（Syncopation）的节奏是爵士乐最明显的特点。萧伯纳写本文的20世纪20年代，正是爵士乐开始大为风行的时候。

方法；但是在听过贝多芬的第三里昂诺拉前奏曲之后，最狂热的爵士乐听起来也像“少女的祈祷”那样温和了，可以肯定地说我听过的任何黑人的集体狂欢都不会像贝多芬的第七交响乐最后的乐章那样可以引起最黑最黑的舞蹈家拼了命地跳下去，而也没有另外哪一个作曲家可以先以他的乐曲的阴柔之美使得听众完全溶化在缠绵悱恻的境界里，而后突然以铜号的猛烈声音吹向他们，带着嘲讽似的使他们觉得自己是真傻。除了贝多芬之外谁也管不住贝多芬；而疯劲上来之后，他总有意不去管住自己，于是也就成为管不住的了。

这样奔腾澎湃，这种有意的散乱文章，这种嘲讽，这样无顾忌的骄纵的不理睬传统的风尚——这些就是使得贝多芬不同于17和18世纪谨守法度的其他音乐天才的地方。他是造成法国革命的精神风暴中的一个巨浪。他不认任何人为师，他同行里的先辈莫扎特从小起就是梳洗干净，穿着华丽，在王公贵族面前举止大方的。莫扎特小时候曾为了彭巴杜夫人①发脾气说：“这个女人是谁？也不来亲亲我，连皇后都亲我呢。”这种事在贝多芬是不可想象的，因为甚至在他已老到像一头苍熊时，他仍然是一只未经驯服的熊崽子。莫扎特天性文雅，与当时的传统和社会很合拍，但也有灵魂的孤独。莫扎特和格鲁克②之文雅就犹如路易十四宫廷之文雅。海顿③之文雅就犹如他同时的最有教养的乡绅之文雅。和他们比起来，从社会地位上说贝多芬就是个不羁的艺术家，一个不穿紧腿裤的激进共和主义者。海顿从不知道什么是嫉妒，曾称呼比他年轻的莫扎特是有史以来最伟大的作曲家，可他就是吃不消贝多芬。莫扎特是更有远见的，他听了贝多芬的演奏后说：“有一天他是要出名的。”但是即使莫扎特活得长些，这两个人恐也难以相处下去，贝多芬对莫扎特有一种出于道德原因的恐怖。莫扎特在他的音乐中给贵族中的浪子唐璜④加上了一圈迷人的圣光，然后像一个天生的戏剧家那样运用道德的灵活性又回过来给莎拉斯特罗⑤加上了神人的光辉，给他口中的歌词谱上了前所未有的就是出自上帝口中都不会显得不相称的乐调。

贝多芬不是戏剧家，赋予道德以灵活性对他来说就是一种可厌恶的

---

① 彭巴杜女侯爵（1721—1764）是法皇路易十五的情妇，权势炙手可热几乎有20年。

② 奥地利作曲家，生卒于1714—1787年。

③ 奥地利作曲家，生卒于1732—1809年。

④ 唐璜的传说在17世纪前已流行于欧洲，在那以后他成为许多音乐、文学作品中的主人公。

⑤ 莫扎特的歌剧《魔笛》中的一个代表真理和光明的人物。

玩世不恭。他仍然认为莫扎特是大师中的大师（这不是一顶空洞的高帽子，它的的确确就是说莫扎特是个为作曲家们欣赏的作曲家，而远远不是流行作曲家）；可是他是穿紧腿裤的宫廷侍从，而贝多芬却是个穿散腿裤的激进共和主义者；同样的海顿也是穿传统制服的侍从。在贝多芬和他们之间隔着一场法国大革命，划分开了18世纪和19世纪。但对贝多芬来说莫扎特可不如海顿，因为他把道德当儿戏，用迷人的音乐把罪恶谱成了像德行那样奇妙。如同每一个真正激进共和主义者都具有的，贝多芬身上的清教徒性格使他反对莫扎特，固然莫扎特曾向他启示了19世纪音乐的各种创新的可能。因此贝多芬上溯到汉德尔，一位和贝多芬同样倔强的老单身汉，把他作为英雄。汉德尔瞧不上莫扎特崇拜的英雄格鲁克，虽然在汉德尔的《弥赛亚》① 里的田园乐是极为接近格鲁克在他的歌剧《奥菲阿》② 的那些向我们展示出天堂的原野的各个场面的。

因为有了无线电广播，成百万对音乐还接触不多的人在他百年祭的今年将第一次听到贝多芬的音乐。充满着照例不加选择地加在大音乐家身上的颂扬话的成百篇的纪念文章将使人们抱有通常少有的期望。像贝多芬同时的人一样，虽然他们可以懂得格鲁克和海顿和莫扎特，但从贝多芬那里得到的不但是一种使他们困惑不解的意想不到的音乐，而且有时候简直是听不出是音乐的由管弦乐器发出来的杂乱音响。要解释这也不难。18世纪的音乐都是舞蹈音乐。舞蹈是由动作起来令人愉快的步子组成的对称样式；舞蹈音乐是不跳舞也听起来令人愉快的由声音组成的对称的样式。因此这些乐式虽然起初不过是像棋盘那样简单，但被展开了，复杂化了，用和声丰富起来了，最后变得类似波斯地毯，而设计像波斯地毯那种乐式的作曲家也就不再期望人们跟着这种音乐跳舞了。要有神巫打旋子的本领才能跟着莫扎特的交响乐跳舞。有一回我还真请了两位训练有素的青年舞蹈家跟着莫扎特的一阕前奏曲跳了一次，结果差点没把他们累垮了。就是音乐上原来使用的有关舞蹈的名词也慢慢地不用了，人们不再使用包括萨拉班德舞、巴万宫廷舞、加伏特舞和快步舞等等在内的组曲形式，而把自己的音乐创作表现为奏鸣曲和交响乐，里面所包含的各部分也干脆叫做乐章，每一章都用意大利文记上速度，如快板、柔板、谐谑曲板、急板等等。但在任何时候，从巴哈的序曲到莫扎特的《天神交响乐》，音乐总呈现出一种对称的音响样式给我们以一种

① 汉德尔谱写的宗教歌咏大曲。

② 格鲁克的歌剧，主题是奥菲尤斯下地狱去寻找死去的妻子尤里底西的故事。

舞蹈的乐趣来作为乐曲的形式和基础。

可是音乐的作用并不止于创造悦耳的乐式。它还能表达感情。你能去津津有味地欣赏一张波斯地毯或者听一曲巴哈的序曲，但乐趣只止于此；可是你听了《唐璜》前奏曲之后却不可能不发生一种复杂的心情，它使你心理有准备去面对将淹没那种精致但又是魔鬼式的欢乐的一场可怖的末日悲剧①。听莫扎特的《天神交响乐》最后一章时你会觉得那和贝多芬的第七交响乐的最后乐章一样，都是狂欢的音乐：它用响亮的鼓声奏出如醉如狂的旋律，而从头到尾又交织着一开始就有的具有一种不寻常的悲伤之美的乐调，因之更加沁人心脾。莫扎特的这一乐章又自始至终是乐式设计的杰作。

但是贝多芬所做到了的一点，也是使得某些与他同时的伟人不得不把他当做一个疯人，有时清醒就出些洋相或者显示出格调不高的一点，在于他把音乐完全用作了表现心情的手段，并且完全不把设计乐式本身作为目的。不错，他一生非常保守地（顺便说一句，这也是激进共和主义者的特点）使用着旧的乐式；但是他加给它们以惊人的活力和激情，包括产生于思想高度的那种最高的激情，使得产生于感觉的激情显得仅仅是感官上的享受，于是他不仅打乱了旧乐式的对称，而且常常使人听不出在感情的风暴之下竟还有什么样式存在着了。他的《英雄交响乐》一开始使用了一个乐式（这是从莫扎特幼年时一个前奏曲里借来的），跟着又用了另外几个很漂亮的乐式；这些乐式被赋予了巨大的内在力量，所以到了乐章的中段，这些乐式就全被不客气地打散了；于是，从只追求乐式的音乐家看来，贝多芬是发疯了。他抛出了同时使用音阶上所有单音的可怖的和弦。他这么做只是因为他觉得非如此不可，而且还要求你也觉得非如此不可呢。

以上就是贝多芬之谜的全部。他有能力设计最好的乐式；他能写出使你终身享受不尽的美丽的乐曲；他能挑出那些最干燥无味的旋律，把它们展开得那样引人，使你听上一百次也每回都发现新东西：一句话，你可以拿所有用来形容以乐式见长的作曲家的话来形容他；但是他的病症，也就是不同于别人之处在于他那激动人的品质，他能使我们激动，并把他那奔放的感情笼罩着我们。当贝里奥滋②听到一位法国作曲家因为贝多芬的音乐使他听了很不舒服而说“我爱听能使我入睡的音乐”时，

① 莫扎特的歌剧《唐璜》交织着悲剧和喜剧成分，结局是唐璜被送入了地狱。

② 法国作曲家，生卒于1803—1869年。

他非常生气。贝多芬的音乐是使你清醒的音乐；而当你想独自一人静一会儿的时候，你就怕听他的音乐。

懂了这个，你就从 18 世纪前进了一步，也从旧式的跳舞乐队前进了一步（爵士乐，附带说一句，就是贝多芬化了的老式跳舞乐队），不但能懂得贝多芬的音乐而且也能懂得贝多芬以后的最有深度的音乐了。

最后的海菲兹[①]

肖复兴

说来有些惭愧，一直活到四十来岁，才知道世界上有个海菲兹（J. Heifetz）。

去年夏天一开始就那样闷热，一直延续了整整一个夏季。就在那个夏季快要熬过去的一天夜晚，没有一丝丝风，只剩下汗浸浸如虫子爬满全身一样的感觉。我随便打开音响，中央人民广播电台的立体声音乐节目正介绍海菲兹，播放着他演奏的贝多芬D大调小提琴协奏曲。那乐声一下子吸引了我。我不能说曲子美，那是不够的，浅薄的。只有历尽世事沧桑，饱尝人生况味的人，才会拉出这样的琴声。那有力的揉弦，坚韧的跳弓，强烈的节奏，飞快的速度，如此气势磅礴，飞流直下三千尺般冲撞着我的深心。进入第二乐章，一段飘然而至的抒情柔板，真给人一种荡气回肠之感，像是河水从万丈悬崖上急遽跌落，流进一片无比宽阔深邃的湖面，那湖面映着无云的蓝得叫人心醉的天空。悠扬的琴声立刻侵入我的骨髓，我禁不住全身心为之颤动，浑身血液都融化进那无与伦比的琴声之中。虽然是抒情，他拉得依然沉稳，决不泛滥自己的情感，让人格外感到深沉，犹如地火深藏在岿然不动、冷峻无比的岩石之中。

这就是海菲兹！这就是贝多芬！是海菲兹把贝多芬那宽厚而博大的气势表现出来。虽然我知道这是贝多芬所做的唯一一首小提琴协奏曲，为了纪念对一位名叫丹莱莎·勃伦斯威克的伯爵小姐的爱恋之情，但绝非只是恋人浪漫

---

① 选自《雅人乐话》，上海，文汇出版社，1995。肖复兴，作家。

曲。我从海菲兹的琴声中顽固地听出的是对一种刻骨铭心的理想历尽磨折而终不可得又毕生不悔孜孜以求的复杂心音。这样的琴声不能不让我的心滤就如水晶般澄清透明，锤打得更坚强一些而能够理解人生，洞悉人生。最后一缕乐声消失了，我还愣愣地站在音响旁，望着闷热无雨的夜空发呆，只是一下子觉得天清气爽起来，星星一颗颗可触可摸，晶亮而冰洁。

我第一次认识了海菲兹，便永远忘不了他！我忽然涌出一种相见恨晚，他乡遇故知的感情，浓浓的，竟一时搅不开。

我找到有关海菲兹的传记材料，才知道早在我第一次听他演奏这首贝多芬小提琴协奏曲的两年前，他便死在美国洛杉矶的一家医院里——8月10日，也是这样一个闷热的夏夜，他走完了人生84年的旅程。而我却以为他一定还活在人世，还会为我们演奏他和我一样喜欢的贝多芬！

这位出生于俄国，有着犹太血统的美国小提琴演奏家，是当今最伟大的小提琴家。萧伯纳曾这样写信给他说："爱嫉妒的上帝每晚上床都要拉点什么！"音乐界则众口一词："海菲兹成了小提琴登峰造极的同义词。"所有这一切评价，他都受之无愧！听完他演奏的贝多芬这首小提琴协奏曲，我曾特意找到其他几位小提琴家演奏的同样曲目，结果我固执而绝对排他地觉得没有一位能够赶上他，没有谁能够将乐曲那内在的深情、磅礴的气势，以及作曲家那特有的宽厚脑门中深邃的思索，一并演奏得如此淋漓尽致！无论是斯特恩、祖克曼、帕尔曼，还是大卫·奥依斯特拉赫！这位11岁便开始以独奏家身份巡回演出的天才，一生足迹遍布全球，总共行程20万英里，演奏10万小时。光看这两个数字，就是多么了不起呀！他所向无敌，征服了全世界小提琴爱好者的心！

这不仅因为海菲兹有着旁人难以企及的演奏技巧，更重要的是他有着一颗与贝多芬一样坚强而博大的心灵。他在世80余年中经历了两次世界大战，可谓阅尽春秋演义。无论日本地震后，还是爪哇暴动后，天津被日本入侵后，他都赶赴现场演出，以他宽厚的人道主义的琴声与那里的人民交融在一起。二次世界大战中，他上前线为战士演出300余场。他对战士们讲："我不知道你们需要什么？我将演奏舒伯特的《圣母颂》！"他赢得战士们的掌声。《圣母颂》成为他为战士演奏次数最多的曲子。1959年，虽然他已经宣布退出舞台，而且刚刚摔伤不久行走不便，为了庆祝人权宣言11周年的活动，他仍一手拄着拐杖，一手抱着小提琴，走进联合国大厅演出。正因为海菲兹有着如此举世无双的技艺和人格，才赢得人民对他长达半个多世纪的经久不衰的爱戴。当他重返苏联演出时，那里的音乐爱好者不惜变卖家具等贵重物品，凑钱买票观赏他的演出；演出结束后，年轻人伫立街头久久不肯散去，等待他从剧场出来，向他高声欢呼致意！

我对海菲兹越发崇拜。我注意搜索广播节目报上海菲兹的名字。终于有一天，我见到了预报中有他演奏的贝多芬D大调小提琴协奏曲，托斯卡尼尼指挥。我提前半小时便将调频台对出，把准备录音的空白镀铬的金属带装好，像坐在音乐厅中一样，静静地等候海菲兹的出场。非常遗憾，那一天天不助我，噪音比往常严重得多，无论我怎样变换天线的角度和方位都无济于事。但我还是将这长达40分钟的曲子录下音来，反复播放，一遍遍沉浸在海菲兹那炉火纯青的琴声中。即便是杂音也无法遮挡海菲兹的光芒。

不过，毕竟有杂音。我希望能够买到一盘真正海菲兹的磁带或一张唱片，原版的。我竟像现在年轻人迷恋他们心目中的歌星一样，开始跑音像商店，寻找海菲兹的踪影。不过，我知道，我寻找的是一位足可以跨世纪的音乐巨星，不敢说是恒星，但绝非年轻人心中常变易变的流星。可惜，王府井、西单、灯市口、北新桥的“华夏”门市部、琉璃厂的“华彩”销售点……都没有海菲兹……海菲兹哪里去了？他的琴声曾传遍世界，仅在美国胜利唱片公司一家便出版过他的长达26小时的乐曲录音，还只是他全部演奏乐曲录音的三分之一。这该有多少不同品种的磁带或唱片！为什么偏偏我就寻找不到呢？莫非我们果真如此淡漠海菲兹？

我不甘心，仍在寻找。去年底，北京农展馆举办的第三届国际音像制品展销会的目录上，我见到了海菲兹的名字。不仅有他演奏的贝多芬，还有莫扎特、勃拉姆斯、布鲁赫……我真高兴，跑到农展馆，却是扫兴：海菲兹尚在迢迢旅途之中，他的唱片尚在海上运输轮船的船舱里没有到达。毕竟有了希望。那船即便半路遇到风雨，即便沿途意外抛锚，它总会到来。那是我的红帆船！

我实在没有想到它竟然这样慢。一直到今年春天，我在灯市口音像制品商店琳琅满目良莠不齐的激光唱片橱窗里，才看见了Heifetz几个字母，黑色唱片封面上醒目的白色手写体，是海菲兹的亲笔签名。签名旁便是海菲兹的黑白照片剪影。这是我第一次见到他的照片：苍白的头发，宽阔的前额，高耸的鼻梁，左手抱着或许便是那把1814年产的跟随他一生的小提琴，右手持长长的琴弓，面部表情冷峻，俨然花岗岩一般。但我知道就在这近似冷酷无情之中蕴含着他的深邃与真情。他将自己炽热的性格不是燃起火，而是凝结成玉骨晶晶的冰。他拉琴时身体几乎纹丝不动，绝不像有些琴手那样动作幅度大，或故意甩动自己潇洒的长发，更不会如我们有些浅薄的歌手那样搔首弄姿。我懂得，这是只有阅尽历史兴衰，看遍程朱演变之后才会具有的胸怀与品格。这是只有繁华摇落之后才会出现的疏枝横斜、瘦骨嶙峋。他不会为一时的掌声而动容，也不会为些许的挫折而蹙眉。望着他那双冷漠得几乎没有光彩和眼神的眼睛，我心中涌动着对他的一份理解和崇敬。

非常可惜，这是一张西贝柳斯 D 小调小提琴协奏曲的激光唱片，而不是我与他都那样喜欢的贝多芬的 D 大调小提琴协奏曲。我还从未听过西贝柳斯这支协奏曲，不敢断定自己是否喜欢。我仔细将橱窗里每一张唱片又看了一遍，依然没有海菲兹的第二张唱片。我决定还是买下，毕竟这是海菲兹的西贝柳斯，爱屋及乌嘛，海菲兹一定不会让我失望的。更何况唱片上还有海菲兹的照片和手迹。

我对服务员小姐讲要买这张唱片。她风摆柳枝般摇到店铺后面找了好半天，居然空手而出。“对不起！唱片只剩下这一张，其余都卖光了。你如果要这一张，我就从橱窗里取出来！”她这样对我说，我只好点点头，看来还有比我幸运的捷足先登者。她从橱窗里取出这张唱片。这是美国 RCA 唱片公司 1986 年出产的激光唱片，上面落着尘土，灰蒙蒙地遮着海菲兹瘦削的面容和他那把心爱的小提琴。我拂去尘土，海菲兹无动于衷，依然凝神地望着不知什么地方。我买下这最后一张海菲兹唱片。无论怎么说，它是我自己拥有的海菲兹，虽然它是这里最后的海菲兹。

回到家，听听海菲兹琴声中的西贝柳斯。啊！一样令人感动。一开始小提琴中庸的快板头一句柔和的抒情中蕴含着力度，就立刻把我吸引。随后，低音的沉稳、高音的跳跃，与浑厚大提琴伴奏的谐和，让人感到芬兰海湾海浪苍苍、海风拂拂、一派天高海阔的画面。第二章的柔板演奏得绝非像有的琴手那样仅剩下缠绵如同软软的甜面酱，而是略带忧郁和神秘低音区与高音区起伏变幻，像静静立在海边礁石上，对着浩瀚的、包容一切的大海诉说着悠悠无尽的心事，让人遐思翩翩，能够忆起自己许多难以言说如梦如烟的往事。虽然，明显北欧的韵味与贝多芬的小提琴协奏曲日耳曼风格不尽相同，但依然是海菲兹！他不过重宣泄个人缠绵的情感，而是更看重浑厚人生的理解和追求。他不屑于大红大紫的艺术效果，而把琴弦拨动在内心深处一隅，静静地与你交流、沟通。这在第三乐章快板中更可以明显触摸到。我感谢海菲兹又给了我大圆脑袋秃顶的西贝柳斯！

一天，朋友来访。我请她听新买的这张海菲兹唱片。我向她推崇备至地诉说海菲兹，对她讲以前没听过西贝柳斯这支小提琴协奏曲，买了这张唱片第一次才听到，才知道其妙不可言……其实，这些话都是多余。她是我童年的朋友，我们是街坊。那时，她的弟弟是个狂热的小提琴迷，靠着灵性和刻苦拉一手好琴，几乎是无师自通。他唯一最好的老师便是唱片。只是那时我们都是一群渴望太多胃口太大却又实在太穷的孩子。她弟弟一直盼望能买到几张当时的密纹唱片，永远据为己有而不再向别人借用，却苦于手头无钱。是她这个当姐姐的省下住校的饭费，为弟弟买了一张旧唱片。那一年暑假，院子里便整日响着这张唱片放出的小提琴曲。他弟弟一遍又一遍不知疲倦地学着唱片拉他的小提琴。她呢，摆个小板凳坐在门口，托着小下巴就那样一动不动地静静地听着，直到夕阳镀红她周身，辉映出清晰的轮廓，仿佛是一幅木刻画，那门框便是画框，每天下午悬挂在院子里……在弟弟的熏陶下，她也成了音乐迷，比我懂音乐，用不着我絮叨，她一定会和我一样喜欢海菲兹的。

没错！她立刻听入了迷。渐渐的，我竟发现她的眼睛里蓄满晶亮的泪水，映着眼镜片上一闪一闪的。西贝柳斯这首D小调小提琴协奏曲结束时，她半天没有讲话，然后突然抬起头来问我："这支曲子你以前没听过吗？"我点点头。她又问："小时候？忘了？"我皱皱眉头，怎么也想不起来。她接着说："那年暑假我给我弟弟从委托商店买了张旧唱片，我弟弟学着天天拉琴，你怎么忘了呢？就是海菲兹演奏的西贝柳斯这支曲子呀！"

我好悔！对音乐爱好来得太迟！那时，我只迷文学，不怎么喜欢音乐。天天单调地听一支曲子，心里还有些腻烦。谁料到呢，那时海菲兹便神不知鬼不觉地来到过我的身边，我却如此漫不经心地与他失之交臂！那时，我不懂人生！不懂世界！更不懂历史！我未尝过艰辛，未受过坎坷，未见过各式各样的嘴脸！自然，我便不会懂海菲兹！他没有责备我年轻时的幼稚与浅薄，今天，在我迈过不惑之年的门槛时，他重新向我走来。这是命中割舍不断的缘分？还是冥冥中幽幽主宰的命运？

是的，只有在今天我才稍稍听懂了海菲兹。

童年，是听不懂海菲兹的！

听　泉[①]

——阿炳的《二泉映月》

韩静霆

演奏《二泉映月》，有一种心灵沐浴冲凉的感觉。琴弓的马尾吃住了弦，像是把山里的玉石锯开了一个小缝儿，泉水呢，顺着左手指头尖儿款款地流出来，跌扑回还，绕在身边。心里所有的浮躁、郁闷、烦琐，都被淙淙流泉冲走了。身上清爽得很，干净得很。舌根也甜润润湿漉漉。说来真得感谢盲人音乐家阿炳，他用一把胡琴，教会了我们听泉。让我们知道，感觉山中清泉，应该打通生命所有的孔窍，只凭眼睛直观是不够的。是啊，古人说刑天舞干戚，以乳为目，以脐为口，就是说人的浑身上下都生着精明的感官，人本身就是精灵剔透的灵长目，我们和炳哥的差别就在于不懂得让心灵长出眼睛看宇宙，让耳朵生出触须抚摸自然，从这个角度说，也许我们才是真正的“盲人”。还有，我们没有化清流为音乐的神力，在盲人音乐家阿炳这里，泉水是灵感的婴儿。他一下子就捕捉住了稍纵即逝的灵感，再加进自己的天分、才情与生命感悟，人间就流淌出了不朽的经典，音乐的清泉，《二泉映月》。

“二泉”从前只是伴穷道士沿街卖艺的一支曲子，如果不是遇到杨荫浏先生，那音乐的“泉水”不知会在哪儿幽咽断流了。我在音乐学院学琴的时候，老先生杨荫浏的学养和人品极为师生尊崇。杨荫浏和阿炳（华彦钧）之间的理解与默契，是人间知音的绝唱，俞伯牙与钟子期也不能相比。换句话说，琴师俞伯牙倘若遇到杨荫浏，就大可不

① 选自《美文》2000年第8期。韩静霆，编剧，.作家。

必因世无知音摔碎瑶琴了。杨荫浏是在建国初期为抢救濒临灭绝的文化遗产，录访阿炳的。背着笨重的录音机，他和阿炳谈心，谈艺，谈琴。用那时候流行的“履带”般的录音机带，录下了阿炳的曲子。这首曲子无题，阿炳让杨先生取个题目，杨先生思忖了片刻说，就叫做《二泉映月》吧。

可以想象这时候阿炳是多么感动和惊奇，他那深陷的眼窝红了，几乎要流出“泉水”了。面前这位先生不仅听懂了他，把他的琴声录下来，让他的音乐永远活着，而且，一语点睛，戳动了他的心泉之门。是呵是呵，这娓娓动听的音乐，不是映月的天下第二泉又是什么？泉水一冲出深山罅隙，月光就扑了过来。一轮梨花月变成了液体。揉碎了的月光，叮叮咚咚唱着歌，奔跑跳跃在惠山的绿竹林青草地。忽然从高高的石崖向下“蹦极”，珠玉四溅；忽然在花丛潜伏蛇行，若断还连，幽幽咽咽的；忽然又在光滑的鹅卵石溪床上跳着轻盈的舞步，带着小鱼，携着蝌蚪，跑向山外的世界……音乐在胡琴的三个把位回还，如曲水流觞。装饰音和滑音机智乖巧，似鱼嬉水草。抖弓细碎流畅，清流里有诉不尽的柔情。《二泉映月》是回旋曲式，让人把醉人醴泉回味品咂个够。更要紧的是，杨先生听着盲人音乐家心泉的律动，深深感觉到了阿炳对生命和自然的热爱，也听到了涌动的泉水里，有一点儿淡淡的哀伤。

阿炳和杨荫浏都已经离我们远去了，可映月的二泉还奔涌在我们的生命和生活中，记得，这首美妙绝伦的乐曲使著名指挥家小泽征尔由衷倾倒，他说过，二泉映月应该跪下来听。是的，此曲只应天上有，人间哪得几回闻？也许，唯有双膝跪倒，才可以聊表心中的虔敬和感激。我们感激创造美的阿炳和发现美的杨荫浏。阿炳开掘出了他心中独一无二的音乐泉，杨荫浏牵着“泉水”的手，出了山。

秋天的音乐[①]

冯骥才

你每次上路出远门千万别忘记带上音乐，只要耳朵里有音乐，你一路上对景物的感受就全然变了。它不再是远远呆在那里、无动于衷的样子，在音乐撩拨你心灵的同时，也把窗外的景物调弄得易感而动情。你被种种旋律和音响唤起的丰富的内心情绪，这些景物也全部神会地感应到了，它还随着你的情绪奇妙地进行自我再造，你振作它雄浑，你宁静它温存，你伤感它忧患，也许同时还给你加上一点人生甜蜜的慰藉，这是真正知友心神相融的交谈……河湾、山脚、烟光、云影、一草一木，所有细节都浓浓浸透你随同音乐而流动的情感，甚至它一切都在为你变形，一幅幅不断变换地呈现出你心灵深处的画面。它使你一下子看到了久藏心底那些不具体、不成形、朦胧模糊或被时间湮没了的感受，于是你更深深坠入被感动的漩涡里，享受这画面、音乐和自己灵魂三者融为一体的特殊感觉……

秋天十月，我松松垮垮套上一件粗线毛衣，背个大挎包，去往东北最北部的大兴安岭。赶往火车站的路上，忽然发觉只带了录音机，却把音乐磁带忘记在家，恰巧路过一个朋友的住处，他是音乐迷，便跑进去向他借。他给我一盘说是新翻录的，都是“背景音乐”。我问他这是什么曲子，他怔了怔，看我一眼说：

“秋天的音乐。”

他多半随着一说，搪塞我。这曲名，也许是他看到我被秋风吹得松散飘扬的头发，灵机一动得来的。

① 选自《雅人乐话》，上海，文汇出版社，1995。冯骥才，作家。

火车一出山海关，我便戴上耳机听起这秋天的音乐。开端的旋律似乎熟悉，没等我怀疑它是不是真正的描述秋天，下巴发懒地一蹭粗软的毛衣领口，两只手搓一搓，让干燥的凉手背给湿润的热手心舒服地摩擦摩擦，整个身心就进入秋天才有的一种异样温暖甜醉的感受里了。

我把脸颊贴在窗玻璃上，挺凉，带着享受的渴望往车窗外望去，秋天的大自然展开一片辉煌灿烂的景象。阳光像钢琴明亮的音色洒在这收割过的田野上，整个大地像生过婴儿的母亲，幸福地舒展在开阔的晴空下，躺着，丰满而柔韧的躯体！从麦茬里裸露出浓厚的红褐色是大地母亲健壮的肤色；所有树木都在炎夏的竞争中把自己的精力膨胀到头，此刻自在自如地伸展它优美的枝条；所有金色的叶子都是它的果实，一任秋风翻动，煌煌夸耀着秋天的富有。真正的富有感，是属于创造者的；真正的创造者，才有这种潇洒而悠然的风度……一只鸟儿随着一个轻扬的小提琴旋律腾空飞起，它把我引向无穷纯净的天空。任何情绪一入天空便化做一片博大的安寂。这愈看愈大的天空有如伟大哲人恢弘的头颅，白云是他的思想。有时风云际会，会闪出一道智慧的灵光，响起一句警示世人的哲理。此时，哲人也累了，沉浸在秋天的松弛里。它高远，平和，神秘无限。大大小小、松松散散的云彩是他思想的片断，而片断才是最美的，无论思想还是情感……这千形万状精美的片断伴同空灵的音响，在我眼前流过，还在阳光里洁白耀眼。那乘着小提琴旋律的鸟儿一直钻向云天，愈高愈小，最后变成一个极小的黑点儿，忽然"噗"地扎入一个巨大、蓬松、发亮的云团……

我陡然想起一句话：

"我一扑向你，就感到无限温柔呵。"

我还想起我的一句话：

"我睡在你的梦里。"

那是一个清明的早晨，在实实在在酣睡一夜醒来时，正好看见枕旁你朦胧的、散发着香气的脸说的。你笑了，就像荷塘里、雨里、雾里悄然张开的一朵淡淡的花。

接下去的温情的和弦，带来一片疏淡的田园风景。秋天消解了大地的绿，用它中性的调子，把一切色泽调匀。和谐又高贵，平稳又舒畅，只有收获过了的秋天才能这样静谧安详。几座闪闪发光的麦秸垛，一缕银蓝色半透明的炊烟，这儿一棵那儿一棵怡然自得站在平原上的树，这儿一只那儿一只慢吞吞吃草的杂色的牛。在弦乐的烘托中，我心底渐渐浮起一张又静又美的脸。我曾经用吻像画家用笔那样勾勒过这张脸：轮廓、眉毛、眼睛、嘴唇……这样的勾画异常奇妙，无形却深刻地记住。你嘴角的小涡、颤动的睫毛、鼓脑门和尖俏下巴上那极小而光洁的平面……近景从眼前疾掠而过，远景跟着我缓缓向前，大地像唱片慢慢旋转，耳朵里不绝地响着这曲人间牧歌。

一株垂死的老树一点点走进这巨大唱片的中间来。它的根像唱针，在大自然深处划出一支忧伤的曲调。心中的光线和风景的光线一同转暗，即使一湾河水强烈的反光，也清冷，也刺目，也凄凉。一切阴影都化为行将垂暮秋天的愁绪；萧疏的万物失去往日共荣的激情，各自挽着生命的孤单；篱笆后一朵迟开的小葵花，像你告别时在人群中伸出的最后一次招手，跟着被轰隆隆前奔的列车甩到后边……春的萌动、颤栗、骚乱，夏的喧闹、蓬勃、繁华，全都消匿而去，无可挽回。不管它曾经怎样辉煌，怎样骄傲，怎样光芒四射，怎样自豪地挥霍自己的精力和才华，毕竟过往不复。人生是一次性的；生命以时间为载体，这就决定人类以死亡为结局的必然悲剧。谁能把昨天和前天追回来，哪怕再经受一次痛苦的诀别也是幸福，还有那做过许多傻事的童年，年轻的母亲和初恋的梦，都与这老了的秋天去之遥远了。一种浓重的忧伤混同音乐漫无边际地散开，渲染着满目风光。我忽然想喊，想叫这列车停住，倒回去！

突然，一条大道纵向冲出去，黄昏中它闪闪发光，如同一支号角嘹亮吹响，声音唤来一大片拔地而起的森林，像一支金灿灿的铜管乐队，奏着庄严的乐曲走进视野。来不及分清这是音乐还是画面变换的缘故，心境陡然一变，刚刚的忧愁一扫而光。当浓林深处一棵棵依然葱绿的幼树晃过，我忽然醒悟，秋天的凋谢全是假象！

它不过在寒飙来临之前把生命掩藏起来，把绿意埋在地下，在冬日的雪被下积蓄与浓缩，等待下一个春天里，再一次、加倍地挥洒与铺张！远远山坡上，坟茔，在夕照里像一堆火，神奇又神秘，它哪里是埋葬的一具尸体或一个孤魂？既然每个生命都在创造了另一个生命后离去，什么叫做死亡？死亡，不仅就是一种生命的转换、旋律的变化、画面的更迭吗？那么世间还有什么比死亡更庄严、更神圣、更迷人？为了再生而奉献自己的伟大的死亡呵……

秋天的音乐已如圣殿的声音；这壮美崇高的轰响，把我全部身心都裹住、都净化了。我惊奇地感觉自己像玻璃一样透明。

这时，忽见对面坐着两位老人，正在亲密交谈。残阳把他俩的脸晒得好红，条条皱纹都像画上去的那么清楚。人生的秋天！他们把自己的青春年华、所有精力为这世界付出，连同头发里的色素也将耗尽，那满头银丝不是人间最值得珍惜的吗？我瞧着他俩相互凑近、轻轻谈话的样子，不觉生出满心的爱来，真想对他俩说些美好的话。我摘下耳机，未及开口，却听他们正议论关于单位里上级和下级的事，哪个连着哪个，哪个与哪个明争暗斗，哪个可靠和哪个更不可靠，哪个是后患而必须……我惊呆了，以致再不能听下去，赶快重新戴上耳机，打开音乐，再听，再放眼窗外的景物，奇怪！这一次，秋天的音乐，那些感觉，全没了。

“艺术原本是欺骗人生的。”

在我返回家，把这盘录音带送还给我那朋友时，把这话告他。

他不知道我为何得到这样的结论，我也不知道他为何对我说：

“艺术其实是安慰人生的。”

林肯中心的鼓声[①]

木　心

冬天搬来曼哈顿，与林肯中心几乎接邻，听歌剧，看芭蕾，自是方便，却也难得去购票。

我的大甥在“哈佛”攻文学，问他的私淑教授，美国文明究竟是什么文明，教授说：“山洞文明。”真正的智者都躲在高楼大厦的“山洞”里，外面是人欲横流的物质洪水——大甥认为这个见解绝妙，我亦以为然。

当我刚迁入此六十一街三十W·APT时，也颇有山顶洞人之感。看门大员力拒野兽，我便可无为而治。储藏食品的橱柜特多，冰箱特大，我的备粮的本能使我一次出猎，大批带回，塞满橱柜冰箱，一个月是无论如何吃不完的，这岂非更像原始人的冬令蛰伏——是文明生活的返祖现象。想想觉得很有趣，再想想又觉得我自己不是智者，而且单身索居，这山洞委实寂静得可怕，几个星期不下楼不出门，偶然飘来一封信，也燃不起一堆火。山洞文明不好受。

可是真的上了街，中央公园大而无当，哈德逊河边满目陌生人，第五大道死硬的时装模特儿，路旁小摊上烤肉串的焦油味……都使我的双脚朝林肯中心的方向走——还是回来的好。

我想，那哈佛大学的智慧的教授所说的山洞，宁是指大学、图书馆、博物馆、美术馆、画廊，特别是几个杰出的研究中心和制造中心，才是美国文明的山洞。犹如宇宙中引力强大的黑洞。我在“大都会”“哥根汉”“惠特尼”“现代”等馆中徘徊时，才有“山洞”感，哥伦比亚大学的

① 选自《哥伦比亚的倒影》，桂林，广西师范大学出版社，2006。木心，画家、散文家。

阅览室中的一片寂静，也是可爱的有为的寂静——无为的寂静总会滋生烦恼。

夏天来了，电力的冷风不自然，这只调节器的声音特别扰人，我已承认害怕寂静，当寂静被弄破时，又心乱如麻……不能用这只自鸣得意的空气调节器，只好开窗。

开窗，望见林肯中心露天剧场之一的贝壳形演奏台。每天下午晚上，各有一场演出，废了室内的自备音响，乐得享受那大贝壳中传来的精神的海鲜。节目是每天每晚更换的：铜管乐、摇滚乐、歌剧清唱、重奏，还有时髦得名称也来不及定妥又变了花样的什么音乐。我躺着听，边吃喝边听，不穿裤子听，比罗马贵族还惬意——夏季没过完，我已经非常之厌恶那大贝壳中发出来的声音了：不想“古典”的日子，偏偏是柔肠百转地惹人腻烦；不想“摩登”的夜晚，硬是以火爆的节奏乱撞我的耳膜。勿花钱买票，就这样受罚了。所以每当雷声起，电光闪，阵雨沛然而下，我开心，看你们还演奏不。

可惜不是天天都有大雨，只能时候一到，关紧窗子，如果还是隐隐传来，便开动我自己的“音响”与之抗衡，奇怪的是但凡抱着这样的心态的当儿，就也听不进自选的音乐，可见行事必得出自真心，做作是不会快乐的。

某夜晚，灯下写信，已就两页，意未尽；那大贝壳里的频率又发作了，侧首看看窗外的天，不可能下雨，窗是关紧的，别无良策，管自己继续写吧……乐器不多，鼓、圆号、低音提琴，不三不四的配器……管自己写吧……

写不下去了——鼓声，单是鼓声，由徐而疾，疾更疾，忽沉忽昂，渐渐消失，突然又起翻腾，恣肆癫狂，破石惊天，戛然而止。再从极慢极慢的节奏开始，一程一程，稳稳地进展……终于加快……又回复严峻的持续，不徐不疾，永远这样敲下去，永远这样敲下去了，不求加快，不求减慢，不求升强降弱，唯一的节奏，唯一的音量……似乎其中有微茫的变化，这是偶然，微茫的偶然的变化太难辨识，太难辨识的偶然的微茫的变化使听觉出奇地敏感，出奇的敏感的绝望者才能觉着鼓声在变化，似乎有所加快，有所升强……是加快升强了，渐快，更快，越来越快，越来越快越来越快……快到不像是人力击鼓，但机械的鼓声绝不会有这“人”意，是人在击鼓，是个非凡的人，否定了旋律、调性、音色、各种记谱符号，这鼓声引醒的不是一向由管乐弦乐声乐所引醒的因素，那么，人，除了历来习惯于被管乐弦乐声乐所引醒的因素之外，还确有非管乐弦乐声乐能引醒的因素存在，一直沉睡着，淤积着，荒芜着，这些因素已是非常古老原始的，在人类尚无管乐弦乐声乐伴随时，曾习惯于打击乐器，漫长的遗弃废置，使这些由今晚的鼓声来引醒的因素显得陌生新鲜，古老的蛮荒比现代的文明更近于宇宙之本质，那么，我们，已离宇宙之本质如此地远漠了，这非音乐的鼓声倒使我回近宇宙，这鼓声等于无声，等于只剩下鼓手一个人，这人必定是遒强美貌的，粗犷与秀丽浑然一体的无年龄的人——真奇怪，单单鼓声就可以这样顺遂地把一切欲望击退，把一切观念敲碎，不容旁骛，不可方物，只好随着他投身于基本粒子的分裂飞扬中……

我扑向窗口，猛开窗子，手里的笔掉下楼去，恨我开窗太迟，错失了，鼓声已经在圆号和低音提琴的抚慰中作剧战后的娇憨的喘息，低音提琴为英雄拭汗，圆号捧上了桂冠，鼓声也就息去——我心里发急，鼓掌呀！为什么不鼓掌？涌上去，把鼓手抬起来，抛向空中，摔死也活该，谁叫他击得这样好啊！

是我激动过分，听众是在剧烈鼓掌，吆喊……我望不见那鼓手，大贝壳的下一半被树木挡住，只听得他在扬声致谢，我凭他的嗓音来设想他的面容和身材，希望听众的狂热能使他心软，再来一次……掌声不停……但鼓声不起，他一再致谢，终于道晚安了，明亮的大贝壳也转为暗蓝，人影幢幢，无疑是散场。

我懊丧地伏在窗口，开窗太迟，没有全部听清楚，还能到什么地方去听他击鼓，冒着大雨我也会步行而去的。

我不能荏弱得像个被遗弃的人。

又不是从来没有听见过鼓声，我是向来注意各种鼓手的，非洲的，印度的，中国的……然而这个鼓手怎么啦，单凭一只鼓发出的声音就使人迷乱得如此可怜，至多我承认他是个幸福的人。

那鼓手不外乎去洗澡，更衣，进食，睡觉了。

在演奏家的眼里，听众是极其渺小的，他倒是在乎，倒是重视那些不到场、不愿听的人们。

饶了我的耳朵吧，音乐[1]

余光中

声乐家席慕德女士有一次搭计程车，车上正大放流行曲。她请司机调低一点，司机说："你不喜欢音乐吗?"席慕德说："是啊，我不喜欢音乐。"

一位音乐家面对这样的问题，真可谓啼笑皆非了。首先，音乐的种类很多，在台湾的社会最具恶势力的一种，虽然也叫做音乐，却非顾曲周郎所愿聆听。其次，音乐之美并不取决音量之高低。有些人听"音响"，其实是在玩机器，而非听音乐。计程车内的空间，闭塞而小，哪用如此锣鼓喧天？再次，音乐并非空气，不像呼吸那样分秒必需。难道每坐一次计程车，都要给强迫听一次音乐吗？其实，终日弦乐不辍的人，未必真正爱好音乐。

在台湾的社会，到处都是"音乐"，到处都是"爱好音乐"的人；我最同情的，便是音乐界的朋友了。像波德莱尔一样，我不懂乐理，却爱音乐，并且自信有两只敏感的耳朵，对于不够格的音乐，说得上"嫉恶如仇"。在台湾，每出一次门——有时甚至不必出门——耳朵都要受一次罪。久而久之，几乎对一切音乐都心存恐怖。噪音在台湾，宛如天罗地网，其中不少更以音乐为名。上帝造人，在自卫系统上颇不平衡：遇到不想看的东西，只要闭上眼睛，但是遇到不想听的东西呢，却无法有效地塞耳。像我这种徒慕音乐的外行，都已觉得五音乱耳，无所逃遁，音乐家自己怎么还活得下去，真是奇迹。

凡我去过的地区，要数台湾的计程车最热闹了，两只

---

① 选自《余光中散文选集》，长春，时代文艺出版社，1997。余光中，诗人、散文家。

音响喇叭，偏偏对准后座的乘客，真正是近在咫尺。以前我还强自忍住，心想又不在车上一辈子，算了。最近，受了拒吸二手烟运动的鼓励，我也推行起拒听二手曲运动，干脆请司机关掉音乐。二手曲令人烦躁，分心，不能休息，而且妨碍乘客之间的对话与乘客对司机的吩咐，也有拒听的必要。

在欧美与日本，计程车上例皆不放音乐。火车上也是如此，只有西班牙是例外。我乘火车旅行过的国家，包括瑞典、丹麦、西德、法国、英国、美国、加拿大、日本，火车上的扩音器只用来播报站名，却与音乐无关。不知道什么缘故，台湾的火车上总爱供应音乐。论品质，则时而国乐，时而西方的轻音乐，时而台湾特产的流行曲，像是一杯劣质的鸡尾酒。论音量，虽然不算喧吵，却也不让人耳根清静，无法安心睡觉或思考。

听说有一次夏志清和无名氏在自强号上交谈，夏志清嫌音乐扰人，请车掌小姐调低，她正忙于他事，未加理会。夏志清受不了，就地朝她一跪，再申前请。音乐终于调低，两位作家欣然重拾论题。但是不久音乐嘈嘈再起，夏志清对无名氏说："这次轮到你去跪了。"

夏氏素来奇行妙论，但是有没有奇到为音乐下跪，却值得怀疑。前述也许只是夸大之辞，也许当时他只对车掌小姐威胁说："你再不关音乐，我就要向你下跪了。"不过音乐逼人之急，可以想见。其事未必可信，其情未必无稽。台湾的火车上，一方面播请乘客约束自己的孩子，勿任喧哗，另一方面却又不断自播音乐，实在矛盾。我在火车上总是尽量容忍，用软纸塞起耳朵，但是也只能使音量稍低，不能杜绝。最近忍无可忍，也在拒吸二手烟的精神下，向列车长送上请求的字条。字条是这样写的：

> 列车长先生：从高雄到嘉义，车上一直在播音乐，令我无法入梦或思考。不知能否将音量调低，让乘客的耳朵有机会休息？

三分钟后，音乐整个关掉了，我得以享受安静的幸福，直到台北。我那字条是署了名的，也不知道那一班自强号关掉音乐，究竟是由于我的名字，还是由于列车长有纳言的精神。感激之余，我仍希望铁路局能考虑废掉车上的播乐，免得每次把这件事个别处理。要是有人以为火车的乘客少不了音乐，那么为什么长途飞行的乘客，关在机舱内十几个小时，并不要求播放音乐呢？

要是有人以为我讨厌音乐，就大大误会了。相反的，我是音乐的信徒，对音乐不但具有热情，更具有信仰与虔敬。国乐的清雅，西方古典的宏富，民谣的纯真，摇滚乐的奔放，爵士的即兴自如，南欧的热烈，中东和印度的迷幻，都能够令我感发兴起或辗转低回。惟其如此，我才主张要嘛不听音乐，要听，必须有一点诚意、敬意。要是在不当的场合滥用音乐，那不但对音乐是不敬，对不想听的人也是一种无礼。我觉得，如果是好音乐，无论是器乐或是声乐，都值得放下别的事情来，聚精会神地聆听。音乐有它本身的价值，对我们的心境、性情、品格能起正面的作用。但是今日社会的风气，却把音乐当做排遣无聊的玩物，其作用不会超过口香糖，不然便是把它当做烘托气氛点缀热闹的装饰，其作用只像是霓虹灯。

音乐的反义词不是寂静，是噪音。敏锐的心灵欣赏音乐，更欣赏寂静。其实一个人要是不能享受寂静，恐怕也就享受不了音乐。我相信，凡是伟大的音乐，莫不令人感到无上的宁静，所以在"公元二〇〇一年：太空流浪记"里，太空人在星际所听的音乐，正是巴哈。

寂静，是一切智慧的来源。达摩面壁，面对的正是寂静的空无。一个人在寂静之际，其实面对的是自己，他不得不跟自己对话。那种绝境太可怕了，非普通的心灵所能承担，因此他需要一点声响来解除困绝。但是另一方面，聆听高妙或宏大的音乐，其实是面对一个伟大的灵魂，这境地同样不是普通人所能承担。因此他被迫在寂静与音乐之外另谋出路：那出路也叫做"音乐"，其实是一种介于音乐与噪音之间的东西，一种散漫而软弱的"时间"。

汤默斯曼在《魔山》里曾说："音乐不但鼓动了时间，更鼓动我们以最精妙的方式去享受时间。"这当然是指精妙的音乐，因为精妙的音乐才能把时间安排得恰到好处，让我们恰如其分地去欣赏时间、时间形成的旋律与节奏。相反的，软弱的音乐——就算它是音乐吧——不但懈怠了时间，也令我们懈怠了对时间的敏感。我是指台湾特产的一种流行歌曲，其为"音乐"，例皆主题浅薄，词句幼稚，曲调平庸而轻率，形式上既无发展，也无所谓高潮，只有得来现成的结论。这种歌曲好比用成语串成的文学作品，作者的想像力全省掉了，而更糟的是，那些成语往往还用得不对。

这样的歌曲竟然主宰了台湾社会的通俗文化生活，从三台电视的综艺节目到歌厅酒馆的卡拉 OK，提供了大众所谓的音乐，实在令人沮丧。俄国作曲家格林卡（Mikhail Glinka）说得好："创造音乐的是整个民族，作曲家不过谱出来而已。"什么样的民族创造什么样的音乐，果真如此，我们这民族早该痛切反省了。

将近两千四百年前，柏拉图早就在担心了。他说："音乐与节拍使心灵与躯体优美而健康；不过呢，太多的音乐正如太多的运动，也有其危害。只做一位运动员，可能沦为蛮人；只做一位乐师呢，也会'软化得一无好处'。"他这番话未必全对，但是太多的音乐会造成危害，这一点却值得我们警惕。

在台湾，音乐之被滥用，正如空气之受污染，其害已经太深，太久了。这些年来，我在这社会被迫入耳的音乐，已经够我听几十辈子了，但是明天我还得再听。

明天我如果去餐馆赴宴，无论是与大众济济一堂，或是与知己另辟一室，大半都逃不了播放的音乐。严重的时候，众弦嘈杂，金鼓齐鸣，宾主也只好提高自己的嗓子慷慨叫阵，一顿饭下来，没有谁不声嘶力竭。有些餐厅或咖啡馆，还有电子琴现场演奏，其声呜呜然，起伏无定，回旋反复，没有棱角的一串串颤音，维持着一种廉价的塑胶音乐。若是不巧碰上喜宴，更有歌星之类在油嘴滑舌的司仪介绍之下，登台献唱。

走到街上呢，往往半条街都被私宅的婚宴或丧事所侵占，人声扰攘之上，免不了又是响彻邻里的音乐。有时在夜里，那音乐忽然破空而裂，方圆半里内的街坊市井便淹没于海啸一般的声浪，鬼哭神号之中，各路音乐扭斗在一起，一会儿是流行曲，一会儿是布袋戏，一会儿又是西洋的轻音乐，似乎这都市已经到了世界末日，忽然堕入了噪音的地狱。如果你天真得竟然向警察去投诉，一定没有结果。所谓礼乐之邦，果真堕落到这地步了吗？

当你知道这一切不过是几盒廉价的录音带在作怪，外加一架扩音器助纣为虐，那恐怖的暴音地狱，只需神棍或乐匠的手指轻轻一扭就召来，你怎么不愤怒呢？最原始的迷信有了最进步的科技来推广，恶势力当然加倍扩张。如果我跟朋友们觅得一个处女岛，创立一个理想国，宪法的第一条必定把扩音器列为头号违禁品，不许入境。违者交付化学处理，把他缩成一只老鼠，终身囚在喇叭箱中。

第二条便是：录音机之类不许带进风景区。从前的雅士曾把花间喝道、月下掌灯的行径斥为恶习。在爱迪生以前的世界，至少没有人会背着录音机去郊游吧。这些"爱好音乐"的青年似乎一刻也离不开那盒子了，深恐一入了大自然，便会"绝粮"。其实，如果你抛不下机器的文明，又不能在寂静里欣赏"山水有清音"的天籁，那又何苦离开都市呢？在那么僻远的地方，还要强迫无辜的耳朵听你的二手曲吗？

回到家里，打开电视，无论是正式节目或广告，几乎也都无休无止地配上音乐。至于有奖比赛的场合，上起古稀的翁妪，下至学龄的孩童，更是人手一管麦克风，以夜总会的动作，学歌星的滥调，扭唱其词句不通的流行歌曲。夜夜如此，举国效颦，正是柏拉图所担心的音乐泛滥，民风靡软，孔子所担心的郑卫之音。

连续剧的配乐既响且密，往往失之多余，或是点题太过浅露，反令观众耳烦心乱。古装的武侠片往往大配其西方的浪漫弦乐，却很少使用箫笛与琴筝。目前正演着的一台武侠连续剧，看来虽然有趣，主题歌却软弱委靡，毫无侠骨，跟旁边两台的时装言情片并无两样。天啊，我们的音乐真的堕落到这种地步了吗？许多电影也是如此，导演在想像力不足的时候，就依赖既强又频的配乐来说明剧情，突出主题，不知让寂静的含蓄或悬宕来接手，也不肯让自然的天籁来营造气氛。从头到尾，配乐喋喋不休，令人紧张而疲劳。寂静之于音乐，正如留白之于绘画。配乐冗长而芜乱的电影，正如画面涂满色彩的绘画，同为笨手的拙作。

我们的生活里真需要这么多“音乐”吗？终日在这一片泛滥无际的音波里载浮载沉，就能够证明我们是音乐普及的社会了吗？在一切艺术形式之中，音乐是最能主宰“此刻”最富侵略性的一种。不喜欢文学的人可以躲开书本，讨厌绘画的人可以背对画框，戏剧也不会拦住你的门口，逼你观看。唯独音乐什么也挡不住，像跳栏高手一样，能越过一切障碍来袭击、狙击你的耳朵，搅乱你的心神。现代都市的人烟已经这么密集，如果大家不约束自己手里的发音机器，减低弦歌不辍的音量和频率，将无异纵虎于市。

这样下去，至少有两个后果。其一是多少噪声、半噪音、准噪音会把我们的耳朵磨钝，害我们既听不见寂静，也听不见真正的音乐。其二就更严重了。寂静使我们思考，真正的音乐使我们对时间的感觉加倍敏锐，但是整天在轻率而散漫的音波里浮沉，呼吸与脉搏受制于芜乱的节奏，人就不能好好地思想。不能思想，不肯思想，不敢思想，正是我们文化生活的病根。

饶了我无辜的耳朵吧，音乐。

从解放到迷茫[①]

——流行歌曲二十年

李 皖

那时候到处是高音喇叭，那时候没有电视、没有磁带、没有录音机。喇叭声从工厂、机关、学校、部队大院的围墙里传来，强大，嘹亮。这是很久很久以前，这是1978年。

1978年，或稍早，那个总是传出决议、社论、讣告、样板戏、毛主席赞歌的大喇叭里，有一天传出了《洪湖水，浪打浪》，传出了《花儿为什么这样红》，传出了《刘三姐》，它们一天又一天在喇叭中重复着，百听不厌。大人们说，这都是些解禁了的歌曲。

中国的新时代就从解禁开始了。那些因为政治斗争，因为不够革命，或者仅仅因为爱情的歌曲，重新回到了人们的生活中。大人们克服了戏曲的障碍，一遍遍去观赏越剧《红楼梦》、黄梅戏《天仙配》，一遍遍为林黛玉或者七仙女的命运痛哭流涕，黑暗中他们的眼泪湿透了一张张手绢，湿透了中国的一家家电影院。就在这种哭泣声中，爱情的知觉，久违了的俗世的情感，不再被看做那么可耻的东西了。

80年代——一个电影插曲的时代在新的电影中伸延。半导体和晶体管，薄膜唱片和电唱机，人们坐在新买进家的收音机前，听着李谷一、朱逢博、关牧村、郑绪岚、关贵敏，听着《祝酒歌》《吐鲁番的葡萄熟了》《年轻的朋友来相会》《我们的生活充满阳光》《洁白的羽毛寄深情》《边疆的泉水清又纯》《太阳岛上》《浪花里飞出欢乐的歌》。充

① 选自《我听到了幸福》，北京，三联书店，2003。李皖，音乐评论家。

满欢乐和阳光的音符像雪后的泉水一样四处流淌，它们歌唱着生活的甜蜜，社会主义大家庭的甜蜜，不关涉具体，也与每一个具体家庭的生活无关。别种滋味的歌是借着电影剧情出现的：《知音》《雁南飞》《心中的玫瑰》《角落之歌》《妹妹找哥泪花流》《妈妈教给我一首歌》。与之同时，城市青年在宿舍里偷听台湾歌，穿喇叭裤戴着不撕商标的太阳镜，提着最时髦的录音机，骑着车或者成群结伙地呼啸而过，把邓丽君和张帝的歌声一路洒在大街上。大人们望着他们的背影说：这些个小青年，这些个阿飞。

是的，这些个阿飞。中国人开始渴望平常的日子，但极“左”时代的禁忌依然在骨髓中浸透着。在核心的意识形态里，除非辅之以革命、事业等崇高内容，否则世俗情感、谈情说爱、个人悲喜，都是低级趣味的、不道德的，甚至是不正派的表现。邓丽君、张帝、刘文正只能在“地下”流行，甚至欣赏者自己，都有一种道德上的不洁感：邓丽君唱的是黄色小调，张帝唱的是流氓歌曲，唱法本身就透着“黄”。不久，李谷一唱《乡恋》用了气声，苏小明唱《军港之夜》又柔又绵，立即招致痛斥和批判，批评者听出了那声音里的“黄”。

这是中国歌曲历史上的“电影插曲时代”，又是一个“中间腔时代”——这一时代的“唱将”，同王酩、施光南、谷建芬、刘诗召、王立平、付林这些最主要的歌曲作者一样，都是名门正派、正统出身，却共有一种向世俗情感过渡的倾向。洋腔洋调和土腔土嗓渐渐退出主流，听众喜好的对象，是那些美声中带点自然色的歌手，这是80年代前五年大部分受欢迎者的共同特征。很明显，我们可以从最重要的代表人物，例如从解禁时代的王昆、郭兰英、黄婉秋向李谷一的变化，从李谷一向朱逢博、郑绪岚、沈小岑、苏小明的变化，从男女声二重唱两个时代的代表——张振富、耿莲凤向王洁实、谢莉斯的变化，看到美声、民族唱法的逐渐下移。甚至，1984年春节联欢晚会首次请来的两位香港明星——张明敏和奚秀兰，也是两个“中间腔”——奚是民歌“中间腔”，张是流行“中间腔”。“中间腔”流行的背后，有意识形态的保守在暗中支配着。此时，一方面意识形态从高调下移，一方面中心意识仍在起作用，这种作用甚至是整个大众的，迷惘、失落、痛苦等生活中的正常情感，在主流价值中被视为资产阶级腐朽没落的情绪，反映个人情感的流行音乐则被视为靡靡之音，在接受上存在一种心理障碍。这时，大众意识处于一种政治中庸状态。

稍后，台湾校园歌曲一下子流行了，《乡间的小路》《外婆的澎湖湾》

《踏浪》《踏着夕阳归去》，它们被“中间腔”广为翻唱，非政治的内容既满足了人们潜在的人性需求，其自然情趣和健康明朗，又与正统价值无伤。“中间腔时期”的压轴大戏由唱着《军港之夜》的苏小明完成：它终于脱离电影歌曲的拼合，而有了歌曲专辑的概念；主题背景虽然不脱国家、集体、事业，但抒情角度却充满人情味和世俗性；歌手的声音不再高昂，是中音的、松弛的，最大限度地接近了美声的底线，它伴随着批判，也伴随着欢迎。

积极、健康、正面等观念支配着歌声审美的状况，大概一直持续到1989年左右，此前歌坛千变万变，好嗓子的观念一直不变，始终以清亮、纯正为第一美学特征。

是1983年还是1984年？一个叫程琳的孩子出来了，稍后，一年龄更小的叫朱小琳的孩子出来了。孩子是天真的，孩子是无邪的，“小螺号，嘀嘀地吹”“妈妈的吻，甜蜜的吻”，同时她们会唱邓丽君。在童稚的掩护下，邓丽君公开化了。没有美声血统的流行唱法登场。不是出身于正统的学院派，而是一批社会青年，女学邓丽君，男学刘文正，磁带风行，走穴风行，模仿港台歌曲风行，“翻唱歌曲时期”全面降临。张行弹着吉他唱“你到我身边，带着微笑，带来了我的烦恼”，因为爱不能分享，因为你比她“迟到”。哗，300万盒销量；哗，吉他成百倍地狂销；哗，吉他班在城市里铺天盖地。谈情说爱不再是禁忌，“月亮代表我的心”不再是黄歌，“爱你在心口难开”不再是淫声浪语。各种新星不知都从哪里冒出来，都唱着港台歌，都有人买账。1985年，美国40多名歌星为非洲灾民义演，联唱《天下一家》，第二年台湾60位歌星联唱《明天会更好》，中国一位磁带编辑说：他们能做60名，我们能做100名，献给世界和平年！

100名歌星，说聚就聚，还有很多没参加的，想想看，中国的歌星有多少吧。《让世界充满爱》，100名歌星穿上整齐划一的演出服（多奇怪!），一方面亮出不同的声音，一方面突出圣歌般的齐唱。中国人，甭管男女老少，都接受了，都激动了。

这是一个转折，这是1986年。因为一首大歌，老人们不再尽觉得流行歌“痞”，文化界不再对流行歌围剿扫荡。1986年，流行音乐获得官方一个折中式的称谓——通俗歌曲。

有两件轶事可以说明中国这时的半就状态。一件是：1985年底英国威猛乐队在北京演出，劲歌热舞折腾一个大劲，台下的中国观众均端坐着不动，威猛走了大半个地球，哪见过这架势？傻了，第一次觉着自己像猴子。另一件是：郭峰初到北京，常抱着吉他在街边唱歌，人们叫他“小流氓”；百名歌星演唱会后，当他再一次抱着吉他在街边唱歌，路过的人不禁对他指指点点：“瞧，这就是写《让世界充满爱》的作曲家，瞧人家多有艺术家的派头！”

1986年之后，流行音乐并行出现了三条脉络。崔健在百名歌星演唱会上唱出《一无所有》，从此摇滚在地下开始蔓延流行，为首都青年所喜，为官方人士所骂；《信天游》引爆了“西北风”，众多歌曲创作均以北方民歌为素材，但是见歌不见人，大家都唱同样的歌，寥寥数首名作成了“全国粮票”；以齐秦、苏芮为开端，港台引进版大举登陆，原人、原唱、原作，使大陆的“翻唱歌曲”宣告灭亡。

1987年，《信天游》《黄土高坡》《我热恋的故乡》《心愿》，中国人十分耳熟的民歌调，唱着家乡、土地、山沟沟，和着电声乐队、电子鼓击、大嗓唱法，满城轰鸣。1988年，电视台每日播出《雪城》和《便衣警察》，“下雪了，天晴了”“几度风雨几度春秋”，刘欢的声音每夜准时响彻大街小巷。1989年，电影《红高粱》，“妹妹你大胆地往前走，莫回呀——头”。

啊，莫回呀——头：民歌加架子鼓加乡里腔加吼唱；之后“囚歌”——劳改犯的歌；之后俚俗谐谑歌曲大泛滥。是谁在听它们？我不知道。

我知道另一种流行，港台、欧美歌曲的流行。大学校园里在复制磁带，城市的街头在兜售拷带。大街上能买到的公开引进版是《搭错车》，是《狼》，不能买到的便托人从海外购进，然后流入交换、翻录、拷贝的渠道。到1993年，引进版已经全面化，大陆流行音乐市场全面开放。王杰的心痛、姜育恒的忧郁、童安格的“其实你不懂我的心”，张雨生、庾澄庆、赵传、小虎队、郑智化、四大天王、MTV、卡拉OK、追星族，音乐越来越新潮，歌迷越来越低龄。稍后又有欧美打口带流进城市，中国，渐渐成为世界流行音乐统一市场中的一部分。

伴随着这一统一化进程，中国自己的造星运动隆重开幕。1992年，唱着甜歌的甜妹子杨钰莹通过中央电视台一举倾国，成为大陆第一位自制偶像。随之，中国出现第三次新人辈出场景：上电视、拍MTV，推歌打榜，文字轰炸。潮流，潮流。歌曲越来越多，歌手越来越多，彼此间越来越相像。同期，摇滚乐唱片准许出版，一直埋没在地下的摇滚乐开始全面出头，摇滚不再是崔健一人，摇滚不再是禁忌，男人可以留长发，长发可以上招贴。《无地自容》的黑豹火了，《梦回唐朝》的唐朝火了，新音乐的春天的张楚、窦唯、何勇火了。铁杆摇滚乐迷像沙漠中渴求水源一样渴求着、寻找着摇滚乐。但当各路知名乐队和更多不知名的乐队成批成批浮出地面，摇滚乐迷不再狂热了，摇滚乐迷开始深深地失望：摇滚乐不是卖着愤怒，便是卖着青春期的躁动（多简单!），大家都太想快快成名。随着中国全面进入市场经济时代，意识形态的对立局面被消解。潮流，潮流。摇滚乐的潮流也一拨连着一拨，随着世界整齐地左转、右转，齐步走，然后金属了，然后另类了，然后朋克了。

1992 年，《小芳》，知识青年和假知识青年在怀旧。

1993 年，《涛声依旧》，这一张旧船票，能否登上你的客船?

1994 年，《同桌的你》，大学生未老先衰，感伤而回忆。

1995 年，《艳阳天》，摇滚乐像花朵缩进琥珀里，怀想;《露天电影院》念起童年景色不再。

1996 年……

1997 年，《心太软》：OH，算了吧，就这么散了吧。

与这几首最流行的歌曲相伴，是青藏题材的长盛不衰，好像是另一个世界的呼唤：《回到拉萨》《阿姐鼓》《青藏高原》《央金玛》《雪域光芒》；是俗歌的连连成功，好像在城市的变幻中稳固着不变的旧色彩，接续着“西北风”和“囚歌”的余绪：《大中国》《纤夫的爱》《天不下雨天不刮风天上有太阳》《九月九的酒》《大花轿》《好汉歌》。在感伤怀旧、西藏情怀和大旧大俗的后面，则是整个社会的快速变迁。

从整体上看，城市情歌的泛滥已使流行歌变得腻味，北京乐队的全面露脸已使摇滚乐的号召力彻底瓦解。这不再是一个短缺的时代，同时也不再是一个因为政治压力而产生表达激情的时代。流行音乐的低潮随之到来并延续到 1998 年。思想和情感禁区的不复存在，使表达真正成为一个问题。中国流行音乐终于露出初级、幼稚和虚弱的真相，这时我们发现，新的、城市的、丰富的、切身的生活，竟然还没有得到多少真正的表达。业已存在的唱片商在狭隘的商业追求中老化，千篇一律的爱情只是一些虚假的套词，摇滚的反抗只是一些口号和大话，空洞、浅薄而老套，它们是“我们的生活比蜜甜”的另一面的虚拟。

过去是政治的一统天下，现在是商业的一统天下。

你已有多久没有听到刺痛你心肺的歌?

迷惘。但迷惘只是暂时。只要有生活，就会有生活的感受，就会有表达感受的歌。民间的多种音乐形态已经发生，民间创作人士的遍地滋生已经成现实。你看过个人网页吗？你听过小样和自磁带吗？你读过乐友之间交流的自办杂志吗？你知道你们那个城市的乐队和演出吗？如果你没有听到丰富的声音，那么你听。

而丰富的声音这20年来一直没有停止过生长，最近一年的生长是：朴树、尹吾、清醒、花儿、胡吗个、《盘王之女》《无能的力量》……还有许多我不知道的。如果这些声音还不能让你满足，那也是这20年给你的馈赠，你遗憾了，你开阔了，你自由了，你有福了。

学会倾听[①]

辛丰年

一、做哪一种听众

××君：

你说自己虽然杂七杂八“浏览”过一些“名曲”，可是不满足，还想深入其境，决心更加用心地听听西方严肃音乐。我当然为你高兴。如今爱好严肃音乐的人越来越多，可惜往往浅尝辄止，不去深入宝山，未免辜负了自己的耳朵。

但你要我谈“怎样学会倾听音乐”，是出了一道难题。中外赏析家写的此类书汗牛充栋，又何用一个门外读乐的“素人”来多嘴！不过我辈都是普通听众，都是音乐信息的接收者，会有共同语言。平等地交换这方面的体验，可以比“上课”少一些被动，多一些共鸣。

在理解音乐这件事上，我们自然不如专业音乐工作者。然而我们也自有其优越之处。那就是我们以听众的身份享有无拘束无负担的自由。我们可以完全不带什么功利的目的或义务去听赏音乐。黑格尔在他的大著《美学》中热烈赞赏一位普通劳动者的吉他弹奏，说比演奏家的表演更使他心醉神迷。我们普通爱好者爱乐之诚也不会不如专业者。而且，除了某些专门写给音乐家甚至只给自己听的音乐以外，绝大部分作品都是作曲者为同广大听众交流而作，所以我们也完全可以参加这种交流，共享乐艺之美。

① 选自《辛丰年音乐笔记》，上海，上海音乐出版社，1999。辛丰年，音乐评论家。

这就要求我们去严肃地倾听。“识曲听其真。”要得其真，我们读曲者同样也要出之以真心，要动真情。

科普兰在《怎样欣赏音乐》中叹惜当代西方人由于音乐来得太容易(唱片、广播……)，反而不会倾听音乐了。这对于今天耳福大好的听众来说，也是值得扪心自问的：你真正用心倾听了没有？

这又引出一个更值得思索的问题：你愿做哪一种听众？

学者阿道尔诺研究了八种类型的听众，其他人又主张划分五种听众。[①]我想，你当然不屑做一个其中的“消遣的听众”或“娱乐的听众——生活中的享乐主义者”。那么，让我们互勉，做一个“动感情的听众”吧。当然，按科普兰的说法，理想的听众是同时既能进入音乐又能超脱音乐的。这就太高了！我们可以作为理想境界来追求。

有决心做一个真心的、动感情的听众，你才能自觉养成严肃倾听的习惯。假使某个时候你实在收不拢心而心猿意马，不如立刻把录音机关掉为妙。只有能像一个演员那样驾驭自己的注意力，你才有可能进入角色。

你原先只是随机地听，听说什么作品有名，好听，就听什么。今后想听得系统些，但在借、买音响资料时对着目录又心中无数，要我开一份“必读曲目”。

有目的地听，系统全面些，有助于从联系对照中看到“长河”的全景，领略音乐天地之无比宽广丰富，这比枝枝节节地听当然可取。如今听赏条件虽因人而异，总的来说是好得很，是老乐迷从前连做梦也想不到的。只要有心，你的打算是可以实现的。然而使人为难的是，音乐文献实在浩繁。专家们“皓首穷经”也听不完，何况我辈！即使满足于从海中取一瓢饮，也会列出一份长长的曲目，那只有另函寄上了。这里且提示一个轮廓，一些重点，以助你自己掌握。

曾见一本西方人编写的《音乐欣赏》。它先从十八十九世纪的古典、浪漫派音乐谈起，一直谈到德彪西的印象主义。然后返回去介绍17世纪和更古老的音乐。最后才介绍现代音乐。

从音乐大潮汹涌澎湃的19世纪这中心一大段入手，再向古今两头扩展听赏领域，以我自己的切身体验来看，这顺序比较合适。无论从音乐会节目还是唱片目录上都可以知道，人们最容易接受也最感兴趣的正是从海顿、莫扎特、贝多芬到德彪西这一大段。自从19世纪以来，人们对

---

① 见索哈尔《音乐社会学》中译本。

巴罗克时期的音乐愈来愈感到了它的魅力，以至出现了巴罗克热。不过，真正热衷于巴赫、亨德尔等人的作品，且能真正品尝其味的人毕竟还不太多。因为听这种古色古香的复调音乐，必需下更大的功夫，养成高度集中与调度注意力的能力，才能适应。至于对现代音乐发生浓厚兴趣（而不是仅仅好奇，求新鲜）的听众，显然就更少。不然，科普兰又何必言之谆谆地劝说人们去接受现代派音乐的挑战呢[1]？

因此我也主张你先集中听这中间一大段的音乐，它们虽是十八十九世纪的精神产品，可是至今还远未过时，其中那些最深刻之作，人类的重要精神财富，今天仍然常听常新。

那么，听这一部分又应该注意抓什么重点呢？

许多爱好者自然而然地围着一座摩天主峰顶礼：贝多芬。贝多芬继往开来，他一手接下海顿、莫扎特的古典传统，一手又开拓出浪漫派的新天地。他的重要性再强调也不会过头，他的重要作品又是听之不尽，永远新鲜的。我们最好尽量多听一些。因为在以后的听赏中，无论是回顾他的前人，还是眺望其后来者时，你都需要联想贝多芬。

《英雄》《命运》《田园》这几部交响曲，你已经相当熟悉。人们也差不多都是先通过这几部作品认识、也爱上了贝多芬。有的人还很早便瞻仰了《合唱》那座殿堂。然而它们都是需要反复倾听，而也决不会听够的。我劝你听听常常被人放过的另外五部交响曲。听它们，你既会从其中认出一个你已经熟悉，因而觉得亲切的贝多芬；又会惊喜地发现，原来他还有你所不知的性情！从“第一”“第二”中可以见到他的青年时代。“第四”让我们触摸到一副温柔的心肠。“第七”，“第八”则是一个豪放不羁的人的玩笑，高歌狂舞。

等你把前八首交响乐都反复听出了意思，到那时再去听“第九”，也许就容易从那反思与总结性的音乐中听出更为博大深沉的境界了。

有两首序曲也不可不听：《爱格蒙特》与《莱奥诺拉第三》。尤其后者，实际上是一部信息密度高、紧凑之极的小交响曲。

他那三十二首钢琴奏鸣曲，我们连走马观花地听怕也没那么多时间，更不用说都听懂了。尤其像那部要演奏近一小时的“作品 106 号”，许多人只好“高山仰止”了吧！然而，宁可少听一些别人的作品，也要细读这几部：《悲怆》《月光》《热情》《暴风雨》和《黎明》（“华尔斯坦”）。

贝多芬殿堂中最深邃也是最不容易进入的部分，是那些弦乐四重奏。

---

① 见科普兰的《怎样欣赏音乐》

但倘若真想了解他的博大精深，特别是他暮年的思想境界，我们又怎能在它面前止步？不妨先听一些比较好懂的，例如F大调（作品59号之1）那一首，就是平易近人却又极耐咀嚼的。

当你已初步熟悉了贝多芬以后，可以顺乐史之流而下，去认识群星灿烂的浪漫派了。但也不妨溯流而上，先去叩莫扎特之门。一开始很可能会觉得他比贝多芬简单，平淡无奇，引不起多大兴趣。其实正是这种貌似简单平淡，又无文学标题帮忙的音乐，要真知其中之味反而更难。也说不定要等到听过大量音乐的多年以后，你才能识其天真自然之美。而一旦有所发现，从此必然迷上它，反而觉得别人的作品总有矫揉造作的成分，不够味了。

假如听过的曲目中已包括了莫扎特和贝多芬的重要作品，这便打下了一个坚实的基础了。从此出发去听标题音乐、民族乐派、后浪漫派的作品，都不会太陌生。因为他两人是总结又是新的开头，后来的人同他们是一脉相承的。在这一传统的对比下，印象派会使你耳目一新。在饱餍了浪漫派、晚期浪漫派的肥甘之后，越过两个世纪的时空去听巴罗克音乐，虽然它是乐海的一个源头，但那种已化为历史的音乐语言、风格，是很好的清醒剂。

从反复对比中获得体验，我们就会觉得自己的倾听能力有所提高，似乎可以用比较自主的音乐思维去感受了。

具体的作品留待以后讨论“怎样听”的问题时再谈，这封信就算一个开场白。

科普兰强调得极是，千言万语也不能代替倾听音乐本身。我所能做的无非是以自己倾听之一得，敦促、协助你去倾听而已。

二、博览与精读

××君：

来信要我谈谈倾听音乐还有哪些具体窍门。

读乐和读书有相通之处。读书，要博览与精读相结合。读乐，也是这样。有些个人体验也许可供参考。博览泛读，可以开拓眼界，有比较，可以形成对不同风格的概念和乐史的概念，等等，这一点我们且留待以后再谈。精读一事我认为尤其重要。曾见有的朋友虽有爱乐之心，却总是浮光掠影地把好音乐当耳边风。一边看书、写文章（乃至吃饭聊天），一边放唱片。我认为，把音乐变成日常生活的伴奏、配乐，在有些情况下未尝不可。有人主张在阅读文学作品时可配以适合的音乐。比方读普鲁斯特的《追忆似水年华》这部同音乐关系很深的小说，最适合阅读那气氛的，据说是德彪西的音乐。做家务之际放一些轻而不俗的音乐（如苏佩或莱哈之作）也不算辱没了它们。但如收音机里响起了《蝙蝠序曲》这样的才气横溢的作品，你就应该暂时放下别的，好好享受一下那音乐了。总之，假如有心深入乐境，求其真趣，就必须摒除杂念、干扰，专心一意地倾听。对于一些最重要的典范之作，更非多读、精读不可。

读乐不同于读书之处在于音乐是流动不息的，是在流动中展进、完成的。我们读书可以掩卷思索，或回到头上去，或跳到后面去。读乐自然也可以从头再来一遍，但你最好每听一遍就听全它，力求追随那乐流，走一个完整的历程。

乐艺之妙正在于它如源头活水，在时间的流动中展开。你听一首乐曲，首先自然要跟踪主题，辨明曲式等等，从那一大片音响的乱麻中理出个头绪来。但你倘若迟迟感受不出那音乐中的动力，那音乐对于你仍然是死的、冷的。等到你在反复倾听中感受到乐流不但自在地流，而且有一股力卷着你，心不由己地向前，这说明那作品是有力量的，那演奏是有生气的，而你也已进入了乐中之境了。

卢那察尔斯基在其《艺术论》中也说到听乐，读了觉得深获我心。他形容听赏熟悉的音乐时有如活水在沟渠中畅流无碍，也是这意思。

诗人徐志摩既爱乐又懂得如何赏乐。他在大学讲坛上教授的是文学，却常常劝学生上兰心戏院去听工部局交响乐队的演奏。他告诉大家："要学会综合地听。"我想他也是说要注意从总体上去感受一部作品。

如何在综观全局中又注视细节，这个问题也需要留意。有的朋友不大耐烦熟读，更不注意精读。当然我们是业余乐迷。熟读，并不是要像演奏家那样为了背奏。而是说对于你最心爱的作品要熟悉得听了上文便知下文，作好了迎接它的心理准备，这样才可能出现卢那察尔斯基说的那种水到渠成的境界。

至于精读，我们也没条件向专业乐人看齐。但走马看花地听，把作曲家呕心沥血谱成的作品平平淡淡地听过，也就得不到更大的享受。

回顾自己对一部作品的听赏过程，我觉得，往往是其中的有些细节首先打动了自己，是那些最有特色或最能唤起共鸣的部分推动自己听下去。这就像是一首好诗中的警句起的作用。记得当年初识《天方夜谭组曲》，有一处一下子把我抓住了。是《辛巴德航海》那一章里，由黑管、小提琴泛音加上低音弦乐拨奏的一段。波浪滔天的喧闹场面过去之后，忽然换了这个镜头，清新之极！我顿时想到故事中的辛巴德在大船停泊后划着小船上岛的画面。那拨奏的效果简直像拨在自己的神经上似的！从此便喜欢这部作品了。后来虽然终于听出此类音乐不免肤浅，但这个细节的形象始终保存在记忆之中。

此类例子举不胜举，你也可以举出许多你宠爱的警句吧？我们在欣赏中大可利用它们的魅力，加深读全曲的兴趣，可谓“引人入胜”。但要记住的是，细节只有在上下文的连接、对照、展开中才显得更美、更有说服力，我们不该只留心细节而疏忽了通篇文章，不能只顾寻章摘句。从前听到过一张老唱片叫《柴科夫斯基拔萃》，把他的一些最出名的主题串在一起，好让人一口气听个痛快。据说现在还有《读者文摘》式的“贝多芬精华”，用意是让忙人（也许是懒汉）突击欣赏贝多芬的九大交响乐。料想你不会对此有多大兴趣，正像你不会去读简化的文学名著吧？

并非所有精彩细节都是一听就打动你。尤其那些躲藏在内声部、低音声部的乐句。也有些细节属于和声效果、配器色彩、演奏技巧等等。举个例：《自新大陆交响曲》广板乐章一开头那一组和弦，不知你注意到没有？假如你只当它是为英国管主题作铺垫或起个“静场”作用，闲闲读过，那就太可惜了！

复杂的交响音乐固然有听之不尽的美妙细节，听貌似简单的独奏、重奏乐曲，又何尝可掉以轻心。不像李斯特刻意把钢琴变成管弦乐队，肖邦则是把它更钢琴化了，他为钢琴而吟的“音诗”中充满了魅力非凡的细节。例如有些华彩性经过句，像幽兰香气似的不可捉摸。有人讲，像这种地方奏得太轮廓分明反而有伤其美，正是要“惊鸿一瞥”似的才更诱人。

乐中细节之美有的又和演奏家的独特处理分不开。埃尔曼拉《梦幻》，重复第一段时用弱奏（像是琴弓很靠近指板），力度与音色的变换极能传情，一种追怀伤逝之情。虽然是多少年前的粗纹快转唱片，那音响至今在我心里“高保真”！

忍不住再添个例子：埃尔曼在此曲第一句后半句处理上的抑扬起伏，似乎特别动了感情。听了觉得那琴弓就在自己心上擦过了！（可见，福楼拜在《包法利夫人》中对女主人公看歌剧的那一段描写是何等的写实！）

老托尔斯泰说过艺术的微妙有时在分寸毫厘之间。帕斯捷那克说，人不是活几年几月几天几小时而是活几个瞬间。这些话也可以启示我们读乐，在通解全篇之中切莫放松对精彩细节的注视。既要努力感受那流动着的整体中的力，也要捕捉那些个无比美妙的“音乐的瞬间”。绵绵不绝的乐流主要以其逻辑力量吸引、说服我们，其中更能引发我们与之共振的又常常是这些稍纵即逝的瞬间。

说这些是期望你细嚼慢咽，把通读和细玩统一起来。可惜，“爱美者”（amateur）的身份限制了我们去多抠音乐的“语法修辞”——不过如能涉猎一些也大有益。至少得学点普通乐理，最好是粗知总谱读法。——但又有一说，萧伯纳嘲笑过只抠“语法修辞”的枯燥无味的赏析法，说就像谈《哈姆雷特》只从词义、语法上去解剖一样令人索然。

还要提醒一声，无目的、无动于衷地反复放一张唱片，最容易倒胃口。严肃音乐之所以为严肃，正因其可赏而不可亵。这里面还有个保鲜防蔫的问题。门德尔松的那部《E小调小提琴协奏曲》是一个好例子，此曲神采飞扬，洋溢着青春气息，中人欲醉！然而，《小提琴史话》作者慨叹：让我重生一次，再尝一遍初听的新鲜，那有多好！布鲁诺·瓦尔特说了同样的话：“为了使我像第一次听某部杰作时那样再听一次那部作品，我宁可付出一切！”弦外之音还要注解吗！所以当人们听吴祖强谈他们评委们在一次国际比赛中，一晚上连听此曲九遍时，不难想象那滋味了！

演奏家常恐破坏自己的新鲜感，我们听众也要珍惜听乐的新鲜感，不要滥用唱片的可重复性。伟大深刻之作如巴赫、莫扎特、贝多芬的最好作品，需要也经得起反复听。前提是要精神高度集中，诚心地探求。乐史上有一件事很有意思：彪洛一心弘扬“第九”，竟在某次音乐会上连奏了两遍。魏因加特纳对此不以为然，因为，听“第九”要付出多少精神代价！

即使你已经对一部作品熟稔得像个老朋友了，还是大可以从新的不同角度来听而获得新感受的，那便像苏东坡咏庐山的“横看成岭侧成峰”了。“凝固的音乐”——建筑艺术需要从不同侧面欣赏。“流动的建筑”更需要这样。

门德尔松有一曲《芬格尔山洞》，从前初听便一见倾心，几十年来听得烂熟于胸，仍然兴味不减，它是一朵不会蔫的花！早先我把它当做一幅气韵生动的“山水画”观赏，只觉得其中不少形象细节同自己的想象不谋而合；后来从它的乐想是如何生动自然地展开这一角度听，从中获得了新的、也是纯乐性的满足；然后再进一步，从这二者的综合上去欣赏，从中体会标题乐与纯音乐二者的长短得失，也感受到门德尔松驾驭二者综合二者的乐艺之高明，达到既发挥了造型效果，又不失其音乐固有的形式美。而这种种就靠反复精读，同时也因为自己在生活中对海气山岚有了观察与体验，对音乐的形式美也不像过去的无知。

至于像“贝九”这样的作品，可说是像《红楼梦》那样永远耐读。只要诚心读，必然开卷有得，让你有“新思维”、新感慨。但我又极其珍爱当年头一回接触它时的那个印象，那是托斯卡尼尼指挥的录音广播。那真是一种令人战栗的震动！我极愿更多地反复精读它。但我决不轻易就听，纵然不必像古人焚香端正而听七弦琴，也要找个没有杂务、俗客干扰的时候，摒除杂念，从容地听，期待着能够听出以前还没有听出味儿的地方，使自己的感受再深化一些。而每次一个小时的倾听，也真像一次不寻常的人生经历。那也并不限于个人的，而是可以引你对历史、社会作一番沉思的。

读乐之乐乐无穷！然而那乐是要用熟读、精读的辛苦去换来的，但当你在倾听中达到“为乐所有”（朱自清语）的忘我之境的时候，你的时间、辛苦并没有白费！

三、借助形象以思维

××君：

上一封信我们笔谈的话题是“听什么”，接下去想谈“怎样听”了。

既然人们喜欢把音乐大致区分为标题音乐与纯音乐两大类，那么，说音乐的听法有两种，形象的与非形象的，是顺理成章的了。

自从爱上了音乐，自己便靠了前一种听法，渐入音乐“形象”世界，获得了莫大乐趣。从贝多芬的《田园》欣赏溪边景色时，常想到司空图的名句：“碧桃满树，风日水滨，柳荫路曲，流莺比邻。”从里姆斯基-科萨科夫的《天方夜谭》里看辛巴德的航海，公主的轻歌曼舞，王子的怒海沉舟；从格里格的《朝景》里，我不止看到海滨曙色，甚至像是真的沐浴于新鲜的晨风中，心神俱爽！

乐中不但有自然风光，而且有人，有戏。我听乐获得的印象中，最难忘的有威尔第《茶花女前奏》中维奥莱塔的“形象”。并未像托尔斯泰那样从过军的老柴，却工于描绘武打与战争。听他的《罗密欧与朱丽叶》，总觉其中的刀光剑影很真。《1812序曲》里面两军决战，我也认为不比《战争与和平》中的描叙逊色，两者可以相互印证。听到那个最有激情的主题，我总像认出了小说中那几个只恨不能为沙皇捐躯的人物……

算了，乐中诗、乐中画、乐中剧，一言难尽！我怀着“奇文共欣赏”的心愿，敢向足下和一切有心却无缘领略此种“乐趣”的朋友保证：听音乐，的确能得到这种“形象”的享受。一种听觉、“视觉”和其他可以“通感”的各种感受兼美的盛宴！要相信，既然诗中可以有画，画也可以绘影绘声，则音乐也确能以声写形。

不仅如此，借此机会鼓吹一下，乐中之相，还可以达到更为气韵生动的境界，使诗、画相“形”见绌。

要欣赏海景，可读木华《海赋》之类的文章，可看《九级浪》之类的画，但何如一听门德尔松的《芬格尔山洞》？诗与画中尽多写到风，然而要“捕风捉影”还是音乐更行。《辛巴德航海》中有破万里浪的长风；《里米尼的弗兰切斯卡》中有地狱里的恶风，听得人浑身冰冷；门德尔松的无词歌《五月微风》，每一听到，都会忆起晚唐杜荀鹤的名句“风暖鸟声碎，日高花影重”，而乐中似更多一丝暖意；因又想，李义山的“尽日灵风不满旗”，假使用音乐语言，可能更容易传真吧？

此外还有那种种诗、文、画、塑难状之景物，在高明的“音诗人”“音画家”笔下，往往可以刻画得十分传神。这除了音乐“形象”以其能“动”，赛过了造型艺术之“静”以外，是否还有一个缘故，即这种流动着的音乐语言同时可以作多面、多层的表现。这也正是音乐文化发展到多声部进行后产生的功能了。这种可以“织锦”，可以构造“流动的建筑”的手段，自然要比平面的静止的线条、色彩更适宜于特殊的“造型”了。西方画人利用透视以仿自然中的立体，中国画师利用长卷构图以仿自然的动势，求得于空间中表达时间。而音乐，却能够更巧妙地化静为动，变平面为立体，从时间的流动中幻化出空间。

何以证之？一个大家比较熟知的例子可以举《弄臣》中的四重唱。四个剧中人在同一场景中各诉各人的衷肠，而又组合成一段规定的戏剧情景。要是文学作品，只好“花开两朵各表一枝”；在戏剧舞台上也不能七嘴八舌地长篇大论吧？又如瓦格纳的《纽伦堡名歌手前奏曲》中的高潮部分，写保守、新兴等不同人物的几个主题同时并举，表现出错综复杂的复调效果。舒伯特用歌德的诗谱成的《纺车旁的格雷岑》，我们可以从歌唱与伴奏两者之中分别感受到不同但相辅相成的“形象”，比原诗更丰富了。有个难得听到、却是常被提起的乐例值得一引。格鲁克的歌剧《伊菲姬尼在陶里德》中，心里有鬼的奥雷斯特斯唱着“安宁回到我心里了”，管弦乐队中以中提琴为主的音乐却唱着反调，郁闷而紧张，揭露了这个弑母者的心虚。格鲁克说：他是个说谎的人，中提琴不说谎。

可能你要打断我对音乐形象化的赞美，埋怨道：无奈我难以“对号入座”，怎么办？

恐怕首先要理解，所谓的音乐“形象”和那诉之于视觉的形象并不能画等号。它们相通，而又不相同。音乐“形象”既是确有其“相”，不假；也非抽象之“相”，不玄虚；但又并非那么可以勾画得轮廓分明的。它常常只是一种“心影”，是一种可以拨响你的共鸣弦，唤起回忆、联想，从而“造型”的微妙作用。

试想，舞蹈中当然有看得见、摸得着的形象了。邓肯将好多音乐名作译为舞蹈，既是以舞释乐，也创出了乐、舞综合的“形象”吧？但即使是她的创造与解释也引起了里姆斯基-科萨科夫的异议哩。（他说：“假如我听说邓肯女士用舞蹈或模拟动作来解释我的作品……那我该多伤心！”）

总之，大可不必硬要目不能见的声音制作出看得见的画来。但你完全可以运用“心眼”去观赏乐中“形象”。诗人海涅说什么“我具有特殊的音乐视力。听见任何声音，同时便见相应的形象”。虽是夸张，却并非欺人之谈。

万一你硬是无法听出什么来，也不必丧气。1927 年，举世纪念贝多芬逝去百年之际，有一位博学多知又并不教条、八股的理论家卢那察尔斯基，向着一大群年轻人——他们对贝多芬陌生得很，却很想认识他的交响乐——讲了一番话：“你们当中不习惯听音乐的人体会不到常听音乐的人所体会到的一切。要想领悟如此丰富和包含各种因素在内的音响……需要有丰富的经验。”这话很实在！这也正像科普兰在《怎样欣赏音乐》中的忠言。最基本的一条就是多去倾听。

同时也不妨反躬自问，是否你心里可资联想的那个“形象库”还欠丰富？或是自己还不善于运用它？这种“资料”有两个来源。还是以《田园》为例，我听它听得有味，正因为它勾起自己河边游钓的“童年情景”，也补充进多年旅途中所见的景色。一生中度过多少个春夏秋冬，积累下种种感受，一旦听到《春之歌》《雪橇》《秋》和热气腾腾的《西班牙随想曲》，那储存着的许多体验忽然间便“反刍”了！

人生的直接体验有限，因而也更加珍贵；所幸间接体验的天地是广大的。当我听老柴的《罗密欧与朱丽叶》和瓦格纳的《浮士德序曲》大为感动时，自己很清楚，这要归因于文学原著的感染。为我听《里米尼的弗兰切斯卡》作铺垫的，不但有但丁的原诗，还有德拉克洛瓦的画《但丁的小舟》。

如果我没有读史癖，对法国大革命无所知，对雨果和狄更斯的小说不感兴趣，恐怕对贝多芬也就不会那么着迷，听他的交响乐，也听不出什么味道了。

不管作曲家一心要传送给你多少信息，你不响应，共振，发出丰富的谐音，音乐就哑了。听众应该是一个共鸣体，那么就必得多从历史、社会、文化艺术中多方吸收有利于加强共振的资料。

等你听得多了，尝到音乐“形象”的滋味了，那么你还必须把“形象思维”的潜力进一步调动起来。主要是要能够敏感到音乐“形象”的个性与细节。

岂非自相矛盾？不是说音乐“形象”不那么具体吗？其实，它虽不如图画的轮廓分明，但它也绝不是像蹩脚的写景叙事文那么一般化概念化的。

暴风雨“形象”早已成了音乐中的陈词滥调了。但雷雨并不雷同。贝多芬的《田园》、罗西尼的《威廉·退尔序曲》都写了雷雨，都唤起我从小对夏日雷雨天气的体验。再听格罗菲的《大峡谷》和理查德·施特劳斯的《阿尔卑斯山交响曲》，那雷雨景又各有千秋。有趣的是，罗西尼和施特劳斯这两部音乐都叫人联想到瑞士湖山；施特劳斯和格罗菲都写了山区的雷雨，然而它们之间又都是各具特色的。还有如《培尔·金特》中那一篇海上风暴的“微型画”，《漂泊的荷兰人序曲》和《女武神的飞驰》中笔墨淋漓的大幅“油画”，也是各有各的手笔。大自然本不肯重复自己。音乐家的丹青妙手也可以从不同的方面表现同一题材。

音乐中最多的“形象”之一是舞蹈。但你难道会只听出一种共性的“舞”吗？肖邦的圆舞曲同约翰·施特劳斯的固然大异其趣，肖邦本人的作品也各有其性格。有的是群舞的“形象”，有的，例如那首最为高雅的《升C小调圆舞曲》，岂不是独舞的“形象”？恰似一位风华绝代的佳人，带着悒郁之情聊且起舞，那气氛是寂寞的。

可谈的太多了，且让我转到音乐“形象”的多义性这一有趣现象的话题。音乐语言有时是无须翻译的国际语言，音乐“形象”的被感受往往又因人而异。19世纪有位乐人贝尔格尔，邀了三位同行听他的一首钢琴曲。大家非常认真地各抒所“见”：在煤矿坑道中看到天亮了，在俄罗斯猎熊，一对恋人正在山盟海誓。作曲者的谜底呢——古埃及法老发现了芦苇丛中的摩西！

也可以不相信这种试验有多大价值。但是对于贝多芬《第七交响曲》的第二乐章这样的经典之作又如何？欣德米特告诉我们：一部分人感受到一种深深的忧郁，一部分人觉得这是一首情绪压抑的田园曲，可怪的是还有一部分人以为它是一首骂人的诙谐曲！

音乐“形象”含糊而又多歧义，但这就像“诗无达诂”，而音乐也就因之呈现出更加微妙的色相。

苏联指挥家康德拉申谈到指挥标题音乐时有一番话很妙，对我们也有启发。他道是，作曲家虽然定下了标题，处理这部作品的指挥不妨有他自己形成的标题。然则听乐者不是也可以听出一篇自己的标题吗！

当然，并不总是会出现大家都找不到共同语言的巴比塔式的混乱。不然的话，在亿万听众心中就会有全然不同的贝多芬了。“共相”终究是为主，“殊相”并不会喧宾夺主，“殊相”中有“共相”。

但我要让你的“形象”热降点温了。“形象”化的听法，并非万灵的“导游”，更难认为是最符合音乐本性的。还有另一类音乐，另一种听法。那就留作下回笔谈的话题吧。

四、不必唯形象思维

××君：

谈这个话题，我是硬着头皮上的，怕谈不清楚；并不想当个蹩脚的教师爷，无非是说说自己的一些感受。

用欣赏文学、绘画之类作品的方式，靠可见与可想见的形象来听音乐，将音乐“译”为诗、画，我们已经习惯而且仿佛觉得是理所当然的了。每听一曲，常常会不由自主地要寻找“形象”：它描写什么？于是这种欣赏便成为用一堆想当然的“形象”去猜、去套、去对号入座的心理活动。

很有意思，当我们听音乐还没有入门的时候，最苦恼的是抓不住形象。等到我们去标题音乐的乐园中畅游而又倦游以后，忽然发现，自己的思维已经被“形象”束缚住，简直难以解脱了。带着这由原先的“拐杖”异化而成的“镣铐”听音乐，不但会觉得许多作品莫名其妙，而且也妨碍了我们对一些不拘之于形似的标题音乐作更深入的领略。

于是，我们曾用了好大气力才抓住的“形象思维”，后来又需要卸掉这包袱，这却更加费力！

这好有一比。学外语，起初总是要把一词一句在心里从外文翻成中文。学到一定程度，要想深通，又得摆脱这种方法，直接按照外语的意念去思维和感受。不如此，就无从深切理解原文。

发了半天空洞的议论，还不如举些例子来谈谈。有一篇莫扎特的作品《C大调长笛、竖琴协奏曲》，不知道你可曾相识？历来的乐史家似乎并不怎么看重它。如今在唱片目录中却不难找到，显然已经得到爱乐者的好感。但我总是为它未曾受到更多人的激赏而惆怅！这是总谱统共不过百页长的一篇中型乐曲。除了两件独奏乐器，乐队里只用了六种乐器。从这样一盆家常便餐中你尝到的是无以名之的一种美食。然而你也不大可能附会上什么景色、情节等等的形象，除非编造些出来。洋洋于耳令人陶醉的，只是那音乐本身。你得到极大的满足，因为你求乐而得乐，附加什么乐外的形象反觉得多余，不但是画蛇添足，而且是佛头着粪了。“此中有真意，欲辨已忘言。”听此种音乐，最好是忘言，忘形。

我觉得，莫扎特的许多美妙之作都是需要用这种听其言（音乐语言）而不必观其形（象）的听法去赏鉴的，例如他的小提琴奏鸣曲和为不同乐器写的协奏曲等等。

老巴赫的作品为什么对于听音乐经验不多的人来说好像一座不得其门而入的建筑？除了对音乐风格的陌生，对复调思维跟不上外，显然，无法借助什么看得见摸得着的形象去了解它，也是一个重要原因。

比方他的那些创意曲，是钢琴学生的必修课。乍看会以为不过是他的三言两语，朴质无华，其实是“绚烂之极，归于平淡”的艺术精品。假如你愿肃静倾听，最好是通过亲自奏弄一番，让你的左右两半大脑交叉着指挥左右手，用复调语言交谈一番，你就可以从中获得非视觉形象思维的体验，并且感到这种所谓纯音乐的难言之美，也可说“美不可言”了。不是玩弄文词，确是“不可说，不可说”！谁叫我们的日常语言不是具体形象便是抽象概念呢！

假如你有更大的耐心，忍耐住一开始接近巴赫时很难免的枯燥无味，乃至像萧伯纳嘲笑那些19世纪英国绅士淑女听赋格时的被催眠入梦，真心诚意地反复倾听几部他的管风琴或古钢琴赋格曲和无伴奏小提琴奏鸣曲，慢慢地就会涩尽甘来，体会到这种复调艺术特别耐咀嚼，同时也便对独立于视觉形象之外的纯乐之美有更深的领悟了。

我想可以这样来解释，音乐之所以被发现与创造，正因其有独特之美。否则，人又何必舍目而求耳呢！

自从19世纪以来，浪漫派乐人醉心于打通音乐与其他姐妹艺术之间的藩篱，极力撮合乐艺与诗艺的婚姻。开发之功，功不可没。然而弄得过火之后，反过来有损于音乐的本色，也不免误导了人们的听赏，激发了那些吃腻了形象盛宴的人们向纯乐复归，重新发现过去的音乐。而有些美学家热心于推动别的艺术向音乐靠拢，所谓“一切艺术向往音乐”，这倒有助于提醒人们更加注视乐艺自身的魅力了。萧伯纳是个稀见的既搞文学又深通音乐的文豪。原先他极力为标题音乐鼓吹，断定一切音乐无不是标题音乐，认为音乐越靠拢文学越有价值。这却使他在评价莫扎特与贝多芬谁更伟大的时候顾此又不愿失彼，难以两全其美。后来他终于改口承认自己对标题音乐和纯乐的看法偏颇，对于从前曾经贬低嘲讽的博拉姆斯也另眼相看了。

说句公道话，标题音乐和纯乐作品双峰并峙、二水同流，要叫我在莫扎特和贝多芬两美之间取其一或分高下，也难办！事实上纯乐与标题音乐之间又如何划清界限？莫扎特的钢琴协奏曲，有人当歌剧听。巴赫的赋格曲，有人用卡通片来图解。博拉姆斯的《第四交响曲》也曾被编成了芭蕾。你要是从无标题音乐中形成自己的标题，也不奇怪，何况，不少无题之作其实有题。

所以我们需要学会听这两种不同思维方式的音乐。还不妨试试，拿几篇标题音乐作品权且当做纯乐来听听看。贝多芬原想把自己的钢琴奏鸣曲附上解说出一套新版，后来却打消了念头。为什么呢？门德尔松所创的《无言歌》，不用说是“意在忘言”，所以也无题（除少数几首）。歌剧音乐有脚本、有唱词、有舞台形象，那是形象最明确的了。可怪的是布鲁诺·瓦尔特自云，在指挥一部歌剧中有时进入了纯乐之境！

假如我们不会真正用自己的耳与心直接倾听音乐，那就会对巴赫、莫扎特的作品，贝多芬的室内乐作品食而不知其味，恐怕也难以认识勋伯格、欣德密特和斯特拉文斯基等人的作品了。

要从只习惯于听有“造型”的作品的窘境中解脱出来，也许比学会听那种音乐更需要时间，需要有一个从倾听中积累体验的过程。为什么许多音乐爱好者要到中年、晚年才迷上莫扎特和巴赫呢？

也许，多学点音乐的“文法”——和声、对位、曲式之类，能让我们快一点入纯乐之门和登堂入室吧？但对业余爱好者来说怕也未必“立竿见影”。脑子里装着各种形象资料去听纯乐作品，自然会有劲使不上；一边听，一边竭力运用理性的思索盯着乐曲的形式、结构、技法等等，似乎就像听音乐节目时被解说的声音硬插进来一样杀风景。虽然在初听一部作品时不得不通过分析去了解它，但随后仍然以此为不二法门就不值得了。“七宝楼台”拆碎了也就“不成片段”了。诗人徐志摩常劝他的学生们上兰心剧场去听音乐会。他教给学生的听赏法是应该“综合地听”，这证明他确有体验。我寻思，听纯乐作品恐怕尤其需要记住这一点。当我们倾听巴赫、莫扎特和贝多芬他们的杰作时，总是会被某种流动不息的力量所吸引而心不由已地跟着它向前。那是一股勃勃的生气，又好像是一种雄辩的逻辑力量。这是通过乐思的连续、展开而形成的，它的力量正可以说明不必假手于形象的纯乐的秘密吧?

需要说清楚的是，不用到纯乐中去找形象，并非说它是什么抽象如数学的东西，也不能想象这种音乐徒有形式而没有内容。不过我辈爱好者对这个复杂问题也只好不去深究了。

纯乐这词儿就是有争议的。有人说得妙，要说明何谓纯乐，只好说明什么不是纯乐。对于音乐到底能否做到“纯”这种音乐美学问题，从当年汉斯立克同瓦格纳一派的论战以来，至今仍然是打不清的官司。

所以一开始我就告诉你这是个难谈的话题，也只好就此打住了。说来说去还是只有从多听、“精读”中去领悟音乐本身中蕴含的妙趣。

五、弦内之音弦外听

××君：

笔谈怎样倾听音乐，不觉已到了“终曲”。好音乐，人们永远听不完，最深刻的作品也永远听不够。对于专门侍奉乐艺女神者来说，搞音乐是一种无止境的探求，更何况我们这种普通爱好者！在永无尽头的音乐之旅中，话题也是谈不完的。

但在这笔谈告一段落的时候，我倒要提醒你，不能只顾倾听音乐自身，还要倾听别的；不能只顾深入乐境之内，却又忘了乐境之外的天地。老是“身在庐山中”，不可能识其真面目。木华作《海赋》，除了大海本身的奇观，还写了它的“上下四旁”。这对我们的乐海遨游不也是一种启示?

一定要扩展我们的视野和听阈。不妨让你的眼光左顾右盼，注视那些同听赏有联系的知识。读读乐史很有好处，上一次曾提过。不过在浏览乐史之际，务必要同你已经精读、泛读过的作品的感受联系起来思索，不要满足于抽象干瘪的概念。一方面搞清那些作者和作品大致的来龙去脉，一方面学会识别不同时代的不同风格，辨得出各种风格流派之间的同、异、渊源流变，那就提高了欣赏力，也获得了更大的享受。比方，听得出海顿和莫扎特的乐风何其相似，联想他们二人的时代与相互之间的切磋熏陶，这不难；再听他们的不相似，联想莫扎特的特殊禀赋与开创新风的贡献，这就需要更多的倾听与思索了。贝多芬早期之作，一望而知有前二人的影响，细细玩味，又同中有异，有一股前人所无的劲儿。又比如，舒伯特是显然地不像贝多芬。想想《未完成交响曲》与《合唱交响曲》，竟然是1822—1823年间诞生的“难兄难弟”，而其面目与气质是如此的不相似，真不可思议！然而“女性贝多芬”的作品中又常常有那位巨人的身影，这又是时代影响下的异中之同了。巴罗克音乐大不像后来的音乐，几乎一听便能辨别。然而我们还应该、也不难从比较之中感受到巴赫、亨德尔同样是宏伟却一个更深沉，一个更明朗，而斯卡拉蒂、泰勒曼和维瓦尔迪又各有各的味道。同是19世纪浪漫派的灿灿群星，从总体上听决不会与前一时代的乐风混同，然而他们之间又是何等的互不相似。肖邦和老柴的作品，不报名字也应该猜得出的吧？再说，一位巨匠的乐风也是有他自身之史的，尤其像贝多芬这样一手接古典之传统、一手开浪漫之先河的人。听听他的第一首钢琴奏鸣曲，再听《皇帝协奏曲》，再听那两部晚期之作“101”“106”，我们虽然不过是浅尝辄止的普通爱乐者，也多少可以从中领略到他乐风的变动不拘，从而也体验到一种令人赞叹的“心路历程”！

这也正是我热心奉劝乐友们浏览乐史的缘故。但我们又不要满足于就乐论乐，还要着眼于它乃是一种文化，而且要从乐文化同其他文化之间的纠葛、影响来理解。如此才可以进一步打开倾听音乐的思路，激发、深化你的体验。

我爱读的乐史中有一本匈牙利人朗格写的《十九世纪西方音乐文化史》(即《西方文明中的音乐》中的一部分)。它正是从广阔的文化背景上来谈论音乐的，不论其见解是否我们都能完全领会与接受，但读读它可以了解到音乐同别的文化并且与时代之潮之间难解难分的关系，懂得音乐是如此不简单的一种历史与文化现象。这样，我们也就会更尊重它，珍爱它，不当成消遣，也不简单化地对待它了。

音乐文化史的知识是各式各样的，并不只是人与作品的问题。例如乐器这类事物，不但是音乐借以体现的手段，而且它们反转来又引起与促进乐艺的发展，这也是我们爱好者值得留心了解的。当你了解到巴赫时代小提琴的弓同后来帕格尼尼们手里的琴弓大不相同，那么你在倾听前者的《恰空》与后者的《24首随想曲》时会有更浓厚的兴趣。当你了解到钢琴这种十八十九世纪的新兴乐器如何日新月异，既适应了作曲家与演奏家的表现欲的要求，反过来又诱导了他们为它谱写新乐，施展新技巧，那么这对你品味不同时代的钢琴音乐，也是有用的。贝多芬的作品又是个好例子。他一生中前后拥有的钢琴据考在五架以上。牌子不同，性能有高下。乐器生产的迅猛发展也反映到他这位乐艺革新者的创作中了。从作品 2 到 31 号，他只好将就着用五组六十一键的瓦尔特牌琴。待到有了五组半的埃拉尔牌琴，《黎明》与《热情》相继诞生。这两部杰作的新乐想，在音域不够、音响贫乏的琴上，是不能让他畅所欲言的。有人以为，听《热情》末章中那反复敲打的小字 4 组的 C 音，可以想见作者的心情，那是彼时钢琴上前所未闻的一个高音啊！其后他又收到一架英国造的布鲁德伍德琴，六个八度的音域，这又催生出那首钢琴文献中最为艰深的“作品 106 号”。

有利于读乐的音乐文化资料真是读之不尽的。甚至像柏辽兹的《配器法》、魏因加特纳的《关于贝多芬交响乐的演出》这类专业书籍，也不妨看看。那里面不仅有对我辈有用的知识，还可以感受到作者们对乐艺的极大热忱。

如果想进一步扩展眼界，大可注意一下通感这种微妙而并不玄妙的现象，有意识地用之于听乐。“视觉、听觉、触觉、嗅觉、味觉往往可以彼此打通或交通，眼、耳、舌、身各个官能的领域可以不分界限。”（钱钟书《通感》）我想我们对欣赏标题音乐有体验的人，对通感这种审美现象也许比较容易理解些。也就因为感可相通，所以艺也可沟通，于是诗中有画，音可赋“诗”。前几次笔谈曾强调听乐不要拘泥于标题，也不要一味依赖文学语言刻画描摹乐中意象，又谈过纯乐有其独特之美，然而这并非要你去堵死那条通感的渠道。

门德尔松的文学修养高，且喜作画，想来他在捕捉音乐灵感的同时必也运用着他的诗心画眼。李斯特写得一手好文章，美术鉴赏也见多识广，所以古人的诗行与壁画也成了他标题乐的灵感源泉。另一方面，文人画师也从音乐中取得滋养。巴尔扎克激赏贝多芬，德拉克洛瓦爱好莫扎特，凡·高学弹钢琴……而许多读诗观画、欣赏建筑艺术的人，也常常听到了其中的“旋律”“节奏”“音色”“复调”与“和声”。

中国古人的通感神经似乎是异常发达的，非但早就会“听声类形”，从歌声中“心想其”“上如抗，下如坠……累累乎端如贯珠”，还有更奇妙的“感觉的交错”。像古诗“哀响馥若兰”“犹吹花片作铜声”，那感觉之敏锐，简直令今日的我们自惭迟钝！

让你的通感再大胆一些，那就可以从非乐、无声的情境中“听”到“音乐”了。

最容易激发内心听觉的，首先是大自然了。在眺望美好景色时，正好把你喜爱的音乐在心里播放一段，常可从天、人、乐三者的契合之中，于刹那间领略到音乐之美，这比单纯倾听演奏所得的感受是更鲜活更有生气的。当然不是去为自然景观硬找配乐，如庸劣电视节目那样；是从气氛、韵味中去感受。

即便是暴风雨中，我们听到的也还是牧歌、田园诗，真正复杂的“音乐”蕴含在社会与人生之中，那才是最宏大深沉的复调音乐。我们可以从历史、现实与音乐的联系中对音乐求更深刻的感受，但又不要肤浅地去对待这问题。要用某个时代之史来图解贝多芬之乐，或用这音乐去伴奏那时代之史，都不免牵强附会。但你可以相信，一个大时代的心搏、气氛、时代感，仅仅靠文字绘画甚至摄影去记录，仍然是无力的，贫乏的。最能记录历史巨人的情感的，是音乐。贝多芬的代表作就是这种时代心声，历史的“录音”。那么假如你对那个时代的种种一无所知，或无所感受，对他那音乐也就不会有强烈的共鸣。《1812 序曲》算不上深刻之作，然而其中抒写的俄人忠君爱国之情是有力的，也符合历史的真实。《战争与和平》也写了这场战争，托尔斯泰把保尔康斯基亲王等人对沙皇的崇拜，死而无怨地奔赴疆场，写得极其动人。然而，正是老柴的音乐，才更真切地传达了那种感情。房龙告诉我们，要知拿破仑的部下对他何以那么崇拜，听听舒曼《两个掷弹兵》，不难体验那种感情。我想，读《悲惨世界》，看同名电影，滑铁卢之战中老卫队投入决死战的镜头惊心动魄！这也反过来有助于我们理解舒曼的乐曲了。

我们既可以从音乐中去感受历史，也不妨有意识地从历史与现实中倾听音乐，尽管我们的想像力和内心听觉同作曲家有天壤之别，尽管我们听到的绝不都是以谐和为主的美妙音乐，而是像先锋派的作品。

正像基音上的泛音所起的作用，丰富了音响也形成了不同的音色，你对人与史了解愈多，体验愈深，你倾听大自然中的天籁、人世间的“人籁”而有所得，那么你所能感受的弦外之音也就愈丰富，许多伟大深刻之作，你也就会愈听愈有味，常听常新了。

六、审美我为主

那种对文学名著的广告式的吹嘘，英国文人毛姆是很不以为然的。他认为，这样的滥捧到头来只会引起自有见识的读者的失望。

他的话也可以启发我们，对于被人不加分析地颂扬备至的“名曲”，也不必不加选择地拜倒在地。读乐经验不多的人，很容易有天真而虔诚的“泛爱”，笔者也是一个过来人。

正如文学中不少是浏览一二遍便可放下之作，可听而无甚深意的音乐也相当多。这就需要选择，选择就需要鉴别。这谈何容易！我们爱好者在入门以后，需要有意识地自我磨炼的功夫之一就是鉴别力，这不妨借助于“导游”，但又不可倚赖“导游”。也许首先要鉴别选择一下你的“导游人”。不要像叔本华说的，任别人在你头脑中纵马驰骋。

据我的体验，读几本音乐史是必要而大有益的（虽然我又不禁想到，徐志摩在讲授文学课时告诉学生：“文学史是很有危险性的”，“以科学的方法来研究文学是很杀风景的”），它可以引导你识其源，辨其流，对无涯乐海的风光作一辽阔的全景眺望。熟悉了音乐之流的来龙去脉，印证、深化了你自身的感受，眼界宽了，识别力也就会有所提高。

我想我们读乐史不必用学生念课本的办法，而可在泛览全书之后多留意那近代的一段，同比较熟悉的作曲家与作品联系对照而读之。（我自己的经验是有两部乐史最有味道，一是朗格的《十九世纪西方音乐文化史》，二是朗多尔米的《西方音乐史》。）

除了乐史，还想劝你翻翻乐人传记和乐人谈乐的书。其实这些也是一种乐史，而且是更具体生动的乐史。舒曼、李斯特、柴科夫斯基、柏辽兹等人论乐的书不但很值得一读，而且最好是不时地再去读读，以印证你自己倾听中积累下来的感受。当然绝不要以为大师之言“句句是真理”，对乐史也是如此。但如果对他们的见解不解，或难以信服，也便有了触动，可以“带着问题”再去倾听、思索、体验，这要比“无动于衷”地听往往更能提高鉴别力。例如柴科夫斯基对博拉姆斯的不感兴趣，强力集团对肖邦的贬低，老柴与柏辽兹对贝多芬九部交响乐的议论有同有异等等，都是读了极有启示也最能激发我们以新鲜的兴趣去倾听的。

有那么一批作曲家，虽然名登乐史，但其作品，有的可列于“妙品”，有些也许只能够上“能品”吧？这类作品是值得一听的，为了从对照、比较中获得对不同乐风与流变等等的体验，也是不可不读的。但我们应心中有数，不必稀里糊涂地把此类“妙品”“能品”混同于真正的“神品”，相提并论。随便举点例子，圣-桑斯、里姆斯基-科萨科夫诸公的有些作品，恐怕就是如此。

即便是真正伟大的大师们，难道就篇篇是珠玉？虽然索尔蒂颂扬莫扎特的音乐“无一句不美”，但乐史与传记中明明记载着，他的有些产品是敷衍庸众的游戏文章，你又何必从中寻觅天才的灵感？为乐艺呕心沥血的贝多芬，至少也有一部乐曲，假如你想去抢购那唱片，我会毫不迟疑地奉劝你：听听广播，了解是怎么回事便够了！此曲，即所谓《战争交响曲》(《惠灵顿胜利交响曲》)。

我以为，我们既不必因其为某位大师手笔便断定它值得顶礼膜拜，当然也不该一看那作者名声不显便低估了它。往往有这种情况：听一部声势不凡词藻华丽又有复杂技巧的大型协奏曲，你所得的实际感受，也许还抵不上一曲情真意挚的小品来得受用。甚而言之，我情愿再听一遍生气勃勃的“轻”性作品（比方约翰·施特劳斯的《蝙蝠序曲》)，也不大想让某种其貌俨然的交响乐，叫我纳闷半天。

你曾问起为什么帕格尼尼的协奏曲听来不过如此，感受不到当年的轰动效应呢？这正好做个例子来说明，“慕名”而往的“观光”，所得的往往是失望。关于“神弓”的神话，不值得再炒冷饭。但请容我略引一点并非虚构的报道：当年的英国报刊上耸人听闻地宣传“其非凡绝技足以令大部分小提琴手由于望尘莫及而绝望自杀!”当时上演了一出以《G弦上的协奏曲》为名的闹剧，对帕格尼尼引起的轰动作了哈哈镜式的反映：三百人精神失常而入院治疗，四百位艺术家由于张口结舌时间过久，再也合不拢嘴，不得不去动手术!

今天的我们绝不会像当年的听众那样“发烧”，也不会像当时座中的李斯特、舒曼等真正识货的人那么受感染了。其中缘故之一，据说是今日所演之谱是一回事，19世纪人们听到的又是一回事。帕格尼尼这位即兴大师是不看谱奏也不受谱的约束的。传世之谱不过是他据以即兴发挥的基础罢了（乐队部分的谱是完整的）（引维努斯《协奏曲》一书)。我们自然可以对此说存疑，却至少可以相信自己倾听的实感。我们如果不想去细究他运用的那些高难技巧（其实在现代已经失去了神奇性)，那么与其在他的作品上多耗精神而所得无多，为何不省下这份时光，认真倾听几遍贝多芬那部朴素而深沉的《D大调小提琴协奏曲》，跟贝多芬的心更贴近一点呢?

又比方说，门德尔松诚然是可敬可爱的，然而19世纪的英国人一度产生了门德尔松热，把他的音乐抬上了天。萧伯纳对这种庸流见识曾痛加讽刺。那么今天的我辈如果也感到他的交响乐不耐多听，也就是事出有因，无须自疑为欣赏水平不够了吧。

又如今日颇为流行的被改编得轻化（也庸俗化）了的经典之作，许多人喜欢。如果能由此而入严肃音乐之门，那倒也无可厚非，但如果我们竟将“中华杂碎”当成正宗原味的中国烹饪艺术来品尝，岂不冤哉！

人们都讨厌新老八股文。殊不知音乐中的“八股”腔也并不稀见。这种乐中“八股”也是以空话与陈言相结合为特征的。原来是新鲜、新奇的音乐语言，也容易化为“八股”。民族风格原来是令人耳目一新的，19世纪时有人炮制虚伪平庸的“民族风格”音乐，这现象也受到萧伯纳的抨击。此类音乐“八股”并不难鉴别，其不值得听，是无须多说的了。

“精读”乐中精华，辅之以对乐风各异，境界、气质不同的作品的“博览”，从比较、对照中逐渐品味出何者是言之有物，有真情深意，有真境界与个性的音乐，何者是虚有其表并无深意的作品。通过二者结合，以前者为主的倾听，形成自己的主见。提高这种“识货”的能力太重要了！这样才能获得真享受，不然的话，你只能跟着别人去抢购不值得买的热门唱片。

自有主见，而又在博闻精读、泛读乐史、乐评中，发现、修正自己原有的印象，改变成见，是最能使你向“知音”的水平提高一步的方法。西格蒙·斯派尔斯的《音乐欣赏》中有句话：“如果自己（对某些作品）的看法不断地变动，那很好，说明你的趣味在发展。”诚哉斯言！从前我对博拉姆斯是不屑一顾的，原因是受了有些评论的影响，嫌他晦涩。后来有位青年朋友告诉我，他听博拉姆斯《第二交响曲》的感受。我不觉心动，从此认真倾听他的作品，改正了看法。当然，原来一见倾心，觉得美得不得了的，后来发现，多听之后便意兴索然的作品也不少。这也是鉴别力有了长进。

我们既然深信，对于理性的问题贵在独立思考，那么，情感艺术，尤其是以声传情的乐艺，更不能不着重自我体验，不妨说，“眼见”（读别人赏析文字）“为虚”，“耳听”（自己倾听）才“是实”！

我想，我们业余爱好者有一种不受职业等等因素局限的优势，我们要敢于以我为主地去“探险”，我们要敢于独立自主地审美，敢于褒贬、抉择，也勇于修正成见、偏见。

你也许要反对：这都是乐评家的责任，我辈凡人哪有这本事？

有人在论文学作品时认为，创作者是以其作品在批评，批评家是以其批评在创作。我想，作与评不都是为了广大读者、听众吗？我们理所当然地是审美的主人了。当我们在倾听中同作者交流之时，既是在参与创作，同时也便在进行评论。那么在乐评工作极不发达的中国，我们“爱美者”又何必自卑而放弃那“天赋人权”呢！

音乐的诉述[①]

丰子恺

音乐艺术的最高形式，是奏鸣曲、三重奏曲、四重奏曲等所谓室内乐及由交响曲的管弦乐所成的纯音乐，这等当然是在音以外全不假借他物的援助与协力的。音乐所给人的至纯的欢喜，非由纯音乐则无从得到。为歌曲，则混入词诗（文学）的兴味；更进一步而为歌剧或乐剧，则在词诗以外又混入背景，舞台装置，优伶的动作、舞蹈，电光变化等分子，故音乐的力因之加强。但听者的注意大部分散在别的要素上，故其所给人的感兴虽可强烈一点，但绝不是纯粹从音乐得来的了。所以听了歌曲，看了歌剧而感到欢喜的人倘以为这欢喜从音乐得来，是与吃了葡萄面包或虾仁面而赞赏面的滋味同样的。歌剧借助于歌词的力、剧情的兴味、背景的美、演技的熟练、电光变化的妙巧，仿佛面之借味于虾仁或葡萄；纯音乐则仿佛面的纯味，朴素而深长。

欲叩音乐鉴赏的深处的门而登其堂奥[②]的人，务必向纯音乐而进取。故从纯音乐研究，是音乐鉴赏的向上的门。唯欲通过这向上之门，不是容易的事，不能强求之于一切的人们。又世间有种种的天赋的人，故纯粹的音（即音乐的形式）以外毫无一点依据的纯音乐，在有的人看来觉得像一片绝无岛屿可作标识的汪洋大海。对于这些人们，在奏鸣曲、四重奏、交响乐等形式上的一般的名称以外，有

---

① 节选自《艺术趣味》，长沙，湖南文艺出版社，2002。丰子恺（1898—1975），画家、文学家、教育家。

② 堂奥，指堂的深处。——校订者注。

附着解释时作“依据”或“作标识的岛屿”的“标题”的音乐，及用音叙述事情的叙述音乐。但音乐的性质，与用文字、线条、形态来明确地描出事件，再现物体的文学、绘画、雕刻等艺术根本地不同。音乐是以不确定为本性的，故不能像用文字文章的文学那样明了地叙述事件，也不能像绘画雕刻等那样明了地再现事体。所以虽说给它定标题，使它叙述事情，但不能与诗歌或绘画、雕刻相竞技。即不是明了地描写叙述事情，而是因了标题或事情的梗概而用特独的手法来表现作家胸臆中所被唤起的情调、感想，及脑际所浮起的思想的。这样解释起来，这种音乐中也可发现不少的大可欣赏的杰作。但其所给人的感兴，因为不受束缚于标题或事件的梗概而自由听取的事在多数的人们是做不到的，故不能有像纯音乐所给人的感兴的纯粹。但这也是从大体上论定的，只要是纯音乐就都可为最高鉴赏的对象，都配得上严密的艺术上的批评，倒也未可概说。也有离去标题乐的标题，不问所描写的事件的梗概而当做一篇纯音乐听时，反而比真的纯音乐更为优秀的佳作。文学鉴赏家不因作家为资产阶级或为无产阶级而动摇，不因主义、态度而决定，其作品的艺术的价值必常为决定的要素。在音乐，与在文学同样，鉴赏者也必是用自己的特独的鉴识眼，不，鉴识耳来从一切流派，一切倾向的作品中舍弃瓦砾而拾取珠玉的。

关于标题乐，评家间是是非非的声浪极高。现在只能择其尤者二三，试略述之，给读者诸君以“甚样叫做记述的音乐”的一个大体的概念而止。

在前面所例示的《英雄生涯》中，施特劳斯用着想象为他的夫人、友朋与敌人的各式各样的新律（即主题）。故其中所指的“英雄”，不外是施特劳斯自己。施特劳斯夫人只在用提琴演奏的一个长的独奏部中被描写着，其中用许多的装饰音符，以暗示夫人的婀娜的神态，作者施特劳斯是确信着在这一节中极明确地描出自己的妻的肖像的。听说他曾对某友人说：“你还没有与我的妻会面过，现在（即听了这独奏部以后之意）你就可认识我的妻；你倘到柏林，就可晓得哪个是我的妻了。”施特劳斯又曾说他的别一作品中描写着红发的女子的绘画。前面论述音乐的不确定性时，曾说音乐与绘画雕刻等存在于空间的造型艺术根本地不同，表示艺术家的思想、感情时并不借用一点外界的事物的力，换言之，即音乐不描写外界的物体，也不能描写外界的物体。然施特劳斯却信为音乐的一种言语现在是极确定的，他日一定可以明白地拿茶杯为题而作曲，使听众能区别于别的银的器皿或食器类，毫不感到一点困难。施特劳斯愚弄我们的吧？不会有这样的正反对的事。倘然不是愚弄，音乐真果能像前文所述地唤起种种感情以外又描写叙述物体，而能确信无疑的么？倘然他确信如此，关于这一点的他的思想在甚样的程度内是正确的呢？——这等疑问当然是要在聪明的读者的胸里唤起的吧。

在一种特别的听法的条件之下，及给听者以捕捉意义的一种标识的条件之下，音乐在某程度内确是能暗示外界的物体及事件的。但有二事不得不声明：即这种听法是很不自然的，又在音乐自身以外倘不给以一种标识，即仅用音乐，是不能明确地记述事件的。有了标识，意味就凝集，而能明确地暗示外界的物体；没有这标识，就没有意味，外界的物体或事件的暗示终不确定。

贝多芬的著名的《科利奥兰序曲》，全曲差不多是由两主题作成的。第一主题（a），是迅速的，不安定地动摇着。因了疾速的进行，与第三四两小节中的跳越的高度的关系，这主题就自然地带了一种神经质的不安。不关如此，这力强的终结仍有精力与刚强。第二主题（b）反之，是柔和的，圆满的，温和的。不是朦胧的小调而为明快的大调。且旋律的柔和的弯曲，赋予一种好像诉于这主题的可亲的表现力。倘然我们全然不知关于这两主题的事，而听的时候，不过像前面所述地在我们心中唤起某种的心的状态罢了。而其表现，必定是所谓主观的。听的时候，在不安或憧憬一类的主观的感情以外要是还有他种更确定的东西进我们的心来，那就二人二样，十人十色，因人而各异，恐怕绝不会在二人心中发生全同的感觉的。

但贝多芬给这曲定着《科利奥兰》的标题，一晓得这个题，我们就被给了一种寄托我们心中所起的不安之念及莫可名状的可亲的憧憬之心的特殊的某物，不晓得科利奥兰的事迹的人除外，凡晓得这事迹的人，就立刻会明确地推知哪处是表现科利奥兰的，哪处是表现其妻的。科利奥兰（意大利名为Caio Marzio Coriolano）是莎翁悲剧（1610）中人物之一的有名的罗马将军。以故永为罗马所追放，愤怒而约会敌人，誓扫罗马。举大军，自己亲立阵头指挥，直攻至距罗马五英里的地方，欲一举屠灭之。其母凡都丽亚与其妻伏伦尼亚流泪谏止，科利奥兰感于母子、夫妻之情而遂罢兵。——我们知道这样的故事。得了这个键，就可借此助力而在第一主题中想象科利奥兰的激烈的复仇心，在第二主题中听出二女性的和泪的哀怨与愁诉。不但如此，通过了全序曲，又可在想象上正确地找出这故事的痕迹来；到了终结处，听到（a）主题速度愈缓，终于完全消失的时候，又可与观书所得几乎同样明确地得到科利奥兰被母妻谏止而非本意地打消攻击罗马的决心的观念。

但现在要注意，单用音乐，是不能如数述出这故事的。即幸有这《科利奥兰序曲》的标题，故得在这序曲中听出这特别的故事来的。假使贝多芬称这曲为《马嵬坡》时，我们将听到第一主题写着杨妃被缢时的凶恶的情景，第二主题写着玄宗辗转思怀时的哀伤的心情了。因为这样，所以说：音乐的最自然又最普通的效果，是在我们的心中唤起主观的情调及心的状态；在音乐中听出我们以外的外界的物体及事件，是由于标题或别的同样物的暗示而来的。虽然如此，但音乐在某范围内，确是能暗示物体，说述事件的。

道统之外[①]

李　皖

中国文化传统中一直有一种十分强大的道德评判力量，这种力量强大到有时候淹没人性的程度。鲁迅先生说中国的礼教吃人，与这种道德评判不无关系。这种道德评判有一个特点，就是一切从社会出发，从国家出发，从政治出发，并把这作为价值判断的唯一标准。这种判断沿袭下来稳固下来，形成笼盖于一切之上的非常了不得的巨大社会力量，有时候扭曲了事实，有时候压抑了属于人性的正常的需求。关于这一点，我有一些亲身的体会。记得1989、1990年，大陆流行苏芮的《跟着感觉走》，报上曾出现一篇批评文章，说这歌有问题：怎么能跟着感觉走？那走到哪去了？应该跟着正确的思想走，跟着党的路线方针走。这一类的事，如果不是亲眼看到，有时候我们都以为是编的。但它真真实实地发生着，过去发生现在发生每年发生每天发生，当然，从发展的角度看，确实在变少，但是应该看到，这种道德思维仍是很有势力的。今年中央电视台曾组织过一台讨论，事情缘起于田震的一首歌，被一种评论认为是妓女歌曲。这首歌叫做《野花》，是一首有着浓厚民歌气息的非常不错的作品，音乐的情感也朴实真挚，在听众中没谁把它想歪，但是妇女问题研究者一听，它就成了妓女歌曲，只因为它有这样的歌词："山上的野花为谁开又为谁败/静静地等待是否能有谁采摘/我就像那花一样在等他到来/拍拍我的肩我就会听你的安排/摇摇晃晃的花呀/她也需要你的抚慰/别让她在等待中老去枯萎。"经她这么一

① 选自《我听到了幸福》，北京，三联书店，2003。

说，你觉得真是匪夷所思，这歌不是这回事啊，再怎么听也听不出妓女的腔调啊；哪儿跟哪儿啊，全都不挨着。但有些人就是能听出来，而且，类似的意见有时还是社会思想的主流，在家庭中是父母，压抑着年轻人；在单位是领导，控制着众员工；在社会上是有发言权的人，把握着舆论。也是这两年的事，内地引进了美国片——《廊桥遗梦》，马上有人把它往婚外恋上想，这样一来《廊桥遗梦》就没什么可说的了，整个一出邪剧。王小波当时写了一篇小文章——《奸近杀》，指出中国人特别发达的、敏感的道德神经，详文记不清了，倒是小波随手举出的一个往日的旧事，印象深刻，说当年中国演《茶花女》，有人不齿：说这是什么啊，整个一个嫖客和妓女的故事。

哪里不对呢？这种道德思维究竟是哪里出了问题？我们说：一、它抹杀了情感；二、它消灭了审美；三、它忘记了艺术是游戏的；四、它欣赏艺术的态度过于严肃以至于无法欣赏；五、它无法理解艺术的娱乐功能。中国的美学思想一直过于沉重，没有把美独立出来，给它以独立的价值，而是把一切都建构在国家之上，一切都要服从于它，都是国家的支撑体系，大到礼，小到乐，都与国家息息相关。这构成了中国音乐美学的核心思想：音乐直接联系着国家的兴衰，乐可以亡国也可以兴国。这说法如果给它一定的限度，应该说是有它的价值的。问题是无限地膨胀，就成了非常荒谬的、反动的东西。在中国音乐史上，一直是压制郑声（民间音乐），所谓郑声淫，而以国乐、雅乐为唯一正当的乐种，支持音乐僵化，而抑制音乐的创造，抑制人的自然的活力。中国人对艺术的畸形的道德评判，是体系化思想对这个国家禁锢程度的一个最极端的表现。

郑声只为下层人民存在，摇滚乐只为他的听众存在。它并不是为了达到政治的目的。这一点是道德化的艺术观念最难以理解的，它不能体会摇滚乐的乐境，不能进行音乐的欣赏，不能品尝存在于演奏、节奏、歌唱声音中的意义，而往往只能局限于文字的阐释，尤其是脱离了音乐乐境的文字的阐释。它不能理解那种张扬的表现，不能理解跟道德无关的情绪游戏，而自然视之为不健康的、威胁社会的社会情绪，无法体会它的情感功用和娱乐可能，无法正确地认识人性中真实的另一面，属于不羁的、个人情感领域的另一面。在中国，摇滚乐是家长们反感的，是艺术管理者戒备的，是中年人不解的，是教化者不喜的，这是道德化的艺术观念的必然。艺术有教育功能，同时还有审美功能。对中国来说，某些时候，把某些摇滚乐仅仅看作一种娱乐，倒是符合作品实际的进步的艺术观。

可想而知，当这种道德评判面对野性化的摇滚乐时，它会采用一种怎样的立场，而双方的关系会有多么紧张。摇滚乐恰恰在中国艺术观念中属于最薄弱的某些环节上，表现出它的强势：比如，它是个人立场的，它追求个性的释放，表达个体的看法；它有极强的娱乐性，在表演者和受众的集体狂欢中达到最高潮的效果。也恰恰是在这两个方面，它受到了中国社会最严厉的抑制。

中国摇滚乐无法成为表演音乐，除了政策上的限制，应该看到人格养成和既有道德对它的抑制，也许更深刻。中国到底有多少人群，能够成为摇滚乐的人群？跟它一起疯一起闹一起娱乐一起张扬？难，即使能表现，也往往不是表现得那么自然，有时倒成为另一种仪式。特别是实行计划生育政策以来，独生子女在城市中日益成为普遍的存在，他们自小就被家长有意识地包裹在一个柔软的保护中，属于激情的、个性的、自然生命的空气更稀薄了，他们本身是缺乏表演生活体验的：他们可能没有野性的童年或少年生活，他们没有亲近自然的机会，他们也没有体会体能和情绪自由喷薄的可能。同时，高度发展的现代社会是另一层柔软的包裹：电视时代乃至信息时代的包围，都抑制了不拘人格的发生。应该说，他们还没有长成时，就已经预先地被楔入到社会的组织化和体系化之中了。也许，他们能从现场音乐获得娱乐，但这种娱乐已被现代社会规整为消费的一种，跟摇滚乐的原来状态有着非常大的区别。

由于中国的摇滚音乐会非常少，它越发地要走专辑唱片的道路，而无法走“音乐生活”“民间聚会”的道路。同时这又越发地刺激了道德的批评，而无法推进摇滚乐表演的进展，实现音乐娱乐的深入和属于摇滚乐的独特审美的深入：比如现场审美。在这方面，中国人的经验是非常非常初级的。

还有一个有趣的现象，在现时的中国摇滚乐身上也经常发生。因为压制的过分，它的反抗也过分；因为社会意识畸形，出于反抗而形成的摇滚乐也成了畸形的。出于道统、政统的社会压制力量的局限，使摇滚乐的注意力也受到了局限，当社会意识是道德过敏症时，这种压力让摇滚乐也成了道德过敏症；摇滚乐队伍中极端分子的大量滋生，从内部阻碍它成为意义多元的审美体系。

摇滚乐有一个很大的特征，就是它并不从社会的规范出发。从很多方面，它都是以个体为准则的，而不代表社会的立场。所谓野生，就是萌发于个体，而不是从社会、集体的需要中培育出来，也不以社会、集体的需要来自我规范自我修剪。崔健写《超越那一天》，与香港回归这一国家大事有关，但他首先要表达的是作为个体的人的感觉，而不是作为一个国家公民他应该怎么想，他并不一定非要隶属于社会不可。从这个例子，我们能很清楚地看到两种态度的巨大分野。

当然，摇滚乐并不孤立于社会之外，恰恰是，它的魅力正源于它的社会内涵。当它与社会的关系越紧密，它就越成功；反之，就越疲软。摇滚乐手依靠自己表达对众多问题的看法，包括对社会问题的看法，这种方式焕发了个体存在的意义。

中国的摇滚乐源于一些城市青年，它不是教出来的东西，而是自然发生的。在生长过程中我们可以看得很清楚，它没有依赖群体，也没有承担义务，它是一些个人的表现行为：表现兴趣、表现技巧、表现才能、表现他们的喜爱，都是一些非体系化的东西。在这里面他们实际上是在寻求一种自我表现的方式，但个人性情的升华乃至文化的升华就在这种自我表现中发生了。因为是个人遣兴，所以它们很真。像冯梦龙评论明代的民间音乐："有假诗文，无假山歌，则以山歌不与诗文争名，而不屑假。"这是非体系创作的一个最可贵之处。大陆摇滚乐在初期，包括现在，也表达了大量非常幼稚的东西，有艺术上的，也有思想上的，这是很自然的。野生文化并不都是优秀的，也存在着自然的淘汰：一些人因为人格的局限，只能萌芽而无法长大，于是慢慢就枯萎了，或者稚态可怜；少量的，源于野生并且能够持续生长的，因为很真，因为发自现实，纯粹是个人的切身的感悟，所以能发展出卓然自立的东西来。

部分摇滚乐产生于青少年，并诉诸青少年，它能达到共鸣从而成为成功的文化，此时内容往往是对成人社会的不驯，对现状自以为是的批评。随着创作者的成长，摇滚乐也成长，听众也成长。一开始，它是青年文化，到后来，摇滚乐中成年的最优秀的部分，成为人类的不拘一格、独辟蹊径的精英文化。

第六部分

戏剧的化境

戏剧剖析　[英] 马丁·艾思林
戏剧在于能入化境　梁漱溟
京剧与传统文化　王元化
电影批评　戴锦华
好莱坞的戏剧化电影　彭吉象
《十面埋伏》：记住三分钟就够了　张艺谋
曲艺是综合艺术　汪景寿

导语

自从这个世界上有了电视，我们就能天天生活在戏剧和电影之中。只要打开它，就等于为你打破一堵墙，随意进入另一种生活中去。觉得不舒服，就换一家。他们演的内容你看厌了，就把电视机关了，回到自己的生活中来，也无所谓。

但，这是“跟着感觉走”，容不得自己琢磨、思考，当然也就谈不上艺术的鉴赏。

下面选的这几篇文章，都出于名家大师之手，他们对戏剧、电影和曲艺的本质作了精彩的介绍和阐说。你在看了这么多戏剧、电影和曲艺之后，再读它们，必定能悟出一点道理来。

戏剧剖析[①]（节选）

［英］马丁·艾思林

论述戏剧的书籍写过何止成千上万册，但是，戏剧一词的定义究竟是什么，似乎还没有人人满意的说法，我手头的《牛津辞典》是这样说的："适合于舞台演出的散文作品或诗作，故事情节通过对话和动作来表达，辅之以姿态、服装和布景，表演出来宛如真实生活，此即为一出戏。"这段话不仅绕弯子冗长，表达十分笨拙，而且根本不正确。它说是"散文作品或诗作"，那就大概含有这么个意思：事先已编有现成的戏文。这样一来，这个定义就不能适用于即兴演出了。又说是"故事情节通过对话……表达"，那么19世纪的巴黎广大观众大为欣赏的那些绝妙哑剧，今日的马塞尔·马索等等艺术家所提供的那些绝妙哑剧又怎样解释呢？"适合于舞台演出的"，那么电视剧、广播剧或电影，又怎样解释？"辅之以姿态、服装和布景"，姿态是有的，但是我看过一些很好的戏，却没有服装，或者确实没有布景；"宛如真实生活"，这可说得有点过头了！看来是设想一切戏剧都必须是现实主义的，那么《等待戈多》，或者就这方面而言，《风流寡妇》，是像真实生活一样吗？然而，这两个剧无疑都是戏剧。

我在其他一些辞典里查到的定义，也同样是引起误解的、不正确的。因为事实上，戏剧里体现的艺术、活动、人的渴望或本能，深深渗透在人性之中，渗透在人的无数行为之中，因而几乎不可能准确划清某种一般活动的终点

① 选自《戏剧剖析》，罗婉华译，北京，中国戏剧出版社，1981。马丁·艾思林，英国戏剧理论家。

和戏剧的起点两者之间的界线。

例如，我们可以把戏剧看做“游戏本能”的表现：儿童做游戏，装扮爸爸和妈妈玩耍，或装扮牛仔和印第安人玩耍，从某种意义上说，就是即兴戏剧。我们也可以把戏剧看做人类基本社会需要之一的表现（例如举行仪式的需要）：部落舞蹈、宗教仪式、国家大典也都包含着强烈的戏剧因素。我们还可以把戏剧看做我们去观赏的什么东西，作为供观赏之物而上演和编写出来，也就是一个场面。希腊语中 theatron（剧场）的意思是，人们去观赏什么东西的场所，例如，某位皇帝打了胜仗，凯旋进入罗马的场面就包含着戏剧因素；再如当时的基督徒和狮子角斗，当众执行死刑以及任何时代的供观赏的体育表演也都包含戏剧因素。当然，这些活动都不能视为真正意义的戏剧；但是，他们和戏剧之间的界限确实是无法准确划定的。例如，马戏团的杂技演员表现精彩绝技是不是体育活动？其次，小丑表演杂技动作也夹杂着小小的滑稽场面，该算作什么呢？骑士们假装袭击驿车，施展高超武艺，又算是什么呢？德国最伟大诗人歌德，对于一出戏里出现一只狗表演杂技动作表示抗议，辞去了魏玛宫廷剧院艺术指导的职位。他这样做也许是对的，不过，他对戏剧所下定义也未免狭窄了点吧？一出戏中难道必须所有的角色都由人担任，否则就不成其为戏剧了？要是这样，木偶戏和皮影戏（例如爪哇皮影戏）怎么说呢？演员都是画出来的动画片又算作什么？

我们或许应该从这样一个角度来看待戏剧的定义：凡戏剧皆不得没有演员，不管这演员是有血有肉的真人也好，投射在幕布上的影子也好，木偶也好。“用动作来表现的虚构情节”，这也许是戏剧的一个简练的定义，不过，它没有把用动作表现事实的纪实剧包括进去。或许说，“以模拟动作为基础的一种艺术形式”比较准确些吧？但是，有些抽象的芭蕾舞剧，甚至动画片，虽然也有动作，严格说来并不是模拟的，那么这些是不是戏剧呢？从某种意义上说不是，从另一种意义上说仍为戏剧。

下个定义，以及就定义进行种种思考，是有价值的，也是必要的，但是绝不可把定义绝对化。否则，定义就成了障碍，创新、实验和创造发明就不能有生气勃勃的发展了。正是因为戏剧这样的一种活动，它的界限无从准确确定，它才能够从此前被认为不属戏剧范围之内的源泉中不断吸取新的东西，不断更新。杂技、游艺厅表演、政治性游行、流行乐曲演奏等等能不能仍算作严格定义的戏剧形式，其实无关紧要，肯定无疑的是：戏剧艺术从这些形式中获得了重要的、有时甚至是意义极其重大的启发和推动。同样，定义更为严格的戏剧形式也可以有新的发展，例如发展出“广场剧”或多媒介混合演出。不过，这些是否还应该称为戏剧，大有争论的余地，这样的争论将澄清思想和方式方法，所以是有益的。争论的实际结果：究竟算不算戏剧，相对而言，也就不十分重要了。

不管怎么说，有一个极为重要的基本事实必须强调，因为这个事实虽然显而易见，却一直遭到忽视，特别是遭到那些自认为是戏剧传统和戏剧学问的捍卫者的戏剧评论家和教师们的忽视。这个事实就是，戏剧（舞台剧）在20世纪后半叶仅仅是戏剧表达的一种形式，而且是比较次要的一种形式；而电影、电视剧和广播剧等这类机械录制的戏剧，不论在技术方面可能有多么不同，但基本上仍是戏剧，遵守的原则也就是戏剧的全部表达技巧所产生的感受和领悟的心理学的基本原则。

戏剧作为人与人之间思想感情交流的一种方法，在现时代——伟大的德国文艺批评家瓦尔特·班杰明所称“可以利用工艺技术复制艺术作品”的时代，已经进入真正普及性的崭新的重要发展阶段。有些人现在仍然认为只有活的戏剧才是真正的戏剧形式，他们真是与谷腾堡同时代的人，只承认手抄本才是真正书籍的人们如出一辙。通过种种宣传工具，戏剧已经成为人与人之间交流的最强大的手段之一，其威力远远超过了谷腾堡革命的基础：这个基础无非是印刷文字罢了。

正因为这个缘故，对于戏剧的本质具备一定的认识，对于戏剧的根本原则和技巧有一定理解，而且能够从批判的角度思考和讨论戏剧问题，在当今世界上确实已经十分必要。这不仅仅适于索福克勒斯或莎士比亚的那些人类心灵的伟大杰作，而且也适用于“电视情景喜剧”，也适用于最短小精悍的戏剧形式，即电视广播广告节目。今日世界各工业发达国中，以戏剧为手段的交往沟通比比皆是，因此，我们应当能够了解和分析它对我们自己和我们子孙的巨大影响。由于戏剧表达形式的急剧增长，我们每个人都面临着这么一个巨大危险：我们的思想从下意识受到操纵，这种种控制有可能以潜移默化的形式奴役我们，但是，也为我们提供了发挥创造力的广泛机会。

风格和人物

戏剧是最具有社会性的艺术形式：就它的性质本身来说，是一种集体的创造，因为剧作家、演员、舞美设计师、制作服装以及道具和灯光的技师全都作出了贡献，就是到剧场看戏的观众也有贡献。戏剧的文字部分即剧本，是一个固定的永久存在的实体。但是剧本的每次演出的效果是不同的，因为演员对不同的观众的反应不同，当然对他们自己的精神状态的反应也有所不同。

这种固定的和流动的成分的结合，是活的戏剧胜过机械录制的一类戏剧如电影、广播剧和电视剧的主要条件。机械录制的戏剧由于演出以及剧本都永远是固定的，这就势必使它们的制品不可避免地要逐渐被废弃，因为表演、服装和化妆，以及录制技术等等的方式在变化，因此一些古老的广播剧的录音或旧影片就带有另一个时代古怪的、有点滑稽的制品的特点。只有像马塞尔·卡涅①的《天堂的孩子们》，或查理·卓别林或伯斯特·基顿②的喜剧这些最伟大的经典作品，或许能够幸免这种过时的窘态。

任何戏剧演出的最重要的因素就是演员。他将文字体现为有血有肉的形象；“有血有肉”这个词用的是它最明确的含义。人们到剧场去首先就是要看一些漂亮的人；此外，演员上台演戏也是为了赚钱。

否认任何戏剧感受中有一种强烈的性爱成分，是愚蠢的伪善。的确，戏剧（以及一切其他戏剧）的最大要求之一，就是它在各方面，从最基本的到最高的方面，同时产生效果，而且在一出最好的戏里，这两方面达到完美的结合。例如，我们欣赏莎士比亚的《罗密欧与朱丽叶》这个剧本里的诗，并不仅仅是因为它是绝妙的诗篇，而且还因为那些诗是由一个能使我们动情的漂亮的年轻女人或男人体现出来的。这种激情提高了诗的价值，而诗又使得激情更崇高了，从而消除了肉体与灵魂、现实与精神（在任何情况下，这都是荒谬的对分法）之间的界限，重新肯定了肉体上和精神上的人的一致性。

演员体现并表达作者提供的剧本，看起来他们有充分的自由，按自己喜欢的方式去演。但这只是在某种程度上说才是对的，因为作者拥有一种强有力的手段来使演员按照他所希望的表达方式去做。这种手段就是风格。

假定一个演员要念剧本里的下面一段台词：

告诉我，亲爱的朋友，你带来什么消息！
我洗耳恭听，虽说由于希望和恐惧交织而惶惶不安，

---

① 马塞尔·卡涅，法国电影导演。
② 伯斯特·基顿，美国喜剧演员和导演。

但是不管消息怎样，决定忍受它……

或者，他必须这样来表现同样的思想和情境：

快点，彼得，讲出来吧。我急于听到消息……请坐……要不要喝点什么？……你知道这消息对我多么重要……我希望结果是乐观的……可我也总是怀疑。你是喝水还是喝苏打水？……瞧，告诉我你要说些什么……我经得住……

显然，头一段，因为它是诗，用语也略为高雅，演出时不能像表现同一思想和情境的第二段时那样烦躁不安和自然主义。作者用诗体来表达这段台词，就使得演员在表演时不可能，比如说，请他的客人喝点什么。因为在庄严的无韵诗里，根本不会去问客人喝水还是喝苏打水（如果这样做，就会产生在这儿显然不需要的十分滑稽的效果）。因此，演员一面要清楚地念出这一段高雅的诗句，同时又必须摆出一副更严肃、正经得多的姿态，他的手势要更加潇洒，他的面貌要更为端庄。表演这样一段台词的演员，比方说，如果他说话时挠挠头、挖挖鼻孔，那就不可思议了。可是对于说第二段台词的演员，这一切都是十分可能的，因为句子的节奏比较不拘形式，断断续续，用词也较为普通。布莱希特既是一个剧作家，也是一个卓越的戏剧导演，他要求戏剧家运用手势语言，就是说写剧本时要给演员规定正确的动作和行动的方式，而使他按照剧作家的意图去表演剧本里的台词。

但是写作的风格还起着另外的作用：一种对观众介绍情况的作用。观众根据剧本写作的风格可以立刻（多半是下意识地）知道他们应该怎样看待这个剧本，期望从剧里得到些什么，应该作出什么程度的反应，因为观众的反应大多是根据他们心目中的期望而定的。如果他们以为剧本的意旨在于引人发笑，他们就会更加乐意地放声大笑；如果他们从一开始就知道这个剧本要更严肃地去对待，那就不一样了。观众是通过剧名、作者和演这出戏的演员或者节目单上的说明（是悲剧还是笑剧）才知道这些的。不过还可能有许多观众事先不了解这种情况，甚至从节目单里往往也不清楚剧作家或导演的意图是什么。贝克特的《等待戈多》这个在当时以极奇特的风格出现的剧本，在首演时观众不知怎样反应才好，是笑还是哭。但是在大多数情况下（按照一般的常规），说话和表演的风格，布景和服装的风格，立刻会把必要的情况暗示给观众，以致他们能把自己的期望定到一定的高度：如在上述的例子中，剧本会让观众知道，这个剧演出时将抽象化到什么程度。例如，在拉辛[①]的悲剧里，高度格式化的亚历山大格式诗句的特色本身就立刻清楚地表明，这个剧本将集中表现其中的人物最崇高的感情。在这样的一些剧本里，丝毫不谈有关人物一心想着的种种微不足道的事情。根本看不到费德尔[②]或是昂朵玛格[③]吃东西，或彼此谈家常。剧中的诗句和语言水平，很快就使我们意识到这一点。

那么说，一个剧作家根据什么决定他所要写的剧本的风格？他什么时候应当用诗，什么时候应当用散文？

诗把那些习以为常的动作取消了，并使人明白作者并不打算描绘生活中一切平淡无奇的细节。艾略特[④]觉得在他的剧本高潮中应该达到最强烈的感情，而这只有用更丰富的语言和流畅的诗的节奏才能表达出来。为了使自己能以和缓的转折而无损于风格来达到这种高潮，他开始写像《鸡尾酒会》这样的诗剧，但是诗的意味很淡薄，听起来几乎像散文——

阿列克斯　你完全没有抓住要点，朱莉亚：
　　　　　并没有老虎。这就是关键。
朱 莉 亚　那么你们当时在干什么，爬在树上？
　　　　　你和那个“土邦主”？
阿列克斯　我亲爱的朱莉亚！毫无办法。你根本没有听
　　　　　……

这时候，观众也许几乎注意不到这种平淡的谈话是用诗来表达的，但是他们会逐渐意识到它的节奏。在戏的高潮中，当其中的一个角色为她的宗教信仰而殉难时，作者就可以把激情和诗歌的气氛提高到更加浓烈的程度：

雷里　我敢说她忍受了一切我们应当忍受的
　　　在恐怖、痛苦和憎恨中
　　　——这一切交织在一起
　　　还有躯体不愿化为尘土。
　　　我敢说她受的苦更多，因为她比我们这些生者
　　　更自觉。她在痛苦中付出了
　　　最高的代价。那就是部分的谋划。

---

① 拉辛，法国剧作家和诗人。
② 费德尔是拉辛的剧本《费德尔》中的人物。
③ 昂朵玛格是拉辛的剧本《昂朵玛格》中的人物。
④ 艾略特，英国批评家、诗人和戏剧家。

一个剧作家选择诗的形式写剧本的另一个原因，就是他不能在他的剧本里重新表现出人物实际上是怎样说的，因为事情发生在遥远的过去，或者在另一个国度或文明世界里，它同我们距离太远，以致很难用日常英语重新表现出来。诗就用不着努力去达到一种十分令人信服的现实效果。这就是描写历史或异国情调的一些现代剧往往采用诗剧的原因。可是另一方面，像萧伯纳这样的作家，想强调那种将历史人物看成跟我们自己不同的做法是怎样荒谬，因而让若安达克或凯撒说出那些显然是不合当时代的现代英语，从而把这些历史人物的神话性都取消了。

这就说明写剧本时（因此也是演出时）所用的语言水平和风格，同观众在什么高度上看待人物有一定的关系。杰出的加拿大批评家诺思罗普·弗赖曾指出对话的四种水平（这适用于长篇小说，也适用于戏剧）：如果观众把人物看成是至高无上的神，这属于神话一类；如果观众把人物看得比自己更崇高，就是英雄人物一类；如果观众把人物看成跟自己处于同一高度，那就是现实主义的风格；如果观众轻视人物而认为他们是可鄙的，这就是讽刺的样式。

神话（如希腊悲剧）要求高度奔放的诗的语言。描写那些国王和王后，以及所谓超人的英雄男女的史诗剧，也需要崇高的语言。

就现实主义的方面说，当作者让我们看到的是跟我们自己处于同样社会地位的人物，就需要用散文。如果说人物是我们所鄙视的，就是说我们感到智力上比他们优越（比如在笑剧或讽刺剧里），语言也可以风格化，因为我们看到的人物又是同我们有距离的，虽然这个距离是低于我们的距离。这里的语言可以机械地重复，夸张地表明其愚蠢性，或者像讽刺剧或谐谑剧里那样，是真正的讽刺诗。

应用于整个剧本的一般风格，对于每个人物也同样适用：一个有造诣的剧作家所写的好剧本里，每个人物讲话都有他独特的风格——不过它必须是整个剧本的全部语言水平之内的一个可变数。

换句话说，作者既已确定了剧本的语言可以在其中变化的较低的和较高的界限，他就可以在这个范围内变化语言的水平，全依他希望观众怎样去看待这个人物，或者其实就是这个场面而定。当哈姆雷特在沉浸于深切的情感之中的时候，他说的是诗句；而当他教导演员或躺在奥菲莉亚的膝上休息的时候，他就用散文说话。至于那些掘墓人（观众感到自己比他们高一等的那些丑角），甚至用更低下、更古怪的散文说话。当用散文来表达崇高的感情时，就应当是富有诗意的散文。

但是语言绝不是剧作家用以塑造人物性格的唯一手段。语言定下一般的基调，剧中各个人物的性格描绘，主要还在于他们的行动和反应。一些虽有抱负但缺乏经验的剧作家最常犯的错误之一，就是认为可以借戏中另外一些人物谈论一个人物来描绘人物性格，例如：

琼　斯　你认为史密斯怎么样？

麦　克　噢，一个小气鬼。尽管他有的是钱，他从来不肯借给别人。

等等。有人会认为这样就可以描绘出史密斯的性格。但奇怪的是（只有长期的经验才使人深信这一点），这种报道式的性格描绘，在戏剧里根本不起作用。莎士比亚也用另一个人物去描绘一个人物，但是性格描绘的真正效果往往来自人物本身的一举一动。要是你让史密斯上场自己来表演他的吝啬，就会取得更大的效果：

琼　斯　嗨，史密斯。今天你看来很高兴。

史密斯　是高兴。刚刚在赛马场赢了五十镑。跟一个外行打赌，赢了个 50 比 1。

琼　斯　恭喜你。顺便说说——我现在手头正紧。能借给我五镑吗？下星期四还，行不行？

史密斯　对不起，老朋友。确实不行。你知道我多么穷……

这样写还有一个好处，它也刻画了第二个人物是个即时投机的机会主义者。谁都清楚，这是个异常简单的例证，但是我认为它足以说明问题。分析任何一个写得巧妙的剧本，你都会发现性格塑造一律是在于行动。当然，在戏剧里，语言往往就是行动。还可以进一步，要求戏剧里的一切语言都必须变为行动。在戏剧里，我们所关心的不仅是一个人物所说的话（他们的话里的纯粹语义学的意义），还有这个人物说这些话干什么。

吉　姆　丽莎，明天晚上你能同我去看电影吗？是朱迪·加兰的电影，在本地电影院。

丽　莎　对不起，吉姆，明天晚上我还得洗头呢，真抱歉。

这里问题不在于那女孩说什么（她要洗头），而是在于那些话对另一个人物意味着什么。她这样说就是拒绝那个青年男子对她的追求。这也就是演员和批评家要区分台词和潜台词的原因。

这里让我再来谈谈构成戏剧的特殊效果和威力的一个十分重要的因素：即使在上面所举的那段极简单的小小对话里，也应该由观众自己去判断，在那个每星期四晚上都要洗头发的女孩平淡的话语后面掩盖的行动究竟是什么。我们这些观众，必须判断她这么说是不是等于拒绝。我们要根据我们自己的经验，根据我们自己在生活中碰到类似情境时的反应试着去判断。由于我们要做出判断，我们就不得不把自己放在那个拒绝或被拒绝的人物的地位，我们必须发挥高度的移情作用，以剧中人物自居——跟人物一起体验舞台上的行动。而这种行动是意在言外，没有说出来的。在（既是行动也是性格塑造的）戏剧里，没有说出来的话与说出来了的同等重要。这里的关键不在于所说的话，而在于讲话时所处的情境。在契诃夫的《樱桃园》最后一幕里，作者设置了这样一种情境：大家都盼望罗巴辛会向瓦里雅求婚。最后两个人一起在我们面前出现了，他们闲聊着最无关紧要的家常话，言语虽然琐细，感情却是浓厚的。这不过是因为我们意识到将要发生的事情，而不在乎他们正在说些什么话。而正发生的事情就是，这两个人错过了他们最后一次幸福的机会。这是由于羞怯，由于懦弱，由于不善于说出恰当的话的缘故。在这里，人物说话很少，但这既是一种强有力的和难忘的性格塑造，同时也是一种强有力的和难忘的行动。

舞台剧与电影、电视剧、广播剧

戏剧的交流方式，在剧场中与在电影、电视剧和广播剧这几种戏剧形式中的基本一致性，在我看来是一个无可辩驳的明显事实。归根到底，舞台剧可以摄制成电影、电视剧，并可由无线电广播，当然都要经过适当的改编，但是它们的表达方式在本质上并没有什么改变。相反，有些舞台剧也取材于电影剧本，如成功的舞台音乐喜剧《小夜曲》开始时是英格玛尔·伯曼[①]的一部影片。电视剧如品特的《情人》和《搜集证据》也成功地在剧场上演。电视每天放映故事片，缺乏经验的观众很难看出它们跟专为电视而写的剧本或连播剧有什么不同。有许多剧本开始时是广播剧，最后也在舞台或银幕上演出：特别是罗伯特·波尔特[②]的《合乎时宜的人》，原来是为广播而写的，后来由电视放映、舞台演出并摄制成电影。再如彼尔·诺顿[③]的《阿尔菲》，起初也是广播剧。甚至历来上演

---

① 英格玛尔·伯曼，瑞典导演。
② 罗伯特·波尔特，英国剧作家。
③ 彼尔·诺顿，英国戏剧家和小说家。

时间最长的阿加莎·克里斯蒂①的《捕鼠机》，开始时也是一出广播剧，名叫《三只瞎老鼠》。

这四种不同的戏剧演出形式的基本一致性，还有一个更为明显的证明，就是剧作家往往既可以写舞台剧或电影剧本，也可以写电视剧或广播剧。同样，导演和演员也有类似情形。在其中每一种戏剧形式中，复杂的技巧虽有差别，但这些差别只不过是一种基本的戏剧技巧稍加改变而已。

因此，使我感到更加奇怪的是，关于戏剧的美学和技巧的著作几乎都是专为舞台剧而写的，而关于电影的大量高深莫测的论述，很少注意到广义上的戏剧的基本概念。（这里，一个值得尊重的例外就是让-卢·戈达德②，他坦率地承认自己对于贝托尔特·布莱希特这位舞台戏剧理论家的感激之情。）

可是，我相信，要真正鉴别不同的戏剧形式之间的差别，首先就必须承认戏剧作为戏剧的基本一致性。而且，正是从这种高度来看问题，才能充分认识电影、电视剧和广播剧是怎样转而影响舞台戏剧的。

用机械手段预先录制的戏剧（就电视和广播来说，很少例外：这方面一度有过现场上演的戏剧，可是现在实际上已消失了），它们跟舞台剧比起来既有优点也有缺点。舞台剧是"活的"，不管它排练得怎样精致，还是有自然流露的激情，而且还有观众对演员的反馈作用（这就是它同任何机械复制的戏剧相比起来的主要长处）。另一方面，用机械手段预先录制戏剧使得导演有改变演出场面的无限宽广的余地，通过蒙太奇和剪辑等手法，在场景的结构上有更大的灵活性。况且，电影和电视的摄影的本性，使得背景有更深切的现实感，而且这种拍摄下来的东西，也可以防止任何脱离现实主义的形式化的东西。在电影和电视里，甚至古装剧也成了问题——戏剧情节的时间距现在愈远，背景和服装的现实性跟人物所使用的语言的当代性之间的冲突也就愈大。诗剧甚至成为一个更大的问题。这种问题也可以解决，不过需要更大的独创性，而且导演要充分意识到他在把诗剧拍成电影或电视剧时所要克服的这两种戏剧形式的内在的困难。

但是舞台剧与所有这三种用机械手段录制的戏剧之间最主要的不同，还不在于此。摄影机和麦克风是导演的左右手、他的耳目，它们使他能

---

① 阿加莎·克里斯蒂，英国侦探小说家。

② 让一卢·戈达德，法国电影导演。

选择他的视点（或听点），并且靠变换远景和近景，靠剪接随意转换人物与地点来引导观众的注意力。如果一个人物在看着另一个人物的手，导演也可以剪接上手的特写镜头，迫使观众也去看这只手。因此在机械录制的戏剧中，导演有全权支配观众的视点。而在舞台上，视野中的画面总是那么大小，观念中的一个人可以随意地去看那只手或者看别处。实际上每个观众都在选择他自己的摄影角度，因此他自己在做着导演在电影、电视剧和广播剧里（在细节上略有不同地）为他所做的事情。这种不同对于舞台有利也有弊。在舞台上，一个导演也许不能使观众的注意力集中于他想要强调的情节上，而在电影里就不可能发生这样的事。另一方面，一个包括许多人物的场面的那种复杂而微妙的和谐结合（契诃夫的舞台特色之一），在电影或电视里就更困难得多了。比一望而知要复杂得多的感觉，那千差万别的人物对比的丰富多彩，在一种明确地引导着观众的眼睛而不让其随意东张西望的电影和电视剧里，势必就要减弱了。

各种戏剧形式之间另一个不同的重要方面，涉及到思想感情交流活动发生的环境的心理学。在这里，电影和舞台剧是在分界线的同一边，因为它们是演给坐在比较固定的座位上的成群的人看的，这批观众特地来看演出，而且在大多数情况下，希望看到演出结束。而在分界线另一边的是电视剧和广播剧，观众和听众是在自己家里，可以随意开关，而且看电视或听广播的人往往是一小群人，或者甚至是个别的人。戏院或电影院还能提供群众心理的条件，如富于感染力的笑，观众之间的反应的互相呼应，这是通过观察（和模仿）邻座的人的反应而产生的。在电视剧和广播剧里就只能依靠个人的反应。举个例说，恐怖（比如在大古依格诺戏剧或恐怖电影里）在使每个人感到安心的一群人当中所产生的效果，跟一个高度神经质的观众单独看电视时所产生的效果大不相同。因为对于电视剧的单独对象来说，没有可能望望周围，发现别人不像自己那样惊恐，而且结果即使不致惊慌失措，也不会像经历一次恐惧同时又明确地知道不过是一场无害的娱乐所产生的微妙的震颤感那么惬意。

在舞台上，观众和演出之间的距离是不变的，而在机械录制的戏剧里这就有变化：用一个特写镜头，或者广播里低声的内心独白，观众会感受到同演出有最大的亲近感和亲切感。在远景里，距离就远了。至于电视，至少在现有的技术条件下荧光屏仍比较小，因此，远景的一些细节也就大大减少了，所以最有效的镜头，是特写或中景。因此电视剧的优点，往往就在于它能使为数不多的人物同观众接触的那种亲切感。许多最好的电视剧本就是得力于这种接近感和亲切感。塞缪尔·贝克特的电视剧《啊！乔》就是一个恰当的例子：这里只看见一个人，摄影机毫不留情地一步步逼近他，同时我们（还有他）听到一个女人（她的不幸是由他引起的）的声音。最后摄影机紧靠近这个男人的脸，一切都消失了，只有他眼睛里那对惊恐的、睁大的黑瞳孔。这里贝克特在电视摄影机的这种可怕的逼近的同时，使用了内心独白。

内心独白往往被看做广播剧的特长。由于缺乏视觉的范围，就迫使广播剧听众自己把剧中情节形象化，把它真正放进自己的头脑里，自己的想象中，这样就使这种幻想、梦境、回忆和人的内心生活的世界成为广播剧的理想题材。客观世界可以凭臆想虚构（而许多广播剧也和电影一样，是现实主义的），但是甚至这种对现实世界的客观描绘，也要被广播剧听众想象化的这一事实，使得广播剧作家有机会从现实的世界进入想象的世界，时常让听众自己去判断他们所感受的究竟是现实还是幻想，是事实还是梦境。因此人们公开的言论和伴随这些言论的隐蔽思想之间的对照（尤金·奥尼尔在他的舞台剧《奇异的插曲》里，曾煞费苦心地力图做到这一点），就成了广播剧通过其技巧便可轻易做到的事情。

那些可以经常看和听的电视剧和广播剧同戏剧、电影之间的根本区别之一，就是它们的连续性。到剧场甚至电影院去看戏只是一件偶然的事，心里也感觉到是这么回事。而电视剧和广播剧则形成新闻、消息和娱乐的一整套连续节目的一部分。需要安排这一套连续性的节目，同需要将一连串的事件安排在某个戏剧作品里是同样重要的，因而节目制定者和接受人双方都真正希望有固定的节目、经常重播的特辑，并在易于辨认的时间播送。（比如，定时播送的新闻，每星期二下午7点30分的受人欢迎的连续广播，等等。）这就是电视剧和广播剧之所以特别倾向于分为几套节目的缘故。人们所熟悉的虚构人物（侦探、警察、医生），或是一家家、一群群的人物，他们每星期经常在固定时间出现（“连续广播剧”就是每天定时播送的），这些人物或许是电视剧和广播剧对于戏剧的最独特的贡献。连续广播剧的形式在许多方面使作家的技巧大为简化，因为作家一旦致力于这种形式，他就用不着浪费时间和精力去写开场白，在每一段情节的开头来介绍他的主要人物；因为他们早已为观众所熟悉了。这就使得戏剧的连续形式在时间的运用上十分经济：故事可以“从中间开始”。

可以连播几年的这种连续广播剧的主要人物，在观众中获得了一种极特殊的真实感，他们为观众所熟悉，人物和演员完全融为一体，以致他们差不多类似神话中的英雄。这就是说他们被看做比真正的社会上知名人士还要真切。因此，一些纯属虚构的人物的婚丧大事，往往跟社会上发生的重大事件同样重要，仿佛是同一位真正的政治家或运动健将有关的事一样。

这些民间神话的新英雄人物从电视剧和广播剧中涌现出来，显示了我们时代的种种戏剧表现形式的新的重要性。

像布莱希特（他为广播、舞台和电影写作）、贝克特（他写过一些舞台剧和广播剧，以及一个电视剧本和一个电影剧本）、品特（他对所有这四种戏剧形式持观望态度）、奥斯本①、威斯克②、罗伯特·波尔特等剧作家，都曾全部地或大部分地运用这些不同的戏剧形式进行写作，并且在这几种形式之间自由地随意选用，这一事实本身就加强了我开头的论点：尽管各种戏剧形式在技术上和美学上有所不同，它们归根到底都是戏剧。几种新的戏剧形式简短的历史已经产生了特别令人鼓舞的相辅相成的作用，活的戏剧绝不是从这种作用中获得利益的最后一个。在打破了佳构剧的严谨结构后，电影技巧现在也易于为活的戏剧的观众所接受了（很短的场景彼此交错），还有场外解说（它通过广播又回到了剧场）也都易于接受了，所有这一切十分清楚地说明了新媒介的戏剧形式对舞台剧的影响。

毫无疑问，各种戏剧形式的这种互相交错将来还会继续下去，而且越来越多。活的戏剧，特别是它能以最少的技术手段和费用做种种实验，这对于一些需要大量贵重设备的、比较累赘的电影和电视剧来说，一定还有极大的重要性。因此活的戏剧，可以作为新设想和新人才的训练场所，以及新设想的实验场所。这些设想如果不经过实验，就不足以证明大批资本或物力的投放是合理的。反之，电影、电视剧和广播剧又为戏剧的交流形式，招引来大批新的观众。有些一生中从来没上过戏院的人，现在也从电视和广播里接触到大量的戏剧材料（至少在欧洲，广播剧仍然是公共广播事业的一个强有力的组成部分），而这反过来势必又会产生一大批新的富有经验的观众，他们大声疾呼要求提供具有高度文学价值和艺术价值并有高度知识水平的作品，而这种作品只有像活的戏剧这样的少数艺术形式才能最终提供出来。在英国和美国（这些国家不久以前，在戏剧里一直缺乏一种非营业性的部分），地区戏剧和定期轮换剧目制戏

① 约翰·奥斯本，英国剧作家。

② 阿诺德·威斯克，英国剧作家。

剧的发展，已经证实戏剧的交流方式通过电视剧和广播剧而传播的效果。通过电视剧和广播剧的传播所培养出来的，不仅仅是观众，还有创作人才。英国有许多年轻的一代剧作家，起初都是由于广播剧和电视剧而对戏剧表现形式发生兴趣的。他们之中许多人来自偏僻的地区，有不同的社会背景，如果在较早的时代，他们决不会接触到戏剧，因而他们的才华就不会被发现，也根本得不到发挥。

纵观整个戏剧史，它的发展是一个分化的过程：歌剧、芭蕾舞剧、哑剧、木偶戏、音乐剧、马戏，所有这些根本上都是获得了半自立状态的戏剧形式。电影、电视剧和广播剧的出现，继续了这种分化过程。但奇怪的是，它们同传统戏剧的联系，反而比例如歌剧与话剧之间的联系更深。而且正如戏剧的一切分支的相辅相成是一个延续的过程一样，活的戏剧也从芭蕾舞剧或歌剧得到启发，反之亦然。因此舞台剧和机械录制的戏剧之间的相互影响，将会不断地变得更加强烈。考虑到多媒介混合表演、广场剧，以及编剧或演剧新经验的其他形式，我们已看到一些迹象，预示着将来这种分化和相辅相成的过程势必还会继续下去。

戏剧在于能入化境①

梁漱溟

我对于戏剧所知甚少，没有什么研究，不过我有我的戏剧观。记得俗语上有两句话，很足以说明戏剧："唱戏的是疯子，看戏的是傻子。"这两句话很好。我虽然不会唱戏，可是在我想，若是在唱戏的时候，没有疯子的味道，大概是不会唱得很好；看戏的不傻，也一定不会看得很好。戏剧最大的特征，即在能使人情绪发扬鼓舞，忘怀一切，别人的讪笑他全不管。有意的忘还不成，连忘的意思都没有，那才真可即于化境了。能入化境，这是人的生命顶活泼的时候。化是什么？化就是生命与宇宙的合一，不分家，没彼此，这真是人生最理想的境界。因此想到我所了解的中国圣人，他们的生命，大概常是可与天地宇宙合一，不分彼此，没有计较之念的。所谓"仁者浑然与物同体"者是。这时心里是廓然大公的，生命是流畅活泼自然自得的，能这个样子便是圣人。由唱戏说到圣人，似乎有些不伦不类，其实其中是有些相通的地方。

人之所以不同于其他动物者，也就是人类的最大长处，即在其头脑能冷静；头脑能冷静才能分别计算，这就是理智。但人类之最大危险亦正在此，即在其心理上易流于阴冷。在人情世故利害得失上易有许多计较，化一切生活为手段，不能当下得到满足。譬如我讲话，假使觉得这是我的职务，不得不如是应付，固然很不好；即使希望大家叫好，而拿讲话作手段，这也是在当下不能满足，而是一个

① 选自《朝话：人生的省悟》，天津，百花文艺出版社，2005。梁漱溟（1893—1988），思想家、教育家，现代新儒家的早期代表人物之一。

危险。

心眼多、爱计算的人，就惯会化一切生活为手段，他的情绪常是被压抑而不能发扬出来，他的生命常是不活泼，而阴冷、涩滞。这个危险常随着人类进化而机会愈多，更容易发现。反过来说，譬如野蛮人，他们的生命却常是发扬的，情绪常是冲动的。越文明越是不疯不傻，但也正是一个危险。所以据我推想，戏剧怕是越到将来越需要的，需要它来调剂人的生活，培养人的心情。

在这里我还可以加说一句话——就是礼乐。我所了解中国的礼乐，仿佛就是唱戏，将人都放在戏中去唱大戏，唱完了戏还完全不知道是在唱戏。我对戏剧是看重歌剧，不重话剧。话剧离我所说的意思远，因其理智分数多过于情感分数，情绪发扬之意少，与生活太接近，太现实。我觉得艺术就是离现实远的意思，太现实便无所谓艺术了。戏剧在西洋多话剧，在中国旧日以歌剧为多，其中恐怕也是这个关系——西洋理智发达，中国情感发达。

在我从没有看见过一个满意的戏剧。我对文学艺术之类老用不上心去；可是在我心中常存一个意思，就是觉得这里面宝藏着很多有意义的东西，值得欣赏。记得在北京开始提倡戏剧最力的，是办北京《晨报》的蒲伯英先生，他曾创办一个人艺戏剧专校（现在山东省立剧院院长王泊生即为当时学生）。我常惦记着想去看他们做的究竟如何，希望着他们或会做得好。后来在这学校将停办的前几天，公演一次，我曾去看，剧名《阔人的孝道》，我看后仍是觉得不能满足。还有俄国的旅行剧团到北平，《晨报》很替他们鼓吹，我尝找了一个空闲，同张竞生先生去看过一次。剧是歌剧，剧情是描述一件古代皇宫中的故事。看过几幕，我觉得非走不可，因其粗野讨厌得简直不堪入目。我很愿意有暇能到各处看一下，到底有否我心中理想的戏剧。

京剧与传统文化①

王元化

一、模仿说与比兴说

如果容许我用比较方法来阐明东西方艺术传统特点的话，那么，可以说西方艺术重在模仿自然，中国艺术则重在比兴之义。西方的模仿理论最早见于亚里士多德的《诗学》，中国的比兴理论最早见于《周礼》的六诗说和《诗大序》的六义说。六诗和六义都指的是诗有风、赋、比、兴、雅、颂六事。最初在《周礼》和《诗大序》中，这六事并不是如后来那样分为诗体（风、雅、颂）和诗法（赋、比、兴）两个方面。这种区分始于唐代，唐定五经正义，孔颖达作疏，开始将诗之六事作体用之分。在这以前，诗体诗法是不分的，体即是用，用即是体。比兴之义所显示的艺术特征与西方艺术是很不同的。模仿说以物为主，而心必须服从于物。比兴说则重想象，表现自然时，可以不受身观限制，不拘守自然原型，而取其神髓，从而唤起读者或观众以自己的想象去补充那些笔墨之外的空白。比兴说既诉诸联想，故由此及彼，由此物去认识彼物，而多采移位或变形之法。陆机《文赋》有离方遁圆一语，意思说在艺术表现中，方者不可直呼为方，须离方去说方，圆者不可

① 选自《京剧丛谈百年录》，武汉，湖北教育出版社，1999。王元化，思想家、文学理论家。

直呼为圆，须遁圆去说圆。《文心雕龙》也有“思表纤旨，文外曲致，言所不追，笔固知止”，意谓有一种幽微奥秘难以言传的意蕴，不要用具有局限性的艺术表现使它凝固起来变成定势，而应当为想象留出回旋的余地。诸如此类的意见在传统文论、画论中，有着大量的表述。如“言有尽而意无穷”“意到笔不到”“不似之似”“手挥五弦，目送飞鸿”等等，都是阐发同样的观点。

记得一位已故友人陈西禾在抗战初曾发表一篇题为《空白艺术》的文章，也是阐发艺术创作中笔墨之外的境界的。可惜这篇写得十分精辟的文章没有得到应有的反响，今天几乎已经没有人知道这件事了。我们书法中有飞白，颇近此意。空白不是“无”，而是在艺术表现中有意留出一些余地以唤起读者或观众的想象活动。齐白石画鱼虾没有画水，这就是空白艺术，观众可以从鱼虾的动态中感应到它们在水中悠然嬉戏的情趣。京剧中开门没有门，上下楼没有楼梯，骑马没有马，这些也是空白艺术。这种空白艺术在西方是罕见的。我只知道契诃夫在他的剧作中很喜欢运用停顿，停顿近似空白艺术，但又不完全相同，似乎着重在节奏和氛围的处理上。本世纪现代派艺术兴起后，英国导演彼得·布鲁克所著《空的空间》，才放弃了模仿的写实传统，而和中国的虚拟性的写意艺术逐渐接近起来。

由于处在不同文化传统的背景下，西方一些观察敏锐的专家在初次接触京剧时，就立即发现了它不同于西方戏剧的艺术特征。1930 年，梅兰芳访美演出，评论家勃鲁克斯·阿特金逊撰文披载在《纽约世界报》上，一针见血地指出：“在想像力方面，从来不像京戏那样驰骋自如。”1935 年梅兰芳访苏演出，苏联导演爱森斯坦在讨论会的发言中提出，中国京剧是深深根植在中国文化传统基础之上的。他说：“京剧不同于西方模仿式的表达常规，而使人产生一种奇特的‘抽象性’（案：应作写意性）的深刻印象。它所表现的范例不仅在于一物可以用来标示另一物（案：近于前人对“比”所作注疏），而且可以标示许多不同的实物和概念，从而显示了极大的灵活性。比如一张桌子可以做饭桌、做公案，也可以做祭坛等等。同一只尘拂可以作为打扫房间的工具，也可以作为神祇和精灵所执的标志。这种多重性，类似中国象形文字（案：实为义符文字）各个单字可连缀成词，而其渊源则来自中国的传统文化。”（大意）这位著名导演赞扬京剧艺术已发展到极高水平，而称他们的戏剧“那种一再折磨我们的所谓忠实于生活的要求，与其说是先进的，毋宁说是落后的审美观”。

在这个座谈会上，梅耶荷德、爱森斯坦和另几位倾向现代派的艺术家，不受模仿说的拘囿，而认识到中国传统艺术的特征。这种开放态度是令人钦佩的。但“百川入海不择细流”，艺术应是多样化的。他们不应在突破模仿说时，断言体现这一传统的现实主义艺术是落后的，也不应将他们在当时环境内所见到的那些僵硬的充满说教的艺术作为现实主义的代表。艺术没有古今、中外、新旧之分，而只有崇高与渺小、优美与卑陋、隽永与平庸之分。

二、演员、角色、观众

写实和写意这两种不同的文化背景导致了在对待或处理审美主体（心）和审美客体（物）的关系上所遵循的不同立场和原则。我想从三个方面来说明，即演员、角色和观众。这三方面有三个自我。而演员和观众与角色的关系，又形成了第一自我和第二自我的关系。从演员来说，第一自我是他自己，第二自我是他扮演的角色。从观众来说，第一自我是他自己，第二自我是他看戏时进入角色的境界，即他的投入。这里我参照了法国著名戏剧家老柯克兰的理论。

布莱希特也有类似的说法。他认为演员在台上可以使我们同时看到至少有三个人物，一个在表演（即演员的自我），另外两个则是被表现出来（一个是角色的自我，还有一个则是角色在不同情景中所显示的面貌，也可以说是角色的第二自我）。在这段话中，布莱希特主要是谈演技问题。这里我们可以用《宇宙锋》中的赵艳蓉为例，演赵艳蓉的演员是第一人物，赵艳蓉这一角色是演员的第二自我，构成第二人物；赵艳蓉这一角色在父亲和皇帝面前装疯，这疯女的形象构成角色的第二自我，而对演员来说则是第三人物。我在这里不想援用布莱希特三个人物的说法，我觉得只要参照老柯克兰的第一自我和第二自我的理论，就可以清楚地说明中西戏剧在对待和处理审美主客体（即心与物）关系上的明显差异了。

60年代初我国戏剧界在介绍狄德罗戏剧理论时，进行了表现派与体验派的讨论。当时曾有人认为老柯克兰属于表现派，并用表现派去比附京剧。后一种看法曾受到有识者的批评。根据老柯克兰的《演员艺术论》所述，演员一旦进入角色，他的第一自我就要“终止”在第二自我身上。或用他所援引都德的说法，演员必须将自己“沉没”在角色里，柯克兰说他的这一理论来自都德。这种观点为西方艺术界普遍认同。有一篇记载说，当巴尔扎克写羊时，他自己也几乎变成了羊。

这种第一自我沉没在第二自我中的故事，在西方剧场里是很普遍的。相传契诃夫的《海鸥》在多次上演失败后，斯坦尼斯拉夫斯基的艺术剧院决定将它上演来挽救这家处在岌岌可危境地的新兴剧院。《海鸥》演出了第一幕，大幕徐徐落下，幕后剧院工作人员焦急地等待着反应，可是一片沉寂，一点动静也没有。在令人窒息的两三分钟后，观众席上突然爆发起震耳的掌声……

发生在西方剧场中的这种情况，是不会发生在京剧的戏院里的。在京剧的剧院里，尽管台上演的是催人泪下的《六月雪》这类感人的悲剧，观众也不会出现艺术剧院演《海鸥》时的现象。相反，甚至当观众看到窦娥负屈含冤行将就戮的悲惨场面时，还会为扮演这个可怜女性的演员（假定他是出色的演员）的动人唱腔和优美身段鼓掌叫好。这是不是京剧观众没有教养或缺少艺术细胞呢？不是的。这里包含着两种不同文化背景下所形成的不同戏剧观。更具体地说，也就是表现在对待或处理审美主客（心与物）关系上的不同立场和原则。《海鸥》演出的经过，充分说明西方观众在看戏时，他们的自我完全融解到角色中去。大幕初下，他们还沉浸在角色里没有恢复过来。当他们慢慢从角色中脱身出来，恢复了自我，他们才作为观众热烈地鼓起掌来。京戏的观众却不是这样，他们并没有将他们的自我融解到角色里，自始至终他们都保持着作为观众的自我的独立自在性。这并不是说，他们总是理性的、对角色的命运是无动于衷的。不，他们也被角色的喜怒哀乐所感染，但同时他们并不丧失观众所具有的观赏性格。两者集于一身，因此他们进入角色被感染时，仍能击节赞赏鼓掌叫好。

最近看电视剧《程长庚》，有一情节表现程给同治演戏，同治叫了几声好，程不惜违命抗旨，马上停止不演了。这个情节不仅不符事实，而且也不合情理。编剧或导演将自己对京剧的理解转嫁到程长庚身上了。

《海鸥》的例子说明，西方观众一旦投入，就和角色合二而一，从而失去了观众所具有的观赏性格。相传 1909 年芝加哥一家戏院演出《奥瑟罗》时，观众席上突然发出一声枪响，将扮演埃古的演员威廉·巴茨击毙，过了一会儿，当开枪人清醒过来，用枪对准自己太阳穴也开了一枪，当场身亡。这两名死者被埋葬在同一墓穴中，墓碑上镌刻着这样一句铭文：“哀悼理想的演员和理想的观众。”

三、心物交融

上文从演员、角色、观众三个自我的关系来阐明中西戏剧观在对待审美主客体（心与物）上的不同态度，其实不止于戏剧领域，可以说，它体现了中国传统艺术的思维方式和抒情方式。审美主客（心与物）关系是美学的根本问题之一。上述艺术观很早就形成了，但作为完整的美学的表述则是后来的事。刘勰《文心雕龙·物色篇》是一篇早期的美学论文，它虽然出现在六朝的萧齐时代，但却是在总结先秦以来的文学观念的基础上写成的。我认为《物色篇》中有两句话，非常简明扼要地勾勒出中国传统艺术观的基本特征，这就是："写气图貌，既随物以宛转；属采附声，亦与心而徘徊。"这两句话互文足义。意思说，在写气图貌和属采附声的创作过程中，一方面作为审美主体的心要随物以宛转，另一方面作为审美客体的物也要与心而徘徊。心既要以物为主，物也要以心为主，相互交融，而不存在一个压倒另一个，一个兼并另一个，或者一个屈服于另一个，一个融解于另一个这类现象。在上面所提到的京剧欣赏的过程中，演员或观众进入角色后，不像西方戏剧所出现的那样，完全沉浸在角色里，而能保持其自我的独立自在性，其主要原因即在此。在西方戏剧观中，演员或观众的自我融解在角色里，审美主客或心与物双方，不是相反相成，互补互动，有你也有我，而是呈现了有我则无你，有你则无我的非此即彼的逻辑性，体现了 A 是 A 而不是非 A 的同一性原则。这与京剧或中国传统戏剧观中两者并存，亦此亦彼，对立而统一，你中可以有我，我中亦可以有你的原则是不同的。

西方也有些美学家曾经感到这种主客同一的艺术观是有缺陷的，布洛曾创心理距离说。布莱希特提出了间离效应。1935 年梅兰芳访苏时，布氏在苏联观看了梅剧团的演出。他的间离说来自京剧的启发。黄佐临生前曾称赞他思想敏锐，因为他并没有看到更多的京剧，就发现了京剧演员的表演不像西方那样沉没在角色里面，一下子就抓住了这个特点。不过他的间离说在第一自我和第二自我的问题上，却和中国传统戏剧观存在着差异。他认为演员或观众对角色应采取一种理性的批判态度，在这一点上仍未摆脱非此即彼的同一性逻辑。这与中国传统的和谐意识所持万物并育互不相害的基本精神仍是大相径庭的。

这里说一下，所谓传统乃就大体而言，而不可理解为它将规范一切文化现象，不然就变成一种僵硬的模式了。传统文化中可能有常例和变例，也可能出现一定程度上的突破和逆反，这往往是极其复杂的。在西方美学理论中，我十分服膺黑格尔对于知性的有限智力和知性的有限意志的批判。所谓知性的有限智力是假定客观事物是独立自在的，而我们的认识只是被动地接受，从而取消了主观的自确定作用。而知性的有限意志则是指主体力图在对象上实现自己的旨趣、目的与意图，而将客观事物当做服从自己意志的工具，从而牺牲了客观事物的独立自在性。倘用中国的传统说法，前者亦即以物为主，以心服从于物。后者亦即以心为主，以心去统制物。黑格尔对两种知性偏向的批判是十分接近中国传统文论中的心物交融说的。在这方面，我以为还是以《文心雕龙·物色篇》的阐述最为完满。纪昀推崇《物色篇》末的“赞”为全书各“赞”第一。赞中所说的“目既往还，心亦吐纳，情往似赠，兴来如答”四语，可以说是心物交融和谐默契的最高境界。在这种境界中，心和物有来有往，都承认对方的存在，都通过自己一方去丰富对方，提高对方。

四、善入善出

善入善出说始于龚自珍。所谓善入是指艺术家要钻进对象中去，对它揣摩到家，烂熟于心，达到如数家珍的地步。所谓善出是指钻进对象之后，还要出得来。不以物为主，就入不深。不以心为主，就出不来。不仅要能入能出，还要善于入善于出。这就是实现心物交融原则，在创作行为上的必不可少的条件。上文曾经提到，京剧观众一方面既能进入角色，和角色同呼吸共命运，感染角色的悲欢；另一方面又能保持其作为观众的独立自主性，即保持其作为观众的观赏品格。这并不难理解，我们只要懂得中国传统艺术观的心物交融说和善入善出说，就可以明白其中的原委了。布莱希特的间离效应只注意到善出这一方面，而忽视了还有善入另一方面，从而断定观众应以理性的批判态度去看戏，而不可被戏中的情景所感染。倘使发生了后一种情况，那么也只能说是戏的失败。据说“文革”前佐临排的《伽利略传》上演时，东德一位布莱希特的弟子看见观众席上有人拭泪，断言道这不符合布莱希特的间离效应，戏演砸了。有人把这事告诉了佐临，佐临说，我不能完全搬用布莱希特的间离效应，要是那样的话，就会把观众全都间离到剧场外边去了。

善入善出的创作行为是同时发生的。两者不可截然分割开来，入即出，出即入，刹那刹那，循环往复，不断进行着。京剧的观众在台下为演员的精彩表演鼓掌叫好，作价值判断，同时他也进入角色的情景中，和角色进行感性的交流。他们对角色并不是只有类似黑格尔所说的知性的有限意志，去作冷静的分析，理性的批判。京剧观众鼓掌叫好时，恰恰也是他最感动、最满足，达到出神入化境界的时候，这里可以举丁秉鐩书中记述他看戏的感受为例。丁战前在燕大读书，几乎天天进城看戏，有时还赶两场，假期则往返于京津，为的是去看某角的某出戏。由于他积累了丰富的看戏经验，加上不断琢磨研究，因而造诣精深。读他的书，使人宛如置身戏院亲历其境。他对杨小楼最为服膺。花脸中，他喜欢侯喜瑞。他说侯演《连环套》，一场“拜山”下来，红扎能湿了一半（被口水喷的），而别的花脸，自郝寿臣以次，都没有这样的功力。下面是他记述看侯喜瑞的《青风寨》的情景：

> 这是一出架子花脸的轻松小武戏，李逵扮新娘故事。李逵出场前，闷帘念声“走哇!”声音嘶哑，可是却清楚地送入观众耳鼓，台下未见其人，就报以满堂彩。这是黄三的念法，非有丹田之气，字咬得准，是念不出的。然后李逵随武生扮的燕青上。武生唱摇板：“山寨奉了大哥命。”花脸接唱：“巡营嘹哨要小心。”报家门：“俺，浪子燕青。”“咱（使炸音），黑旋风李逵。”又有彩声。下面稍事表白。然后李逵念：“燕小哥，你我抬头观看哪!”燕青蹲矮姿势，李逵左手扶燕青右肩膀，右脚立地，左脚抬起来，右手也抬起来，那个架子的边式，带上神气，台底下观众好像都随着他往前看了。所谓唱做“入戏”，好演员不但自己“入戏”，能把观众也带进戏里去，侯喜瑞就有这个本事。

丁秉鐩很熟悉戏班的事。他说侯喜瑞搭的班，管事的都愿在前场派他这出《青风寨》，真能多叫进一两百人来。他的书中另一处记述看孟小冬的《失·空·斩》。在“斩谡”一场，诸葛亮入帐把扇子交左手，以右手指王平。等到带马谡，又把扇子交还右手，以扇子指马谡。他说：“孟小冬这种小动作，都是谭、余真传。与王平对唱快板，尺寸极快，而字字清楚入耳。对马谡的两次叫头，几乎声泪俱下，听得令人酸鼻。”这里也是说的演员入戏把观众也带进戏里去的那种境界。观众看戏和台上有着感情的交流，而并不是无动于衷，采取一种冷静的分析或理性的批判态度。孔子说的“知之者不如好之者，好之者不如乐之者”，这句话同样可适用于传统的艺术观。在欣赏一件艺术品时，首先要知道它、熟悉它、理解它。但还不够，必须进而爱好它，对它产生感情。好比起知来，固然是更高的境界，但仍不可到此为止，还应该进一步达到乐的地步。这乐字就是指主体与客体的融会交流，从而产生一种精神的昂扬与升华，也就是上面所说的演员入戏，把观众也带进戏里去的那种陶醉境界。

五、发展与承传

倘使不首先把传统文化精神和艺术固有特征谈深谈透，那就无法理解京剧的虚拟性、程式化、写意型的表演体系。振兴京剧或发展京剧，不问出于怎样良好的动机，都不应使京剧丧失它所以成为京剧的本质规定性。一旦失去它的本质规定性，它也就不再存在了。发展京剧和引进外国戏剧的优秀成果，是为了京剧本身的建设，而不是使它变成不是京剧的另一种东西。我并不认为所有不同于西方戏剧的京剧特点都是好的，都应当保存下来。我也不愿像新近故世的在中国科技史研究上做出重要贡献的李约瑟博士那样声称，中国的传统科技无需借助西方的成熟经验就可以从自身发展出能与西方抗衡甚至驾凌其上的近代科学。中国艺术传统中有好的也有不好的，有胜过西方的也有需要向西方借鉴的。有些人长期以来受到新的一定胜过旧的这种庸俗进化观的影响，坚持京剧是旧的、落后的，而西方现代戏剧才是新的、先进的。我不赞成这种看法。恕我再一次借用正在受人指摘的余英时的直率说法："今天的文化危机特别表现在知识分子的浮躁心理上，仰慕西方而不知西方文化的底蕴，憎恨传统文化又不知传统文化为何物。"

以西学为坐标的风习由来已久。"五四"时期胡适曾做出不容忽视的贡献，但他也留下了一些至今仍未消除的偏见。胡适青年时很喜欢京戏，当他成为新文学的开山大师后，他的态度有了根本性的改变。他晚年在日记中写道："京剧音乐简单，文词多不通，不是戏剧，不是音乐，也不是文艺。我是不看京戏的。"（大意）"五四"以来新文艺阵营的人多持这种态度。我本人也有过同样的经历，几达十余年之久。主要原因就在于以西学为坐标去衡量中国传统文化，认定新的一定比旧的好。就以力求公正持平的胡适来说，他纵使说到自己所敬佩的乾嘉诸老时，也仍以西学为标准，说他们的成就远远逊于更懂得科学精神和科学方法的西方学者。他对京剧的批评，正如他对《红楼梦》的批评一样。他说《红楼梦》还不及《海上花列传》，因为前者没有西方文论提到过的 plot，所以他从来没有对它赞一词。他认为京剧不值一顾是因为没有西方戏剧“最讲究经济方法”的三一律。我最初从胡适书中看到这些说法，不禁感到惊讶。像胡适这样一位好学深思谨慎稳重的学者，他所信奉的理论，怎么竟会是那些在西方也早被摒弃不登大雅之堂的劳什子？所谓 plot 只是一种陈词滥调，没有被粗俗美学败坏口味的人，再也不把它当回事了。三一律在浪漫派崛起于西方文坛之后早已销声匿迹，还有人说它从来就没有被真正实行过。胡适的功绩自然应有公正的评价，但他留下的瑕疵也不应该被掩盖。我想胡适的失误大概由于他并没有认真研究并思考过京剧。我感到奇怪的是，“五四”时期曾有推倒贵族文学提倡平民文学的口号。从来被轻视的民间文艺，小说、山歌、民谣、竹枝词等等，受到了倡导新文化的学人的重视，可是为什么对于同是民间文艺的京剧却采取了痛心疾首的态度呢？是因为它进过宫廷，还是别的什么原因？任何时代都会出现自我相违的偏差。那是一个暴风骤雨、来不及仔细思考而急促做出判断的时代。今天距离那个时代已七十多年了，已经到了可以平心静气回顾过去，对它做出公允评价的时候了。也有人认为这样做现在还不是时候，会产生亲痛仇快的后果。我不能同意这种策略性的考虑。我认为把政治上的策略用在学术上，正如把政治上的党派性与两条路线斗争等等概念用在哲学上一样有害，这将会导致学术脱离求真知的正轨，甚至陷入以偏纠偏之类的迷途。

六、假象会意　自由时空

虚拟性、程式化、写意型这三个基本特征是京剧界经过多年探讨积累了许多人的研究成果概括而成的。倘使追源溯流，类似的说法可追溯到 20 世纪初。“五四”时期，《新青年》杂志辟专栏进行了讨论，发表了胡适、刘半农、钱玄同、周作人、傅斯年等反对京剧的文章。同时也发表了宋春舫、张厚载、齐如山等为京剧辩护的文章。在京剧问题上，《新青年》贯彻了自由讨论的民主作风，是值得赞扬的，而不像在文言白话之争上陈独秀所表现的那种不容讨论的独断态度。当时，张厚载在《我的中国旧剧观》一文中，曾用“假象会意，自由时空”来概括京剧的特征，这大概是最早对京剧所作的界说。后来，余上沅更将中西戏剧进行了比较，称中西戏剧的不同特点，乃在“一个重写实，一个重写意”。1932 年，程砚秋赴欧考察，一年后回国，他撰写的考察报告书，也采取了相同的说法。

张厚载说的“假象会意，自由时空”，可以说是开启了后来探讨京剧特征的先河。这八个字中前四字与现在所说的写意意义相通。后四字“自由时空”则是指京剧的舞台调度的灵活性。它不仅突破了西方古典剧的三一律，也突破了话剧三堵墙限定时空的规范。这种舞台调度，使得京剧舞台在时间和空间上取得了无限扩展的可能性。同一出戏的同一舞台，可以在地域上或地形上化为各不相同的种种场所，而受到时空严格限定的话剧舞台是不可能有这种自由度和灵活性的。当梅兰芳于战前几次出国演出时，都引得海外专家对京剧舞台调度的灵活性发出了惊叹。1919年梅兰芳访美演出，日本戏剧家神田评论说，京剧与日本戏剧不一样，完全不用布景，也不用各种道具，只有一桌两椅，他认为“这是中国戏剧十分发达的地方。如果有人对此感到不满，那只是说他没有欣赏艺术的资质。使用布景和道具绝不是戏剧的进步，却意味着观众头脑的迟钝”。另一位戏剧家洛叶庵也撰文说，“像都诵那样的舞蹈，用布景比不用好，但要演出互相联系互相影响的各种人物，使他们都在舞台上活起来，不用布景却能使观众的注意力集中在这些人物身上，有时也很好”。(大意) 1935年，梅兰芳访苏演出时，苏联导演梅耶荷德对京剧舞台调度的灵活性，作了热烈的赞扬。他说：“我们没有时间感。我们不懂得节约时间是什么意思。中国人在对待时间上，是以十分之一秒来计算的。我们应该把我们手表上的秒针干脆去掉，因为它们完全是多余的。”写意型表演体系通过虚拟性程式化手段，如挥鞭表示骑马，做手势表示开门关门，跑圆场表示跋涉千山万水……从而大大节省了时间，用梅耶荷德的话来说，京剧的时间是以秒计算的。这是写实型的戏剧无法做到的。因为写实就不能用假象会意的办法，而必须处处落到实处，纵使是一些无关宏旨可有可无的细节也不能删节。但京剧却可以将一切不必要的细节省去。京剧通过虚拟性程式化手段删繁就简，是和传统艺术理论的“以少总多”原则密切相关的。在西方戏剧中，莎士比亚时代的舞台(如寰球剧场)，同样没有三堵墙，没有布景。场景的转换，有时用一块写着国度或地区的牌子示意，有时用喇叭奏花腔，表示地点转换到宫廷帝王将出场；有时由一位致词人登场，叙述两场之间经过了若干时间，发生什么重大的事件……为什么英国伊丽莎白时代舞台的这种格局，后来在英国复辟王朝期间无影无踪了？是被当时由意大利传来的透视布景镜框舞台的潮流所吞没？还是由于更深层的原因：模仿自然的写实传统没有给这种仅在一时一地出现的舞台风范提供可以进一步发展的自由天地？我可以说的是当西方的现代派艺术向传统挑战，突破了模仿自然的戏剧观后，舞台上也出现了自由的时空。不过我并不认为采取自由时空的西方现代剧，就一定胜过过去的现实主义戏剧，后者在其他方面也有它的长处。这就是陆机《文赋》所说的“体有万殊，物无一量”。

电影批评①

戴锦华

电影研究、电影批评可以成为一门艺术，同时也是一个学科。早在半个世纪以前，作为电影研究重要分支的电影批评，已开始脱离对电影工业的附庸，成为一种独立的写作和表意实践。

一个有趣的事实是，尽管电影艺术已历经百年，却仍有许多人不相信“看电影”是一种后天习得的能力，相反，人们认定观影能力是人类与生俱来的本领。这首先由于电影——故事片及电视剧，尤其是主流商业电影（电视）的影像构成的基本特征，是隐藏起摄影机，隐藏起电影的叙事行为，使之充分“透明化”：有如透过一扇窗望见了窗外的风景。在银幕世界面前，电影视听语言的编码，难于为观众直观地发现、辨识，于是，人人都可以“看懂”电影。事实上，一部大受欢迎的影片（如今更经常的是电视剧），总会一度成为人们街谈巷议、饭后茶余的话题。更为有趣的是，如果说，人们认定银幕上的故事，如同现实生活的场景般“自动”地呈现，谈论、评价电影（电视剧），便如同议论社会生活中的有趣事件，那么值得关注的是，人们在谈论电影（电视剧）的时候却常常使用着相当“专业化”的术语。这种情形似乎只属于电影（电视剧），而绝少出现在音乐、绘画、雕塑等等古老艺术之上。

这无疑说明，电影这门年轻的、唯一一门人类知晓其诞生日的艺术，从一开始便作为大众艺术而出现。透明性、

① 选自《电影批评》，北京，北京大学出版社，2004。戴锦华，北京大学比较文学与比较文化研究所教授。

通俗性与娱乐性无疑是早期电影和绝大多数商业电影追求或试图保持的特征。而且，作为一个后来者，电影的确不断地从其他古老的艺术门类，诸如戏剧、音乐、美术、建筑，尤其是小说的叙事艺术中，挪用其艺术手段。世界电影史的某些段落，诸如有声电影初期，电影艺术确乎曾隐没在戏剧、继而是小说艺术万丈光焰的阴影中，一度沦为亦步亦趋的效颦者。因此，人们似乎也可以无障碍地借助得自其他艺术的知识或常识，对电影做出“权威”评论。

其中，人们关于电影的饭后茶余的“专业化”讨论，常常集中在影片中的故事、情境、演员的表演是否“真实”的议论之上，仿佛“真实”是一个永恒存在、不言自明的参照系统。然而，关于同一部影片的真实与虚假的争论，却暴露了鉴定真实与否的标准并非客观、天然。从某种意义上说，关于艺术真实性的种种讨论，事实上建立在艺术作品与对世界“本质”的描述——这一假定性前提的相互参照之上。于是，这些关于“真实”性的讨论，无外乎建立在三个层面上：一是参照着某种观念，如社会的观念、人生的观念与艺术的观念；二是参照着某种诸如“我经历过，我知道”等有限的经验，在这背后，同样是某种不自觉的价值、信念体系：我相信，我愿意相信……三是某种艺术欣赏或文化消费的趣味与成规惯例，比如欧洲艺术电影的迷恋者，间或指斥好莱坞电影浅薄、恶俗、虚假不堪，而好莱坞电影的热爱者所击节赞叹的，却正是它的逼真、细腻和优雅，这里与其说存在着某种真实与否的“客观”差异，不如说，只是存在着参照系或曰依据的接受惯例的不同。类似情形还表现在，艺术电影的欣赏者所瞩目的，是某种哲学主题的电影化呈现，某种对生命与世界的原创性洞察和呈现，某种对电影语言自身的创新尝试，而好莱坞电影的热爱者所倾心的，则是某种社会常识与稔熟情节、类型呈现的微妙的变奏形态，是对视觉奇观的营造。

而人们对电影表演的“自然”关注，固然是由于构成人们心理结构的对偶像——某种理想自我——的内在需求，但它同时是电影工业系统成功地创造出的心理、文化消费需求。事实上，明星、明星制是电影工业体制、商业电影运作的重要组成部分和“品牌”保障（与此相对照的，便是艺术电影常常借助业余演员和新面孔）。所谓明星并非著名电影演员的代名词——尽管将二者完全区分开来并非易事，但电影明星或明星电影，特指频繁扮演同一类型角色的演员，他/她所扮演的众多同一类型的角色，叠加为某种“神话”式的形象，诸如定型化的男性形象：硬汉、英俊小生或歹徒。女性化的定型形象：贤妻良母、纯真少女或蛇蝎美女。

在好莱坞明星电影的黄金时代——20 世纪30～50 年代，围绕着电影工业的传媒系统，同时热衷于制造并传播种种趣闻轶事，以混同明星个人的“真实”生活和他/她所扮演的定型化角色。于是关于某位明星的神话，便成为超越又借助着这一演员的个人生活及他/她所扮演的个别影片之上的神话。因此，明星制的副产品之一，便是诸多的传记，披露作为真人的某电影演员/明星，其个人生活如何挣扎、辗转在被覆以神话光环的明星形象之下。从另一角度看，电影演员、电影表演作为人类古老的表演艺术在电影的延伸，成为最易辨识和首先接受的电影元素。事实上，尽管电影表演无疑是电影艺术的诸多重要元素之一，但电影艺术自身却极大地贬抑着作为独立而古老艺术种类的表演。其极端化的表述是，在一部影片中，一位演员的作用并不大于一件道具或一道风景。这无疑是极端之论。在不同风格、类型的影片中，演员、表演所发挥的作用大相径庭，但观众对演员、表演的“天然”重视，却常常造成他们对其他电影视听语言元素的视而不见。在某些情况下，观众为演员的“精湛表演”所打动的时刻，“表演”着的却是电影的视听语言：某种构图方式、某些光影效果、某种摄影机运动方式、某段音乐或音响……与演员的形象共同构成或干脆是赋予演员形象的视听效果。

另一有趣的事实是，不同于其他古老艺术，电影批评几乎在电影出生伊始，便已然出现。它在被世界认可为一门艺术，而不只是一种新奇杂耍之前，便已然开始为人们所阐释、所言说。人们早已发现，银幕世界并非透明，而更像是画卷，电影的制作者们用光作画，勾勒一幅幅迷人的画面。换言之，银幕世界是一处人为建构的幻想世界。即使在“纪实美学”的倡导者巴赞那里，电影也只是“无限趋近于现实的渐进线”，而非现实本身。而电影研究、电影批评的意义，正在于揭示出电影的“书写”行为之所在。

正由于是人类唯一知晓其生日的艺术，电影/故事片的谱系或“出处”，它的魅力与秘密，几乎在它诞生伊始，便开始为爱恋电影的人们所追寻：电影是光影记录的戏剧？或者是视听版的长篇小说？它的“生身之父”是科技、工业、商业还是艺术？它究竟与表演艺术同母异父或同父异母？抑或与照相术具有绝对的亲缘性，因而同祖同宗？电影可以“作为艺术”吗？它所唤起的狂热与迷恋究竟来自何方？

于是，几乎与 20 世纪最伟大的叙事艺术电影成为最普及的大众艺术与巨型的文化工业的同时，出现了作为对电影的溯源与谜底的寻求的电影理论。电影艺术诞生不久，便出现了电影——“梦幻工厂”的命名，并有人因此而追溯着欧洲文明源头处古希腊哲学家柏拉图的“洞穴”寓言。在这则“洞穴”寓言中，柏拉图假设有一群人“居住在一个洞穴之中，有一条长长的甬道通向外面，它跟洞穴内部一样宽。他们从孩提时代就在这里，双腿和脖子皆被锁住，所以总是在同一地点。因为被锁住也不能回头，只能看到眼前的事物。跟他们隔有一段距离的后上方，有一堆火在燃烧。在火和囚徒之间，有一条高过两者的路，沿着这条路建有一道矮墙，就像演木偶戏的面前横着的那条幕布”。外面“沿墙走过的人们带着各种各样高过墙头的工具和用木头、石头及各类材料制成的动物或人的雕像，扛东西的人有的在说话，而有的沉默着”。“由于他们（洞穴中人）终生不能行动或回头，因此外部世界投射在他们面前的影子，便成了他们所能看到的唯一的真实。当路过的人们谈话时，洞穴里的人们会误认为声音正是从他们面前移动的阴影发出的”。——人们惊叹地发现：电影、影院，几乎是古希腊哲人所描述的情境的现实对应物。似乎那正是一个神秘而伟大的关于电影的预言。人们进而意识到，电影/影院与柏拉图之洞穴语言的相像性，不仅在于洞穴与影院空间的惊人相像，而且也在于柏拉图的寓意：人们对光影幻象的迷恋，以致“和真理隔三层”。认知真理，要经历一个极为痛苦的历程，似乎也成为电影研究、电影批评介入文化批评的入口。

我们可以毫不迟疑地说，电影是20世纪人类创造的最大奇迹之一。电影作为奇迹，不仅是指作为伟大科技发明的电影摄放机器和技术，而且是指电影与叙事艺术“偶然”——20世纪最奇妙的偶然——的撞击和结合。20世纪的大部分岁月里，电影一度是工业、后工业社会的最大娱乐业与艺术领域，它不仅覆盖并取代了传统艺术——首先是戏剧、长篇小说的基本功能和社会位置，而且囊括了音乐、美术，乃至建筑之美于其中。20世纪中叶，电影不仅是大众社会的世俗神话的源泉，而且影院，几乎成了最辉煌的尘世“教堂”：人们在影院中获得教益，获得日常生活的信念与价值，获得生活的方式与时尚的信息。人们在影院中片刻逃离日常生活的琐屑与痛苦，暂时遗忘世界的苦难与不公，从而进入正义永远战胜邪恶、爱情永远征服死亡的奇妙世界，在其中遭遇着无数的爱神和死神。在影院中，人们获得宣泄与抚慰，在光影缤纷之间，人们进入一种集体的典仪，同时享有奇妙的安宁和独处。也是在20世纪，电影曾用作最为有效的社会宣传、动员与整合的政治工具。

进入20世纪60年代，电影进入了它最为辉煌的时代：作家电影的时代。所谓作家电影，并非意味着作家——那些以文字为媒介的艺术家们拍摄电影（尽管确实有不少伟大的作家，尤其彼时居住在巴黎左岸的作家，如玛格丽特·杜拉或阿兰·罗伯-格里耶），而是电影导演们开始成为影片的中心与灵魂。他们以摄影机为笔，撰写着充满原创性与飞扬想像力的电影诗篇。这是一个电影大师的时代。电影在后现代社会，在这个“大师已死”“作者已死”的时代，迎来了自己的大师与巨匠。至此，“电影作为艺术”，作为一个议题已毋需设定，因为每部电影杰作，都在印证着这问题的幼稚，乃至弱智。电影，非但不曾如人们所担心的那样，受制于物质世界、表象世界，相反，它充分证明了：电影可以处理自人类有史以来，一切最为高深玄妙的议题。那是一个不断加长中的、似乎永无终了的电影大师的名单。每一部重要的新片问世，便如同一部小说杰作的诞生、一部著名作曲家的交响乐的演出、一次著名的美展一样，成为一个要闻，一次庆典。并不宁静的20世纪中叶，成为享有原创性电影艺术的黄金时代。

就在作家电影进入其最辉煌年代的同时，20世纪五六十年代，电影理论开始了一个全新的段落。我们已经谈到，关于电影的研究和讨论，几乎在电影的“婴儿”时期便已然出现，但20世纪前半叶的电影理论，基本是电影的本体理论和电影的创作论，也被称之为电影理论的“古典”时期。诞生于五六十年代之交的“现代电影理论”，不仅第一次使得电影研究进入了大学人文教育体制，而且第一次使得电影理论成为当代世界文化史和思想史的一部分。可以说，所谓现代电影理论的开端位于“结构主义时代”之中，结构主义、后结构主义是现代电影理论的底色，而欧洲批判理论，是其主要的思想资源。如果说，现代电影理论的出现，在标志着理论相对于电影制作系统的“独立”的同时，客观上标志着电影的成熟，那么，现代电影理论的登场和它在六七十年代所获得的突飞猛进的发展，却并非仅仅在电影内部发生。现代电影理论以“第一电影符号学”为开端，其思考、研究的特征之一，是“将现实放入括号”。但60年代的欧洲及全球的炽热、反叛、激变的现实却很快将这一“括号”打得粉碎。自60年代起，电影创作与电影理论，一度成为激进社会政治实践的场域。作为一个在六七十年代于欧美大学人文科系间勃兴的新学科，电影理论在七八十年代成为一个具有高度的批判性与前沿性的学科，而在特定的电影理论背景之下的影片精读/电影批评，便成为其特定的元社会文化实践的方式。

当然，传统意义上的影评依然存在，并且占据着诸多媒体上的影评空间。但这一意义上的影评写作，所依据的是写作者的一般艺术修养与电影修养，依据写作者的艺术趣味，并根据其个人趣味与特定的电影观众群发生联系，进而被组合进电影市场运作之中。

好莱坞的戏剧化电影[①]

彭吉象

经典好莱坞电影的“整体功能就是以一种特定的方式讲述一个特定类型的故事”，而这种“特定的方式”就是三四十年代风靡一时的戏剧化风格，并进而形成了好莱坞全盛时期所特有的类型电影，使得好莱坞影片可以归纳为一个个“特定类型”。

美国电影理论家斯坦利·梭罗门指出，声音进入电影，引起了电影美学观念的变化，他在《电影的观念》一书中，专门探讨了“对话进入电影”，以及“有声片的美学问题”等等。斯坦利·梭罗门认为：当声音进入电影以后，立即引起了巨大的变化，“最优秀的电影创作者立即看出，问题在于怎样使用声音为电影开辟新的表现渠道。早期对声音进行的一些试验取得明显成功，因此第一部受到公众欢迎的有声片《爵士歌王》（1927）发行之后不到十年，电影创作者已经基本上找出了今天仍然流行的在艺术上使用声音的所有方法”[②]。他还进一步指出，由于声音进入电影，使得影片中人物对话成为可能，从而大大丰富了电影的艺术表现力，“电影业由于对话的出现而加强了信心，认为电影现在能够做到戏剧和小说一直在做的事了：讲述关于人的复杂故事，而且故事中的人物能用语言来表述自己的问题。声音出现之后，电影看来不仅能够赶上，而且还能超过其他叙事艺术”[③]。

---

① 节选自《影视美学》，北京，北京大学出版社，2002。彭吉象，北京大学艺术学系教授。

② 〔美〕斯坦利·梭罗门《电影的观念》，北京，中国电影出版社，1983。

③ 〔美〕斯坦利·梭罗门《电影的观念》，北京，中国电影出版社，1983。

正因为如此，戏剧化电影便应运而生。自从声音成为电影语言的新元素后，电影自然要向戏剧学习，戏剧的艺术手段主要依靠人物的对话，于是，电影艺术掌握了声音之后便顺理成章地从蒙太奇诗美学转到戏剧美学。尤其是19世纪以来，世界戏剧进入了一个令人瞩目的时代，挪威的易卜生、法国的左拉、俄国的契诃夫等一批优秀的戏剧大师，强烈地表现出戏剧艺术的探索与革新精神，开创了多姿多彩的艺术风格与流派，产生了大批杰出的戏剧作品，使戏剧艺术达到全盛时期。戏剧的辉煌成就，使年轻的电影艺术自愧不如，甘拜下风，因而，这段时期的电影主要向戏剧学习，从重视蒙太奇转到重视戏剧性，从重视影片的隐喻、象征转到重视电影的情节、表演。三四十年代，世界各国的电影都进入戏剧化电影阶段，具有某些共同特征，其中，尤其以美国好莱坞电影最为典型。

所谓戏剧化电影，主要是指三四十年代在世界各国电影中占主导地位的电影样式，其特点是以戏剧冲突律为基础，采用传统戏剧式的结构原则。一般来讲，戏剧化电影并不照搬戏剧作品的结构形式，而是结合电影艺术自身的特点，将戏剧冲突律融会其中。“好莱坞电影就是以戏剧美学为基础，它严守三一律和戏剧冲突律，形成一套固定的剧作形式。影片主要靠演员对话推进情节。从无声电影到戏剧化电影，标志着电影美学的一大发展。在戏剧化电影前期，围绕着对话、音乐和音响，美国电影进行了许多试验，特别是在剧作和演员方面，做出了贡献，至今值得我们研究。”①

好莱坞电影堪称戏剧化电影的典范。所谓戏剧化电影，就是以戏剧美学为基础，按照戏剧冲突律来组织和结构情节，它的表现方法包括戏剧性情节、戏剧性动作、戏剧性冲突、戏剧性情境等。戏剧化电影主要有这样几个特征：

（1）戏剧化电影具有明显的开端、发展、高潮和结局，具有鲜明的线性结构方式，要求情节与情节之间互为因果、层层递进。例如，好莱坞影片《魂断蓝桥》（1940），开端是玛拉与罗依偶然相遇，一见钟情。发展是罗依突然接到命令，马上要去前线，两人未来得及结婚罗依就出发了。之后，玛拉又被芭蕾舞团开除，在贫困与绝望中沦为妓女。高潮是罗依阵亡的消息纯属谣传，他突然从前线返回，带着玛拉去自己的庄园举行婚礼，但玛拉内心的隐痛迫使她奔向罗依母亲的房间，倾诉了自

---

① 罗慧生《世界电影美学思潮史纲》，太原，山西人民出版社，1985。

己不幸的遭遇，并且独自离开了庄园。结局是玛拉在滑铁卢大桥上撞车自尽，罗依陷入长久的思念和悲痛之中。

（2）戏剧化电影强调按照戏剧冲突律来组织和推进情节，并往往采取“强化”的方法，使冲突尖锐激烈，情节跌宕起伏，以便用浓郁的戏剧性去感染观众。例如，好莱坞惊险片代表作品《卡萨布兰卡》（1943），就是围绕着美国人里克开的饭店来展开各种冲突的，不论是反法西斯的一对流亡恋人依尔莎和拉斯诺，还是德国秘密警察头目司特拉斯少校与法国伪政权警察局长雷诺上尉，乃至专门高价倒卖出境护照的尤加特等等，各式各样的人物与事件，都围绕着里克这个轴心来展开，引起一连串的矛盾冲突。

（3）戏剧化电影常大量利用悬念、巧合、误会、偶然性等，造成紧张、剧烈的戏剧性动作和戏剧性情境。从本质上说，戏剧乃是动作的艺术，直观的动作是戏剧艺术的基本表现手段，也是戏剧化的根基。但是，戏剧性动作又必须放在一个有内在推动力的戏剧性情境中，才有可能真正展开，而这种戏剧性情境的内在推动力就是悬念。对于戏剧化电影来说，也必须通过强烈的戏剧性悬念，来推动剧情和吸引观众，激起观众的关心、期待、惊奇等情感，引导观众通过银幕形象去感受和理解作品的内涵。在希区柯克等人的影片中，有大量这方面的例子。

（4）戏剧化电影往往具有情节剧的特点，强调以情动人，通过悲欢离合的情节来达到“煽情”的目的，唤起观众对主人公的最大同情，宣扬善必胜恶或惩恶劝善等道德训诫。例如曾获6项奥斯卡金奖的好莱坞影片《鸳梦重温》（1942），影片故事情节曲折动人，描写了因战争而丧失记忆，后来又因爱情而恢复记忆的男主人公查尔斯，与女演员波拉之间曲折缠绵的爱情。在影片中这对恋人由邂逅而结合，又由分离到团圆，导演注重以情动人，擅长处理人物心理起伏较大的情节戏，把人物的内心变化描绘得淋漓尽致，尤其是善于利用细节描写烘托人物内心感情，使情节丝丝入扣、动人心弦。

（5）戏剧化电影往往追求人物形象的类型化。所谓类型化人物，正如英国文艺理论家福斯特所说，就是具有单一性格结构的人物，也就是说可以用一个专有名词或集合名词便能够概括的人物。福斯特认为，文艺作品中类型人物的最大好处就在于，读者或观众可以轻而易举地分辨他们并记住他们，这种类型人物善恶分明，正面人物与反面人物的界限十分清楚。当然，这种类型人物最大的弱点在于，人物性格未免太露太浅，缺乏足够丰富的性格内涵。好莱坞生产的大量西部片，主人公几乎都具有善恶分明的类型化倾向，尤论是英雄牛仔与印第安人、警长与匪徒，几乎都可以用类型来划分。

(6) 戏剧化电影往往具有唯美主义的审美倾向。正如乔治·萨杜尔所言："对白，歌曲和音乐使电影不得不求助于舞台戏剧。对舞台剧的模仿曾引起不少错误，但就像梅里爱时代的情形一样，这却是一种必然的过程。而且从这种模仿中也曾产生一些新的影片样式。"① 好莱坞戏剧化电影在努力探索电影艺术表现手段上确实下过许多工夫，除西部片以外的大部分好莱坞影片都在摄影棚里拍摄，对于灯光、道具、服装、舞美、音乐、音响等都极其讲究，尽可能地营造出一个梦幻般的银幕世界。事实上，好莱坞电影这种唯美主义倾向，正是根源于好莱坞戏剧化电影创造银幕梦幻世界的美学追求。

好莱坞戏剧化电影在三四十年代达到高峰，并很快风靡全球，使得戏剧化电影迅速在世界各国银幕上占据了重要的地位。有的学者甚至把这一时期，干脆称之为电影戏剧化时期。由此不难看出好莱坞戏剧化电影美学观在世界电影史上曾经有过的巨大影响。但是，40 年代出现的意大利新现实主义电影运动，以及巴赞和克拉考尔在五六十年代大力倡导的纪实性电影美学观，使得好莱坞电影渐趋颓势，不再具有昔日的辉煌。直到 60 年代末 70 年代初，美国电影经历了漫长的低谷时期之后，经过了一个缓慢的渐变过程，旧好莱坞才终于完成了向新好莱坞转化的过程。

① 〔法〕乔治·萨杜尔《世界电影史》，北京，中国电影出版社，1995。

《十面埋伏》：记住三分钟就够了[1]

张艺谋

■你认为《十面埋伏》里最大的埋伏是什么呢？

□张艺谋：最大的埋伏，实际上按我们自己的意思，倒不是仅仅从悬念上考虑的，有一个“人心的埋伏”在里面。要我自己看，就是真真假假，就像金城武的那句话：真真假假，谁能说清啊！我喜欢的是，故事中三个人不知不觉就交织到爱恨情仇当中去了，我倒觉得它好像是武侠包装下的一个爱情故事，严格意义上讲，也与传统武侠小说中视规则为第一的江湖故事不一样。你看到三个人到最后完全是在一个被人遗忘的角落，在拼死地争斗，那边可能已经开始战争了，也就是说三个人把江湖规则都违背了，都不管自己的组织和所代表的集团利益，完全陷到一场三人都不能自拔的感情纠葛中去。金城武也回来了，章子怡也不管飞刀门了，刘德华也把帮主不让拔的飞刀拔了，就是说江湖已经被他们抛到脑后了。所以最后雪中大战的那场戏，实际上我自己的看法是，三个人都是一种反叛，一种叛逆。你看传统的武侠小说和武侠电影，江湖是一个最高的原则，那个江湖规则、江湖游戏是绝不能违反的。所谓帮派、集团，所谓自己帮派的利益，所谓师徒等等都是。你看《卧虎藏龙》的周润发、杨紫琼面对江湖规则时，都在一种两难的境地，所以我觉得光这一点就挺有意思的，这样做是一个挑战吧。所以有意识地把那边的大战扔到一边去，本来还想拍几个大镜头，打得难分难解，这边儿却没人管。

---

① 选自《movie view》，2004年6月。张艺谋，导演。

■是不是官兵把竹林包围之后就没他们的事儿了?

□张艺谋:对,就是把他们作为一个背景了。

■电影最后用了肉搏,没有什么招法,这是怎么考虑的?

□张艺谋:对,那就是为了突出近身肉搏。这里(程)小东处理得很好,我和小东说,在这场戏中,不要招式,要放弃招式,当然也不能说变成用牙咬,啃呀!那太不好看了。

■那片子最后的结局,你一直就是这样想的吗?

□张艺谋:很多方案,一直在谈,我印象中一直拍到最后,这个刀到底谁向谁飞,刘德华要拔这把,章子怡手里这把,两把刀怎么办。记得到了最后我和小东、刘德华坐在车上还在谈,这个刀到底怎么办?后来突然灵机一动,想到了这个点子。就是刘德华没拔刀,只是刀上一滴血飞出去,而章子怡也没有像说的那样,向刘德华发刀,而是用刀挡住了那滴血。

■刘德华为什么没出刀?

□张艺谋:我想还是为爱吧,他不是爱金城武,而是深爱章子怡,最后也不愿意伤害她,就因为爱吧。

■当时是怎么考虑这个爱情的?三天的爱情是不是来得太突然了?

□张艺谋:爱情是最无序的,爱情之所以是爱情,就因为它是非理性的,是根本就不能控制的,是刹那间就可以产生的东西。所以有时候,电光火石产生的爱情是矢志不渝的爱情,反而守三十年也未必做到撕心裂肺。很难给爱情定义,三天跟三年的区别并不大,因为爱情完全是没有理性的。所以我觉得才会有那么多的爱情产生,两个人一见钟情,可能最后死都爱着他,爱死他了。为了一见钟情他就可以牺牲性命。我觉得爱情的浪漫在这里,根本没有办法去分析应不应该,有没有道理。尤其是从生活中看,哎哟,你看这两人太不般配了,这两个人早就该分了,而他俩却爱得死去活来的;说他俩太合适了,结果天天吵架,根本不行。这根本没有规律可循,如果当一种爱情走近规律的时候那就不是爱情,爱情没有规律!

■梅艳芳原来扮演什么角色?

□张艺谋:大姐。

■如果梅艳芳没有病逝的话,故事原来的结局是什么样的呢?

□张艺谋:如果梅艳芳没有病故的话,她在电影中的任务倒挺重的,她甚至到最后还会参与到决战中来。她也有一个选择,她是维护江湖规则的,她要考虑处死这几个人,还是放他们走,江湖上的代表人物就是她。原来的情节当中，还有一段过去的情感，她视章子怡为女儿的一种情感，有一个前史，但现在已经没有了，很遗憾。后来因为我们也实在没有第二人选，我们实在也没有选择任何备份，我们一直留给她，所以后来她不能来，我们不知道谁能来替她。后来差不多一个星期，我就想到这个主意，就是把牡丹坊的阿母这个角色调过来，临时通知宋丹丹救急，本来宋丹丹就那点儿戏就完了。

■就是在竹林里的那段戏。

□张艺谋：对，实际上我们就是用这个情节，把一些必须完成的情节交代完，但是把大姐这个情节做了很多改动。

■那怎么看待宋丹丹这个角色？

□张艺谋：增加了许多悬疑，每个人都有一个假身份，这也不坏！也不能简单地说她就是替代梅艳芳。后来剧本做了调整，方向不同。原来的方向是加强每个人的情感关系，梅艳芳也有个情感关系，现在这个方向就是加强了悬疑件，每个人都是双重身份，等于宋丹丹也是双重身份，让大姐不露面，增加神秘感，也不是一个很差的方案。因为你必须调整，不能坚持原来的样子。

■为什么《十面埋伏》的两个男主角最后选择了幕后配音？

□张艺谋：我觉得应该做这样一件事情，就是我看到《卧虎藏龙》在大陆演的时候，很多观众都笑，演员苦练了三个月的普通话还是被笑，观众不能入戏，我觉得还是有很大的困惑，这也不是三天、两天能解决的问题。所以我不希望这种情况再发生，所以《英雄》我们也这样做，并不是完全的配音，而是找音色和他们很像的人做替换，有时候一句话六个字，换三个字，保三个字，所以现在你们听的这部戏的两个演员发音，也不是百分之百配的，有很多是他们的原声。我们换，尽量做到接近，因为语言只是一个工具，不是那么重要，就是要观众看的时候不要太游离，仅此而已。在国际上放映就不存在问题，因为原本就听不懂，只是为了让中国观众听起来舒服一些。《卧虎藏龙》他们很苦地练普通话，也是这个原因。我还知道当初凯歌拍《霸王别姬》的时候，张国荣的话也换了很多，张国荣练了很长时间的普通话也还是换了些字，我们拍《英雄》的时候也换了，这是没有办法的事情。

■与《英雄》相比，你认为《十面埋伏》最大的不同是什么？

□张艺谋：我觉得根本就是两个方向，《英雄》讨论武侠的形而上，这部片子讨论武侠的形而下，也就是《英雄》谈的是思想、意念，《十面埋伏》谈的是爱、恨、情、仇。最直接的三个人的关系，感情、爱情，你选择谁？你爱谁？你要谁？你跟谁走？完全不一样的两个方向。

■这部电影的爱情和你过去电影里的不一样，过去电影里的爱情都是现实的，非常理智的爱情。

□张艺谋：这里的爱情应该说，真正的障碍都是他们自己。实际上江湖对他们构成一个大的压力，但是三个人面对的都是自己的选择。

■那你在拍这部电影的三角恋的关系时，是否会考虑西方人的理解问题？

□张艺谋：我觉得不会。我觉得这个他们很容易明白，倒是《英雄》他们不太懂，那种侠之意念啊，那种为国、为民的思想啊，那种理想大于个人意念的选择呀，他们不懂。因为我曾跟西方人讨论过，他们说可以为了他们家的那条狗去跟人拼命，为他老婆去拼命，他必须有一个具体行为，才能放弃什么什么事情。而中国人为了一个形而上的东西就可以做出许多选择来。我就说中国过去的人对着一道白墙面壁十年，想通了一个道理，中国人很讲究这种东方的哲学，西方人就绝对不会。他们面壁十年就会疯，他们一定要知道是为了自己家的狗，还是为自己老婆、女儿。西方文化跟我们很不一样，《英雄》他们就瞧热闹。相对来说，《十面埋伏》这片子已经很实很实了。

■你拍这个片子是否很注意视觉和听觉上的享受？

□张艺谋：我觉得要拍这种类型的电影，视听的享受是必不可少的。尤其是我认为武侠电影，一定要有想像力，没有想像力哪能叫武侠啊。所以怎么把这个视听效果做到极致，怎么样能够营造三分钟一个的高潮，我觉得这个在武侠电影里特别重要。我还是强调一种观点，像这种电影，你可以有一万个意见批评它，这个东西不完美，那个东西不完整，那东西有太多的缺点了，但是我想我能不能给你留三分钟，让你过目不忘的三分钟，留一个非常有意思的视听盛宴，我觉得这个非常重要。因为这种电影你通常过几年就忘了，《卧虎藏龙》你能想起故事吗？想不起来了，你肯定想的是那几段，那三分钟。反正在我脑海中已经忘了，但是有几段，飞檐走壁，竹林，那几分钟是记住的，这就是这种电影带给观众的。至关重要的是你能不能有几分钟留下来，其他部分你都可以被别人批评得体无完肤，没关系，人人都要进步，人人都要学习，谁都不是大师，我们谁都做不到完美。但是你能不能有几分钟留下来，至少是别人没有见过的，我觉得我很满意的就是长袖打鼓的那场戏，任何电影中没有出现过。我们不重复别人的东西，这是我们的独创，把中国古典的鼓点、舞蹈结合起来。我们考虑过很多种舞蹈，包括盘鼓舞，是从唐代壁画上看的资料，唐代就有盘鼓舞，就是把玉盘和鼓放在地上，跳鼓的人用脚点，发出声音，这是中国的传统舞。但我们又把它变了一下，改为长袖，也是古典舞，然后把两种舞结合，我觉得这要求你有想像力，而且要有实现的能力，还要你把它结合到剧情当中去。不是任何电影都会给你这三分钟的，我觉得我们就很好，这部电影有这段戏搁在这儿我就觉得很高兴，至少这三分钟让大家过目不忘就行了。

■那么你今后是否还会继续拍摄武侠片呢？

□张艺谋：会的，一定会的。

曲艺是综合艺术[①]

汪景寿

曲艺是综合艺术，具体表现为文学、表演和音乐相结合。文学、表演、音乐是曲艺艺术的构成成分，下面分别加以阐述。

1. 文学

对于舞台表演艺术来说，文学脚本十分重要。人们常说：剧本，剧本，一剧之本。用于曲艺也可以说：曲本，曲本，一曲之本。曲艺文学有特殊的发展过程和形成规律。由于曲艺艺人文化水平偏低，曲艺艺术地位低下，旧时学艺，多采取口传心授的方式，一字一句从老师那里传承下来，鲜有文字记载。从广义说，这并不等于没有曲艺文学，而是主要表现为口头形式。就文学形式的曲艺文学而言，大体表现为三种形式——

一是“梁子”。有的类似提纲，有的还不如提纲完整，只不过是断断续续的只言片语。演员把“梁子”敷演成书，艺术术语叫做“跑梁子”，又叫做“蹚”。以简略的“梁子”“蹚”出成本大套的书来，全凭演员的艺术造诣。主要取决于：一是生活和社会经验，像柳敬亭那样，善于“辨性情，考方俗，形容万类”。二是语言功力。有的艺人掌握大量诗词赋赞之类，像是建筑材料，一旦需要，信手拈来，构筑成高楼大厦。三是艺术经验。凡属成功的“蹚”，都不会“开口千言，离题万里”，而是紧紧围绕艺术形象的塑造，

① 节选自《中国曲艺艺术论》，北京，北京大学出版社，1994。汪景寿（1933—2006），曲艺理论家。

而且自然、贴切、灵活、多彩。有的说书艺人“蹚”的功力着实惊人。据说，有的艺人拿起鼓楗子，就要击鼓开书，脑海里还只有“梁子”，可是“蹚”出书来，听起来有声有色，有滋有味。

二是演出本。根据艺人演出实录下来，具有较高的欣赏和研究价值，但因先有演出而后整理成文，与一般文学脚本有所不同。

三是文学本。文人创作或加工整理的曲艺脚本，曲艺术语称之为“墨刻”。

随着时代的发展，曲艺文学逐渐发生变化，呈现出新的风貌。主要表现在：一是除少数传统曲艺段子以外，“梁子”已经不复存在。二是传统曲艺节目不仅经过记录、整理，而且进行了加工、提高，成为曲艺艺术宝库的重要组成部分。三是口传心授成为历史陈迹，代之以先有文学脚本而后进行表演的程序，变异性和灵活性相应有所降低。四是涌现了曲艺作家、演员和业余爱好者相结合的曲艺创作队伍。所有这些变化，有力地推动了曲艺文学的发展和提高。

从当前曲艺创作情况来看，专业曲艺作家为数不多，他们创作的曲艺作品质量较高，却远远不敷需要。业余曲艺爱好者遍及全国各地，他们创作的曲艺作品数量很大，但出类拔萃者为数甚微。演员自编自演，有逐渐加强的势头，但限于种种条件，能够胜任愉快和集中精力创作的演员也并不多。出路何在？应当鼓励和提倡演员、曲艺作家、曲艺爱好者取长补短，通力合作，也就是人们常常说的：专业和业余相结合。

演员自编自演的势头兴起，与曲艺艺术的特点和规律有关。这是因为：曲艺文学必须适应舞台表演，而不能停留在案头欣赏的状态。有的文学家关心曲艺，写下曲艺脚本，演员却不爱演，考其原因，像演员说的：唱词不上口，相声不逗乐，没法演，弄不好下不来台。演员自己创作，就不会有这类问题。曲艺文学还应适合个人条件。每个演员都有长处和弱点，存在扬长避短的问题。作家虽也注意揣摩演员的条件，但难免有隔靴搔痒之感。只有演员最为了解，写了本子演来自然得心应手。曲艺文学还必须适应演出环境。前面说的“把点开活”“现挂”都属于这方面的问题。对演员来说，可谓轻车熟路，而对非演员出身的作家来说，则似难以逾越。演员自编自演，优势十分明显，然而，也有其局限性。曲艺创作贵在创新，尤其像相声、快板等曲种，稍有落套之嫌，就兴味皆无。如果一位曲艺演员始终坚持自编自演，尽管不遗余力地创新，但自我因袭势所难免，一旦定型，对曲艺创作来说，无疑是致命伤。

2. 表演

表演，就是把曲艺脚本变成舞台艺术形象，俗称二度创作。在旧时代，曲艺文学停留在“梁子”状态，二度创作成为整个曲艺创作活动的主体。即使曲艺文学逐渐走上正轨，二度创作的举足轻重的作用仍然不容低估。

从表演体系来说，曲艺艺术是虚拟写意的。前已论及，不赘言。

从表演风格来说，曲艺艺术讲求灵活、韧性、含蓄。

所谓灵活，主要表现为一人一台戏，一人多角，时进时出以及时间的跳跃性、空间的多变性。

所谓韧性，就是精神饱满，贯穿到底，给人以整体感和连续感。像艺人常常说的：表演不在快，也不在喊，主要是“神”“像”“话”统一，精神一致、传神。

所谓含蓄，就是弦外有音，留有余地，忌讳和盘托出，一览无余。像著名扬州评话艺人王少堂说的：“凡演说古书，要描摹书中人物，贤愚忠奸善恶，三教九流，残疾不全，声音笑貌，必须尽情形容，如闻其声，如见其人。说时要有起落波澜，阴阳高下，紧慢凸凹，速而不乱，慢而不断，有声有色，入情入理。”

论及曲艺艺术表演，存在不同的提法。有人概括为说、唱、评、噱、演、学，有人则概括为说、唱、噱、表。对于上述概念的理解也有广义、狭义之分。《中国大百科全书·戏曲曲艺卷》的“曲艺说功”条里把“使噱”“贯口”“批讲”均包括在内，属于对“说”的广义理解，一般理解则较之狭窄些。这里把曲艺艺术表演归纳为说、唱、噱、演，分别加以阐述。

说 包括表述和评点，是曲艺表演的基础。对相声、评书、评话以及说唱相间的弹词、大鼓等曲种来说，“说”的作用不言而喻，即使是以唱为主的曲种也常常穿插说白，数量虽然不多，却有“七分白，三分唱”之说，足显其地位之重要。

说白讲求吐字发音，必须达到字字清，句句真，使观众听得清清楚楚，不能有任何含混和混淆。说白还应当掌握抑扬顿挫，轻重疾徐，臻于清新流畅、悦耳动听的境界。说的目的是表情达意，必须结合表达的需要，运用各种语言手法，渲染气氛，交代背景，刻画人物，点明题旨，力求做到传神，以特有的艺术魅力打动和感染听众。

唱 将在下面讨论。

噱 评弹、相声的主要艺术手段，其他如山东快书、快板，绍兴莲花落，四川金钱板以及某些鼓曲类的曲种，也都注意使用笑料，增强艺术效果。笑料的使用，必须注意掌握规律和火候。就一般规律而言，主要是铺垫和抖落。铺垫讲求严密细致，抖落讲求干脆利落。火候含有两层意思：一是不得违反规律，提前泄底。艺术术语叫“刨”。另是精心研究和掌握观众的艺术欣赏习惯，注意灵活性，忌讳一道汤。

演 主要指表演程式，包括手、眼、身、法、步等。

手，指的是手势动作，其作用是：

表现人物特征，包括性别、年龄、内在情绪等。

引导观众进入特定的虚拟的情景之中。

象征实物。

表现数字。

指引方向。

眼，指眼神而言。眼被称为灵魂的窗户。有人说：优秀的演员眼睛会说话。此话不虚。从曲艺表演来看，眼神的作用是：

引导和掌握观众。曲艺演员上得台来，未曾打鼓起唱，先用眼神四下里一扫，俗称“秋波流慧”，像指挥棒，观众马上安静下来。

表情达意，特别是那些“只可意会，不可言传”的意境和味道，全靠眼神。

具体表现远近、高低、上下、长短以及人物的喜、怒、忧、思、悲、恐、惊等等。

身，指身段而言。其作用是采取种种姿势，区分人物的性别、年龄、体形特征以及对客观事物的反映等。例如：

正——一般是表现雄伟健壮。

斜——倾斜方向不同，作用也不一样。

曲——一般是表现年老、寒冷、水蛇腰等。

仰——一般是表现高傲、潇洒。

俯——一般是表现居高临下。

法，指表演方法和规律而言。如表情动作的轻、巧、稳、准、大、小、强、弱、快、慢以及圆滑、持重、明确、拘泥等等。

步，指台步而言。除走唱类曲种外，曲艺演员在舞台上活动范围不大。如果站在那里表演，一般是丁字步或八字步。进入模拟人物，小碎步、大踏步等等都可以用。

3. 音乐

唱的曲种带有伴奏，分为诗赞系和乐曲系，即主曲体和联曲体。所谓主曲体，指的是一个唱段用同一曲调反复演唱。所谓联曲体，指的是一个唱段由一些曲牌联缀而成。王决《曲艺漫谈》一书中认为还有主嵌体，“它是以主曲体为主，以联曲体为辅结合成的曲式。整段曲目采用一种基本曲调，随着内容的需要，中间再加上一些曲牌，增加它的音乐性”。

曲艺音乐包括声腔和伴奏。

声腔，也就是唱，要求准确、灵活、声情并茂。所谓准确，包括吐字、发音、声调、韵味，必须掌握深厚的基本功。所谓灵活，就是根据表达需要和自身条件，力求创新。所谓声情并茂，就是从人物性格和抒情状物要求出发，以声音传情达意，赋唱腔以灵魂。

伴奏，必须强调一个“伴”字，意在烘托唱腔，切忌炫耀卖弄，喧宾夺主。伴奏虽处于附属地位，技巧要求却高。造诣高深的弦师不仅弹奏技艺卓绝，而且精通演唱，甚至能向演员授艺。伴奏与独奏不同，却不排斥个人的独特风格。白凤岩、白奉林、钟德海、韩德福等都是享誉曲坛的伴奏名家。

曲艺是喜剧风格的艺术

曲艺是喜剧风格的艺术，当指多数曲种而言。即使那些不便冠之以喜剧风格的曲种，也有或多或少的喜剧因素。可以这样说，喜剧因素在曲艺艺术中十分活跃。它是喜剧性的曲艺段子的主体因素，它是悲剧性的曲艺段子的衬托因素，它是正剧性的曲艺段子的点缀因素。曲艺艺术的喜剧风格表现在构思、情节、细节、语言诸方面。

1. 构思

从构思来看，曲艺段子里的笑料大体呈现两种形态：一种是整体型的，姑称之为“葫芦式”。有的相声小段本身就是个大“包袱”，前面虽有若干笑料，但都与“底”有联系，构成有机整体。有的不是整个段子构成“包袱”，但局部构成这种形态。譬如早年“撂地”演出相声时有这样的“垫话”：

乙：这回呀，我说一段……

甲：（唱）匡雷歹另匡一个另匡……哦……哦……开书咧！

乙：这位唱上啦！

甲：（唱）说了一回，唱了一回，演了一回，我没准儿说哪回……

乙：没准谱儿。

甲：我就说这回。

乙：说吧！

甲：（唱）闲来没事出趟城西，
见蝈蝈、蛐蛐在那儿吹牛皮。
蛐蛐说："我吃了六棵大柳树。"
蝈蝈说："我吞了八条大叫驴。"
他们俩正在说大话，
由西南来了一只大公鸡。
这只公鸡可真愣，
嘴一掇把蝈蝈吞在肚子里。
蛐蛐一见生了气，
骂一声："无情无义的大公鸡。
四两棉花纺（访）一纺，
姓蛐的不是好惹的。"
蛐蛐他越说越恼越有气，
磨磨牙，捋捋须，
"本儿巴咕叽"，也喂了大公鸡。

这个"垫话"里笑料都围绕着"吹牛皮"，构成完整的"包袱"。蝈蝈和蛐蛐吹得越厉害，笑料也就越多，最后归结到牛皮吹破，蛐蛐也喂了大公鸡，喜剧效果最为强烈。

另一种是零散型的，姑称之为"麻雀闹林式"。如传统相声《八扇屏》的"底"：

甲：什么叫"雨打沙滩万点坑"？

乙：这不直给您赔不是吗……得了，得了！

甲：得了，你还不吃去。

乙：喝！

甲：喝呀！连汤吃吧！

乙：这何苦呢？

甲：河苦，吃井水呀！

乙：算啦！

甲：蒜辣，吃韭菜呀！

乙：我说算啦！

甲：甭算啦！你属虎的。

乙：您瞧……

甲：我瞧，谁练哪？

乙：您听……

甲：我听，谁唱呀！

乙：唉！

甲：矮，往高处长啊！

乙：我的错。

甲：锉！上铁铺里买去。

乙：我不好。

甲：请大夫瞧哇！

乙：您让我小。

甲：多大啦？

乙：六岁。

甲：怎么还不送托儿所呀？

乙：谁呀？

这个“底”语言精巧，足以引起串珠似的笑声，然而，从构思角度看，只有艺术手法的反复使用，而没有像上面举的开场“垫话”那样的整体架构。

2. 情节

曲艺艺术的喜剧式情节与其他艺术形式大体相同。构成喜剧式情节的基础和方式，不外乎是矛盾法、误会法和对比法。喜剧式情节的特色也不外乎是虚拟、跌宕、跳跃。前已论及，不赘言。

3. 细节

喜剧细节的选择十分严格、苛刻，而精彩的细节往往是喜剧的精髓。传统单口相声《日遭三险》说的是县官走马上任，找了三个人做随从：一个急性子，给他当跟班儿；一个慢性子，给他看孩子；一个爱小便宜的，专管买东西。这天，省里大官来视察，县官赶忙去迎接，却偏偏碰上河桥车马阻塞，轿子无法通行。急性子见老爷着急，心生一计。接下去有这么一段：

“老爷，您下轿!”

“干吗呀?”

“咱们别等了，干脆我背您蹚过河去。”

“行吗?”

“老爷，您来吧，没错儿。”

县官也怕误了公事，蹚就蹚吧！急性子把县官往起一背，嘴里还说句吉祥话：“请老爷高升!”稀里哗啦下河了。越往当中走，水越深，急性子还怕老爷两只靴子沾上水：“请老爷再高升。”他使劲一颠，再往前走。“请老爷还得高升。”又用力一颠，县官骑他脖子上了. 急性子倒高兴了：“老爷，您瞧这多好啊，不但靴子湿不了，而且更稳当了，这不扶着也能走啊。”走来走去，到当中水最深的地方了，县官拍着急性子的脑袋说：“急性子，真有用，回头迎接完上差，一点儿事不误，回衙我赏你二两银子。”“谢谢老爷!”咕咚，把县官给扔河里了。县官爬起来，浑身上下都湿透了，顺着脑袋往下流水，差点儿淹死。

“急性子，你这是怎么回事?”

“我好谢赏啊。”

“嗐！谢赏你忙什么呀?”

“您不知道我是急性子吗?!”

“就是急性子，也没有这么急的呀！你等过了河再谢嘛!”

“是啊，您不会过河再赏吗?!”

这是急性子背人过河的笑话，属于炸“包袱”。从情节构思来看，做的是脾气过分急躁的文章。从细节安排来看，精彩之处在于一背、一扔、一解释。一背，属于急中生智，难得急性子想得出来。没有前面一背，就不会有后面一放，这个细节十分巧妙。而那一放，放出了人物的性格特点，再也没有这么急的脾气了。最后的解释带有倒打一耙的味道，更加滑稽可笑。三个细节都安排在“包袱”的筋节之处，效果十分强烈。

从上例还可看出，喜剧式的细节必须是具体的、夸张的、精妙的。

4. 语言

曲艺艺术的语言特色，下章专门讨论，各章分论也将涉及，此处从略。

第七部分

造型种种

● 从米格朗基罗到罗丹　熊秉明

● 遗嘱　[法]罗丹

● 古建序论　梁思成　林徽音

● 中国园林散记　陈从周

● 标准四合院与大宅门　邓云乡

● 说舞　闻一多

● 舞蹈应该是怎样的　[美]邓肯

导 语

雕塑、建筑、园林、舞蹈……巍峨的、灵动的、玲珑的、幽邃的、令人眼花缭乱的各种艺术造型，在我们眼前掠过，目不暇接——这是一场“眼球的盛宴”，俗话说：眼福不浅。

要有一颗心，能含宏万汇，能体察万物，才能一步步接近艺术创作者的那一颗灵光四射的心。有人把罗丹的《思想者》买回家，每天模仿作“思想者状”，却未必能成为真的“思想者”。而一旦你在展览会上，在大街上，在舞台上，甚至在江南水乡的某一处僻街陋巷，被一件造型艺术品所打动，它也许会永远留在你的记忆深处，闲来无事它就会冒出来，供你细细品玩——这时便觉得自己是一个自由而富足的人。

艺术的魅力就在于此。

从米格朗基罗到罗丹[①]

熊秉明

一般西洋美术史论到雕刻的时候，往往把罗丹作为米格朗基罗（1475—1564）的继承者，把三百年间的雕刻家都忽略过去，忘却掉。其实在这期间，欧洲的雕刻艺术相当繁荣。十六十七世纪，在意大利文艺复兴的影响下，欧洲各国的宫廷和教堂都有雕刻家留下大量代表时代精神和民族特色的作品。更近，在法国大革命时代，法国乌东（1741—1828）塑造了伏尔泰、狄德罗、卢梭、米拉波的像，还有华盛顿、富兰克林的像。罗丹在“对话录”里盛赞这些肖像是写出了时代、种族、职业和个性的生动的传记。罗丹还赞美过鲁德（1784—1855）在凯旋门上雕的“马赛曲”群像，卡尔波（1827—1875）在巴黎歌剧院门旁的“环舞”群像。卡尔波是罗丹的老师，著名的动物雕刻家巴力（1796—1875）也曾指导过他。罗丹是这个传统所培养出来的，为什么他的出现，大有“一洗万古凡马空”的气势呢？我想有一点，值得特别提出来作一些说明。

雕刻的发生源自一种人类的崇拜心理，无论是对神秘力的崇拜，对神的崇拜，或者对英雄的崇拜。把神像放在神龛里，把英雄像放在广场的高伟基座上，都表示这一种瞻仰或膜拜的情操。雕刻家把神与英雄的形象具体化。他的创作是社会交给他的任务。所以雕刻家在工作中，虽然有相当的自由，可以发挥个人才华，但是无论在内容上，在形式上，还要首先服从一个社会群体意识长期约定俗成的要求。有时，我们在庙宇装饰、纪念碑细部也看到日常

① 选自《关于罗丹——日记择抄》，北京，三联书店，1993。

生活的描写，有趣而抒情，然而那是附带的配曲。

罗丹的出现，把雕刻作了根本性的变革，把雕刻受到的外在约束打破。他不从传统的规格、观众的期待去考虑构思，他以雕刻家个人的认识和深切感受作为创造的出发点。雕刻首先是一座艺术品，有其丰富的内容，有它的自足性，然后取得它的社会意义。所以他的作品呈现的时候，一般观众，乃至保守的雕刻家，都不免惊骇，继之以愤怒、嘲讽，而终于接受、欣赏。他一生的作品，从最早期的“塌鼻的人”“青铜时代”，一直到他最晚年的“克列蒙梭”“教皇伯诺亚第十五”都受到这样的遭遇，只不过引起的波澜大小不同而已。

再举一个例子，如“加莱的市民”。加莱是法国北海岸的一个城市，1347 年，英王爱德华三世围城，下令城中选出六名士绅领袖，露顶赤足，穿上麻衫，颈系绳索，持城门钥匙，出城投降就刑，否则将屠城报复。士绅中有六人自愿牺牲自己以救城中百姓。据记载，怀孕的英后在场，恳求英王放赦了六人。罗丹要描写的是这短短的行列走向殉难的情景，六人中，或迈出毅然从容就义的步履，或痛苦踌躇不前，有人回盼，有人苦思。这和英雄纪念碑的体例是大相径庭的。罗丹要在这历史事件中，刻画到个人的内心斗争。他甚至主张取消基座，让悲剧中的人物就走在观众的近侧，使观众能感受到他们的手的颤动，听到他们心脏的悸跳。开初，加莱市的审查组看到初稿，提出批评说，这些人物损坏了他们心目中的爱国英雄的形象。但是最后，他们知道错了，他们期待一座公式化的英雄偶像，罗丹给他们的是更真实的史诗。

罗丹曾经多次参加纪念像的设计竞赛，而往往落选。这也难怪当时评选者的眼光窄狭，因为罗丹的作品是心理的，内向的，个人的，和一般纪念碑的雕刻风格相抵触。他的雨果，与其说表现对雨果的崇敬，不如说对雨果这个人物的解剖、分析，在这一个灵魂中冒险探索的所得。他的巴尔扎克也一样。最后的定稿，雨果是裸体的，巴尔扎克披着及地的睡袍，在学院派看来，可以说“荒诞”“失体”，但是罗丹说：“在我们公共广场上的雕刻，所能辨识的只是些衣服、桌子、椅子、机器、轻气球、电报机，没有一点内在真理，也就是没有一点艺术。”

罗丹最关心的问题是，如何以雕刻的语言说出他认为的真理，这真理是写在人的血肉躯体上的生命历史。

罗丹所要表现的也并不是单纯的“人体美”。

他说过，一般人认为丑的面貌，往往因为更具有个性，更包含丰富的内在真实，而成为艺术更喜爱的题材。又说，在艺术中，有个性的作品才是美的。当然，年轻的、轻盈活泼的肢体会激发他塑造的欲望。只要翻一翻他的素描，就可以看出他带着怎样激动的心，以灵动飞舞的线条去捕捉美妙的形体。他并且说过，女人的一生，青春含花的季节十分短暂，只是几个月的事。但是他也塑造了中年的女人，粗实而沉重的身体；他也塑过老年的女人，两乳平瘪地垂着，腹部积着皮的皱褶。他为巴尔扎克像制作了许多泥稿，都是赤裸的，身体的肌肉强壮结实，用他的话说，“像一头公牛”，鼓着圆肥的肚子，显出暴躁而带世俗气的性格，那是每天深夜披衣起来，啜着浓烈的咖啡，写“人间喜剧”的作者。为了雨果纪念像，他也做了许多裸体的泥稿。那是八十岁老人的躯体，皮下沉积了厚的脂肪，松弛的肌肉在关节处形成纽结。只有如此庞然浑重的体魄才能负载得起一个巨大的创造者的灵魂吧。

欣赏罗丹毕生的作品，我们也就鸟瞰了人的生命的全景。从婴孩到青春，从成熟到衰老，人间的悲欢离合，生老病死，爱和欲，哭和笑，奋起和疲惫，信念的苏醒，绝望的呼诉……都写在肉体上。

罗丹的人体不但留下岁月与苦难的痕迹，而且往往是残缺的。在他之前，哪一个雕刻家曾展出过孤零零的一只手？而他雕塑的一只手，如一株茂盛的树，已经圆足，充满表现力，成为“神的手”。两只手合拢来，十指如柱，指尖相接，成为“大教堂”。“行走的人”只有断躯和迈开的两腿，连手臂也删去，面部的表现也成多余。走向前路，是带着振奋？是带着爱护？是乐观？是惶恐？都有吧。那是人的步伐，是全人类的步伐，是全宇宙的步伐。“天行健!”一个中国人心里会跳出这古老的易经里的句子。不纪念任何特定的人物的巨像，而它走在宽阔浩瀚的地平线上，带着无比的动量，带着历历的斑驳，并无所欠缺的残缺，在我们记忆底层烙下棒喝的印记。

在罗丹之前，雕刻家都严谨地、慎重地把完整的雕像安置在神龛里、基座上，留给后世。有一个例外，那是米格朗基罗。

……因为这一个文艺复兴的巨匠，工作到八十九岁，日以继夜制作的，也是心灵的雕刻，肉体的史诗。在早期，他的确也为神龛和基座设计了神与英雄。这时期，他的两件杰作刻出了一人一神：大卫和摩西。大卫是圣经旧约里的人物，年轻时是一个牧羊人，赖他的英勇把非利士军中的巨人哥利亚用石子击杀，为以色列人除了外患。在他和哥利亚决战之前，扫罗王赐给他盔甲，但他穿不惯，脱去了，所以这里的大卫像是全裸的。他立得很直，骄傲又泰然。身体的重量放在右脚上，头转向左侧，通体弥漫着少年的精力和无畏。这石像高高屹立在佛罗伦萨城中的基座上，象征文艺复兴时代都市公民美德，也就是勇武（Fortezza）和爱国主义激起的义愤（Ira）。在西方艺术史上，这该是最能代表“英雄”这个观念的雕像了。摩西是率领以色列人走出埃及的民族英雄。他并非神，但是耶和华不断指引他，在他之后，再没有谁与神直接对话过。他接受神谕，把戒律碣给他的子民，为这个流亡途中的民族制定了道德律、法典、礼仪、生息的节奏、文化的间架。他的像有如一座坐着的风景：卷发如跃动的焰苗，而长须在胸，卷腾如急湍。两眼若炬，显出惩奖分明的至上权威。他镇坐在神龛中，巨伟而威猛，是呵护并鞭策一个民族站起来的神灵。米格朗基罗在他的额头上加了一双短角，以别于人间的英雄。这两座雕像充满激情，而又是完美的。后世的浪漫主义者醉心于这里的热情奔放；而古典主义者释服于造形的精粹。

到了米格朗基罗晚年，这两种倾向的平衡不再能维持，宗教热忱终决破了古典形式，如罗曼罗兰所说：“他的所以继续雕塑，已不是为了艺术上的信心，而是为了基督的信仰。”为了达到尽情表现的目的，作品的完整与否，完工与否已不是他所考虑的。就在四十岁左右，他雕的五座“奴隶”都未完成。似乎他有意不去完成，使这些埋在大理石中的男躯成为心灵在物质中挣扎的象征。

八十岁以后，他的两座“圣母哀子”像却不曾完成。有的部分已经加了精细的打磨，而有的部分还在毛胚状态。我们很难说这粗糙模糊的石面是有意保留的呢？是无意留下的？在对比之下，粗糙与模糊产生一种“不可说”的悲剧效果。圣母的面庞只作了初步的刻画，似乎凿刀到了这里，忽然畏怯，谦卑，迟钝，咽哑。圣母的悲戚埋在石的深处，在我们所不可及的那边。这两件作品不但没有完成，而且已经残损。一座，耶稣缺着左腿，据说是作者在不满意的愤恨中击坏的；另一座，耶稣的右臂在肩部被打断，和躯体脱离开来。这孤立的臂已经琢磨光滑，本已完成，现在像一段被雷击的树桩怪异地兀立着。据说作者准备作大幅度的修改，以致造成基本布局的解体。这是米格朗基罗最后的两件作品，他一直工作到死前一周，如今作品仍以残损而且未完成的状态留下来。

米格朗基罗已经忘却雕像的社会功能、外在形式，忘却要放置在什么地方；他浸沉在人之子的受难与圣母的哀痛中。他的创作已与此受难和哀痛合一，他的铁锤在虔诚中操作，不敢打得太深，唯恐惊动受难者与母亲的沉睡。雕刻本身暴露着被损害的痕迹，一如被钉过、被鞭过的肉躯，而磨光的部分颤栗着悲悯抚慰的清光。

米格朗基罗也在用人体写心灵。他说：“皮肤比衣着更高贵，赤裸的脚比鞋更真实。”

当神从神龛上走下来，英雄从基座上走下来，我们于是看到他们额头上的阴郁，颊边的泪痕，胸前的伤口，脚底的肿泡。我们会像一个母亲抱住他们，抚摸受难的肉躯，而这肉躯即是他们痛苦的灵魂。

米格朗基罗是一个雕刻家，更是一个打凿石头的圣徒；罗丹是一个雕刻家，更是一个雕刻的哲人。他们在大理石里凿出哲学，以青铜锻炼诗句。

从传统雕刻的观点看，从职业雕刻家的眼光看，罗丹把雕刻引入了歧途，引入了绝境。他说“忠于自然”，而在他的手中，人体已经开始扭曲、破裂，他说“尊重传统”，然而他已经把雕刻从纪念碑功能中游离出来。他所做的不是凯旋门，而是“地狱之门”。这是一大转变。凯旋门歌颂历史人物的丰功伟绩，而“地狱之门”上没有英雄。“地狱之门”其实也可以称做“人间之门”，而罗丹所描述的人间固然有鲜美和酣醉，但也弥漫阴影和苦难、烦忧和悲痛、奋起和陨落。罗丹用雕刻自由抒情，捕捉他想象世界中的诸影、诸相。雕刻是他恣意歌唱的语言。在罗丹手中，塑泥变成听话的工具，从此，在他之后的雕刻家可以更大胆地改造人体，更自由地探索尝试，更痛快地设计想象世界中诡奇的形象。现代雕刻从此可能。

艺术史家写现代雕刻史必把他作为第一章。但是大声疾呼“烧掉卢浮宫”的激进派前卫者大概会主张把罗丹的作品归为传统，一并烧掉的。他是一个起点呢？是一个终点呢？这是一个使艺术史家棘手的问题，但是对于普通的艺术爱好者可能并无关紧要。说他的雕刻是最雕刻的雕刻是可以的，因为雕刻本身取得意义；说他的雕刻破坏雕刻的定义，已经不是雕刻，也是可以的，因为雕刻不仅具有坚实的三度实体的造形美，而且侵入诗，侵入哲学。说在他的作品里，我们看见雕刻的源起是可以的；说在他的作品里，我们看到雕刻的消亡也是可以的。因为他的雕刻在生命的波澜中浮现凝定。生命啄破雕刻的外壳又一次诞生。

无疑，罗丹是一个拥有精湛技艺的艺术家，他说过：“没有灵敏的手，最强烈的感情也是瘫痪的。”同时他又是一个大智慧的人，并不认为有了一双灵敏的手就算艺术家。他说：“真的艺术家是蔑视艺术的。”又说：“在做艺术家之前，先要做一个人。”每天有那么多年轻人、中年人、老年人从世界的各个角落来到巴黎罗丹美术馆，在他的雕像之间徘徊、沉思，因为那些青铜和大理石不只是雕刻，那是，用他自己的话：“开向生命的窗子。”

一九九二年十一月

遗 嘱[1]

[法] 罗 丹

青年们，想做“美”的歌颂者的青年们，在这里你们找到了一个长期的经验，这也许对于你们是高兴的事情。

生在你们以前的大师，你们要虔诚地爱他们。

在菲狄亚斯和米开朗基罗的面前，你们要躬身致敬。崇仰前者神明的静穆和后者广阔的沉思吧。对于高贵的人，崇仰是一种醇酒。

可是要小心，不要模仿你们的前辈。尊重传统，把传统所包含永远富有生命力的东西区别出来——对“自然”的爱好和真挚，这是天才作家的两种强烈的渴望。他们都崇拜自然，从没有说过谎。所以传统把钥匙交给你们，而靠了这把钥匙，你们会躲开陈旧的因袭。也就是传统本身，告诫你们要不断地探求真实，和阻止你们盲从任何一位大师。

但愿“自然”成为你们唯一的女神。

对于自然，你们要绝对信仰。你们要确信，“自然”是永远不会丑恶的；要一心一意地忠于自然。

在艺术家看来，一切都是美的，因为在任何人与任何事物上，他锐利的眼光能够发现“性格”，换句话说，能够发现在外形下透露出的内在真理，而这个真理就是美的本身。虔诚地研究吧，你们不会找不着美的，因为你们将要遇见真理。奋发地工作吧。

诸位雕塑家，你们心里要加强领会深度的意义。心灵

[1] 选自何尚主编《接近天堂的美》，广州，广东经济出版社，1999。本文由沈琪翻译。罗丹（1840—1917），法国雕塑家。

是不易和这个概念融洽起来的，这个概念明显地表现的，无非是些平面；从厚度来想象形体，这件事会使心灵感到困难，但这正是你们的任务，首先，要明确地安排你们要雕刻的形象的大的“面”，要鲜明地强调你对人体每个部分，头、两肩、盘骨、腿所支配的方向。艺术要有决断。由于线条的明显痕迹，你们能够深入空间而获得物体的深度。当你们把面处理好以后，一切就也找着了；你们的雕像已经有了生命——其他细节自己会来，而且自会安排。

塑造的时候，千万不要在平面上，而是要在起伏上思考。

希望你们领悟到，所有面积，是正在它后边推动的体积的最外露的一面。你要设想形象正迎着你们，向你们突出。一切生命皆从一个中心上迸生出来，然后由内到外，滋长发芽，灿烂开花。同样，美好的雕刻中，人们常常猜得出是有一种强烈的内在冲动。这就是古代艺术的秘密。

而你们，画家们，也要从深度上去观察现实。譬如说，你们瞧拉斐尔的一幅肖像画吧。当这位大师表现一个人物的正面像的时候，他使胸部斜侧，因此给我们深度的幻觉。

一切大画家都是探测空间的，他们的力量就在这一厚度的概念中。

你们要记住这句话：没有线，只有体积。当你们勾描的时候，千万不要只着眼于轮廓，而要注意形体的起伏。是起伏在支配轮廓。

你们要毫不松懈地锻炼，必须专心致志。

艺术就是感情。如果没有体积、比例、色彩的学问，没有灵敏的手，最强烈的感情也是瘫痪的。最伟大的诗人，如果他在国外，不通其语言，他能做什么呢？不幸在新一代艺术家里面，有不少拒绝学习怎样说话的诗人，所以他们只能含糊其辞了。

要有耐心！不要依靠灵感。灵感是不存在的。艺术家的优良品质，无非是智慧、专心、真挚、意志。像诚实的工人一样完成你们的工作吧。

你们要真实，青年们，但这并不是说，要平板地精确。世间有一种低级的精确，那就是照相和翻模的精确。有了内在的真理，才开始有艺术。希望你们用所有的形体，所有的颜色来表达种种情感吧。

只满足于形似到乱真，拘泥于无足道的细节表现的画家，将永远不能成为大师。要是参观过意大利境内的墓地的话，无疑地你们会注意到那些负责装饰墓地的艺术家，多么幼稚，在他们的雕像上，专以模仿刺绣、花边、发辫为能事。也许这些做得精确，但既然不是出于自己的心灵，也就不会真实。

几乎我们所有的雕塑家，都使人联想起意大利墓地的雕塑。在我们公共广场上的雕刻，所能辨识的只是些衣服、桌子、椅子、机器、轻气球、电报机，没有一点内在的真理，也就是没有一点艺术。你们要厌恶这些旧货铺里的东西。

你们要有非常深刻的、粗犷的真情，千万不要迟疑，把亲自感觉到的表达出来，即使和存在着的思想是相反的。也许最初你们不被人了解，但你们的孤寂是暂时的，许多朋友不久会走向你们——因为对一人非常真实的东西，对众人也非常真实。

可是不要扮鬼脸、做怪样来吸引群众。要朴素、率真！

最美的题材摆在你们面前：那就是你们最熟悉的人物。

不幸早逝的我的亲爱的、伟大的欧仁·加利哀，就是以画他的妻子和他的子女显示出他的天才的。歌颂母爱，足以使他崇高。所谓大师，就是这样的人：他们用自己的眼睛去看别人见过的东西，在别人司空见惯的东西上能够发现出美来。

拙劣的艺术家永远戴别人的眼镜。

要点是感动，是爱，是希望、战栗、生活。在做艺术家之前，先做一个人！帕斯卡说过，真正的雄辩是看不出雄辩的；同样，真正的艺术是忽视艺术的。这里，我再举加利哀为例：在每次展览会里，大部分的画幅不过是画而已；至于他的画幅，在别人的作品之中，就像开向生命的窗子！

你们要欢迎正确的批评，这是你们容易识别的。当你们被围在疑难之中，使你们不再犹豫的就是这些批评。可是不要被自己的良心不能接受的批评伤害了你们。

不要怕不公平的批评，这种批评会激起你们的朋友的反感，会逼得他们在对于你们的同情上加以思考；而当他们明白并窥破这些批评的动机以后，他们对你们的同情更会明显地表露出来。

如果你们的才艺是新颖的，那么最初志同道合的只能很少，而敌人很多。但你们不要失望，前者将会得到胜利，因为他们知道为什么爱你们；而你们的敌人不知道为什么你们使他们讨厌。前者热爱真理，时时替真理吸收新的信仰者；后者对于自己的谬见，不会有经久的热诚。前者坚忍不拔，后者随风而转。真理的胜利是决然的。

你们不要浪费时间，在交际场中或政治圈里去拉关系。你们会看到许多同行，勾心斗角，谋求富贵——这些不是真正的艺术家；可是其中不乏聪明的人。如果和他们一样在地盘上打算与他们争名逐利，你们将和他们同样浪费时间，就是说耗尽你们的一生——那就再不剩一分钟的时间给你们去做一个艺术家了。

你们要热爱你们的使命——没有比这个使命更美好的了。它比世俗所想的高尚得多。

艺术家留下伟大的榜样。

他尊重自己的事业：他最珍贵的酬报是做好工作的喜悦。现在唉！有人劝工人——为了他们的祸患——去憎恨自己的工作，破坏自己的工作。当一切人都有艺术家的灵魂，就是说人人都快乐地从事他们的职业，那时候世界才会幸福。

艺术又是一门学会真诚的功课。

真正的艺术家总是冒着危险去推倒一切既存的偏见，而表现他自己所想到的东西。

因此他教同道们要率直坦白。

试想多么神奇的进步立刻就能够实现，如果人类都是绝对爱好真理的话！

啊！我们的社会将要多么快地把过去存在的错误与丑恶除掉，而且我们的世界将会何等迅速地变成乐园！

古建序论①

梁思成　林徽音

一、建筑是什么

在讲为什么我们要保存过去时代里所创造的一些建筑物之前，先要明了：建筑是什么?

最简单地说，建筑就是人类盖的房子，为了解决他们生活上“住”的问题。那就是：解决他们安全食宿的地方、生产工作的地方和娱乐休息的地方。“衣、食、住”自古是相提并论的，因为他们都是人类生活最基本的需要。为了这需要，人类才不断和自然做斗争。自古以来，为了安定的起居，为了便利的生产，在劳动创造中人们就也创造了房子。在文化高度发展的时代，要进行大规模的经济建设和文化建设，或加强国防，我们仍然都要先建筑很多为那些建设使用的房屋，然后才能进行其他工作。我们今天称它为“基本建设”，这个名称就恰当地表示房屋的性质是一切建设的最基本的部分。

人类在劳动中不断创造新的经验、新的成果，由文明曙光时代开始在建筑方面的努力和其他生产的技术的发展，总是平行并进和互相影响的。人们积累了数千年建造的经验，不断地在实践中，把建筑的技能和艺术提高，例如：

① 本文是梁思成1953年在考古工作人员训练班上的讲话，由林徽音整理。选自《薪火四代》，天津，百花文艺出版社，2003。梁思成、林徽音夫妇，建筑学家。

了解木材的性能，泥土沙石在化学方面的变化，在思想方面的丰富，和对造形艺术方面的熟练，因而形成一种最高度综合性的创造。古文献记载：“上古穴居野处，后世圣人易之以宫室，上栋下宇以蔽风雨。”从穴居到木构的建筑就是经过长期的努力，增加了经验，丰富了知识而来。所以：

（1）建筑是人类在生产活动中克服自然、改变自然的斗争的记录。这个建筑活动就必定包括人类掌握自然规律、发展自然科学的过程。在建造各种类型的房屋的实践中，人类认识了各种木材、石头、泥沙的性能，那就是这些材料在一定的结构情形下的物理规律，这样就掌握了最原始的材料力学。知道在什么位置上使用多大或多小的材料，怎样去处理它们间的互相联系，就掌握了最简单的土木工程学。其次，人们又发现了某一些天然材料——特别是泥土与石沙等——在一定的条件下的化学规律，如经过水搅、火烧等，因此很早就发明了最基本的人工的建筑材料，如砖，如石灰，如灰浆等。发展到了近代，便包括了今天的玻璃、五金、水泥、钢筋和人造木等等，发展了化工的建筑材料工业。所以建筑工程学也就是自然科学的一个部门。

（2）建筑又是艺术创造。人类对他们所使用的生产工具、衣服、器皿、武器等，从石器时代的遗物中我们就可看出，在这些实用器物的实用要求之外，总要有某种加工，以满足美的要求，也就是文化的要求，在住屋也是一样。从古至今，人类在住屋上总是或多或少地下过功夫，以求造形上的美观。例如：自有史以来无数的民族，在不同的地方、不同的时代，同时在建筑艺术上，是继续不断地各自努力，从没有停止过的。

（3）建筑活动也反映当时的社会生活和当时的政治经济制度。如宫殿、庙宇、民居、仓库、城墙、堡垒、作坊、农舍，有的是直接为生产服务，有的是被统治阶级利用以巩固政权，有的被他们独占享受。如古代的奴隶主可以奴役数万人为他建筑高大的建筑物以显示他的权威，坚固的防御建筑以保护他的财产，古代的高坛、大台、陵墓都属于这种性质。在早期封建社会时代，如：吴王夫差“高其台榭以鸣得意”，或晋平公“铜鞮之宫数里”，汉初刘邦做了皇帝，萧何营未央宫，就明明白白地说“天子以四海为家，非令壮丽无以重威”，从这些例子就可以反映出当时的封建霸主剥削人民的财富，奴役人民的劳力，以增加他的威风的情形。在封建时代建筑的精华是集中在宫殿建筑和宗教建筑等等上，它是为统治阶级所利用以作为压迫人民的工具；而在新民主主义和社会主义的人民政权时代，建筑就是为维护广大人民群众的利益和美好的生活而服务了。

(4) 不同的民族的衣食、工具、器物、家具，都有不同的民族性格或民族特征。数千年来，每一民族、每一时代，在一定的自然环境和社会环境中，积累了世代的经验，都创造出自己的形式，各有其特征，建筑也是一样的。在器物等等方面，人们在科学方面采用了他们当时当地认为最方便最合用的材料，根据他们所能掌握的方法加以合理的处理成为习惯的手法，同时又在艺术方面加工做出他们认为最美观的纹样、体形和颜色，因而形成了普遍于一个地区一个民族的典型的范例，就成了那民族在工艺上的特征，成为那民族的民族形式。建筑也是一样。每个民族虽然在各个不同的时代里，所创造出的器物和建筑都不一样，但在同一个民族里，每个时代的特征总是一部分继续着前个时代的特征，另一个部分发展着新生的方向，虽有变化而总是继承许多传统的特质，所以无论是哪一种工艺，包括建筑，不论属于什么时代，总是有它的一贯的民族精神的。

(5) 建筑是人类一切造形创造中最庞大、最复杂也最耐久的一类，所以它所代表的民族思想和艺术，更显著、更多面也更重要。

从体积上看，人类创造的东西没有比建筑在体积上更大的了。古代的大工程如秦始皇时所建的阿房宫，“前殿阿房，东西五百步，南北五十丈，上可坐万人，下可立五丈旗”。记载数字虽不完全可靠，体积的庞大必无可疑。又如埃及金字塔高四百八十九英尺，屹立沙漠中遥远可见。我们祖国的万里长城绵亘二千三百余公里，在地球上大约是一件最显著的东西。

从数量上说，有人的地方就必会有建筑物。人类聚居密度愈大的地方，建筑就愈多，它的类型也愈多变化，合起来就成为城市。世界上没有其他东西改变自然的面貌如建筑这么厉害。在这大数量的建筑物上所表现的历史艺术意义方面最多也就最为丰富。

从耐久性上说，建筑因是建造在土地上的，体积大，要承托很大的重量，建造起来不是易事，能将它建造起来总是付出很大的劳动力和物资财力的。所以一旦建筑成功，人们就不愿轻易移动或拆除它，因此被使用的期限总是尽可能地延长。能抵御自然侵蚀，又不受人为破坏的建筑物，便能长久地被保存下来，成为罕贵的历史文物，成为各时代劳动人民创造力量、创造技术的真实证据。

(6) 从建筑上可以反映建造它的时代和地方的多方面的生活状况、

政治和经济制度。在文化方面，建筑也有最高度的代表性，例如封建时期各国的巍峨的宫殿、坚强的堡垒；不同程度的资本主义社会里的拥挤的工业区和紊乱的商业街市。中国过去的半殖民地半封建时期的通商口岸、充满西式的租界街市，和半西不中的中国买办势力地区内的各种建筑，都反映着当时的经济政治情况，也是显示帝国主义文化入侵中国最真切的证据。

以上六点，不但说明建筑是什么，同时也说明了它是各民族文化的一种重要的代表。从考古角度考虑各个时代的建筑问题时，实物得到保存，就意味着各时代所产生过的文化证据之得到保存。

二、中国建筑的类型

其次，我们要了解中国建筑有哪一些类型：

（1）居民和象征政权的大建筑群。如衙署、府邸、宫殿，这些基本上是同一类型，只有大小繁简之分。应该注意的是它们的历史和艺术的价值，绝不在其大小繁简，而是在它们的年代、材料和做法上。

（2）宗教建筑。本来佛教初来的时候，隋、唐都有“舍宅为寺”的风气，各种寺院和衙署、府邸没有大分别，但积渐有了宗教上的需要和僧侣生活上的需要，而产生各种佛教寺院内的部署和体型，内中公佛塔为最突出。其他如道观、回教的清真寺，和基督教的礼拜堂等，都各有它们的典型特征和个别变化，不但反映历史上种种事实应予以注意，且有高度艺术上成就，有永久保存的价值。例如：各处充满雕刻和壁画的石窟寺，就有极高的艺术价值；又如前据报告，中国仅存的一个景教的景堂，就有极高的历史价值。此外中国无数的宝塔都是我们艺术的珍物。

（3）园林及其中附属建筑。园林的布局曲折上下，有山有水，衬以适当的怡神养性、感召精神的美丽建筑，是中国劳动人民所创造的辉煌艺术之一。北京城内的北海，城郊的颐和园、玉泉山、香山等原来的宫苑，和长江以南苏州、无锡、杭州各地过去的私家园林，都是艺术杰作，有无比的历史和艺术价值。

（4）桥梁和水利工程。我国过去的劳动人民有极丰富的造桥经验，著名的赵州大石桥和卢沟桥等是人人都知道的伟大工程，而且也是艺术杰作。西南诸省有许多铁索桥，还有竹索桥，此外全国各地布满了大大小小的木桥和石桥，建造方法各个不同。在水利工程方面，如四川灌县的都江堰、云南昆明的松花坝，都是令人叹服的古代工程。在桥和坝两方面，国内的实物就有很多是表现出我国劳动人民伟大的智慧，有极高的文物价值的。

（5）陵墓。历代封建帝王和贵族所建造的坟墓都是规模宏大，内中用很坚固的工程和很丰富的装饰的。它们也反映出那个时代的工艺美术和工程技术的种种方面，所以也是重要的历史文物和艺术特征的参考资料。墓外前面大多有附属的点缀，如华表、祭堂、小祠、石阙等。著名的如山东嘉祥的武梁石祠，四川渠县和绵阳、河南嵩山、西康雅安等地方都有不少石阙，寻常称“汉阙”，是在建筑上有高度艺术性的石造建筑物。并且上面还包含一些浮雕石刻，是当时的重要艺术表现。四川有许多地方有汉代遗留下来的崖墓，立在崖边，墓口如石窟寺的洞口，内部有些石刻的建筑部分，如有斗拱的石柱等，也是研究古代建筑的难得资料。

（6）防御工程。防御工程的目的在于防御，所以工程非常硕大坚固，自成一种类型，有它的特殊的雄劲的风格。如我们的万里长城，高低起伏地延伸到二千三百余公里，它绝不是一堆无意义的砖石，而是过去人类一种伟大的创作，有高度的工程造诣，有它的特殊严肃的艺术性的，无论近代的什么人见到它，都不可能不肃然起敬，就证明这一点了。如北京、西安的城，都有重大历史意义，也都是伟大的艺术创作。在它们淳朴雄厚的城墙之上，巍然高峙的宏大城楼构成了全城风光所系的突出点，从近处瞻望它们能引起无限美感，使人们发生对过去劳动人民的热爱和景仰，产生极大的精神作用。

（7）市街点缀。在中国城市街道上有许多美化那个地区的装饰性的建筑物，如钟楼、鼓楼、各种牌坊、街楼，大建筑物前面的辕门和影壁等。这些建筑物本来都是朴实的有用的型类，但却被封建时代的意识所采用，为迷信的因素服务，也为反动的道德标准如贞节观念、光荣门第等观念服务。但在原来用途上，如牌坊就本是各民坊入口的标识，辕门也是一个区域的界限，钟楼、鼓楼虽为了警告时间，但常常是市中心标识，所以都是需要艺术的塑型的。在中国各城市中这些建筑物多半发展出高度艺术性的形象，成了街市中美丽的点缀，为了它们的艺术价值，这些建筑物是应保存与慎重处理的。

（8）建筑的附属艺术。如壁画、彩画、雕刻、华表、狮子、石碑、宗教道具等等，往往是和建筑分不开的。在记录或保管某个建筑物时，都要适当地注意到它的周围这些附属艺术本身都是艺术精品。

(9) 城市的总体形和总布局。中国城市常是极有计划的城市，按照地形和历史的条件灵活地处理，街道的分布，大建筑物的耸立与衬托，市楼、公共场所、桥头、市中心和湖沼、堤岸等等，常常是雄伟壮丽富于艺术性的安排，所形成的景物气氛给人以难忘的印象。在注意建筑文物的同时，对城市布局方面也应该注意有计划或有意识地进行摄影、测绘，以显示它们的特色。尤其是今天中国的城市都在发展中，对原有的在优良秩序基础上形成的某一城、某一市的特殊风格，都应予以特别重视，以配合新的发展方向。

三、中国体系的建筑

单单认识祖国各种建筑的型类，每种或每个地去欣赏它的艺术，估计它的历史价值，是不够的。考古工作者既有保管和研究文物建筑的任务，他们就必须先有一个建筑发展史的最低限度的知识。中国体系的建筑是怎样发展起来的呢？它是随着中国社会的发展而发展的。它是各时代的一定的社会经济做基础的，既和当时的社会的生产力和生产关系分不开，也和当时占统治地位的世界观，也就是当时的人所接受所承认的思想意识分不开的。

试就中国历史的几个主要阶段和它当时的建筑分别做一讲述。例如：(1) 商、殷、周到春秋战国；(2) 秦、汉到三国；(3) 晋、魏、六朝；(4) 隋、唐到五代；(5) 辽、宋到金、元；(6) 明、清两朝。

第一阶段：商殷、周、春秋战国。

商殷是奴隶社会时代，周初到春秋战国虽然已经有封建社会制度的特征，但基本上奴隶制度仍然存在，农奴和俘虏仍然是封建主的奴隶。奴隶主和封建初期的王侯，都拥有一切财富：他们的财产包括为他们劳动的人民——奴隶和俘虏。什么帝、什么王都迫使这些人民为他们建造他们所需要的建筑物。他们所需要的建筑是怎样的呢？多半是利用很多奴隶的劳动力筑起有庞大体积的建筑物。例如：因为他们要利用鬼神来迷惑为他们服劳役的人民，所以就要筑起祭祀用的神坛；因为他们时常出去狩猎，就要建造登高远望的高台；他们生前要给自己兴盖特别尊贵高大的房子，所谓“治宫室”以显示他们的统治地位；死后一定要挖个极为奢侈坚固的地窖，所谓“造陵墓”，好保存他们的尸体，并且把生前的许多财物也陪葬在里面，以满足他们死后仍能占有财产的观念；他们需要防御和他们敌对的民族或部落，他们就需要防御用的堡垒、城垣和烽火台。虽然在殷的时代宫殿的结构还是很简单的，但比起更简单而原始的穴居时代和初有木构的时代当然已有了极大的进步。到了周初，建筑工程的技术又进了一步。《诗经》上描写周初召来“司空”“司徒”，证明也有了管工程的人，有了某种工程上的组织来进行建筑活动，所谓“营国筑室”也就是有计划地来建造一种城市。所谓“作庙翼翼”，立“皋门”“应门”等等，显然是对建筑物的结构、形状、类型和位置，都做了艺术性的处理。

到了春秋和战国时期，不但生产力提高，同时生产关系又有了若干转变。那时已有小农商贾，从事工艺的匠人也不全是以奴隶身份来工作的，一部分人民都从事各种手工业生产，墨子就是一个。又如记载上说“公输子之巧”，传说鲁班是木工中最巧的匠人，还可以证明当时个别熟练匠人虽仍是被剥削的劳动人民，但却因为他的“巧”而被一般人民所重视。在建筑上，七国的燕、赵、楚、秦的封建主都是很奢侈的，所谓“高台榭”“美宫室”的作风都很盛。依据记载，有人看见秦的宫室之后说：“使鬼为之，则劳神矣，使人为之，亦苦民矣。”这样的话，我们可以推断当时建筑技术必是比以前更进步的，同时仍然是要用许多人工的。

第二阶段：秦汉到三国。

秦统一中国，秦始皇的建筑活动常见于记载，是很突出的，并且规模都极大，如筑长城、铺驰道等。他还摹仿各种不同的宫殿，造在咸阳北陂上，先有宫室一百多处，还嫌不足，又建有名的阿房宫，宫的前殿据说是“东西五百步，南北五十丈，上可坐万人，下可立五丈旗”，当然规模宏大。秦始皇还驱使工匠们营造他的庞大而复杂的坟墓。在工程和建筑艺术方面，人民为建造这些建筑物而发挥自己的智慧中，必定又创造了许多新的经验。但统治者的剥削享乐和豪强兼并，土地集中在少数人手中，引起农民大反抗。秦末汉初，农民纷纷起义，项羽打到咸阳时，就放火烧掉秦宫殿，火三月而不灭。在建筑上，人民的财富和技术的精华常常被认为是代表统治者的贪心和残酷的东西，在斗争中被毁灭了去，项羽烧秦宫室便是个最早、最典型的例子。

汉初，刘邦取得胜利又统一了中国之后，仍然用封建制度，自居于统治地位。他的子孙一代代由西汉到东汉又都是很奢侈的帝王，不断为自己建造宫殿和离宫别馆。据汉史记载：汉都长安城中的大宫，就有有名的未央宫、长乐宫、建章宫、北宫、桂宫和明光宫等，都是庞大无比的建筑。在两汉文学作品中更有许多关于建筑的描写，歌颂当时建筑上的艺术和它们华丽丰富的形象的。例如：有名的《鲁灵光殿赋》《两都赋》《两京赋》等等。在实物上，今天还存在着汉墓前面的所谓“石阙”“石祠”，在祠坛上有石刻壁画（在四川、山东和河南省都有），还有在悬立的石崖上凿出的“崖墓”。此外还有殉葬用的“明器”（它们中很多是陶制的各种房屋模型），和墓中有花纹图案的大空心砖块和砖柱。所以对于汉代建筑的真实形象和细部手法，我们在今天还可以看出一个梗概来。汉代的工商业兴盛，人口增加，又开拓疆土，向外贸易，发展了灿烂的早期封建文化；大都市布满全国，只是因为皇帝、贵族、官僚、地主、商人和豪强都一齐向农民和手工业工人进行剥削和超经济的暴力压榨。汉末，经过长时期的破坏，饥民起义和军阀割据的互相残杀到了可怕的程度，最富庶的地方都遭到剧烈的破坏，两京周围几百里彻底地被毁灭了，黄河人口集中的地区竟是“千里无人烟”或到了“人相食”的地步。汉建筑的精华和全面的形象所达到的水平，绝不是今天这一点剩余的实物所能够代表的。我们所了解的汉代建筑，仍然是极少的。

由三国或晋初的遗物上看来，汉末已成熟的文化艺术，虽经浩劫，一些主要传统和特征仍然延续留传下来。所谓三国，在地区上除却魏在华北外，中国文化中心已分布在东南沿长江的吴，和在西南四川山岳地带盆地中的蜀，汉代建筑和各种工艺是在很不同的情形下得到保存或发展的。长安、洛阳两都的原有精华，却是被破坏无遗。但在战争中人民虽已穷困，统治者匆匆忙忙地却还不时兴工建造一些台榭取乐，曹操的铜雀台就是有名的例子。在艺术上，三国时代基本上还是汉风的尾声。

第三阶段：晋魏六朝。

汉的文化艺术经过大劫延续到了晋初，因为逐渐有由西域进入的外来影响，艺术作风上产生了很多新的因素。在成熟的汉的手法上，发展了比较和缓而极丰富的变化。但是到了北魏，经过中间五代十国大混乱时期，北方少数民族入主中原，占据统治地位，并且带来大量的和中国文化不同体系的艺术影响，中国的工艺和建筑活动，便突然起了更大的变化。石虎和赫连勃勃两个北方民族的统治者进入中国之后都大建宫殿，这些建筑只见于文献记载，没有实物作证，形式手法到底如何，不得而知。我们可以推想木构的建筑，变化很小，当时的技术工人基本是汉族人民，但用石料刻莲花建浴室等，有很多是外来影响。北魏的统治者是鲜卑族，建都在大同时凿了云冈的大石窟寺，最初式样曾依赖西域僧人，所以由刻像到花纹都带着浓重的西域和印度的手法情调。迁都到了洛阳之后，又造龙门石窟。当时中国匠人对于雕刻佛像和佛教故事已很熟练，艺术风格就是在中国的原有艺术上吸取了外来影响，尝试了自己的创造。虽然题材仍然是外来的佛教，而在表现手法上却有强烈的中国传统艺术的气息和作风。建筑活动到了这时期，除却帝王的宫殿之外，最主要的主题是宗教建筑物。如：寺院、庙宇、石窟寺或摩崖造像、木塔、砖塔、石塔等等，都有许多杰出的新创造。希腊、波斯艺术在印度所产生的影响，又由佛教传到中国来。在木构建筑物方面，外国影响始终不大，只在原有结构上或平面布局上加以某些变革来解决佛教所需要的内容。最显明的例子就是塔。当时的塔基本上是汉代的“重屋”，也就是多层的小楼阁，上面加了佛教的象征物，如塔顶上的“覆钵”和“相轮”（这个部分在塔尖上称作“刹”，就是个缩小的印度的墓塔，中国译音的名称是“窣堵坡”或“塔婆”）。除了塔之外，当时的寺院根本和其他非宗教的中国院落和殿堂建筑没有分别，只是内部的作用改变了性质，因是为佛教服务的，所以凡是艺术、装饰和壁画等，主要都是传达宗教思想的题材。那时劳动人民渗入自己虔诚的宗教热情，创造了活跃而辉煌的艺术。这时期里，比木构耐久的石造和砖造的建筑和雕刻，保存到今天的还很多，都是今天国内最可贵的文物，它们主要以代表雕刻，但附带也有表现当时建筑的，如：敦煌、云冈、龙门、南北响堂山、天龙山等著名的石窟，和与它们同时的个别小型的“造像石”。还有独立的建筑物，如：嵩山嵩岳寺砖塔，和山东济南郊外的四门塔。当时的木构建筑，因种种不利的条件，没有保存到现在的。南朝佛教的精华，大多数是木构的，但现时也没有一个存在的实物，现时所见只有陵墓前的石刻华表和狮子等。南北朝时期中木构建筑只有一座木塔，在文献中描写得极为仔细，那就是著名的北魏洛阳“胡太后木塔”。这篇写实的记载给了我们很多可贵的很具体的资料，供我们参考，且可以和隋、唐以后的木构及塔型做比较的。

第四阶段：隋、唐、五代、辽。

在南北朝割据的局势不断的战争之后，隋又统一中国，土地的重新分配，提高了生产力，所以在唐中叶之前，称为太平盛世。当时统治阶级充分利用宗教力量来帮助他们统治人民，所以极为提倡佛教，而人民在痛苦之中，依赖佛教超度来生的幻想来排除痛苦，也极需要宗教的安慰，所以佛教愈盛行，则建寺造塔，到处是宗教建筑的活动。同时，为统治阶级所喜欢的道教的势力，也因为得到封建主的支持，而活跃起来。金碧辉煌的佛堂和道观布满了中国，当时的工匠都将热情和力量投入许多艺术创造中，如：绘画、雕刻、丝织品、金银器物等等。建筑艺术在那时是达到高度的完美。由于文化的兴盛，又由于宗教建筑物普遍于各地，熟练工匠的数目增加，传播给徒弟的机会也多起来。建筑上各部做法和所累积、修正的经验，积渐总结，成为制度，凝固下来。唐代建筑物在塑型上，在细部的处理上，在装饰纹样上，在木刻石刻的手法上，在取得外轮线的柔和或稳定的效果上，都已有极谨严、极美妙的方法，成为那时代的特征。五代和辽的实物基本上是承继唐代所凝固的风格及做法，就是宋初的大建筑和唐末的作风也仍然非常接近。毫无疑问地，唐中叶以前，中国建筑艺术达到了一个艺术高峰，在以后的宋、元、明、清几次的封建文化高潮时期，都没有能再和它相比的。追究起来，最大原因是当时来自人民的宗教艺术多样性的创造，正发扬到灿烂的顶点，封建统治阶级只是夺取这些艺术活力为他们的政权和宫廷享乐生活服务，用庞大的政治经济实力支持它，庞大宫殿、苑囿、离宫、别馆都是劳动人民所创造。一直到了人民又被压榨得饥寒交迫，穷困不堪，而统治者腐化昏庸，贪欲无穷，经济军事实力已不能维持自己政权。加上边区的其他政权和民族威胁愈来愈厉害的时期，农民起义和反抗愈剧烈之际，劳动人民对于建筑艺术才绝无创造的兴趣。这样的时期，对统治者的建造都只是被迫着供驱役、赖着熟练技术工人维持着传统手法而已。政权中心的都城长安城中，繁荣和破坏力量恰是两个极端。但一直到唐末，全国各处对于宗教建筑的态度，却始终不同。人民被宗教的幻想幸福所欺骗，仍然不失掉自己的热心，艺术的精心作品仍时常在寺院、佛塔、佛像、雕刻上表现出来。

第五阶段：宋、金、元。

宋初的建筑也是五代唐末的格式，同辽的建筑也无大区别。但到了公元1000年（宋真宗）前后，因为在运河经疏浚后和江南通航，工商业大大发展，宋都汴梁（今开封），公私建造都极旺盛，建筑匠人的创造力又发挥起来，手法开始倾向细致柔美，对于建筑物每个部位的塑型，更敏感、更注意了。各种的阁、各种的楼都极窈窕多姿，作为北宋省都和文化中心汴梁，是介于南北两种不同的建筑倾向的中间，同时受到南方的秀丽和北方的壮硕风格的影响。这时期宋都的建筑式样，可以说：或多或少的是南北作风的结合，并且也起了为南北两系做媒介的作用。汴京当时多用重楼飞阁一类的组合，如：《东京梦华录》中所描写的樊楼等。宫中游宴的后苑中，藏书楼阁每代都有建造，寺观中华美的楼阁也占极重要的位置，它们大略的风格和姿态，我们还能从许多宋画中见到，最写实的有黄鹤楼图、滕王阁图、金明池图等等。日本的镰仓时期的建筑，也很受我们宋代这时期建筑的影响。有一主要特征，就是歇山山花间前的抱厦，这格式宋以后除了金、元有几个例子外，几乎不见了。当时却是普遍的作风。今天北京故宫紫禁城的角楼，就是这种式样的遗风。北宋之后，文化中心南移，南京的建筑一方面受到北宋官式制度的影响，一方面又有南方自然环境材料的因素和手法与传统的一定条件，所发展出的建筑又另有它的特征，和北宋的建筑不很相同了；在气魄方面失去唐全盛时的雄伟，但在绮丽和美好的加工方面，宋代有极大贡献。

金、元都是北方民族统治中国的时代，因为金的女真族，和元的蒙古族当时都是比中国文化落后许多的游牧民族，对于中原人民是以俘虏和奴隶来对待的。就是对于技术匠人的重视，也是以掠夺来的战利品看待他们，驱役他们给统治者工作。并且金、元的建设都是在经过一个破坏时期之后，在那情形下，工艺水平降低很多，始终不能恢复到宋全盛时期的水平。金的建筑在外表形式上或仿汴梁宫殿，或仿南宋纤细作风，不一定尊重传统，常常窜改结构上的组合，反而放弃宋代原来较简单合理和优美的做法，而增加繁琐无用的部分。我们可以由金代的殿堂实物上看出它们许多不如宋代的地方。据南宋人记录，金中都的宫殿是“穷极工巧”，但“制度不经”，意思就是说金的统治者在建造上是尽量浪费奢侈，但制度形式不遵循传统，相当混乱。金人自己没有高度文化传统，一切接受汉族制度，当时金的“中都”的规模就是摹仿北宋汴梁，因此保存了宋的宫城布局的许多特点。这种格式由元代承继下来传到明、清，一直保存到今天。

元的统治时期，中国版图空前扩大，跨着欧亚两洲，大陆上的交通，使中国和欧洲有若干文化上的交流。但是蒙古的统治者剥削人民财富，征税极为苛刻，对汉族又特别压迫和奴役，经济力是衰疲的，只有江浙的工商业情形稍好。人民虽然困苦不堪，宫殿建筑和宗教建筑（当时以喇嘛教为主）仍然很侈大。当时陆路和海路常有外族的人才来到中国，在建筑上也曾有一些阿拉伯、波斯或西藏等地建筑的影响，如在忽必烈的宫中引水做喷泉，又在砖造的建筑上用彩色的琉璃砖瓦等。在元代的遗物中，最辉煌的实例，就是北京内城有计划的布局规模，它是总结了历代都城的优良传统，参考了中国古代帝都规模，又按照北京的特殊地形、水利的实际情况而设计的。今天它已是祖国最可骄傲的一个美丽壮伟的城市格局。元的木构建筑，经过明、清两代建设之后，实物保存到今天的，国内还有若干处，但北京城内只有可怀疑的与已毁坏而无条件重修的一两处，所以元代原物已是很可贵的研究资料。从我们所见到的几座实物看来，它们在手法上还有许多是宋代遗制，经过金朝的变革的具体例子，如工字殿，和山花向前的作风等。

第六阶段：明、清。

明代推翻元的统治政权，是民族复兴的强烈的力量。最初朱元璋首都设在南京，派人将北京元故宫毁去，元代建筑的精华因此损失殆尽。在南京征发全国工匠二十余万人建造宫殿，规模很宏壮，并且特别强调中国原有的宗教礼节，如天子的郊祀（祭天地和五谷的神），所以对坛庙制度很认真。四十年后，朱棣（明永乐）迁回北京建都，又在元大都城的基础上重新建设。今天北京的故宫大体是明初的建设，虽然绝大部分的个别殿堂，都由清代重建了，明原物还剩了几个完整的组群和个别的大殿几座。社稷坛、太庙（即现在的中山公园、劳动人民文化宫）和天坛，都是明代首创的宏丽的大建筑组群，尤其是天坛的规模和体形是个杰作。明初民气旺盛，是封建经济复兴时期，汉族匠工由半奴隶的情况下改善了，成为手工业技术匠师，工人的创造力大大提高，工商业的进步超越过去任何时期。在建筑上，表现在气魄庄严的大建筑组群上，应用壮硕的好木料，和认真的工程手艺。工艺的精确端正是明的特征。明代墙垣都用临清砖，重要建筑都用楠木柱子，木工石刻都精确不苟，结构都交代得完整妥帖，外表造型朴实壮大而较清代的柔和。梁架用料比宋式规定大得多，瓦坡比宋斜陡，但宋代以来，缓和弧线有一些仍被采用在个别建筑上，如角柱的升高一点使瓦檐四角微微翘起，或如柱头的“卷杀”，使柱子轮廓柔和许多等等的造法和处理。但在金以后，最显著的一个转变就是除在结构方面有承托负重的作用外，还强调斗拱在装饰方面的作用，在前檐两柱之间把它们增多，每个斗拱同建筑物的比例也缩小，成为前檐一横列的装饰物。明、清的斗拱都是密集的小型，不像辽、金、宋的那样疏朗而硕大。

明初洪武和永乐的建设规模都宏大。永乐以后太监当权，政治腐败，封建主昏庸无力，知识分子的宰臣都是没有气魄远见、只争小事的。明代文人所领导的艺术的表现，都远不如唐、宋的精神。但明代的工业非常发达，建筑一方面由老匠师掌握，一方面由政府官僚监督，按官式规制建造，没有蓬勃的创造性，只是在工艺上非常工整。明中叶以后，寺庙很多是为贪污的阉官祝福而建的，如魏忠贤的生祠等。像这种的建筑，匠师多墨守成规，推敲细节，没有气魄的表现。而在全国各地的手工业作坊和城市的民房倒有很多是达到高度水平的老实工程。全部砖造的建筑和以高度技巧使用琉璃瓦的建筑物也逐渐发展，技术方面有很多的进展。明代的建筑实物到今天已是三五百年的结构，大部分都是很可宝贵的，有一部分尤其是极值得研究的艺术。

明、清两代的建筑形制非常近似。清初入关以后，在玄烨（康熙）、胤祯（雍正）的年代里由统治阶级指定修造的建筑物都是体形健壮、气魄宏大，小部留有明代一些手法上的特征，如北京郑王府之类；但大半都较明代建筑生硬笨重，尤其是柁梁用料过于侈大，在比例上不合理，在结构上是浪费的。到了弘历（乾隆），他聚敛了大量人民的财富，尽情享受，并且因宫廷趣味处在领导地位，自从他到了江南以后，喜爱南方的风景和建筑，故意要工匠仿南式风格和手法，采用许多曲折布置和纤巧图案，产生所谓“苏式”的彩画等等。因为工匠迎合统治阶级的趣味，所以在这时期以后的许多建筑造法和清初的区别，正和北宋末崇宁间刊行《营造法式》时期和北宋初期建筑一样，多半是细节加工，在着重巧制花纹方面的功夫，因而产生许多玲珑小巧、萎靡繁琐的作风。这种偏向多出现在小型建筑或庭园建筑上。由圆明园的亭台楼阁开始，普遍地发展到府邸店楼，影响了清末一切建筑。但清宫苑中的许多庭园建筑，却又有很多恰好是庄严平稳的宫廷建筑物，采取了江南建筑和自然风景配合的灵活布局的优良例子，如颐和园的谐趣园的整个组群和北海琼华岛北面游廊和静心斋等。

在这时期，中国建筑忽然来了一种摹仿西洋的趋势，这也是开始于宫廷猎取新奇的心理，由圆明园建造的“西洋楼”开端。当时所谓西洋影响，主要是摹仿意大利文艺复兴的古典楼面，圆头发卷窗子，柱头雕花的罗马柱子，彩色的玻璃，蚌壳卷草的雕刻和西式石柱、栏杆、花盆、墩子、狮子、圆球等各种缀饰。这些东西，最初在圆明园所用的，虽曾用琉璃瓦特别烧制，由意大利人郎世宁监造；但一般的这种格式花纹多用砖刻出，如恭王府花园和三海中的一些建筑物。北京西郊公园的大门也是一个典型例子，其他则在各城市的店楼门面上最易见到，颐和园中的石舫就是这种风格的代表。中国建筑在体形上到此已开始呈现庞杂混乱的现象，且已是崇外思想在建筑上表现出来的先声。当时宫廷是由猎奇而爱慕西方商品货物，对西方文化并无认识。到了鸦片战争以后，帝国主义武力侵略各口岸城市，这是产生买办阶级的媚外崇洋思想，和民族自卑心理的时期，英美各国是以蛮横的态度在我们祖国土地上建造适于他们的生活习惯的和殖民地化我们的房屋的。由广州城外的“十三行”和澳门葡萄牙商人所建造的房屋开始，形形色色的洋房洋楼便大量建造起来。祖国的建筑传统、艺术传统，城市的和谐一致的面貌，从此才大量被破坏了。近三十年来中国的建筑设计转到知识分子手里，他们都是或留学欧美，或间接学欧美的建筑的。他们将各国的各时代建筑原封不动地搬到中国城市中来，并且竟鄙视自己的文化、自己固有的建筑和艺术传统，又在思想上做了西洋资本主义国家近代各流派建筑理论的俘虏；解放后经过爱国主义的学习才逐渐认识到祖国传统的伟大。祖国的建筑是祖国过去的劳动人民在长期劳动中智慧的结晶，是我们一份极可骄傲的、辉煌的艺术遗产。这个认识及时地纠正了前一些年代里许多人对祖国建筑遗物的轻视和破坏，但是保护建筑文物的工作不过刚刚开始，摆在我们面前的任务是很多很艰巨的。

中国园林散记[①]

陈从周

园日涉以成趣

中国园林如画如诗，是集建筑、书画、文学、园艺等艺术的精华，在世界造园艺术中独树一帜。

每一个园都有自己的风格，游颐和园，印象最深的应是昆明湖与万寿山；游北海，则是湖面与琼华岛；苏州拙政园曲折弥漫的水面、扬州个园峻拔的黄石大假山等，也都令人印象深刻。

在造园时，如能利用天然的地形再加人工的设计配合，这样不但节约了人工物力，并且利于景物的安排，造园学上称为“因地制宜”。

中国园林有以山为主体的，有以水为主体的，也有以山为主水为辅，或以水为主山为辅的，而水亦有散聚之分，山有平冈峻岭之别。园以景胜，景因园异，各具风格。在观赏时，又有动观与静观之趣。因此，评价某一园林艺术时，要看它是否发挥了这一园景的特色，不落常套。

中国古典园林绝大部分四周皆有墙垣，景物藏之于内，可是园外有些景物还要组合到园内来，使空间推展极远，予人以不尽之意，此即所谓“借景”。颐和园借近处的玉泉

① 选自《惟有园林》，天津，百花文艺出版社，1997。陈从周（1918—2000），园林艺术家、散文家、同济大学教授。

山和较远的西山景，每当夕阳西下时，在湖山真意亭处凭栏，二山仿佛移置园中，确是妙法。

中国园林，往往在大园中包小园，如颐和园的谐趣园、北海的静心斋、苏州拙政园的枇杷园、留园的揖峰轩等，它们不但给园林以开朗与收敛的不同境界，同时又巧妙地把大小不同，结构各异的建筑物与山石树木，安排得十分恰当。至于大湖中包小湖的办法，要推西湖的三潭印月最妙了。这些小园、小湖多数是园中精华所在，无论在建筑处理、山石堆叠、盆景配置等，都是细笔工描，耐人寻味。游园的时候，对于这些小境界，宜静观盘桓。它与廊引人随的动观看景，适成相反。

中国园林的景物主要摹仿自然，用人工的力量来建造天然的景色，即所谓“虽由人作，宛自天开”。这些景物虽不一定强调仿自某山某水，但多少有些根据，用精炼概括的手法重现。颐和园的仿西湖便是一例，可是它又不尽同于西湖。亦有利用山水画的画稿，参以诗词的情调，构成许多诗情画意的景色。在曲折多变的景物中，还运用了对比和衬托等手法。颐和园前山为华丽的建筑群，后山却是苍翠的自然景物，两者予人不同的感觉，却相得益彰。在中国园林中，往往以建筑物与山石作对比，大与小作对比，高与低作对比，疏与密作对比等等。而一园的主要景物又由若干次要的景物衬托而出，使宾主分明，像北京北海的白塔、景山的五亭、颐和园的佛香阁便是。

中国园林，除山石树木外，建筑物的巧妙安排，十分重要，如花间隐榭、水边安亭。还可利用长廊云墙、曲桥漏窗等，构成各种画面，使空间更加扩大，层次分明。因此，游过中国园林的人会感到庭园虽小，却曲折有致。这就是景物组合成不同的空间感觉，有开朗、有收敛、有幽深、有明畅。游园观景，如看中国画的长卷一样，次第接于眼帘，观之不尽。

“好花须映好楼台”，到过北海团城的人，没有一个不说团城承光殿的松柏，布置得妥帖宜人。这是什么道理？其实是松柏的姿态与附近的建筑物高低相称，又利用了“树池”将它参差散植，加以适当的组合，使疏密有致，掩映成趣。苍翠虬枝与红墙碧瓦构成一幅极好的画面，怎不令人流连忘返呢？颐和园乐寿堂前的海棠，同样与四周的廊屋形成了玲珑绚烂的构图，这些都是绿化中的佳作。江南的园林利用白墙作背景，配以华滋的花木、清拔的竹石，明洁悦目，又别具一格。园林中的花木，大都是经过长期的修整，使姿态曲尽画意。

园林中除假山外，尚有立峰，这些单独欣赏的佳石，如抽象的雕刻品，欣赏时往往以情悟物，进而将它人格化，称其人峰、圭峰之类。它必具有“瘦、皱、透、漏”的特点，方称佳品，即要玲珑剔透。中国古代园林中，要有佳峰珍石，方称得名园。上海豫园的玉玲珑、苏州留园的冠云峰，在太湖石中都是上选，使园林生色不少。

若干园林亭阁，不但有很好的命名，有时还加上很好的对联，读过刘鹗的《老残游记》，总还记得老残在济南游大明湖，看了“四面荷花三面柳，一城山色半城湖”的对联后，暗暗称道：“真个不错。”可见文学在园林中所起的作用。

不同的季节，园林呈现不同的风光。北宋名山水画家郭熙在其画论《林泉高致》中说过：“春山淡冶而如笑，夏山苍翠而如滴，秋山明净而如妆，冬山惨淡而如睡。”造园者多少参用了这些画理，扬州的个园便是用了春夏秋冬不同的假山。在色泽上，春山用略带青绿的石笋，夏山用灰色的湖石，秋山用褐色的黄石，冬山用白色的雪石。黄石山奇峭凌云，俾便秋日登高。雪石罗堆厅前，冬日可作居观，便是体现这个道理。

晓色春开，春随人意，游园当及时。

悠然把酒对西山

“更喜高楼明月夜，悠然把酒对西山”，明米万钟在他北京西郊的园林里，写了这两句诗句。一望而知是从晋人陶渊明“采菊东篱下，悠然见南山”脱胎而来的。不管“对”也好，“见”也好，所指的都是远处的山。这就是中国园林设计中的借景。把远景纳为园中一景，增加了该园的景色变化。这在中国古代造园中早已应用，明计成在他所著《园冶》一书中总结出来，有了定名。他说：“借者，园虽别内外，得景无拘远近。”已阐述得很明白了。

北京的西郊，西山蜿蜒若屏，清泉汇为湖沼，最宜建园，历史上曾为北京园林集中之地，明清两代，蔚为大观，其中圆明园更被称为“万园之园”。

这座在历史上驰名中外的名园——圆明园，其于造园之术，可用“因水成景，借景西山”八字来概括。圆明园的成功，在于“因”“借”二字，是中国古代园林的主要手法的具体表现。偌大的一个园林，如果立意不明，终难成佳构。所以造园要立意在先。尤其是郊园，郊园多野趣，重借景。这两点不论从哪一个园，即今日尚存的颐和园，都能体现出来。

圆明园在1860年英法联军与1900年八国联军入侵北京时已全被焚毁，今仅存断垣残基。如今，只能用另一个大园林颐和园来谈借景。

颐和园在北京西北郊十公里，万寿山耸翠园北。昆明湖弥漫山前，玉泉山蜿蜒其西，风景洵美。

颐和园在元代名瓮山金海，至明代有所增饰，名好山园。清康熙四十一年（公元1702年）曾就此作瓮山行宫。清乾隆十五年（公元1750年）开始大规模兴建，更名清漪园。1860年为英法联军所毁，1886年修复，易名颐和园。1900年又为八国联军所破坏，1903年又重修，遂成今状。

颐和园是以杭州西湖为蓝本，精心模拟，故西堤、水岛、烟柳画桥，移江南的淡妆，现北地之胭脂，景虽有相同，趣则各异。

园面积达三四平方公里，水面占四分之三，北国江南因水而成。入东宫门，见仁寿殿，峻宇翚飞，峰石罗前。绕其南豁然开朗，明湖在望。

万寿山面临昆明湖，佛香阁踞其巅，八角四层，俨然为全园之中心。登阁则西山如黛，湖光似镜，跃然眼帘；俯视则亭馆扑地，长廊萦带，景色全囿于一园之内，其所以得无尽之趣，在于借景。小坐湖畔的湖山真意亭，玉泉山山色塔影，移入槛前，而西山不语，直走京畿，明秀中又富雄伟，为他园所不及。

廊在中国园林中极尽变化之能事，颐和园长廊可算显例，其予游者之兴味最浓，印象特深，廊引人随，中国画山水手卷，于此舒展，移步换影，上苑别馆，有别宫禁，宜其清代帝王常作园居。

谐趣园独自成区，倚万寿山之东麓，积水以成池，周以亭榭，小桥浮水，游廊随经，适宜静观，此大园中之小园，自有天地。园仿江南无锡寄畅园，以同属山麓园，故有积水，皆有景可借。

水曲由岸，水隔因堤，故颐和园以长堤分隔，斯景始出，而桥式之多，构图之美，处处画本，若玉带桥之莹洁柔和，十七孔桥之仿佛垂虹，每当山横春霭，新柳拂水，游人泛舟，所得之景与陆上得之景，分明异趣。而处处皆能映西山入园，足证“借景”之妙。

移天缩地在君怀

河北省承德市附近原为清帝狩猎的地方，骏马秋风，正是典型的北地风情。然而承德避暑山庄这个著名的北方行宫苑囿，却有杏花春雨般的江南景色，令人向往。游人到此总会流露出“谁云北国逊江南”这种感觉。

苑囿之建，首在选址，需得山川之胜，辅以人工。重在选景，妙在点景，二美具而全景出，避暑山庄正得此妙谛。山庄群山环抱，武烈河自东北沿宫墙南下。有泉冬暖，故称热河。

清康熙于1703年始建山庄，经六年时间初步完成，作为离宫之用。朴素无华，饶自然之趣，故以山庄名之，有三十六景。其后，乾隆又于1751年进行扩建，踵事增华，亭榭别馆骤增，遂又增三十六景。同时建寺观，分布山区，规模较前益广。

行宫周约二十公里，多山岭，仅五分之一左右为平地，而平地又多水面，山岚水色，相映成趣。居住朝会部分位于山庄之东，正门内为楠木殿，素雅不施彩绘，因所在地势较高，故近处湖光，远处岚影，可卷帘入户，借景绝佳。园区可分为两部，东南之泉汇为湖泊，西北山陵起伏如带，林木茂而禽鸟聚，麋鹿散于丛中，鸣游自得。水曲因岸，水隔因堤，岛列其间，仿江南之烟雨楼、狮子林等，名园分绿，遂移北国。

山区建筑宜眺、宜憩，故以小巧出之而多变化。寺庙间列，晨钟暮鼓，梵音到耳。且建藏书楼文津阁，储《四库全书》于此。园外东北两面有外八庙，为极好的借景，融园内外景为一。

山庄占地五百六十四万平方米，为现存苑囿中最大。山庄自然地势，有山岳平原与湖沼等，因地制宜，变化多端。而林木栽植，各具特征，山多松，间植枫，水边宜柳，湖中栽荷，园中“万壑松风”“曲水荷香”，皆因景而得名。而万树园中，榆树成林，浓荫蔽日，清风自来，有隔世之感。

中国苑囿之水，聚者为多，而避暑山庄湖沼，得聚分之妙，其水自各山峪流下，东南经文园水门出，与武烈河相接。湖沼之中，安排如意洲、月色江声、芝径云堤、水心榭等洲、岛、桥、堰，分隔成东湖、如意洲湖及上下湖区域。亭阁掩映，柳岸低迷，景深委婉。而山泉、平湖之水自有动静之分，故山麓有“暖流喧波”“云容水态”“远近泉声”。入湖沼则“澄波叠翠”“镜水云岭”“芳渚临流”。水有百态，景存千变。

山庄按自然形势，广建亭台、楼阁、桥梁、水榭等。并且更就幽峪奇峰，建造寺观庵庙，计东湖沼区域有金山寺、法林寺等。山岳区内，其数尤多，属道教者有广元宫、斗姥阁；属佛教的有珠源寺、碧峰寺、旃檀林、鹭云寺、水月庵等，有内八庙之称，殿阁参差，浮图隐现，朝霞夕月，梵音钟声，破寂静山林，绕神妙幻境。苑囿园林，于自然景物外，复与宗教建筑相结合。

山庄峰峦环抱，秀色可餐，隔武烈河遥望，有“锤峰落照”一景。自锤峰沿山而北，转狮子沟而西，依次建溥仁寺、溥善寺、普乐寺、安远庙、普佑寺、普宁寺、须弥福寿之庙、普陀宗乘之庙、殊像寺、广安寺、罗汉堂、狮子园等寺庙与别园，且分别模仿新疆、西藏等少数民族建筑造型以及山海关以内各地建筑风格，崇巍瑰丽，与山庄建筑，呼应争辉。试登离宫北部界墙之上，自东及北，诸庙尽入眼底，其与离宫几形成一空间整体，蔚为一大风景区。

用“移天缩地在君怀”这句话来概括山庄，可以说体现已尽。其能融南北园林于一处，组各民族建筑在一区，不觉其不协调不顺眼，反觉面面有情，处处生景，实耐人寻味。故若正宫、月色江声等处，实为北方民居四合院之组合方式，而万壑松风、烟雨楼等，运用江南园林手法灵活布局。秀北雄南，日在咫尺，游人当可领略其造园之佳妙。

别有缠绵水石间

山东潍坊十笏园是一个精巧得像水石盆景的小园，占地两千多平方米，内有溶溶水石，楚楚楼台，其构思之妙，足为造小园之借鉴。

十笏园建于清光绪十一年（公元 1885 年），原为丁善宝的园林。笏即朝笏，古代大臣朝见君王时所用，多以象牙制成。因园小巧玲珑，故以十笏名之。中国园林命名常存谦逊之意，如近园、半亩园、芥子园等皆此类。

园中以轻灵为胜，东筑假山，面山隔水为廊，廊尽度桥，建水榭，旁列小筑，名隐如舟。临流有漪澜亭。池北花墙外为春雨楼，与池南倒座高下相向。

亭台山石，临池伸水，如浮波上，得水园之妙，又能以小出之，故山不在高，水不在广，自有汪洋之意。而高大建筑，复隐其后，以隔出之，反现深远。而其紧凑蕴藉，耐人寻味者正在此。

小园用水，有贴水、依水之别。江苏吴江同里汪氏退思园，贴水园也。因同里为水乡，水位高，故该园山石、桥廊、建筑皆贴水面，予人之感如在水中央。苏州网师园，依水园也。亭廊依水而筑，因水位较低故环池驳岸作阶梯状。同在水乡，其处理有异，然则园贴水、依水，除因水制宜外，更着眼于以有限之面积，化无限之水面，波光若镜，溪源不尽，能引人遐思。“盈盈一水间，脉脉不得语”，古诗十九首中境界，小园用水之极矣。

造大园固难，构小园亦不易。水为脉络，贯穿全园，而亭台山石，点缀出之，概括精练，如诗之绝句，词中小令，风韵神采，即在此水石之间。北国有此明珠，亦巧运匠心矣。

绿杨宜作两家春

“明月好同三径夜，绿杨宜作两家春。”

拙政园现分为中、西两部，在西部补园，望隔院楼台，隐现花墙之上，欲去无从，登假山巅的宜两亭看，真是美景如画，尽展眼帘，既可俯瞰补园，又可借中部园景，这才领略到亭用“宜两”二字命名所在。

拙政园建于明嘉靖年间，为御史王献臣所建，拙政二字是取古书上“拙者之为政”的意思，表示园主不得志于朝，筑园以明志。几经易主，到了清太平天国战争后，这园的西部分割了出去，名为补园。两园之景互相邻借，虽分犹合。如今东部新辟的园林，则又是从另一园归田园合并过来的。

园以水为主，利用原来低洼之地，巧妙安排；高者为山，低者拓池，利用其狭长水面，弯环曲岸，深处出岛，浅水藏矶，使水面饶弥漫之意。而亭台间出，桥梁浮波，以虚实之倒影，与高低的层次，构成了以水成景的画面。它是舒展成图，径缘池转，廊引人随，使游者入其园，信步观景，移步移影，景以动观为主。偶尔暂驻之亭，与可留之馆，予人以小休眺景，则又以静观为辅。

拙政园美在空灵，予人开朗之感，开朗中又具曲笔，所谓“园中有园”。故枇杷园、海棠春坞等小园幽静宜人，而于花墙窗棂中招大园之景于内，互呈其美者，苏州诸园以此为第一。故游人入是园，多少会产生闲云野鹤，去来无踪的雅致。春水之腻，夏水之浓，秋水之静，冬水之寒，与四时花木，朝夕光影，构成了不同季节、不同时间的风光。

拙政园内有几处景点是绝不可错过的。远香堂是座四面敞开的荷花厅，荷香香远益清，所以称远香堂。人至此环身顾盼，一园之景可约略得之。前有山，后有岛，左有亭，右有台，而廊楯周接，木映花承，鸟飞于天，鱼跃于渊，景物之恬适，如饮香醇，此为主景。右转枇杷园，回首远眺，月门中逗入远处雪香云蔚亭，此为对景。经海棠春坞，循阑至梧竹幽居，一亭四出辟拱，人坐其中，四顾皆景矣。渡曲桥登两岛，俯身临池，如入濠濮。望隔岸远香堂、香洲一带华堂、船舫，皆出水面，风荷数柄，摇曳碧波之间，涟漪乍绉，洵足醒人。至西北角，缓步随石径登楼，一园之景毕于楼下，以“见山”二字名楼。

通过“别有洞天”的深幽园门，进入园的西部，三十六鸳鸯馆居其中，南北二厅分居前后，南向观山景，北向看荷花，鸳鸯戏水，出没荷蕖间。隔岸浮翠阁出小山之上。所谓浮翠，是水绿、山碧、天青的意思。其旁濒池留听阁，取唐李商隐“留得残荷听雨声”意，此处宜秋，因构些景。浮翠阁之东，倒影楼与宜两亭互为对景，而一水盈盈，高下相见，游人至此，一园之胜毕矣。迟迟举步，回首依恋，园尽而兴未阑也。

小有亭台亦耐看

小有亭台亦耐看，并不容易做到，从艺术角度来讲，就是要以少胜多，要含蓄，要有不尽之意，要能得体，无过无不及，恰到好处。试以苏州网师园来谈谈，它是造园家推誉的小园典范。

网师园初建于宋代，原为南宋史正志的万卷堂故址。清乾隆年间（公元1736—1795年）重建，同治年间（公元1862—1874年）又重建修，形成了今天的规模。园占地不广，但是人处其境，会感到称心悦目，宛转多姿，可坐可留，足堪盘桓竟夕，确实有其迷人之处，能达到“淡语皆有味，浅语皆有致”的高度境界。

中国园林往往与住宅相连，是住宅建筑的组成部分。中国传统住宅多受封建社会的宗法思想影响，布局较为严谨，而园林部分却多范山模水，以自然景色出现，可调剂生活，增进舒适的情味。网师园的园林和住宅都不算大，皆以精巧见称，主宅亦只有会客饮宴用的大厅和起居的内厅。主宅旁则以楼屋为过渡，与西部的园林形成若接若分的处理，手法巧妙。

从桥厅西首人园，可看到门上刻有“网师小筑”四字，网师是托于渔隐的意思，因此，园的中心是一个大池。进园有曲廊接四面厅，厅名小山丛桂轩，轩前隔以花墙，山幽桂馥，香藏不散。轩东有便道，可直贯南北，径莫妙于曲，莫便于直，因为是便道所以是用直道，供当时仆人作传达递送之用的。蹈和馆琴室位轩西，小院回廊，迂徐曲折。欲扬先抑，未歌先敛，此处造园也用此技法，故小山丛桂轩的北面用黄石山围隔，称云岗。随廊越陂，有亭可留，名月到风来亭，视野开阔，明波若镜，渔矶高下，画桥迤逦，俱呈一池之中，其间高下虚实，云水变幻，骋怀游目，咫尺千里。“涓涓流水细侵阶，凿个池儿，招个月儿来，画栋频摇动，芙荷蕖尽倒开。”亭名正写此妙境。云岗以西，小阁临流，名“濯缨”，与看松读画轩隔水相呼。轩是园的主厅，其前古木若虬，老根盘结于苔石间，仿佛一幅画面。轩旁有廊一曲，与竹外一枝轩接连，东廊名“射鸭”，是一半亭，与池西之月到风来亭相映，凭阑得静观之趣。俯视池水，弥漫无尽，聚而支分，去来无踪，盖得力于溪口、湾头、石矶的巧妙安排，以假象逗人。桥与步石环池而筑，其用意在不分割水面，看去增加支流深远之意。至于驳岸有级，出水流矶，增人浮水之感。而亭、台、廊、榭无不面水，使全园处处有水可依。园不在大，泉不在广。唐杜甫诗所谓“名园依绿水”，正好为此园写照。池周山石，看去平易近人，蕴藉多姿，它的蓝本出自虎丘白莲池。

网师园西部殿春簃本来是栽植芍药花的，因为一春花事，芍药开在最后，所以名为“殿春”。小轩三间，复带书房，竹、石、梅、蕉隐于窗后，每当微阳淡淡地照着，宛如一幅浅色的画图。苏州的园林，此园的构思最佳。因为园小，建筑物处处凌虚，空间扩大，“透”字的妙用，随处得之。轩前面东为假山，与其西曲相对。西南的角上有一小水池，名为“涵碧”，清澈醒人，与中部大池有脉可通，存水贵有源之意。泉上筑亭，名“冷泉”，南面略置峰石，为殿春簃的对景。余地用卵石平整铺地，它与中部水池同一原则，都是以大片面积，形成水陆的对比。前者以石点水，后者以水点石。在总体上是利用建筑与山石的对比，相互更换，使人看去觉得变化多端。

万顷之园难在紧凑，数亩之园难在宽绰。紧凑则不觉其大，游无倦意，宽绰则不觉局促，览之有物，故以静动观园，有缩地扩基之妙，而奴役风月，左右游人，极尽构思之巧。网师园无旱船、大桥，建筑物尺度略小，数量适可而止，停停当当，像个小园格局，这在造园学上称为“得体”。

至于树木栽植，小园宜多落叶，以疏植之，取其空透。此为以疏救塞，因为园小往往务多的缘故。小园布景有中空而边实，有中实而边空，前者如网师园，后者环秀山庄略似之，总之，在有限面积要有较大空间，这些空间要有变化，所以利用建筑、花墙、山石等分隔，以形成多种层次，而曲水弯环，又在布局上多不尽之意。造园之妙，盖在于此。

庭院深深深几许

“小廊回合曲阑斜”“庭院深深深几许”，这些唐宋人的词句，描绘了中国庭院建筑之美。

苏州留园与拙政园一样，皆初建于明代，亦同样经过后人重修。其中部假山，出明代叠山匠师周秉忠之手。留园又名寒碧山庄，因为清刘蓉峰重整此园时，多植白皮松，使园更显清俊，故以寒碧二字名之。刘氏好石，列十二峰宠其园，如冠云一峰，即驰誉至今。

进入留园，那狭长的进口，时暗时明，几经转折，始现花墙当面，仅见漏窗中隐现池石；及转身至明瑟楼，方见水石横陈，花木环覆，不觉此身已置画中矣。恰似白居易“千呼万唤始出来，犹抱琵琶半遮面”诗意。

此园之中部，有山环水，曲谿楼居其东，粉墙花棂，倒影历历，可亭踞北山之巅，闻木樨香轩与曲谿楼相对，但又隐于石间，藏而不露。游廊环园，起伏高低，止于池南。涵碧山房，荷花厅也。其西北小桥，架三层，各因地势形成立体交通。临水跨谷，各具功能，又各饶情趣。于数丈之地得之，巧于安排也。翘首西望，远眺枫林若醉，倾入池中，红泛碧波，引人遐想，得借景之妙。

园之东部多院落，楼堂错落，廊庑回缭，峰石水池，间列其前，游人至此，莫知所至。揖峰轩、五峰仙馆、林泉耆硕之馆、冠云楼等参差组合，各自成区，而又互通消息，实中寓虚，其运用墙之分隔，窗之空透，使变化多端，而风清月朗，花影栏杆，良宵更为宜人。

中部之水，东部之屋，西部之山，各有主体，各具特征，而皆有节奏韵律，人能得之者变化而已。而“园必隔，水必曲”之理，于此园最能体现。

幽谷清溪假亦真

真山如假方奇，假山似真始妙。这样的真山假山，才能看、能游、能想、能居，这是美境，亦是造园叠山所难能求得的，中国园林假山自有佳构，而现存者，当推苏州环秀山庄为第一。

环秀山庄原来布局，前堂名“有谷”，南向前后点石，翼以两廊及对照轩。堂后筑环秀山庄。面对山林，水萦如带。一亭浮波，一亭枕山。两贯长廊，尽处有楼。循山径登楼，可俯观全园，飞雪泉在其下，补秋舫则横卧北端。

主山位于园之东部，浮水一亭在池之西北隅，因面对飞雪泉故名“向泉”。自亭西南渡三曲桥，入崖道，弯入谷中，有洞自西北来，横贯崖谷，经石洞，天窗隐约，钟乳垂垂，踏步石，上蹬道，渡石梁，幽谷森严，阴翳蔽日。而一桥横跨，欲飞还敛。飞雪泉在望，隐然若屏。沿山巅，达主峰，穿石洞，过飞桥，至于山后，枕山一亭，名“半潭秋水一房山”。沿泉而出，山蹊渐低，峰石参差，补秋舫在焉。东西两门额曰“凝青”“摇碧”，足以概括全园景色。其西为飞雪泉石壁，涧有飞石，极险巧。

园初视之，山重水复，身入其境，移步换影，变化万端。“溪水因山成曲折，山蹊随地作低平”，得真山水之妙谛，却以极简洁洗练手法出之。山中空而雄浑，谷曲折而幽深。山中藏洞屋，内贯涧流，佐以步石、崖道，仿佛天然。磴道自东北来，与涧流相会于步石，至此，仰则青天一线，俯则清流几曲，几疑身在万山中。上层环道，跨以飞梁，越溪渡谷，组成重层游览线，千岩万壑，方位莫测。园占地约 2.4 市亩，而假山占地约 0.5 市亩，小巧精致，实难以置信。

山以深幽取胜，水以弯环见长，无一笔不曲，无一处不藏，设想布景，层出新意。水有源，山有脉，息息相通。以有限面积，造无限空间。亭廊皆出山脚，补秋舫若浮水洞之上，因地处山麓也。西北角飞雪岩，视主山为小；水口、飞石，妙胜画本。旁建小楼，有檐瀑，下临清潭，仿佛曲尽而余味绕梁间。而亭前一泓，宛若点睛。

移天缩地，为造园家之惯技，而因地制宜，就地取材，择景模拟，造石成山，则因人而别，各抒其长。

环秀山庄假山是清代乾隆年间叠山名家戈裕良的作品，它的蓝本是苏州大石山。正如他另一作品常熟燕园模自虞山一样，法同式异，各具地方风格。

戈裕良的叠山技艺，皆有卓越成就，他总结前人叠山技术，创造了体形大、腹空、中构洞壑、涧谷的乾隆嘉庆年间作风的假山，其造洞技巧创钩带法，如造环洞桥，顶壁一气，结构合理，能运用少量的石，叠大型的山。而山石的皴法，悉符画本，其意兼宋元画本之长，宛转多姿，浑若天成，叠山之法具备，为中国假山艺术中之上品。

二分明月在扬州

江苏扬州市西郊有瘦西湖，湖以瘦字命名，已点出其景致特色。

瘦西湖原是一条狭长水面，两岸以往全是私家园林，万柳拂水，楼阁掩映，瘦西湖正是游诸园的水上交通要道。清时，因乾隆南巡，加建了白塔与五亭桥，虽都是模仿北京北海的建筑，可是风格各有不同。从城内的小秦淮乘画舫缓缓入湖，登小金山俯瞰全湖，坐在“月观”，眺望“四桥烟雨”，空濛迷离，婉约如一首清歌。

瘦西湖的景妙在巧，最巧是从小金山下沿堤至“钓鱼台”，白塔与五亭桥分占圆拱门内，回视小金山，又在另一拱门中，所谓面面有情，于此方得。而雨丝风片，烟波画船，人影衣香，赤栏小桥，游览应以舟行最能体会到其中妙处。

平山堂是瘦西湖一带最高的据点，堂前可望江南山色，有一联：“晓起凭阑，六代青山都在眼；晚来把酒，二分明月正当头。”将景物概括殆尽。此堂位置正与隔江之山齐平，故称平山堂。其他如：“白塔晴云”“春台明月”“蜀风晚照”等二十四景亦招徕了不少游人。如今平山堂所在地的大明寺又建了唐高僧鉴真纪念堂，修整了西园，西园有山中之湖，并有天下第五泉，饶山林泉石之趣。

扬州以名园胜，名园以叠石胜。扬州具有地方特色的四季假山，能使游者从各类假山中，享受到不同季节的感受。个园的假山就是其中代表作。

个园园门内满植修竹，竹间配置石笋，以一真一假的幻觉形成了春景。湖石山是夏山，山下池水流入洞谷，其洞如屋，曲折幽邃，山石形态多变化，是夏日纳凉的好地方。秋山是一座黄石山，山的主面向西，每当夕阳西下，一抹红霞，映照在山上，不但山势显露，并且色彩倍觉斑斓，而山的本身又拔地数丈，峻峭凌云，宛如一幅秋山图，是秋日登高的理想所在。山中还置小院、石桥、石室等，人在洞中上下盘旋，造奇致胜。登山顶北眺绿杨城郭，瘦西湖、平山堂诸景，一一招入园内。山之南有石一丘，其色白，巧妙地象征雪意，是为冬景。从不同的欣赏角度，构不同季节的假山，只扬州有之。

楼阁建筑是中国园林的重要组成部分，楼阁嵯峨，游廊高下，予人以极深刻之印象。而扬州园林除水石之胜外，其厅堂高敞，多置于一园的主要位置，作为宴客畅聚之用，因为园林的主人皆属富商，有必要的交际活动。厅堂都为层楼，其联缀之游廊，同样亦有两层，称复道廊，故游览线形成上下两层，借山登阁，穿洞入穴，上下纵横，游者至此往往迷途，此与苏州园林在平面上的柳暗花明境界，有异曲同工之妙。游寄啸山庄，则游者必能体会。

寄啸山庄中凿大池，池北楼宽七楹，主楼三间突出，称蝴蝶厅，楼旁连复道廊可绕全园，高低曲折，随势凌空。中部与东部又用此复廊分隔，通过上下两层壁间的漏窗，可互见两面景色，空透深远。池东筑水亭，四角卧波，为纳凉演剧之所。在在突出建筑物，而山石水池则点缀其间。洞房曲户，回环四合，隋炀帝在扬州建造迷楼，流风所及，至今尚依稀得之。清乾隆年间《履园丛话》所说："造屋之工，当以扬州第一，如作文之有变换，无雷同。虽数间之筑，必使门窗轩豁，曲折得宜。"寄啸山庄使人屡屡难以忘情者，其故在此。

扬州的景物是平处见天真，虽无高山大水，而曲折得宜，起伏有致，佐以婉约轻盈之命名，能于小处见大，简中寓繁，蕴藉多姿。

小盘谷的九狮山石壁，允为扬州园林中之上选。园中的建筑物与山石、山石与粉墙、山石与水池、前院与后院等配置，利用了幽深与开朗、高峻与低平等的对比手法，形成一时此分彼合的幻景。花墙间隔得非常灵活，山峦、石壁、步石、谷口等的叠置，正是危峰耸翠，苍岸临流，水石交融，浑然一体。园内虽无高楼奇阁，但幽曲多姿，浅画成图。"以少胜多"的园林设计法，在扬州以此园最有代表性。

标准四合院与大宅门①

邓云乡

北京四合院，天下闻名。在北京住过四合院的人，一旦离开北京，便会常常思念着他那曩时的故居，那大的、或者小小的院落。没有到过北京，没有居住过四合院的人，也有不少人慕四合院之名，寄以许多美丽的想象，或读书籍，或见图片，或看电影，留下一些四合院的影子，便常常寄以无限的憧憬。陶渊明诗云："众鸟欣有托，吾亦爱吾庐。"人同此心，心同此理，在漂泊的人生道路上，谁不希望有一个安定而恬静的家呢？四合院，不管大的、小的，关上大门过日子，外面看不见里面，里面也不必看到外面，与人无憾，与世无争，恬静而安详，是理想的安乐窝。明、清两代，及至几十年前，北京不知有多少人在那数不清的四合院中，安家立业，抚幼养老，由婴儿到成人，由黑头到白发，一代代，一年年，真不知经历了多少岁时……这古老的四合院啊！

今天，北京随着时代的步伐，正在越来越快地改变着市容的面貌，一切新的代替着旧的，一切时代的改替着古老的，四合院也必将为越来越多的水门汀建造的楼房所代替，那恬静、朴实、古老的足以代表北京风情的四合院，必然是越来越少了，现存的也越来越残破、越来越不实用了。这是时代的规律，原因很多，不必细说，总之是很难挽回的了。但是，在当前这样的关头，如何有计划地保存住一部分北京的四合院，使之能永远存在下去，这却不能

① 选自《北京四合院·草木虫鱼》，石家庄，河北教育出版社，2004。邓云乡（1924—1999），文化学者、散文家。

不说是一个很重要的问题，也可以说是全世界关心四合院前途、憧憬四合院情调的人，所共同关心的问题吧。为此，我写几篇介绍四合院的小文，想来也不是全然无意义的了。

四合院，北京的四合院，先要把这个概念的涵义解释一下。“四”是东西南北四面，“合”是合在一起，即东西南北四面的房围在一起，形成一个“口”字形，这才是四合院。少一面都不行，那就不算四合院了。中国老式院落，南北各地，不少都是四面房屋、中间院落的“口”字形住宅，如果广义地说，似乎都可以叫四合院。但大同之中又有小异，甚至可以说是大异。这样，各地的建筑风格不同，北京的四合院有其独特的营造形式，由平面布局，到其结构、装饰的细部，都有其特殊的京朝味的风格，这就形成北京的四合院了。

什么是北京的四合院呢？不妨先举一个比较标准的例子：

一块宽五丈、长八丈的长方形地皮，就可盖一幢很标准的四合院落了。这块地皮在街道的北面，坐北朝南，临街五大间，开间每间一丈，一派砖墙。这五间的分配，最东头一间是大门，大门西面第一间是门房，房门开在大门洞中，是司阍者的居室，应门时随时开门关门方便。因为北京过去住家，大门总是一天到晚关闭着的。大门一开，迎门看到什么呢？磨砖的影壁墙，这是紧贴东屋南面的山墙砌的装饰建筑。这个玩艺儿，磨砖刻砖，考究起来，无穷无尽，这里先不细讲。在影壁前往左手一转弯，就是南房窗前，按照标准格局，在转弯处，有一个圆形月亮门，四扇绿色屏门，两扇终日开着。进来三间南房，外面看和里面看并不一样。外面看中间一间开门，左右各一间，进屋一看，则只有西面一间，东面是墙，因为这间已作为门房，房门由大门洞出入了。对着东面月亮门，西边也有一个月亮门，隐藏一丈见方的一个小院，那是南屋最西头一间的外面，但不开门。这间的房门，照例是通向南屋的堂屋。因而南屋进去，一般两间掏空，长方形，大约二十来平方米，西墙有门，通到里面一间，十分幽静。如果以外面一大间作客厅，里面一间作书房，虽是南房，但窗外面对西屋的南山墙，正如归有光《项脊轩志》所说“环墙周庭，以当南日”一样，反光照射，光线是很好的。此处月亮门内，终日无人到，日影斑驳，轩窗静寂，可说是极理想的读书环境了。

南屋的屋门，正对着通向里面的垂花门，垂花门左右两面，短短的墙垣，接到两边月亮门的短墙上。这就是所谓的“一宅分为两院”，把里面的北屋、东屋、西屋和外面的南屋分开来。在垂花门与南屋之间，形成一个丈把宽、三丈长的长条院落，这是外院；进了垂花门才是里院。

所谓垂花门，实际就是一小间很精致的起脊房屋，作为门楼。前檐雕梁有木制花棂，左右棂框下垂端部，或雕成莲花宝盖，或雕成贯圈绣球，施以金粉彩画，作为装饰，极为华瞻，因之叫垂花门。垂花门进去，直接看不到里院。正面和左手，都有木板屏风门挡住视线，习惯右手不装木板，作为平时出入的通道。迎面四大扇木板屏风门，过年或迎接贵宾时开放，正对引路，直入上房。

进垂花门，右手转弯，下台阶，便进入里院了。这时首先看到的是正方形的院子，全部约九平方丈，但垂花门的门楼在院子南面正中心占去约一方丈，实际这个院子约八平方丈。正面三间大北屋，东屋三间，西屋三间。如果只有北屋有廊子，东西屋没有，那便在北屋左右马头和东西屋山墙之间，有短墙连接，各有一个月亮门，和外院的月亮门一样，也各有四扇绿油漆的木板门，上油四个红斗方，或四个飞金汉瓦纹。这格式都和外院的一样，如果是斗方，那一般便写上“东壁图书，西园翰墨”，或“斋庄中正，孝悌和平”等等；如果是汉瓦纹，那自然是篆书的“延年益寿，长乐未央”了。如果东西屋也有廊子，那里院东西角，便不造月亮门，而是在山墙上留门洞，廊子接出去，成曲尺形与北屋廊子接通，这就是《红楼梦》中所说的钻山游廊。

站在垂花门台阶下，看里院东西两角，在那月亮门内，还各自隐藏着一个一丈见方的小院，和一间小北屋。这样北房是中间三间格外高大，两边两间比较矮小，这就是习惯上说的“三正两耳”，北房是作为“正房”的。北方乡间盖房，也都讲究院中的“正房”，但因街道方向不同，或房屋地基在街南街北各异，因而“正房”不一定就是北房，有“西为正”“东为正”等，都以正对大门的房屋作正房。北京的四合院则不同，总是尽量以北房作正房。胡同是东西向的多，南北向的少，大院子一般都在路北。如房子在路南，或遇南北胡同，仍要把北屋盖成三正两耳的正房，大门的位置再另想办法解决，不过总是在左下角，这是一定之规。

这样一座标准的大四合院，实际共有一个八九平方丈的正方形大院，一个三平方丈的长方形外院，连大门影壁前一块也算在一起，四角共用一丈见方的小院四块。这样一座标准的大四合，实际有大小不等的院落共六块。宋人词云：“庭院深深深几许?”这样如果住在这种四合院北屋的耳房中，月亮门的木屏风门一关，焚香饮茶，裁诗读画，不需要几进院子，只要这一所大四合，便充满了“深几许”的词的意境了。

一座大四合，房间总数，以两柱一檩的自然间计算，北屋三正两耳五间，东西房各三间，南屋不算大门四间，连大门洞、垂花门洞全部计算在内，共十七间。如以每间十一到十二平方米计，则全部建筑面积约为二百平方米。但两个门洞不能使用，可用者不过十五间耳。而东房、南房均不宜人，谚语云："有钱不住东南房，冬不暖来夏不凉。"实际最宜于居住者，则只有三间大北屋耳。

住室如何分配呢？以六七十年前的大家庭论，如曹禺的《北京人》，老一代老爷、太太住北屋，第二代大爷、大奶奶住西屋，东屋是下房，保姆（当年女仆无此称呼）、奶妈带小孩住。东屋最南面一间后檐开天窗作厨房。第三代年龄大，已上中学或大学的，住在南屋客厅的套间中。厕所在南屋墙外另留隙地作"茅坑"。以上所说是最标准的大四合，如其变化，则更为复杂，那就要另立专题介绍了。

附记：

广义地说，北京南北各地的老式房屋，也就是中国式的房屋，基本上都是"口"字形的，也都是"四合"的。我走的地方不算多，但中国式的老房子，在南北各地都住过不少。其平面布局，大体上都符合上述形状。

幼年在晋北故乡，住的祖宅老房子，几乎和北京四合院完全一样，因先祖在北京做京官，有两个院落连细部也都是按北京格局建造的。后来在山西太原、大同住的房子，大体也是如此。而大同的房子，有的地方比北京的四合院还科学些。因为常常把院子盖成南北短东西阔的长方形，这样北房光照更宽阔，冬日阳光更足，更暖和。

江南如苏州、杭州等地，四川如成都、乐山等地，大小院落也都是"口"形的。也是"四合"布局，与北方院落所不同的是：北方以北京四合院为主，包括河北、山西、山东等地，东西房与北房都是分开的。东西房高大的北山墙正对北屋套间——也就是耳房的窗户，北屋马头墙伸出的低墙、月亮门一挡，在此又形成一个一丈见方的小小院落。而在江南和四川等处则完全不同，东西厢房和北屋两侧是连在一起的，而东西厢房的南山墙，在有前面一进院子的宅子中，又和前院正屋的后墙连在一起，这样就形成真正"口"形的院落，四面连在一起，叫做"四合院"也未为不可，但是没有人这样叫。为什么呢？不知道。再有江南根本不叫"院子"，而叫做"天井"。我在苏州、杭州这种老式房子中都住过，我常常站在长满青苔的青石板的天井中，望着四面严丝合缝的房子，那高大的常常一年四季开着门窗，想象北方"四合院"房子的院子，感到江南的庭院是幽静的，北京的院落是爽朗的；江南的庭院是雅静的，北京的院落是雍容的……其情调虽各有不同，但都能给人以思考，给人以舒畅的呼吸，但我现在每每感到，这都是往昔的事了。

一九八八年有幸在四川乐山，于晚风斜照中，去沙湾参观郭沫若先生故居，这是他的祖宅，三进房子，西边还有跨院，前院、中院都是过厅，站在中院，是一个左右厢房连着前后厅的长方形四合院子，其厢房正房相连的格局，有似苏、杭房屋结构，但较低，而其长条小院，又似北京小四合的格局。位置得宜，情调幽雅，同“四川汉画像砖上的家庭图”（见亡师谢国桢著《两汉社会生活概述》）比较，极为神似。如果把北京四合院、北方各省院落、江南庭院、四川庭院等等，作一些比较，写一篇系统的论文，是十分有趣味也有意义的。目前“比较文学”是时髦货，“比较四合院”呢，是否也能成为一种体系，受到重视和欢迎？

看过《红楼梦》的人，大概都不会忘记凤姐捉弄贾瑞的场面，尤其是当贾瑞被关在一个夹道中，两边都是一丈多高的墙头，而两头的门上大铁锁锁得死死的，又是滴水成冰的三九天，瑞大爷叫苦连天，足足关了一夜，差一点没有冻死……看到这种地方，看书人自然也感到无限紧张，凤丫头及蓉、蔷等辈之奸、丑、狠辣，贾瑞之自作孽、愚蠢，成为罪恶渊薮之渣滓，是必然的了。这是一方面，而另一方面呢？为什么在凤姐居室附近，就有这样一个奇怪的夹道呢？难道是特地为瑞大爷修建的吗？这个读者如有兴趣，可以细细地去研究《红楼梦》中所写荣国府房屋院落的结构，我在此小文中不多作分析，但我可以明确告诉读者，这个使瑞大爷受了一夜洋罪的夹道，绝不是曹雪芹单为这个情节“修建”的，而是原来就应该有的。是荣国府深宅大院中必然有的建筑部分，不但荣国府必然有，在北京任何五六个大院落相连的大宅门，也都有这种类似的“夹道”，如果把两头一堵，把一个人关在里面，没有点儿特殊的飞檐走壁的真功夫，大概也是很难跑得出来的。像贾瑞这样的废物，自然更是一筹莫展了。

这种夹道，俗名也可叫“更道”，也叫夹道。是只有几进院子相连的大宅门才有的。

四合院，能变小，也能变大。变大，两种变法，一种是在本院中变，一种是连接着变。一般四合院，五南五北，三正两耳。稍稍一变，就可变成七南七北，七间北房，如何成格局呢？那就中间三间更为高大，东西两面各有两间耳房，实际也可说三正“四耳”了。这样东西房也可以稍稍退后，穿山游廊穿出东、西房北面山墙之后，就可以成曲尺形，又穿入北房东、西山墙，与北房廊子连在一起。这样东西两角，便不再是月亮门连接耳房窗前小院，而是由曲尺形的画廊来掩映那绮窗人影了。当然，在那曲廊之后，倚墙再有一株老槐，或几竿翠竹、芭蕉，那就更增添了诗意。

这样的大四合，因为东西屋退后，穿山廊成曲尺形，占有半间的宽度，那院子就更为宽阔，东西屋的进深，也较一般五间口的院子深多了。

再有这样的院落，垂花门进来之后，一般都还有抄手游廊。就是进垂花门，东西两面贴着隔开里外院的短墙里面，也有廊子，走到头，折而北，穿入东、西屋南山墙，连接东西屋窗前的廊子。这样就势必在东、西屋南面山墙外，还有隙地，可各是一间小屋。窗外正是抄手游廊东西两头向北转弯的地方，房屋低小，窗户正在廊下，光线自然阴暗。这两间小屋，似乎也可以叫做东西屋的“耳房”，但不能这样叫，它无法与北屋的耳房比。七间口北屋的东西耳房，一般都是两个自然间相连，即三柱二檩，面积均在二十平方米以上，是最理想的卧室，常常是老太太带着孙女住的。而东西屋山墙外的这间小屋，则是十分阴暗的，是真正的“下房”，甚至它的屋顶也做成不铺瓦的平顶，俗名“灰棚”，即椽子上铺两层席或钉两层苇帘子，先抹花秸泥，再抹掺了青灰的花掺石灰，抹光，留出流雨水的坡度和水眼，干后成光滑的灰色，谓之灰棚。两间小房，稍费笔墨，因为它是七间口的高级大四合院不可少的组成部分，不然，读者又如何能想象出这种大四合院抄手穿山游廊的结构平面图呢?

当然，也有进垂花门左右抄手游廊转向东西房南山墙、钻山处不盖小屋，而留一小块空地的。不过这种盖法，多为宫廷、园林格局，留此隙地，或种花木，或置山石，以资点缀。一般人家，则均有两间小屋，如作厕所，则向外开门，如作储藏室，则有窗而无门，其门开在东西屋南山墙上，就是室内开门了。进入本世纪后，深宅大院，装现代卫生设备者渐多，这两间小屋，正好改作浴间。这是标准四合院在本院中变大的一种情况，是北京大宅门最常见的院落形式，有其典型意义。读者中，有谁去过北京绒线胡同四川饭店正院，那就是这种标准的七间口的有抄手穿山游廊的华丽院落。

七间口大四合之外，还可以扩展成九间口，五间大正房，东西各两间耳房，甚至还有十一间口，东西各三间耳房。不过这都是当年王府，贝子、贝勒府的格局。在一般大宅门中，则比较少见了。

大四合，本身再扩大，也不可能无限制地扩大下去，而且大而无当，也不适用。试想如果院子大到故宫太和殿前面那样宽，那东屋到西屋去的人不要疲于奔命吗？因而即使皇宫内院，那院子的大小间数，一般也是有限度的，大到一定程度就可以了，绝不会过分。因而大宅门、大四合，不单纯意味着院子大，而且意味着院落多：前院、后院、东院、西院、正院、偏院、跨院、一进、二进、三进……书房院、围房院、厨房院、马号等等，所谓“笙歌归别院，灯火下楼台”，王侯宅第、贵戚朱门，那院子一所连一所，就不知道有多少个了。这就是四合院的接连着变大。如果用鸟瞰的语气说，就是黑鸦鸦的好大的一片第宅。

看清人笔记，记载的和珅的抄家清单，入官的和珅住宅，中间一路，就是十三进，这就意味着在中间的一条中轴线上，共有十三座大四合院连接着。我们现在可以想象其深度，这种大四合，平均每进深十丈计算，则合一百三十丈，实际还不止此数。即以此想象，单正院笔直进去，就四五百米长了。和珅的住宅，一部分就是后来的恭王府，就是今天谣传的“京华何处大观园”，是耶？非耶？我学问太少，不敢饶舌，只是仍可看到昔时权相邸宅规模之一斑，亦可看出北京大宅门、大四合规模之宏丽与复杂了。自然，这种房舍对于荣、宁二府之规模、实景可以依稀想象一二，而对于瑞大爷挨整的那种夹道，也是能找得到的。

如何找这种夹道，这要从大宅门的许多四合院平面布局说起。比如说一前一后两进院子，按理说前院的北屋，就可作为后院的南屋，在江南住宅中，这种格局很多，称作厅，或曰“过厅”，前院到后院，直接从中间走过去即可，而在北京两进大四合，一般不这样处理。大多前院到后院，由前院北屋东山墙外留一条小巷通后院。走进去，迎面便是里院东屋南山墙，向左手转弯，进入后院。考究的后院，可能在东西屋南山墙之间，再修一溜短墙，中间还留垂花门，正对前院北屋的后窗（也有不开门窗，只是一溜清水后墙的）。这样前院北屋后窗，便俨然是后院的南屋了。在北京两进四合院，很少有以前院北屋作过厅的，如果有，那一般是按照外地规格造的。这种院落，在北屋东山墙外，便是一条夹道。如果东面院墙很高，两头堵住，禁闭一个人，便也很难逃脱。只不过一般情况，这种山墙外的夹道是不装门的。

如果在中心轴上，前后两座大四合相连，在它的右面，又有前后两座大四合相连，这样四个大四合连在一起，结合成一所大宅子，那这东西两面如何联结呢？在考究的大宅第中，前面正院的北屋，如果后面不是清水墙而是门窗，那翻过来便可作为后院的南房，这种情况是常见的。但却不能援引此例，便认为西院的东房，翻过来便可成为东院的西房了。这样便不符合大宅门建房的格局了。那么如何办呢？简单说：就是各盖各的。

四座大四合东西各两进并排在一起，组成一所中等大宅门。东面前后相连，西面前后相连。中间要留一条长夹道，帝王宫中谓之“永巷”，一般大宅门叫做“夹道”，只不过是类似而微，长短宽窄不同罢了。这样西院东房后墙外，东院西房后墙外，便有一条笔直的、丈把宽的十来丈长的夹道了，通向两面院子，在各屋山墙豁口处，均砌墙留门，把所有门一关，便是一条无出路的死夹道了。四所大四合相连，便有一长夹道，如十所、八所院落相连，那长短夹道就不止一条两条了。

从夹道之解释，可见北京昔日大型第宅之规模，众多院落相连之结构。第宅宏大，院落众多，建造时不唯考虑到格局气派，还要考虑到防火、防盗。至于王熙凤用之关贾瑞，那自是她奸心独具，善于利用地形，另含杀机了。这是任何建筑师，高妙如“样子雷”之类的人，也事先从未想到的，因而我也不再多说了。

说　舞①

闻一多

一场原始的罗曼司

假想我们是在参加着澳洲风行的一种科罗泼利（Corro-Borry）舞。

灌木林中一块清理过的地面上，中间烧着野火，在满月的清辉下吐着熊熊的赤焰。现在舞人们还隐身在黑暗的丛林中从事化装。野火的那边，聚集着一群充当乐队的妇女。忽然林中发出一种坼裂声。紧跟着一阵沙沙的摩擦声——舞人们上场了。闯入火光圈里来的是三十个男子，一个个脸上涂着白垩，两眼描着圈环，身上和四肢画着些长的条纹。此外，脚踝上还系着成束的树叶，腰间围着兽皮裙。这时那些妇女已经面对面排成一个马蹄形。她们完全是裸着的。每人在两膝间绷着一块整齐的鼲鼠皮。舞师呢，他站在女人们和野火之间，穿的是通常的鼲皮围裙，两手各执一棒。观众或立或坐的围成一个圆圈。

舞师把舞人们巡视过一遭之后，就回身走向那些妇女们。突然他的棒子一拍，舞人们就闪电般的排成一行，走上前来。他再视察一番，停了停等行列完全就绪了，就发出信号来，跟着他的木棒的拍子，舞人们的脚步移动了，

① 选自《闻一多全集》，上海，开明书店，1948。闻一多（1899—1946），诗人、文史学者。

妇女们也敲着鼲鼠皮唱起歌来。这样，一场科罗泼利便开始了。

拍子愈打愈紧，舞人的动作也愈敏捷，愈活泼，时时扭动全身，纵得很高，最后一齐发出一种尖锐的叫声，突然隐入灌木林中去了。场上空了一会儿。等舞师重新发出信号，舞人们又再度出现了。这次除舞队排成弧形外，一切和从前一样。妇女们出来时，一面打着拍子，一面更大声的唱，唱到几乎嗓子都要裂了，于是声音又低下来，低到几乎听不见声音。歌舞的尾声和第一折相仿佛。第三、四、五折又大同小异的表演过了。但有一次舞队是分成四行的，第一行退到一边，让后面几行向前迈进，到达妇人们面前，变作一个由身体四肢交锁成的不可解的结，可是各人手中的棒子依然在飞舞着。你直害怕他们会打破彼此的头，但是你放心，他们的动作无一不遵守着严格的规律，决不会出什么岔子的。这时情绪真紧张到极点，舞人们在自己的噪呼声中，不要命地顿着脚跳跃，妇女们也发狂似的打着拍子引吭高歌。响应着他们的热狂的，是那高烛云空的火光，急雨点似的劈啪的喷射着火光。最后舞师两臂高举，一阵震耳的掌声，舞人们退场了，妇女和观众也都一哄而散，抛下一片清冷的月光，照着野火的余烬渐渐熄灭了。

这就是一场澳洲的科罗泼利舞，但也可以代表各地域各时代任何性质的原始舞，因为它们的目的总不外乎下列这四点：（一）以综合性的形态动员生命；（二）以律动性的本质表现生命；（三）以实用性的意义强调生命；（四）以社会性的功能保障生命。

综合性的形态

舞是生命情调最直接、最实质、最强烈、最尖锐、最单纯而又最充足的表现。生命的机能是动，而舞便是节奏的动，或更准确点，有节奏的移易地点的动，所以它直是生命机能的表演。但只有在原始舞里才看得出舞的真面目，因为它是真正全体生命机能的总动员，它是一切艺术中最大综合性的艺术。它包有乐与诗歌，那是不用说的。它还有造型艺术，舞人的身体是活动的雕刻，身上的文饰是图案，这也都显而易见。所当注意的是，画家所想尽方法而不能圆满解决的光的效果，这里借野火的照明，却轻轻地抓住了。而野火不但给了舞光，还给了它热，这触觉的刺激更超出了任何其他艺术部门的性能。最后，原始人在舞的艺术中最奇特的创造，是那月夜丛林的背景对于舞场的一种镜框作用。由于框外的静与暗，和框内的动与明，发生着对照作用，使框内一团声音光色的活动情绪更为集中，效果更为强烈，借以刺激他们自己对于时间（动静）和空间（明暗）的警觉性，也便加强了自己生命的实在性。原始舞看来简单，惟其简单，所以能包含无限的复杂。

律动性的本质

上文说舞是节奏的动，实则节奏与动，并非二事。世间绝没有动而不成节奏的，如果没有节奏，我们便无从判明那是动。通常所谓“节奏”是一种节度整齐的动，节度不整齐的，我们只称之为“动”，或乱动，因此动与节奏的差别，实际只是动时节奏性强弱的程度上的差别，而并非两种性质根本不同的东西。上文已说过，生命的机能是动，而舞是有节奏的移易地点的动，所以也就是生命机能的表演。现在我们更可以明白，所谓表演与非表演，其间也只有程度的差别而已。一方面生命情绪的过度紧张，过度兴奋，以致成为一种压迫，我们需要一种更强烈，更集中的动，来宣泄它，和缓它，一方面紧张与兴奋的情绪，是一种压迫，也是一种愉快，所以我们也需要在更强烈、更集中的动中来享受它。常常有人讲，节奏的作用是在减少动的疲乏。诚然。但须知那减少疲乏的动机，是积极而非消极的，而节奏的作用是调整而非限制。因为由紧张的情绪发出的动是快乐，是可珍惜的，所以要用节奏来调整它，使它延长，而不致在乱动中轻轻浪费掉。甚至这看法还是文明人的主观，态度还不够积极。节奏是为减轻疲乏的吗？如果疲乏是讨厌的，要不得的，不如干脆放弃它。放弃疲乏并不是难事，在那月夜，如果怕疲乏，躺在草地上对月亮发愣，不就完了吗？如果原始人真怕疲乏，就干脆没有舞那一套，因为无论怎样加以调整，最后疲乏总归是要来到的，不，他们的目的是在追求疲乏，而舞（节奏的动）是达到那目的最好的通路。一位著者形容新南威尔斯土人的舞说：“……鼓声渐渐紧了，动作也渐渐快了。直至达到一种如闪电的速度。随时全体一跳跳到半空，当他们脚尖再触到地面时，那分开着的两腿上的肉腓，颤动得直使那白垩的条纹，看去好像蠕动的长蛇，同时一阵强烈的嘶——声充满空中（那是他们的喘息声）。”非洲布须曼人的摩科马舞（Mokoma）更是我们不能想象的“舞者跳到十分疲劳，浑身淌着大汗，口里还发出千万种叫声，身体做着各种困难的动作，以致一个一个的，跌倒在地上，浴在源源而出的鼻血泊中。

因此他们便叫这种舞作‘摩科马’，意即血的舞。”总之，原始舞是一种剧烈的、紧张的、疲劳性的动，因为只有这样他们才体会到最高限度的生命情调。

实用性的意义

西方学者每分舞为模拟式的与操练式的二种，这又是文明人的主观看法。二者在形式上既无明确的界线，在意义上尤其相同。所谓模拟舞者，其目的并不如一般人猜想的，在模拟的技巧本身而是在模拟中所得的那逼真的情绪。他们甚至不是在不得已的心情下以假代真。或在客观的真不可能时，乃以主观的真权当客观的真。他们所求的只是那能加强他们的生命感的一种提炼的集中的生活经验——一杯能使他们陶醉的醅醴而酷烈的酒。只要能陶醉，那酒是真是假，倒不必计较，何况真与假，或主观与客观，对他们本没有多大区别呢！他们不因舞中的“假”而从事于舞，正如他们不以巫术中的“假”而从事巫术。反之，正因他们相信那是真，才肯那样做，那样认真地做（儿童的游戏亦复如此）。既然因日常生活经验不够提炼与集中，才要借艺术中的生活经验——舞来获得一醉。那么模拟日常生活经验，就模拟了它的不提炼与集中，模拟得愈像，便愈不提炼，愈不集中，所以最彻底的方法，是连模拟也放弃了，而仅剩下一种抽象的节奏的动，这种舞与其称为操练舞，不如称为“纯舞”，也许还比较接近原始心理的真相。一方面，在高度的律动中，舞者自身得到一种生命的真实感（一种觉得自己是活着的感觉），那是一种满足。另一方面，观者从感染作用，也得到同样的生命的真实感，那也是一种满足，舞的实用意义便在这里。

社会性的功能

或由本身的直接经验（舞者），或者感染式的间接经验（观者），因而得到一种觉着自己是活着的感觉，这虽是一种满足，但还不算满足的极致，最高的满足，是感到自己和大家一同活着，各人以彼此的“活”互相印证，互相支持，使各人自己的“活”更加真实，更加稳固，这样满足才是完整的、绝对的。这群体生活的大和谐的意义，便是舞的社会功能的最高意义，由和谐的意识而发生一种团结与秩序的作用，便是舞的社会功能的次一等的意义。关于这点，高罗斯（Ernest Groose）讲得最好："在跳舞的白热中，许多参与者都混成一体，好像是被一种感情所激动而动作的单一体。在跳舞期间，他们是在完全统一的社会态度之下，舞群的感觉和动作正像一个单一的有机体。原始跳舞的社会意义全在乎统一社会的感应力。他们领导并训练一群人，使他们在一种动机，一种感情之下，为一种目的而活动。（在他们组织散漫和不安定的生活状态中，他们的行为常被各个不同的需要和欲望所驱使。）它至少乘机介绍了秩序和团结给这狩猎民族的散漫无定的生活中。除战争外，恐怕跳舞对于原始部落的人，是唯一的使他们觉着休戚相关的时机。它也是对于战争最好的准备之一，因为操练式的跳舞有许多地方相当于我们的军事训练。在人类文化发展上，过分估计原始跳舞的重要性，是一件困难的事。一切高级文化，是以各个社会成分的一致有秩序的合作为基础的，而原始人类却以跳舞训练这种合作。"舞的第三种社会功能更为实际。上文说过，主观的真与客观的真，在原始人类意义中没有明确的分野。在感情极度紧张时，二者尤易混淆，所以原始舞往往弄假成真，因而发生不少的暴行。正因假的能发生真的后果，所以他们常常因假的作为勾引真的媒介。许多关于原始人类战争的记载，都说是以跳舞开场的，而在我国古代，武王伐纣前夕的歌舞，即所谓"武宿夜"者，也是一个例证。

舞蹈应该是怎样的[①]

[美] 邓　肯

一

一天下午，我坐在书房里，在夕阳的余晖中注视着书架上的几个小雕像，一个是萨堤罗斯，一个是水仙[②]，一个是亚马逊女子[③]，一个是厄洛斯[④]，它们姿态各异，但各个姿态都很美。为什么很美？因为这些姿态与它们各自的形体及其比例完全一致，也就是说，形体和姿态是浑然一体的。我依次端详着这些雕像，它们优美和谐的外形使我感到如同倾听音乐时所获得的那种欢乐。这时，门打开了，一个小女孩悄然走了进来，她张开双臂向我奔来，一面喊着："亲爱的邓肯小姐，我那么喜欢看你跳舞，我忍不住要来看看你。"

我看着这女孩生气勃勃的面颊，那面颊上好像有什么东西是我十分熟悉的。是什么呢？我无意识地抬头去看书架，那儿的牧神和水仙雕像正展示着他们的舞姿。他们和小女孩不是很相像吗？那世界的不朽的童年，那人类的黄金时代，不是在各时代所有的孩子身上永远滞留着吗？

"小家伙，为什么你觉得我跳的舞很美？"我问。

---

① 选自《邓肯论舞蹈艺术》，张本楠译，上海，上海文艺出版社，1985。邓肯（1878—1927），美国舞蹈家。

② 水仙即希腊神话里居住在山林水泽的仙女。

③ 亚马逊女子，希腊神话里亚马逊族女子勇武善战。

④ 厄洛斯，希腊神话里的小爱神，爱神阿佛洛狄忒的儿子，有双翼，带弓箭在空中飞翔。

“因为你跳的舞是那样自然。”那孩子回答说。

“那么，”我说，“自然的东西全是美的吗？”因为我想从孩子那儿得到美的定义。那女孩子高兴地回答：“是啊！”

哦，大智大慧的小哲学家，她的回答是出自本能的确信，所以是毫不犹豫的！是的，因为美就是万物的灵魂和法则，凡是和这灵魂和法则和谐一致的也就是美的。所谓“丑”，就是与这法则的和谐背离……

舞蹈和雕塑是两门密切相关的艺术，两者的基础都是自然。雕塑家和舞蹈家都必须在自然中寻找最理想的形体，寻找能展示出这些形体内在精神的姿态，所以，学舞蹈和学雕塑应结合起来进行。雕塑家虽然可以通过想象把姿态或者形体加以变形，但其基础却在于深入了解自然。舞蹈则自觉地把活生生的形象，把表现着独特的灵魂、表现着深邃思想和个体力量的形象，提供给雕塑家加以琢磨，而这就是我所希望做的……

雕塑家是完全凭自已的想象或者凭来自对至今尚存的古希腊艺术作品的回忆进行工作的吗？我说这还不完全。因为还需要灵感，缺少灵感是创造不出伟大作品的。那么，现在的雕塑家应该到何处去寻找富有节奏感的美而活的形体呢？他得离开工作室和模特儿到剧场去，在那儿观看具有民族特点的舞蹈表演，他得随身带着纸和笔，他还得知道如何从自由女神的优美形体中抓住某种姿势、某个动作或者某种暗示来表现最高的美，来表现某种情感，这种情感能给艺术作品以纯正和崇高的性质。

所以我说新舞派和雕塑艺术的关系是非常密切的。从最初的几个阶段，即当孩子们最初开始做出各自的幼稚动作时，我们便指望各位有探索精神的雕塑家会对这些无所掩饰的孩子所做的完全无意识的动作发生深厚的兴趣，而当这些小女孩的动作渐渐发展成熟而变得圆满、富有节奏和优美动人时，她们将越来越成为雕塑家们的光明之源。

你曾见过那些学习现代芭蕾舞的小女孩吗？她们又甜美又活泼又优雅，可惜，她们的小脚都被折磨成了畸形。她们娇嫩的小身体也不得不裹塞在紧身衣和小胸衣里，同时自然而优雅的动作也不得不变成伸直着双脚、踮着脚尖的不自然动作。凡是种种可怕的扭曲，都是和孩子自然的动作格格不入的，而孩子的自然动作本来是应该受到合乎美的原则的合理引导的。

我在柏林歌剧院曾亲眼目睹过这种儿童芭蕾。我说这是对德意志民族智慧的一种玷污，是它的一种耻辱。那么，这副模样的舞蹈是从何而来的呢？它来自法国，来自宫廷腐败不堪的时代，所以，我说它是一种完全迎合宫廷生活的虚伪和浅薄的舞蹈，它不适合我们的现代生活，而在一个产生过席勒、歌德、瓦格纳和其他许许多多曾论述过真正的舞蹈应该如何的伟大作家的国度里，这种舞蹈是不应该有其市场的。

舞蹈应该是怎样的？关于这个问题，曾有多少德国诗人、哲学家和科学家作过精彩的论述，他们以大量的篇幅论述过儿童舞、少女舞或者女子单人舞。当人们读到这样的词句时，他们仿佛听到了发自诗人内心的呼唤："啊，女人，到我们面前来，到我们渴望着美的眼睛面前来，我们已经对现在这种文明的丑态厌倦了，穿上你简朴的衣裙来吧，为我们跳舞，让我们欣赏那衣裙下面线条优美和谐的体态。为我们跳舞吧，跳出生活的甜蜜和意义，跳出百鸟的飞翔、波浪的起伏、树枝的摇动、云彩的飘浮，为我们显示你女性躯体的神圣和美好吧！"

这声音发自那些伟大的心灵之中，犹如在呼唤着世上的女子："再给我们跳那甜蜜而动人的舞蹈吧，再让我们观赏女子纯洁无瑕的美丽躯体吧！"这阵阵呼唤频频传来，世上的女子应该听见，也应该给予回答。

二

我坐在诺德魏克①的海滩上，看着我的小侄女坦普尔在海浪前跳舞，她是从格吕内瓦尔德学校②来看望我的。我眺望那波涛翻腾的辽阔海面，海浪前推后涌漫无止境地冲来，激起雪白雪白的浪花，就在这浩瀚的大海面前，那穿着白色衣裙的轻盈美丽的小身体在舞动着。我似乎觉得，她小小的生命和大海的永恒活力已融和在一起了，她的心在随着大海的波动而跳跃，好像她和大海有着同样的生命、同样的节奏。我的心因她的舞蹈而感到欢畅。

久久地，我心驰神往，因为她这海边之舞兼收并蓄着我为之努力不息的全部目标。在她的舞蹈里，人体自然而优美的运动卓然而现。她跳舞，乃是因为她充满了生之欢乐，因为那海风也在欢舞，因为她感受到了整个自然界的舞蹈节奏。对她来说，舞蹈就是欢乐，对我来说，看她跳舞就是欢乐。时值盛夏，人栖海滨，生活里处处是欢乐，然而我想到了寒冬，在城里，在街上，在室内，那阴郁的冬天，那蛰居的生活。在

---

① 诺德魏克（Noordwijk），荷兰某地名。

② 这是伊莎多拉·邓肯在柏林建立的第一所舞蹈学校。

那里，怎么可能自由自在地生活呢？到哪儿去寻找这种种的美，寻找这夏日的欢乐，这阳光下的温暖，这看着孩子在海边跳舞的喜悦之情？在城市里，在寒冬腊月，这位小小舞蹈家也能把这一切给予人们或者使人们回忆起这一切吗？她同样能唤起我心中的欢乐，就像现在坐在海滩上看她跳舞，而不断感到欢乐一样吗？

我定神看着她，揣摩着她的动作。她跳的是什么舞呢？我知道，那简单的动作和步法是这两年来在我们的学校里学到的，但其中已溶入了她自己天真纯洁的孩子的情感和孩子的欢愉之心。她就像别人教她的那样跳着，但她所学到的这些动作和她那仿佛来自灵魂深处的童心是如此和谐，如此交融为一。

在教学备忘录上，我曾写过这样的话：

“决不能教孩子硬做动作，而要靠她的心灵，当心灵趋于成熟时，那才给予指点或引导。换句话说，必须教会她们用合乎她们身体特点的动作来表现自身。我们不允许孩子做任何简单的动作，除非她自己知道为什么要做这一动作。我并不是说每个动作都要用语言对孩子解释清楚，但凡要孩子做的动作就必须是自然的，必须是孩子自己深切理解了的动作。这样，孩子才会熟练地运用姿势这一单纯的表达方式。”

现在，我坐在海滩上看着坦普尔跳舞，心里油然想起了自己最初记在笔记本上的这几句话。她的舞蹈，从某种意义上说，就是我建立这所学校以来对它所寄予的全部希望以及为它付出的全部心血的一个缩影。

我想象得到，要是某位博学的舞蹈史教授读了这几句简单的话，他一定会轻蔑地微微一笑，他无疑会动笔写一篇冗长的舞蹈史论文，把各国和各时代的舞蹈论述一番，他会一本正经地论证说，舞蹈艺术既不可能从林中得到也不可能从海边得到，所以，抱着这样的目的去建一所舞蹈学校显然是荒唐的。但是，我们的目的是要使舞蹈艺术得到复兴，这个目的是任何博学的教授头脑所想象不出的，而只有在伟大的潘神的长笛指引下，在孩子们欢乐的舞蹈里，它才会产生出来。

敬告作者

《现代教师读本》旨在为教师提供一个开阔、自由的精神天地，故选收一批无论在思想上还是在艺术上都堪称一流的中外优秀文章。由于作者面广，尽管我们已接受了部分作者的著作权的委托代理，但选编者经多方努力，还是有一部分作者（译者）无法联系上。敬请作者（译者）或著作权人予以谅解，并与我们联系，以便寄奉样书并支付稿酬。

联系人：周　影

电　话：0771－5850214　　传真：0771－5850202

广西教育出版社

2006 年 7 月